表 4.1 各种燃料的安全系数

	氢气	天然气	汽油
物理状态为 25℃ 和 1 大气压	气体	气体	液体
颜色	无	无	由透明到琥珀色
气味	无	无	有
毒性	无	有	高
相对于空气的浮力	14.4×轻	1.6×轻	3.7×重
空气中的扩散系数/(cm^2/s)	0.61	0.16	0.05
需监测	是	是	受限
NPFA 704 菱形 0 = 无，4 = 严重 上：易燃性 左：健康 右：反应性 下：特殊危害	上4 左0 右0	上4 左2 右0	上3 左1 右0

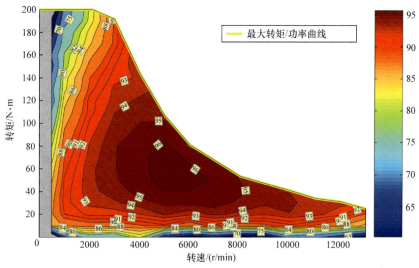

图 6.13 2010 款丰田普锐斯牵引电机试验转矩 – 转速效率图

注：由美国能源部橡树岭国家实验室提供。

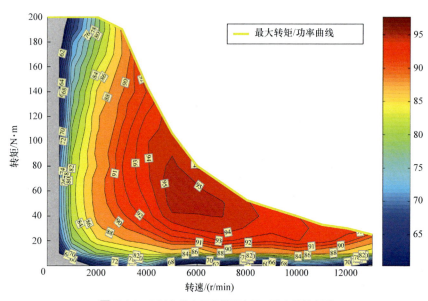

图 6.14 2010 款丰田普锐斯电机 – 逆变器效率图

注：由美国能源部橡树岭国家实验室提供。

表 4.1　各种燃料的安全系数

	氢气	天然气	汽油
物理状态为 25℃和 1 大气压	气体	气体	液体
颜色	无	无	由透明到琥珀色
气味	无	无	有
毒性	无	有	高
相对于空气的浮力	14.4×轻	1.6×轻	3.7×重
空气中的扩散系数/(cm^2/s)	0.61	0.16	0.05
需监测	是	是	受限
NPFA 704 菱形 0 = 无，4 = 严重 上：易燃性 左：健康 右：反应性 下：特殊危害	上4 左0 右0	上4 左2 右0	上3 左1 右0

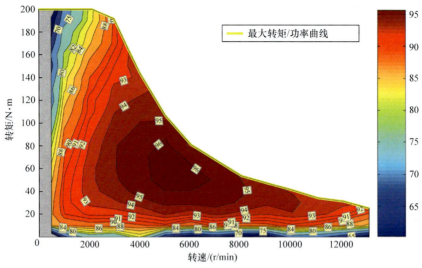

图 6.13 2010 款丰田普锐斯牵引电机试验转矩－转速效率图

注：由美国能源部橡树岭国家实验室提供。

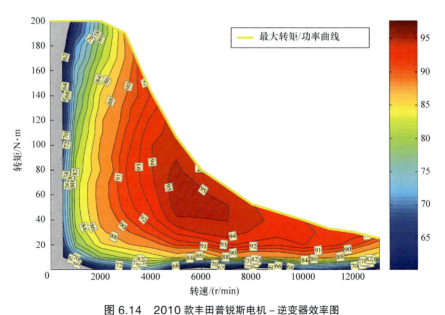

图 6.14 2010 款丰田普锐斯电机－逆变器效率图

注：由美国能源部橡树岭国家实验室提供。

汽车先进技术译丛　新能源汽车系列

电驱动系统
——混动、纯电动与燃料电池汽车的能量系统、功率电子和传动

[爱尔兰]约翰·G. 海斯（John G. Hayes）　著
[美]G. 阿巴斯·古德猜（G. Abas Goodarzi）

刘亚彬　译

机械工业出版社

这本由四个部分组成的实用指南全面介绍了电池、混合动力和燃料电池电动汽车系统以及相关的能源、电力电子设备、机器和驱动器。第1部分从电动汽车和相关环境影响的历史概述开始，这些影响推动了电动动力系统的发展。然后介绍了机电推进的车辆要求。对纯电动汽车、燃料电池电动汽车以及传统和混合动力电动汽车在车辆推进方面进行了描述、对比和比较。第2部分对电力传动系曳引机进行了深入的分析，特别关注感应电机以及面置式和内置式永磁交流电机。有刷直流电机因为它易于操作和理解，以及它的历史地位，从而作为美国宇航局火星漫游者的曳引机。第3部分介绍了推进、充电、附件和辅助电力电子变换器的理论和应用，主要介绍隔离和非隔离 DC – DC 变换器、牵引逆变器和电池充电。第4部分介绍了入门和应用电磁学，这是整本书的基础。本书适合电动汽车整车及供应商技术人员阅读使用。

前　言

"科技工作者不追求急功近利。他不会期望他的先进理念能够马上得以实现。他的工作更像是规划未来的种植园主。他的职责是为那些志同道合的人指引方向。"

——尼古拉·特斯拉（1856—1943）

"发明家只是一个简单的人，不要过于关注他的教育背景。"

——查理斯·凯特（1876—1958）

"准确地描述一个问题，就已经成功地解决了一半。"

——查理斯·凯特（1876—1958）

本书阐述了一项具有全球意义、应用在电动汽车方面的技术，旨在使读者了解这一技术的发展进程及影响其在全球范围内应用的因素。书中讲述的内容大部分是取材于底特律、加州和日本的真实案例。这些技术已经被德国、法国、中国、韩国等国家的工厂广泛应用。汽车不断升级换代，大家都期望以新取胜。19 世纪的车辆和电子技术，20 世纪的半导体、锂离子电池、质子交换膜燃料电池，对 21 世纪早期的交通运输行业造成了巨大的影响，已经成为现代汽车的基础构成要素。

我曾经在通用汽车南加州 EV1 电动汽车项目组工作过 10 年。EV1 是近代第一款大批量生产的电动汽车。我在那里遇到了我的妻子玛丽，她是来自于底特律的机械工程师，我们均就职于 EV1 项目组。当时，我们致力于研究感应耦合无线充电新技术。后来，我离开了汽车行业，回到爱尔兰教书，但是我所教授的课程和研究内容仍然围绕着汽车产业。与汽车历史联系最紧密的一点当属爱尔兰南海岸是福特家族的祖籍，1847 年爱尔兰大饥荒期间，威廉·福特从这里出发前往美国。他的儿子亨利·福特——一个密歇根农场的半文盲男孩儿，给汽车工业带来了巨大的变革，创造了广为人知的大众消费资本主义。

与发展历史保证一定的距离去写作和授课是非常有意义的，重要的是不会被如此迅速发展的行业丢弃和隔离。本书的另一位作者，Abas Goodarzi，也是我的前同事，他正致力于为新技术发展做贡献。1990 年 10 月，Abas 和我开始共事于加州卡尔弗市的通用休斯航空器工业公司。在主管 EV1 电机动力总成的开发之后，Abas 又开始了一个电动汽车项目的开发。参与了几个原始项目之后，Abas 创办了美国混合动力公司，他担任 CEO。美国混合动力公司专为重型运输汽车提供电池、混合动力和燃料电池解决方案。我们都曾经是专为批量生产而进行开发工作的工程团队中的一员，书中将要介绍的内容也都是曾经讨论和研究过的。

现代汽车行业是一个很好的授课主题，因为它是你日常接触的学生、家人、朋友都离不开的消费品。同时，它重点描述能量储备、内燃机、电驱动、电机动力总成，以及其他更多内容的技术特征。从结构上看，本书旨在解释这些技术是如何应用在汽车上的，并就部分内容展开详细的论述。

本书阐述问题的特征，并向学生分享各种类型的技术难题。读者可以视自身的水平选择合适的内容。

汽车和电子技术的发展是大量专业人士投身于此并做出卓越贡献的历史。因此，相关的资料引用都列在每一章的开始部分。他们与书中的案例或者基本理念息息相关……这一点非常有趣，也极具挑战性。

编　者

目 录

前言

第1部分 车辆与能量源

第1章 电动性和环境 ………… 3
1.1 电机动力总成简史 …………… 4
  1.1.1 第一部分——电动汽车诞生 ………………… 4
  1.1.2 第二部分——电机动力总成的复苏 …………… 4
  1.1.3 第三部分——电机动力总成最终成功 …………… 6
1.2 能源推进和排放 ……………… 9
  1.2.1 燃料碳排放 ……………… 10
  1.2.2 温室气体和污染物 …… 11
1.3 法规的出现 …………………… 13
  1.3.1 监管注意事项和排放趋势 …………………… 15
  1.3.2 大型货车法规 ………… 16
1.4 EPA 行驶工况 ………………… 17
1.5 BEV 燃油消耗、续驶里程和等效燃油经济性 …………… 21
1.6 传统动力总成和电机动力总成碳排放 ………………………… 22
  1.6.1 油井-车轮和摇篮-坟墓排放 …………………… 25
  1.6.2 输电网络产生的排放 …… 25
1.7 传统汽车、电动汽车、混合动力汽车和燃料电池汽车电力系统概论 …………………………… 26
  1.7.1 传统内燃机汽车 ……… 26
  1.7.2 纯电动汽车 …………… 27
  1.7.3 混合动力汽车 ………… 28
  1.7.4 燃料电池汽车 ………… 30
  1.7.5 传统汽车、电动汽车、混合动力汽车和燃料电池汽车效率对比 ………………… 30
  1.7.6 传统汽车、电动汽车、混合动力汽车和燃料电池汽车案例研究对比 ………… 31
1.8 汽车和其他交通运输技术对比 …………………………… 32
参考文献 ……………………………… 33
扩展阅读 ……………………………… 34
问题 ………………………………… 34
作业 ………………………………… 35

第2章 车辆动力学 …………… 36
2.1 车辆载荷 ……………………… 36
  2.1.1 基础动力、能量和速度之间的关系 …………………… 37
  2.1.2 空气动力阻力 ………… 37
  2.1.3 滚动阻力 ……………… 40
  2.1.4 根据 EPA 滑行试验的车辆道路-载荷系数 ………… 41
  2.1.5 恒速下纯电动汽车的续驶里程 …………………… 44
  2.1.6 最大爬坡度 …………… 45
2.2 车辆加速 ……………………… 47
  2.2.1 车辆制动能量回收 …… 48

2.2.2 牵引电机特征 ………… 48
2.2.3 车辆加速度 …………… 50
2.3 简化行驶工况车辆对比 …… 53
参考文献 ……………………… 55
扩展阅读 ……………………… 55
问题 …………………………… 55
MATLAB 代码示例 …………… 56
作业：BEV 模型 ……………… 59

第3章 电池 ………………… 61

3.1 电池介绍 …………………… 61
   3.1.1 电池类型和电池组 …… 61
   3.1.2 电池基本原理 ………… 64
   3.1.3 基础电化学 …………… 66
   3.1.4 电池能量储存单位 …… 68
   3.1.5 放电率 ………………… 69
   3.1.6 电池参数和比较 ……… 70
3.2 生命周期和规格考虑事项 …… 72
   3.2.1 电池选型案例 ………… 75
   3.2.2 电池组放电曲线和寿命 … 77
3.3 电池充电、保护和管理系统 … 78
   3.3.1 电池充电 ……………… 78
   3.3.2 电池失效和保护 ……… 79
   3.3.3 电池管理系统 ………… 80
3.4 电池模组 …………………… 80
   3.4.1 适应纯电动汽车电池模型的简化新曲线 …………… 82
   3.4.2 电池组电压、电流、电阻和效率 …………………… 84
   3.4.3 混合动力汽车电池的简单曲线 …………………… 86
   3.4.4 充电 …………………… 87
   3.4.5 计算给定输出/输入功率下的电池/电池组电压 …… 88
   3.4.6 电池单体能量和放电率 … 89
3.5 例：某固定齿轮速比纯电动汽车的能耗 ………………… 91
参考文献 ……………………… 94
扩展阅读 ……………………… 94
问题 …………………………… 95
附录：一种简化的适应于纯电动汽车电池的模拟曲线 ……………… 97

第4章 燃料电池 ……………… 99

4.1 燃料电池介绍 ……………… 99
   4.1.1 燃料电池排放和上游排放 …………………… 100
   4.1.2 氢气的安全因素 ……… 101
4.2 基本原理 …………………… 102
   4.2.1 燃料电池模型和电池电压 …………………… 103
   4.2.2 燃料电池单体和燃料电池动力系统的功率和效率 … 105
   4.2.3 燃料电池特征曲线 …… 106
4.3 燃料电池动力系统选型 …… 107
   4.3.1 例：燃料电池单体选型 … 107
   4.3.2 丰田 Mirai ……………… 108
   4.3.3 配套设施 ……………… 108
   4.3.4 DC-DC 升压变换器 …… 109
4.4 燃料电池寿命 ……………… 109
4.5 例：重型货物牵引车-拖车组合燃料电池系统选型 ……… 110
4.6 例：燃料电池汽车燃油经济性 …………………… 112
参考文献 ……………………… 115
问题 …………………………… 115
作业 …………………………… 116

第5章 传统和混合动力总成 … 117

5.1 混合动力汽车概述 ………… 117
5.2 制动比油耗 ………………… 119
5.3 传统发动机、串联和串并联混合

系统的比较……………… 123
　5.3.1　例：使用汽油或柴油发动机的
　　　　　内燃机汽车的燃油经
　　　　　济性……………… 123
　5.3.2　例：串联HEV的燃油经
　　　　　济性……………… 128
　5.3.3　例：串并联混合动力汽车的
　　　　　燃油经济性……… 130
　5.3.4　比较总结…………… 132
5.4　行星齿轮作为动力分配
　　装置…………………………… 133
　5.4.1　2004款丰田普锐斯动力
　　　　　总成……………… 134
　5.4.2　例：在电驱动模式下运行的
　　　　　CVT（车辆起动和
　　　　　低速）…………… 135
　5.4.3　例：CVT在全功率模式下
　　　　　运行……………… 137
　5.4.4　例：CVT在巡航和发电模式
　　　　　下运行…………… 138
参考文献……………………………… 139
问题…………………………………… 139
作业…………………………………… 139

第2部分　电　　机

第6章　牵引电机介绍………… 143
6.1　驱动电机概论………………… 143
　6.1.1　直流电机…………… 144
　6.1.2　交流电机…………… 145
　6.1.3　牵引电机对比……… 149
　6.1.4　案例研究——火星探测器
　　　　　牵引电机………… 150
6.2　电机定义……………………… 151
　6.2.1　四象限运行………… 152
　6.2.2　额定参数…………… 152
　6.2.3　额定转矩…………… 153
　6.2.4　额定转速和基本转速… 153
　6.2.5　额定功率…………… 153
　6.2.6　峰值转矩…………… 153
　6.2.7　堵转转矩…………… 154
6.3　电机特性曲线………………… 154
　6.3.1　恒转矩模式………… 154
　6.3.2　恒功率模式………… 154
　6.3.3　最高转速模式……… 155
　6.3.4　效率谱……………… 155
6.4　电机单元转换因子…………… 157
参考文献……………………………… 157

第7章　有刷直流电机…………… 158
7.1　直流电机结构………………… 158
7.2　直流电机等效电路…………… 160
7.3　直流电机电路方程…………… 161
　7.3.1　空载旋转损耗……… 163
　7.3.2　空载转速…………… 163
　7.3.3　最大功率…………… 163
　7.3.4　额定条件…………… 163
7.4　永磁直流电机功率、损耗及
　　效率…………………………… 164
7.5　应用电力电子进行电机控制… 165
7.6　正向或反转模式下电机作为电动机
　　或者发电机运转……………… 167
　7.6.1　例：应用永磁直流电机发电
　　　　　或者制动………… 168
　7.6.2　例：反转驱动……… 169
7.7　磁饱和与电枢反应…………… 170
7.8　电动汽车动力总成使用PM直流
　　电机…………………………… 171
7.9　电动汽车动力总成使用WF直流
　　电机…………………………… 173

7.10 案例研究——火星探测器牵引电机 ……………………… 177
7.11 电机热特性 ……………………… 179
　　7.11.1 稳态温升案例 …………… 179
　　7.11.2 瞬态温升案例 …………… 180
参考文献 ……………………………… 181
问题 …………………………………… 181

第8章 感应电机 …………………… 183

8.1 定子绕组和旋转磁场 …………… 183
　　8.1.1 定子磁流密度 …………… 185
　　8.1.2 空间向量电流和旋转磁场 ……………………… 188
8.2 感应电机转子电压、电流和转矩 ……………………………… 191
　　8.2.1 转子结构 ………………… 191
　　8.2.2 感应电机运转理论 ……… 192
8.3 电机模型和稳态运转 …………… 193
　　8.3.1 三相感应电机功率 ……… 196
　　8.3.2 三相感应电机转矩 ……… 197
　　8.3.3 感应电机相量分析 ……… 199
　　8.3.4 当供给电流源时的电机运转 ……………………… 199
8.4 感应电机的变速运转 …………… 207
　　8.4.1 每Hz运转的恒定电压 …… 208
　　8.4.2 变速运行 ………………… 208
8.5 电机测试 ………………………… 212
　　8.5.1 直流电阻测试 …………… 213
　　8.5.2 锁定转子测试 …………… 213
　　8.5.3 空载测试 ………………… 214
参考文献 ……………………………… 216
扩展阅读 ……………………………… 216
问题 …………………………………… 217
MATLAB 代码示例 …………………… 218

第9章 面置式永磁交流电机 ……… 221

9.1 SPM 电机基本运转 ……………… 221
　　9.1.1 单线圈的反电动势 ……… 221
　　9.1.2 单相反电动势 …………… 222
9.2 SPM 电机的单相分析 …………… 227
　　9.2.1 SPM 电机的单相等效电路模型 ……………………… 227
　　9.2.2 SPM 电机的相量分析 …… 227
　　9.2.3 电机磁饱和 ……………… 234
　　9.2.4 SPM 电机转矩 - 速度特性 ……………………… 234
　　9.2.5 超过额定转速的 SPM 电机的高速运行 ………………… 235
　　9.2.6 磁场弱化运行的电机特性 … 240
参考文献 ……………………………… 242
扩展阅读 ……………………………… 242
问题 …………………………………… 242
MATLAB 代码示例 …………………… 243

第10章 内置式永磁交流电机 …… 245

10.1 电机结构和转矩方程 ………… 245
10.2 d 轴和 q 轴电感 ……………… 247
10.3 内置式永磁电机测试 ………… 250
　　10.3.1 空载旋转测试 …………… 250
　　10.3.2 直流转矩测试 …………… 251
10.4 低转速运转和基础理论 ……… 254
　　10.4.1 例：额定条件下驱动 …… 255
　　10.4.2 单位电流最大转矩（MTPA） ……………… 257
　　10.4.3 单位电压最大转矩（MTPV）或单位磁通最大转矩（MTPF） ……………… 257
10.5 内置式电机高速运转 ………… 257
10.6 电机 dq 模型 …………………… 259
　　10.6.1 恒定电流变换 …………… 260
　　10.6.2 恒定功率变换 …………… 262
参考文献 ……………………………… 263
扩展阅读 ……………………………… 263
问题 …………………………………… 264
作业 …………………………………… 265

第3部分 功率电子

第11章 DC-DC变换器 ········ 269
- 11.1 简介 ········ 269
- 11.2 电力变换的基本原则 ········ 272
  - 11.2.1 基本拓扑关系 ········ 273
  - 11.2.2 半桥降压-升压型双向变换器 ········ 274
- 11.3 降压变换器 ········ 274
  - 11.3.1 CCM模式降压变换器电压增益分析 ········ 276
  - 11.3.2 降压变换器BCM运行 ········ 283
  - 11.3.3 降压变换器DCM运行 ········ 285
- 11.4 升压变换器 ········ 290
  - 11.4.1 CCM模式下升压变换器电压增益分析 ········ 291
  - 11.4.2 升压变换器BCM运行 ········ 295
  - 11.4.3 升压变换器DCM运行 ········ 297
- 11.5 功率半导体 ········ 300
  - 11.5.1 功率半导体功率损耗 ········ 301
  - 11.5.2 半导体功率总损耗和结温 ········ 304
- 11.6 电力变换器无源元件 ········ 305
  - 11.6.1 电感选型 ········ 305
  - 11.6.2 电容选型 ········ 306
- 11.7 交错 ········ 306
- 参考文献 ········ 309
- 扩展阅读 ········ 309
- 问题 ········ 309
- 作业 ········ 312
  - 附录Ⅰ ········ 312
  - 附录Ⅱ：降压-升压变换器 ········ 313

第12章 隔离型DC-DC变换器 ········ 314
- 12.1 引言 ········ 314
  - 12.1.1 隔离型电力变换器的优点 ········ 314
  - 12.1.2 电力变换器类型 ········ 315
- 12.2 正激变换器 ········ 316
  - 12.2.1 正激变换器中的CCM电流 ········ 318
  - 12.2.2 正激变换器中的CCM电压 ········ 322
  - 12.2.3 变压器选型 ········ 324
- 12.3 全桥变换器 ········ 324
  - 12.3.1 硬开关全桥变换器的运行模式 ········ 325
  - 12.3.2 全桥变换器中的CCM电流 ········ 329
  - 12.3.3 全桥变换器中的CCM电压 ········ 334
- 12.4 谐振电力变换器 ········ 334
  - 12.4.1 LCLC串联-并联谐振变换器 ········ 335
  - 12.4.2 用于感应充电的理想变换器特性 ········ 335
  - 12.4.3 基本模式分析和电流源运行 ········ 339
  - 12.4.4 模拟 ········ 342
- 参考文献 ········ 344
- 扩展阅读 ········ 345
- 问题 ········ 345
- 作业 ········ 346
- 附录Ⅰ 斜坡和阶梯波形的RMS值和平均值 ········ 346
- 附录Ⅱ 反激变换器 ········ 347

第13章 牵引驱动器和三相逆变器 ········ 348
- 13.1 三相逆变器 ········ 348
- 13.2 调制方案 ········ 350
  - 13.2.1 正弦调制 ········ 350
  - 13.2.2 三次谐波的正弦调制 ········ 351
  - 13.2.3 过调制和方波 ········ 352
- 13.3 正弦调制 ········ 354

13.3.1 调制指数 m ……………… 355
13.3.2 逆变器电流 ……………… 356
13.3.3 开关、二极管和输入平均
电流 …………………………… 357
13.3.4 开关、二极管、直流母线、
输入电容的有效电流 …… 358
13.3.5 例：变换器电流 ………… 359
13.4 变换器功率损耗 ………………… 360
13.4.1 IGBT 和二极管传导
损耗 …………………………… 360
13.4.2 IGBT 模块开关损耗 …… 360
13.4.3 半导体总功率损耗和
结温 …………………………… 362
13.4.4 例：再生电流 …………… 363
参考文献 …………………………………… 364
扩展阅读 …………………………………… 364
问题 ………………………………………… 364
作业 ………………………………………… 365

第14章 电池充电 ………………………… 367
14.1 充电系统基本要求 ……………… 367
14.2 充电器架构 ……………………… 368
14.3 电网电压、频率和配线 ……… 370
14.4 充电器功能 ……………………… 372
14.5 充电标准和技术 ………………… 377
14.5.1 SAE J1772 ……………… 377
14.5.2 VDE-AR-E
2623-2-2 ……………… 377
14.5.3 CHAdeMO ……………… 377
14.5.4 Tesla ……………………… 379
14.5.5 无线充电 ………………… 379

14.6 功率因数校正升压变换器 …… 380
14.6.1 升压 PFC 功率级 ……… 381
14.6.2 升压电感选型 …………… 383
14.6.3 整流器中的平均电流 … 384
14.6.4 开关和二极管平均
电流 …………………………… 385
14.6.5 开关、二极管和电容电流
有效值 ………………………… 386
14.6.6 功率半导体充电 ………… 387
参考文献 …………………………………… 390
扩展阅读 …………………………………… 391
问题 ………………………………………… 391
作业 ………………………………………… 392

第15章 电驱动装置控制 ……………… 393
15.1 控制介绍 ………………………… 393
15.2 电动机械系统建模 …………… 394
15.2.1 机械系统 ………………… 394
15.2.2 永磁直流电机 …………… 396
15.2.3 直流-直流变换器 ……… 397
15.2.4 PI 控制器 ………………… 398
15.3 转矩回路补偿设计 …………… 398
15.4 速度控制回路补偿设计 ……… 400
15.5 使用永磁直流电机电动汽车的
加速性 …………………………… 401
15.6 使用电磁直流电机电动汽车的
加速性 …………………………… 402
参考文献 …………………………………… 404
问题 ………………………………………… 404
MATLAB 代码示例 ……………………… 405

第4部分 电 磁 学

第16章 电磁、铁磁和机电能量
转换 ……………………………… 411
16.1 电磁 ……………………………… 411
16.2 铁磁 ……………………………… 415

16.2.1 磁滞 ……………………… 417
16.2.2 硬铁磁和软铁磁材料 … 418
16.3 自感 ……………………………… 421
16.3.1 电感器基本操作 ………… 421
16.3.2 电感方程 ………………… 423

16.3.3 磁阻 …………… 425
16.3.4 储存在磁场中的能量 … 428
16.3.5 铁心损耗 ………… 429
16.3.6 铜损 …………… 431
16.3.7 面积乘积法 ……… 432
16.3.8 高频操作和趋肤深度 … 433
16.4 硬铁磁材料和永磁体 …… 434
 16.4.1 例：剩余磁通密度 … 436
 16.4.2 例：反冲线 ……… 437
 16.4.3 例：由永磁体引起的气隙磁通密度 ……… 438
 16.4.4 最大能量积 ……… 439
 16.4.5 由永磁体引起的力 … 439
 16.4.6 电磁体 …………… 441
16.5 变压器 ………………… 442
 16.5.1 工作原理 ………… 442
 16.5.2 变压器等效电路 …… 443
 16.5.3 变压器电压和电流 … 445

16.5.4 使用面积乘积法确定变压器的大小 ……………… 449
16.6 电容器 ………………… 449
16.7 机电能量转换 …………… 452
 16.7.1 安培定则 ………… 452
 16.7.2 载流线圈转矩的一般表达式 …………… 453
 16.7.3 转矩、磁链和电流 … 454
 16.7.4 法拉第电磁感应定律 … 455
 16.7.5 楞次定律和弗莱明右手定则 …………… 455
参考文献 ……………………… 456
扩展阅读 ……………………… 456
扩展观察 ……………………… 457
问题 ………………………… 457
作业 ………………………… 460
参考转换表 …………………… 460

第1部分 车辆与能量源

第1章 电动性和环境

"我的第一位客户是个精神病患者,第二位客户是个有自杀倾向的人。"卡尔·弗里德里希·本茨被誉为现代汽车的先驱者。

"实际上,没有任何一个人对内燃机具有长远的预见,我们只是处于伟大的电动化进程的边缘。一些相对来说较新的观点认为,电动化应该能够发挥更多的作用,而不是局限于现在所做的。但我没有看到任何能够助于实现目标的电力应用试验。虽然轨道电线的成本已经下降了很多,但是道路上行驶的汽车仍然无法在有轨电车的轨道上行驶;没有一款蓄电池注意到它实际上的重量……这并不意味着我们有过或者正在拥有更便宜的电力;我们还没有真正开始利用电力。不过,电力有电力的优势,内燃机有内燃机的优势,它们谁也代替不了对方——这是非常幸运的。"针对1899年的状况,亨利·福特于1923年发表了这一观点。

"所有的顾客都可以将一辆黑色的汽车涂成他所希望的颜色。"亨利·福特(1863—1947)在屠宰场的实习经历,对他设计适用于大规模生产的组装线产生了很大的影响。

"这个世界讨厌变化,但是这是唯一能带来进步的东西。"查尔斯·凯特灵(1876—1958)发明了电动起动机,从而彻底抹杀了那个年代的电动汽车。

"文明的传播也许像是一把火:首先,是一丝微弱的火苗,接下来是闪烁的火花,然后是巨大的火焰,越来越快,越来越大。"尼古拉·特斯拉(1856—1943)。

"Dum spiro, spero."(拉丁语,意思是只要我活着,我就满怀希望)。马库斯·西塞罗(公元前106—43)。从古代起就没有放弃希望……但是如果我们无法呼吸空气该怎么办?

"在那个时期,我发表了关于自然界中刺激性气体、有害烟雾的研究成果。我认为主要原因是来源于石油工业和汽车工业中有机原料的石化产品氧化。"艾利斯·简·哈根·斯密特(1900—1977),他是改善空气质量的先驱,在1970年公布了关于1952年洛杉矶大雾的研究成果。

"特斯拉等人的使命是更快地向更合适的能源转变。"摘自特斯拉公司2016年使命宣言。

本章将向读者介绍激发电机动力总成开发的影响因素。文章以汽车的发展简史为起点,从电动汽车发展远景、各种能源,以及带来的排放等方面加以阐述。讨论结果认为，应当以标准车辆行驶工况作为行驶工况，提供统一的试验方法去测量汽车排放和燃油消耗，这两者都与从燃料储存能量转换成动能的效率相关。政府法规和市场正在引导减少潜在有害排放，提高燃油消耗率成为全球发展趋势。减少排放和提高效率与巨大的消费市场回馈相结合，以绿色技术去激发电机动力总成的研发。对于作为竞争对象的内燃机动力总成，只是在效率方面简要地加以介绍和讨论。本章包括重型交通工具和其他现代运输模式。

1.1 电机动力总成简史

电动汽车主要经历了三个革命性发展阶段，本节将对其进行详细介绍。

1.1.1 第一部分——电动汽车诞生

第一台自推进式汽车是蒸汽驱动的。蒸汽机汽车以煤和木材为燃料，要花费很长时间加热外燃式发动机的锅炉产生蒸汽，推动活塞做功。现代汽车最初于1880年由卡尔·本茨设计制造，它使用的是内燃机。早期的汽车非常不可靠，噪声大、污染严重，并且很难起动。同一时期，尼古拉·特斯拉发明了现代电子技术。通过与乔治·华盛顿合作，并与托马斯·爱迪生开展竞争，分别发明和创建了交流电和直流电系统。纯电动汽车由铅酸电池提供能量，使用的是直流电系统，在1890年与内燃机汽车开展了竞争。电动汽车没有内燃机汽车的起动困难和尾管排放问题。由于当时道路系统并不是很发达，而且也没有舒适的道路可供长距离行驶，因此电动汽车的低续驶里程并没有成为大问题。1900年，美国的汽油车和电动汽车的销售量大致相当，但是在接下来的十年内，电动汽车的销量出现了断崖式下跌。有趣的是，同一时期欧洲的电动汽车销量非常之少，这是由于法国和德国的汽车制造公司在内燃机研发方面领先于世界，如雷诺、标致、奔驰等。

两个大事件使内燃机占据了主导地位。第一件是亨利·福特大规模生产的T型车促使汽油车价格大幅降低，远远低于竞争对手及电动汽车。但是，当时的汽油车仍然需要手工驱动曲轴以起动发动机。第二件是查尔斯·凯特灵发明的电子点火系统和起动机终结了手工驱动曲轴的方式。凯迪拉克于1912年引进了这些技术，极具讽刺意义的是，它让电动汽车成为了历史。从此，电起动汽油车急剧增长，道路系统也得到了迅猛发展。汽车货物运输行业预见到了现代社会的发展，它刺激了个体运输及城市化发展。加州成为这种趋势的先行者，并迅速扩展到全球。由于续驶里程短、价格高，电动汽车不再具有竞争力。除了一些特殊情况，如运输货车，电动汽车在市场上逐渐消失了。

1.1.2 第二部分——电机动力总成的复苏

鲁道夫·狄赛尔于1890年发明了柴油发动机，32年后，即1922年柴油发动机开始在汽车上使用，它的压燃式点火方式与汽油发动机火花塞式点火方式形成强有力的竞争。实际上，第一台商用柴油发动机是由美国啤酒商安海斯布希下属的子公司设计的。它的低速大转矩特性使其成为中重型车辆的首选动力总成。近年来，由于碳排放大大少于汽油发动机，柴油发动机已经成为轻型车辆的可选发动机，特别是在欧洲，其应用范围更广。

当然，发动机燃烧化石燃料会带来环境污染问题。荷兰科学家艾利斯·简·哈根·斯密特受邀前往加州，为尽快解决南加州的空气污染和烟雾问题提供建议。烟雾是烟和雾的合成词，用来描述城市中普遍出现的空气污染现象。伦敦型烟雾专门用来描述由碳颗粒引起的烟雾，而洛杉矶型烟雾专门用来描述由汽车排放形成的烟雾。哈根·斯密特论证了加州烟雾是由内燃机排放物和阳光之间的光化学反应而形成的臭氧。他现在被誉为控制和缓解空气污染之父。南加州的地理特征是山谷众多，这种地形非常不利于污染物扩散，直到从沙漠方向吹来的风吹过山谷。在其他城市也有类似的地貌，如北京，从戈壁滩吹过来的沙尘很容易与城市烟雾结合在一起，带来严重的空气污染问题。

1980年，通用汽车决定开发一款纯电动汽车，可供选择的动力方式有很多种。例如，美国的城市污染非常严重，特别是洛杉矶，一个重要的选择是利用太阳能。由太阳能驱动的太阳能赛车就是一个成功的案例，于1987年完成了穿越澳大利亚的3000km赛道比赛。太阳能赛车是由美国航空环境公司、通用汽车和休斯航空器公司共同制造的，他们倾尽全力打造了这辆重量轻、续驶里程长、由太阳能驱动的电动汽车。

Impact是通用汽车在南加州研发的原始电动汽车样机，通用汽车决定量产这款车型。最终的产品，即众所周知的通用EV1，在通用汽车的密西根和南加州工厂投产，并于1996年正式上市。这款汽车具有革命性意义，因为它集成了很多新技术，虽然这些技术在今天看来很平常。改进型牵引电机是一款高功率交流电机，它利用了尼柯拉·特斯拉的发明专利。车身由铝合金构成以减轻重量，且车身的空气动力学特性不输于今天任何一款汽车。车辆配置了先进的硅电子技术来控制所有的电子设备，新的绝缘栅双极晶体管（IGBT）硅开关确保高效、迅速地控制电机。车辆还配置了电子转向助力和制动系统，以及温度控制系统。EV1还配置了昂贵的故障诊断系统，这是一种现代汽车上装配的普通装置，其目的是提高燃油经济性和操纵性。同一时期，通用汽车在运输行业和学校用重型车辆上也实现了电动化。值得强调的是，由于固有的燃油经济性和性能方面的优势，铁路运输行业已经成功地应用了电机动力总成，至今已有几十年的历史。

通用EV1电动汽车通过铅酸电池走向市场，这是一种在20世纪具有一定局限性的技术。第二代EV1电动汽车配置了镍氢电池（NiMH），它的续驶里程几乎是第一代EV1的两倍。但是，存在的一系列现实问题注定了它是一款失败的产品，如电池技术缺陷、相对于汽油机的价格劣势、能量效率和绿色技术消费需求的匮乏、政府支持不力，以及混合动力汽车时代的来临等。

20世纪90年代初，丰田汽车公司认为运输行业已经变得越来越高效，需要更多的电动化和更少的排放污染，便做好准备迎接新世纪的挑战。1997年，丰田汽车第一次在日本市场推出了普锐斯。这辆车配备了一台基于艾金森循环的高效汽油机。但是这种艾金森循环发动机并不适用于传统的汽油发动机，丰田汽车利用混合动力方式克服了发动机的局限性，创造了一辆高燃油效率的汽车。丰田普锐斯配置了镍氢电池包（NiMH）、高效的IGBT硅电子开关和永磁交流电机。内置永磁电机使用了先进的稀土永磁材料，使它比同期的感应电机具有更高的工作效率和功率密度。丰田普锐斯还配置了传统变速器和先进的无级变速器，后者通常被称为CVT。丰田公司很早就意识到混合动力技术将改善因为使用内燃机而日渐恶化的运输条件，使燃油经济性达到最大化。汽车电动起停、怠速控制等技术已成为汽车的常用技术。

因为高效的能源利用率和绿色技术，使得丰田普锐斯和它的同类产品逐渐成为市场上的领导者。它终结了20世纪90年代刮起来的纯电动之风，但是同时也促进了整个世界对电机动力总成价值的认可。

1.1.3 第三部分——电机动力总成最终成功

工业时代电动汽车的发展瓶颈是电池本身。1970年，电池研发的重点集中于锂电池。约翰·古迪纳夫因为于1979年发明了第一个实用性锂离子电池而被誉为锂电池之父。索尼公司于1991年实现了锂离子电池商业化生产，由于高电压和高能量密度的特性，锂离子电池成为移动电话的首选电源。尽管价格较高，但是锂离子电池的能量密度比铅酸电池高出3~5倍。

通用汽车Impact电动汽车的先驱者阿兰·柯尼尼和威利·莱皮尔组建了一个广为人知的公司——AC Propulsion，继续在电动汽车领域开展工作，致力于驱动系统和充电系统开发。2000年，AC Propulsion公司开发了一款纯电动样车，即著名的Tzero，如图1.1所示。这台样车的独特之处是它为主电池包配置了大量由计算机控制的便携式锂电池。这项装置能够提供非常可观的续驶里程，同时还兼具较高的效率和良好的操纵性。

硅谷的企业家们试驾了这台样车，他们急切地想将它投入到商业化运行中去。特斯拉汽车就诞生于硅谷，他们于2007年生产的第一台汽车——特斯拉Roadster，一共安装了6831块松下电池，是第一款搭配了锂电池组的大批量生产的电动汽车。

2012年，特斯拉公司在Roadster取得成功的基础上开发了下一代产品——特斯拉Model S豪华型轿车，以及2015年的Model X和2017年的Model 3。特斯拉在艾隆·马斯克的带领下，在电动汽车市场取得了巨大的成功，将全球客户的目光都吸引到了电动汽车上。长续驶里程、高性能、自动驾驶、更细致的人机交互界面、直销方式，以及光电池动力等亮点都充分体现在特斯拉产品上了。

第1章 电动性和环境

图1.1 AC Propulsion Tzero（由 AC Propulsion 提供）

日产 Leaf 于 2011 年正式发布，并很快占据了最大的电动汽车市场份额。尽管续驶里程低，但是日产 Leaf 以低于特斯拉很多的价格吸引了市场上大批的消费者。

在通用汽车 EV1 之后，特斯拉和日产在加州先后发布了各自的电动汽车。目前，关键性的市场支持来自于政府。利用信用系统，电动汽车制造商将从其他汽车制造商那里获得资金支持，以便在市场发展的同时补贴这种新型商业模式。随着电池价格的不断下降，更多的纯电动汽车走进了市场。2016年，通用汽车发布了中距离续驶里程的雪佛兰 Bolt，如图 1.2 和图 1.3 所示。而特斯拉于 2017 年发布了 Model 3，这两款电动汽车的续驶里程均超过 200mile（1mile = 1.609km）。

图1.2 Chevy Bolt（由通用提供）

丰田、福特、本田、现代、宝马、大众及其他公司的多款油电混合动力汽车

图 1.3 拆开后的 Chevy Bolt 电池和推进系统（由通用提供）

（HEV）持续占据电动汽车市场。一些制造商在雪佛兰 VOLT 之后，开发出了插电式混合动力汽车（PHEV）。插电式混合动力汽车配置了足够的锂电池以满足大多数驾驶员的日常需求，它可以利用内燃机给电池充电，以提供必要时的推进动力。

带电机动力总成的燃料电池汽车也被投放市场。燃料电池已经有很长的历史了。例如，燃料电池曾被用于航空器上长达几十年。汽车燃料电池将空气中储存的氢和氧转化为电力。氢必须经过压缩，以达到足够的储存量。技术的进步降低了燃料电池的成本，减小了尺寸，减少了所需的电厂平衡（产生动力所需的额外设备）。燃料电池汽车（FCEV）的吸引人之处是它兼顾了具有高密度氢的电机动力总成和使用时排放物只有水这两个优点。因此，FCEV 类似于纯电动汽车，在使用过程中是零排放。对汽车来说，燃料电池是一个有吸引力的可选项，它与电池相比具有更高的能量储存能力。最具挑战性的技术是如何利用低碳方法产生氢，以及设计燃料加注和分配系统。现代汽车于 2014 年在加州发布了 Tucson FCEV 汽车。丰田于 2015 年在市场上投放了 Mirai FCEV。本田 2017 年发布了限量版 Clarity（基础车型是 2008 年推出的早期版本）。

2015 年汽车行业爆发了一个大丑闻，大众汽车利用"作弊"软件通过了美国环境保护署（EPA）的尾气排放检测。在排放测试试验过程中，大众汽车软件会检测到车辆处于测试状态，通过调整参数使汽车减少排放，以通过 EPA 测试。一旦软件检测到车辆没有处于测试状态，排放量会上升。

世界上最好的柴油发动机制造商之一为了满足排放标准而处心积虑，通过熟练控制和回避发动机控制单元，在特定时点满足排放法规，但是在日常使用过程中却超出法规要求。为了解决该事件，美国政府付出了数以亿计的资金，加州也提供基金以制造零排放汽车，在电池和燃料电池方面增加了巨大的投资。

结果，电动汽车在 21 世纪获得了新生。从电池、混合动力电池到燃料电池衍生出各种产品，本书将一一加以介绍。

最后，必须注意到1996年通用EV1电动汽车上市以后的十年内世界发生了变化。巨大的消费意愿和市场因绿色技术而获得发展，地方政府、州政府以及联邦政府、公共部门和工业界都意识到需要扶持更加环保的绿色技术，有的直接给予了补贴。刺激方式有很多种：减少污染以保证空气质量、减缓全球变温以控制气候变化、开发本地或者更加绿色的能源以减少对世界动荡地区的能源依赖、发展相关的商业和工业。

因专制政权、战争、暴力冲突、社会动荡等因素，给许多石油生产国带来了沉重的负担。由于战争引起的供应链反复变动，使许多国家基于安全考虑而发布了众多的能源多样性和积极性能源政策：如1991年的第一次海湾战争，2003年第二次海湾战争，以及其他战争。针对环境污染和气候变化的意识转变，都是能够提升能源效率的重要影响因素。

许多国家都开展了对风能和光能的利用。由于政府发布的法规和消费者的期望使得能源效率大幅提升。压缩天然气已经代替化石燃料成为发电原材料。页岩气和石油已经引发了美国能源改革，正在逐渐远离"不干净"的燃料，如煤炭。中国在重工业中大量使用煤炭，如今已经产生了严重的环境污染问题。2011年日本福岛核电站事故之后，核能的隐患便引起了人们的重视，德国已经决定放弃使用核能。用巴西甘蔗和美国玉米生产的生物燃料在交通运输中的应用不断增多。柴油燃烧后产生的NO_x排放物以及处理这些颗粒物所花费的高成本问题也引起了人们的重视。

当然，各国在制定能源政策时会有很多需要克服的矛盾。核能因存在危险因素而被忽视和放弃，但是它也有碳排放低的优点。对生物燃料的应用冲击了食物的输出，并且造成食品价格的升高。再生能源缺少可持续性，在储存方面也存在问题。受限于物理规律，我们在做出决定时要面临诸多困难。热力学第一定律是能量守恒规律，它解释了能量不能被产生或破坏，只能从一种形式转化为另一种形式。

1996年以来，世界发生了很大的变化，并且将一直持续下去。世界各国都在考虑经济、环境、社会安全，以及其他相关政策等因素，从而调整其能源政策和使用方式。

接下来我们将研究这些能源燃料的某些特性。

1.2 能源推进和排放

本节中，我们简要地回顾一下上面介绍的能源。各种燃料的特性见表1.1。前4种燃料都是化石燃料。汽油是公路运输最常用的燃料，然后是柴油。汽油、柴油和压缩天然气（CNG）的某些特性也在表1.1中列出。特殊能源和密度主要参考了博世汽车手册。煤炭也列入参考目录中，它具有很多衍生物，无烟煤便是其中之一。在实际的燃油能源目录中可能只有很少的衍生产品，这是由于燃油是多种不同类型燃油的混合物，包括生物燃料，如酒精。分子式描述了混合物中具有代表性的化合物。

表 1.1 各种燃料的能量和碳含量

燃料	分子式	质量能量密度 /(kW·h/kg)	质量能量密度 /(kJ/g)	密度 /(kg/L)	体积能量密度 /(kW·h/L)	CO_2 排放 (kgCO_2/kg 燃料)	CO_2 排放 (gCO_2/kW·h)
汽油	C_8H_{18}（异辛烷）	11.1~11.6	40.1~41.9	0.72~0.775	8.0~9.0	3.09	266
柴油	$C_{12}H_{23}$	11.9~12.0	42.9~43.1	0.82~0.845	9.8~10.1	3.16	268
燃气	CH_4（甲烷）	13.9	50	0.2	2.8	2.75	198
	天然气（大部分为 CH_4）	11.2~13.0	40.2~46.7				
煤	$C_{240}H_{90}O_4NS$（无烟煤）	8	28.8	0.85	6.8	2.8	350
氢气	H_2	33.3	120	0.42（700bar压力下）	14	0	0
锂离子电池		0.15	0.54	2.5	0.375	0	0

单位重量的汽油和柴油含有相当的热能。由于柴油的密度比汽油大，当使用体积单位进行对比时，它比汽油的能量多。每单位体积中所含有的能量，如每加仑，柴油比汽油具有更大的燃油经济性优势。柴油的燃烧过程比汽油具有更高的效率。

通常，天然气压缩成液体后具有更高的能量密度，但是以体积为单位衡量时，它的能量密度却很低。

燃料电池汽车的一个可选燃料是氢，这里也列入了氢的特性，以方便比较。氢必须进行高度压缩后才能使用。2016 款丰田 Mirai 使用的是 5kg 达 700bar（1bar = 10^5Pa）或 70.7MPa 的压力，并且需要在车身上预留足够的空间来布置储存燃料氢的设备。

锂电池包里通常包含一定数量的锂电池单元。锂电池包的比能量和能量密度大约是汽油的 1/76 和 1/23。因此，电池包必须足够大和足够重，这样才能为电动汽车提供与内燃机同等规模的能量。

请注意，碳含量是基于表格中第 2 列的分子式和下一节中提供的分析方法计算得出的。能量含量是基于低热值（LHV）的近似值，该值通常被用来计算燃料中所包含的能量。

1.2.1 燃料碳排放

内燃机的工作原理是将燃料喷射到气缸内，与空气混合，并由火花塞点火或者压缩点火。气缸内燃烧过程产生的热量使气体爆发，推动活塞运动，从而将热能转

换为车辆运动所需要的动能。内燃机气缸内发生的热化学反应遵循下面的公式

$$C_xH_y + \left(x + \frac{y}{4}\right)O_2 \rightarrow xCO_2 + \frac{y}{2}H_2O \tag{1.1}$$

式（1.1）中，反应的输入是 C_xH_y，它是化石燃料的通用化学方程式，如表 1.1 中所示，O_2 为空气中的氧气。反应的生成物包括热量、二氧化碳（CO_2）和水（H_2O）。指数 x 和 y 由燃料的化学成分决定。当然，喷射进气缸的空气中并不只有氧气。下面将会介绍到，占空气含量78%的氮气是排放物中的主要成分。

发动机能以多种空燃比工作，而不同的混合比会影响排放和燃油经济性。低空燃比是指稀薄燃烧，高空燃比则指加浓燃烧。例如，加浓燃烧时氧原子含量低，反应产物中碳氧化合物和炭烟的含量就会增加。

异辛烷燃烧的化学方程式是汽油混合物的一部分，即

$$C_8H_{18} + \left(8 + \frac{18}{4}\right)O_2 \rightarrow 8CO_2 + 9H_2O \tag{1.2}$$

对于柴油燃烧过程则是

$$C_{12}H_{23} + \left(12 + \frac{23}{4}\right)O_2 + \rightarrow 12CO_2 + \frac{23}{2}H_2O \tag{1.3}$$

我们可以将燃烧产物中的二氧化碳直接与燃料中的碳含量联系起来，通过一些简单的计算来确定排放量。

例：汽油机燃烧产生的二氧化碳

我们可以看到，C_8H_{18} 的指数 x 使每个 C_8H_{18} 分子生成 8 个 CO_2 分子。我们接下来注意到元素的分子量是不同的。单位碳、氢、氧的原子数分别是 12、1、16。因此，$C_{18}H_{18}$ 的原子量是 114 个原子质量单位（amu），计算方法如下

$$\begin{array}{r}8C\ atoms = 8 \times 12amu = 96amu \\ \underline{18H atoms = 18 \times 1amu = 18amu} \\ C_8H_{18} \qquad\qquad = 114amu\end{array} \tag{1.4}$$

CO_2 的原子量为

$$\begin{array}{r}8C\ atoms = 8 \times 12amu = 96amu \\ \underline{16O atoms = 16 \times 16amu = 256amu} \\ 8CO_2 \qquad\qquad = 352amu\end{array} \tag{1.5}$$

原子量的相对差异意味着在热化学反应中每消耗 1kg C_8H_{18} 燃料则会产生 352/114 × 1kg = 3.09kg 的碳氧化合物。换用体积单位的话，则是燃烧 1L 汽油大约会产生 2.39kg 的 CO_2。也可以说，每消耗 1USgal（1USgal = 3.78541L）的汽油，则会产生大约 9kg（20lb）的 CO_2。

1.2.2 温室气体和污染物

燃烧过程中产生了许多额外的排放物——其中一些造成了地面污染，另一些则导致了温室效应。后处理是一种通用术语，用来描述在车辆上对内燃机排放物的处

理，例如，使用三元催化转化器或者颗粒过滤器，以满足车辆的排放要求。

颗粒物质（PM）是一种由极其小的颗粒物组成的复杂混合物，它们是燃烧过程的产物。由于这些颗粒太小，人的喉咙和鼻子无法将其过滤，会对心脏、肺和大脑造成不利影响。它们也被认为是人类的致癌物。柴油发动机的 PM 比汽油发动机的排放量要大得多。PM 的排放可以通过后期处理得到缓解，但是所花费的成本也是巨大的。一般来说，直径小于 $10\mu m$（PM10）的颗粒吸入到体内是非常危险的。PM2.5 颗粒的直径小于 $2.5\mu m$，是燃烧过程中产生的，是空气污染的重要组成部分，也是致癌的主要因素。

一氧化碳（CO）是一种无色无味的气体，也是燃烧过程的产物。这种气体会导致人中毒甚至死亡。柴油发动机所产生的一氧化碳比火花点火式发动机要少很多。

二氧化碳（CO_2）是一种温室气体，由于它增加了大气中自然产生的二氧化碳的浓度，从而导致了温室效应。据统计，每年因人类燃烧化石燃料向大气中排放的二氧化碳约有 370 亿 t。

一氧化二氮（N_2O）和甲烷（CH_4）是燃烧过程的附加产物，也会导致温室效应。甲烷作为一种温室气体，通常是工业化石燃料的产物，也可能来自于动物排放的胃气和其他自然方式。

氧化氮（NO）、二氧化氮（NO_2）和挥发性有机化合物（VOCs）是燃烧过程中产生的排放物，导致地表臭氧和其他污染物增多。下一节将对其加以讨论。

总烃（THCs）是基于碳氢化合物的排放产物，其中包含未燃烧的碳氢化合物和 VOCs。VOCs 包括醇类、酮醛类物质等。总烃也是会导致温室效应的气体。

NO_x 的影响

空气中大约包含 78% 的氮气、21% 的氧气、0.9% 的氩气、0.04% 的一氧化碳，以及其他少量的稀有气体和水分子。虽然氮原子比氧原子更紧密地结合在一起，但这些元素可以在内燃机的气缸内进行反应，从而产生氮氧化合物和二氧化碳。

$$N_2 + O_2 + heat \rightarrow NO, NO_2 \qquad (1.6)$$

一氧化氮（NO）和二氧化氮（NO_2）的化合物通常称为氮氧化合物（NO_x）。二氧化氮可以在阳光的作用下发生反应，产生氧原子和一氧化氮。

$$NO_2 + sunlight \rightarrow NO + O \qquad (1.7)$$

氧原子（O）与空气中的氧分子（O_2）发生反应，形成臭氧。

$$O_2 + O \rightarrow O_3 \qquad (1.8)$$

碳氢化合物也是在燃烧过程中产生的。在所有的碳氢化合物中都包含 VOCs，这对于地表臭氧和烟雾的形成是至关重要的。如果没有 VOCs，臭氧会与一氧化氮反应产生氧气，从而阻止了臭氧的形成。但是，VOCs 和空气中的氢气及式（1.7）中的一氧化氮反应，结果产生了二氧化氮。

包括 VOCs 在内的整个反应序列的净效应是臭氧在大气中不断地积累。地表臭氧被人类及其他动物吸收。臭氧在肺内部发生反应,导致呼吸系统疾病,如哮喘和肺炎等。请注意,大气空间的臭氧是必需的。在上层空间的对流层,臭氧可以过滤掉太阳光中对人体有害的紫外线。

VOCs 和一氧化氮的另外一种反应会产生过氧化乙酰硝酸盐(也称为 PANs),它会刺激呼吸系统和眼睛,也会破坏植物的生长,是导致皮肤癌的一个重要因素。

柴油发动机是市区内氮氧化合物的主要来源。由于柴油发动机被大量应用于轻型和重型车辆,伦敦等城市近年来已经遭受了严重的污染。据统计,英国每年约有 23500 人因氮氧化合物污染而死亡。许多政府已经意识到柴油是产生碳排放物的重要来源,与之相关的氮氧化合物排放已经导致当地空气质量显著下降。

许多柴油汽车使用尿素进行排放控制。尿素 $[CO(NH_2)_2]$ 是一种天然的动物尿液,这种化合物有利于减少一氧化氮的含量,工业中生产的尿素被储存在汽车的储水箱中,并被注入排气系统内,将一氧化氮转化为氨。氨在催化转化器中发生反应,并消耗氮氧化合物。整体反应方程式为

$$2CO(NH_2)_2 + 4NO + O_2 \rightarrow 4N_2 + 4H_2O + 2CO_2 \tag{1.9}$$

2015 年大众柴油车排放丑闻中,小型车载尿素罐起了很大的作用。

催化转化器是安装在汽车上的一种排放控制装置,用来减少一氧化碳、THCs 和一氧化氮的排放量。铅也是一种污染物,它会覆盖在催化剂表面,从而使催化转化器失去功效。因此,汽油中去除了铅以促进催化转化器的作用。

催化转化器主要有两个重要功能。首先,它将一氧化碳和未燃烧的碳氧化合物转化为二氧化碳和水

$$CO, C_xH_y \rightarrow CO_2, H_2O \tag{1.10}$$

其次,它将氮氧化合物转化为氮和氧

$$NO, NO_2 \rightarrow N_2 + O_2 \tag{1.11}$$

汽车排放物在很多方面会对公共环境卫生产生影响,是一个研究的热门课题(参见本章的扩展阅读部分)。因此,当前一个重要的趋势是采用电动、混合动力和燃料电池汽车作为缓解当地污染和减少碳排放的解决方案。

1.3 法规的出现

加州政府证明了减少车辆排放和相关排放法规的必要性,而这只是全球问题中的一部分。相关事件的简要概述见表 1.2。这张表格是加州环境保护署空气资源委员会(ARB)在网站上公布的一份报告的修订版。

正如表中的时间表所示,在发达国家中,随着汽车的普及和其他技术的进步,带来了严重的空气污染和温室效应。2000 年,汽车在加州行驶 1mile 会产生大约 0.5kg 的二氧化碳,行驶 2800 亿 mile 总里程共产生 140 亿 kg 二氧化碳。然而,这

只占 2015 年全球总排放 37 亿 t 中的一小部分。虽然烟雾是最初的刺激因素，但公众对控制一氧化碳排放的积极性是高涨的，因为排放与燃油经济性是直接相关的。

表 1.2 加州汽车相关的发展时间表

时间	事件
1940 年	加州人口达到了 700 万，拥有 280 万辆汽车和 240 亿 mile 的行驶里程
1943 年	夏天，洛杉矶发生了雾霾事件，可见度只有三个街区，人们感觉到眼睛刺痛、呼吸不畅、恶心和呕吐。该现象属于气体攻击，起因于附近的丁二烯工厂。当工厂关闭后，情况并没有得到改善
1953 年	英国伦敦的"毒雾"导致 4000 人死亡，这就是著名的伦敦毒雾事件。艾利斯·简·哈根·斯密特发现了光化学烟雾产生的原因，确定了在紫外线辐射下氮氧化物和碳氢化合物形成了烟雾，其中一个关键的成分是臭氧。它和洛杉矶型烟雾为同一类型
1960 年	加州的人口达到了 1600 万，拥有 800 万辆汽车和 710 亿 mile 的行驶里程
1966 年	加州汽车污染控制委员会制定了汽车尾气中碳氢化合物和一氧化碳的排放标准，它是美国历史上第一个相关的机构
1968 年	艾利斯·简·哈根·斯密特被任命为新成立的空气资源委员会主席（于 1973 年因政策原因被里根总统解职） 1967 年颁布了联邦空气质量法，它允许加州免除制定和执行自己的新车排放标准
1970 年	美国环保局成立，其宗旨是全方位保护环境
1975 年	第一个双通路催化转化器在部分汽车上投入使用，作为 ARB 汽车排放控制规划中所要求的一部分 美国国会批准 CAFE 标准
1980 年	加州的人口达到了 2400 万，拥有 1700 万辆汽车和 1550 亿 mile 的行驶里程
1996 年	七家大规模汽车制造商承诺生产和销售零排放汽车。通用汽车的 EV1 电动汽车首次亮相
1997 年	丰田汽车的普锐斯于日本上市
2000 年	加州的人口达到了 3400 万，拥有 2340 万辆汽车和 2800 亿 mile 的行驶里程 由 ARB 资助的一项长期儿童健康研究报告显示，当暴露于重污染空气中，会使肺的功能性增长率降低 10%
2007 年	特斯拉跑车初次亮相
2008 年	ARB 颁布了两项重要法规，旨在清理来自于总量为一百万辆的柴油发动机货车。其中一项法规要求货车必须安装排气过滤器或替换发动机，另一个法规要求使用高燃油消耗率轮胎和空气动力装置
2010 年	加州制定了可再生能源标准。在 2020 年之前，在该州销售的 1/3 电力需要使用清洁、绿色能源
2011 年	ARB 确定每年约有 9000 人死于加州空气中的颗粒物污染 日产 Leaf 上市
2014 年	现代燃料电池汽车在加州首次亮相
2015 年	大众汽车柴油车尾气排放造假丑闻成为一个重大的新闻事件

1975年，美国国会引入了企业平均燃油经济性（CAFE）标准。标准在汽车和轻型货车燃油经济性方面做了很大的修订，并预测2025年的燃油经济性为54.5mile/gal。1978年的标准为18mile/gal。

1.3.1 监管注意事项和排放趋势

如前所述，由于温室气体的排放及相关的城市烟雾污染，车辆可能会对全球和当地环境造成严重的影响。另外，使用汽油和柴油作为燃料引发了一系列与供应安全和这些重要物资经济性的考虑。因此，近几十年来对车辆排放和燃油经济性有了更大力度的监管。二氧化碳排放和燃油消耗的全局发展历史和趋势预测如图1.4所示，数据来自于国际清洁运输理事会（ICCT）。横坐标代表时间，主纵坐标为根据新欧洲行驶工况（NEDC）归一化的每千米二氧化碳排放量（单位为gCO_2）值，NEDC是常用的行驶工况使用标准。在全球范围内，新车排放出现了显著的降低，预测这种趋势将持续到2025年，甚至更远。例如，美国的乘用车排放量预计将从2002年的$205gCO_2/km$降低到2025年的$98gCO_2/km$。由于燃油消耗与碳排放密切相关，因此，在同一图上将百公里燃油消耗量列在副纵坐标处。美国的燃油消耗量预计将从2002年的88.7L/100km下降到2025年的4.1L/100km。很显然，这一发展趋势正在全球范围内发生。

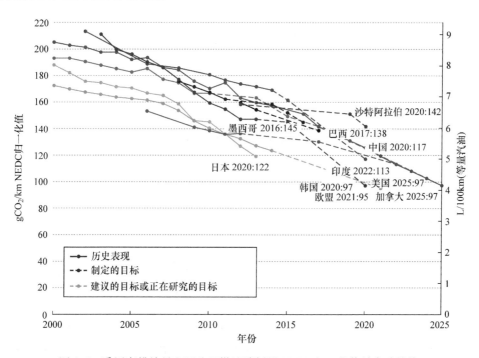

图1.4 乘用车排放量和百公里燃油消耗量NEDC归一化值的全球趋势

1.3.2 大型货车法规

与轻型车辆一样,大型车辆受到更严格的排放控制。轻型车辆在美国的总重量最多不超过3855kg(8500lb),而大型车辆通常最多不超过36280kg(80000lb)。

欧洲标准被广泛引用。1993年,欧Ⅰ标准应用于货车和公共汽车。2014年,为货车和公共汽车制定了欧Ⅵ标准。如图1.5所示,废气和PM排放水平限值有了显著降低,这应该归功于搭载在柴油车上的昂贵的排放物后处理设备。废气和PM排放量已经从欧Ⅰ标准的8g/kW·h和0.6g/kW·h降低到欧Ⅵ标准的0.4g/kW·h和0.01g/kW·h。

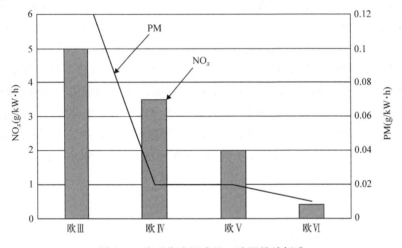

图1.5 重型柴油机欧Ⅲ~欧Ⅵ排放标准

货车和客运巴士等商用车辆由于商业原因而没有明确的标准限制,但是不包括轻型车辆。

- 这些车辆通常都有固定路线的行驶工况,并定位于训练有素的用户和服务人员。
- 有显著的维护和服务成本,因此,车辆可以受益于较低的故障率和与电气化相关的较低的服务成本。
- 城市对废气排放的限制,尤其是氮氧化合物和PM,使得在市区内驾驶非零排放车辆变得更加困难。
- 大型车辆往往比轻型车辆具有更高的连续功率级和相对较低的峰值功率级。
- 后处理被用来减少柴油发动机的氮氧化合物和PM排放。然而,后处理的费用非常昂贵,有可能需要几千美元的额外费用,并且是一项繁重的工作任务。但是,目前后处理仍然是减少氮氧化合物和PM排放的主要方法,尽管不能从减少温室气体和二氧化碳中直接受益。控制温室气体和二氧化碳的排放需要从混合动力、氢燃料电池、减小发动机尺寸等方面对动力总成加以优化,使发动机以更高效率工作。

所有的这些因素都促进了大型车辆上的电气化应用。

1.4 EPA 行驶工况

行驶工况是一种标准化的行驶模式,可用于对标和比较燃油经济性和废气排放量。测试时由一名专业驾驶员在一种称为测功机的平台式装置上驾驶车辆。

在世界范围内,有许多类型的标准化行驶工况。已经开发的全球通用的协调轻型车辆试验规范(WLTP),被许多国家采纳。JC08 是日本的常用标准。由美国环保署制定和管理的行驶工况主要在美国范围内使用。

本节重点讨论美国环保署的行驶工况,因为它们在新闻和媒体中被广泛采纳。NEDC 通常在欧洲引用较多。然而,NEDC 并没有体现现实世界中的行驶情况,也不像美国环保署的测试那样严格,而且它显著高估了燃油经济性,低估了燃油消耗量和废气排放量,这一点将在后面的内容中谈到。

美国环保署的标准燃油经济性测试基于五个不同的行驶工况。在测试过程中,车辆排放的废气被收集在袋子里进行分析。EPA 使用了四个基本工况,见表 1.3 中的 FTP、HFET、US06、SC03。第五个测试是寒冷 FTP,称为 FTP(冷)。

表 1.3 行驶工况参数

行驶工况	距离/km	时间/s	平均速度/(km/h)	最高速度/(km/h)	HVAC
FTP	17.66	1874	33.76	90	
FTP(冷)	17.66	1874	33.76	90	热风
HFET	16.42	765	77.28	95	
US06	12.82	596	77.39	127	
SC03	5.73	596	34.48	88	空调
UDDS(LA4)	11.92	1369	31.34	90	
NEDC	11.02	1180	33.6	120	

联邦测试程序(FTP)行驶工况用于城市道路,如图 1.6a 所示。FTP 工况是基于早期的 LA4 工况,它也被称为城市测功机行驶表(UDDS),最初是基于洛杉矶的行驶条件。FTP 工况的初始 1400s 与全 LA4 工况相同。LA4 工况的最初 450s 包含在整个 LA4 工况之内,以形成完整的 FTP 行驶工况。公路燃油经济性行驶表及 HFET 行驶工况如图 1.6b 所示,它模拟了高速公路行驶工况。一个更高速、更激进的工况是基于 US06 的行驶工况,如图 1.6c 所示。在 SC03 行驶工况中引入了空调的使用,如图 1.6d 所示,测试是在 95°F 的高温环境下进行的。测试条件包括不同环境温度和发动机冷、热起动。各种测试工况的比例分配基于美国环保署制定的典型美国驾驶员的习惯数据,如 EPA 所描述的那样,并对测试结果进行了汇总和修正,以获得对燃油经济性、消耗量、排放量和行驶里程的现实估计。

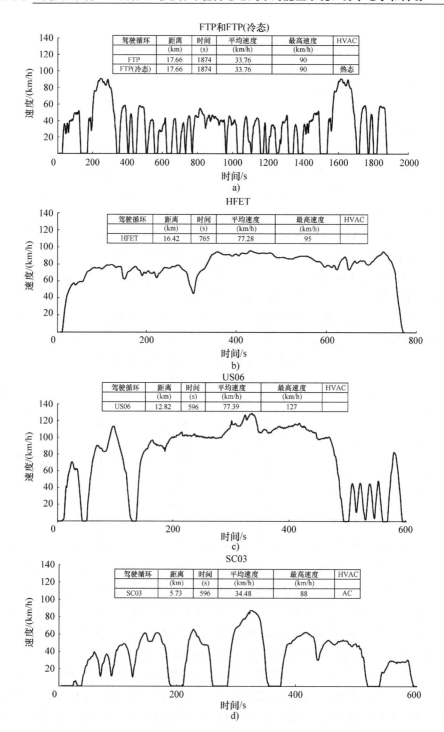

图 1.6 EPA 驾驶循环

为了方便比较，图 1.6 中所有的行驶工况都是以 140km/h 车速进行试验的。各测试试验中的一些关键参数如图 1.6 和表 1.3 所示。显然，HFET 和 US06 是最高的测试速度。请注意，LA4 和 NEDC 行驶工况的参数也包含在表 1.3 中。

五工况测试是基于内燃机车辆的。这些测试测量了给定条件下的各种排放量和燃油经济性。车辆是冷起动还是热起动、是否开启暖风或空调（HVAC），测试得到的排放量和燃油经济性会出现较大的变化，见表 1.3 最后一列。不同的试验是为了获取重要的行驶条件。

测试由汽车制造商或者美国环保署执行，每年由美国环保署进行汇总和公示。

美国环保署于 2017 年对丰田普锐斯经济驾驶模式的测试结果见表 1.4。与 THCs、一氧化碳、氮氧化合物、PM、甲烷、一氧化二氮、二氧化氮相关的每英里排放量，都在表格中有显示。最后一列显示的各行驶工况中的燃油经济性。

表 1.4 美国环保署于 2017 年对丰田普锐斯经济驾驶模式的测试结果

行驶工况	CO_2/ (g/mile)	THC/ (g/mile)	CO/ (g/mile)	NO_x/ (g/mile)	PM/ (g/mile)	CH_4/ (g/mile)	N_2O/ (g/mile)	燃油经济性/ (mile/USgal)
FTP	105	0.0117	0.0644	0.0029		0.0019	0.0013	84.1
FTP（冷）	153	0.1906	1.0590	0.0229				56.6
HFET	115	0.0004	0.0156	0.0001		0.0003		76.9
US06	176	0.0249	0.201	0.0052				50.1
SC03	152	0.0406	0.2768	0.0036				58

从图 1.6 可以看出，FTP、FTP（冷）和 SC03 都有类似的平均和最大速度，因为它们都是城市工况。然而，由于该车辆在 FTP（冷）工况和 SC03 工况中使用了额外的燃料，测试得到的废气排放量和燃油经济性可能会有很大的不同。燃油经济性降低了约 33%，从 FTP（冷）工况的 84.1mile/USgal 降至 56.6mile/USgal，而 SC03 工况中的燃油消耗量下降了 31%，降至 58mile/USgal。US06 工况激进的驾驶模式导致燃油经济性最低达到了 50.1mile/USgal。HFET 工况的燃油经济性相对较高，为 76.9mile/USgal。

各种测试结果结合起来，以生成整体燃油经济性数据，向消费者普及相关知识和车辆标签。这五项测试结果结合起来，是为了根据城市、公路和综合路况得出燃油经济性的估值。各种车辆的燃油经济性预估结果见表 1.8。2017 年丰田普锐斯经济驾驶模式的结果为市区 58mile/USgal、高速公路 53mile/USgal、综合路况 56mile/USgal。

虽然丰田普锐斯是道路上最高效的汽油燃料车之一，但大型车辆通常使用柴油发动机，由于燃油经济性的提高，在欧洲非常受欢迎。2015 年的统计数据表明，梅赛德斯-奔驰 ML250 Bluetec 4MATIC 柴油版的测试结果见表 1.5。很明显，与 2017 年丰田普锐斯经济驾驶模式相比，ML250 的燃油经济性要低得多。氮氧化合物和 PM 数据列也是重要的参考因素。

表 1.5 2015 年款梅赛德斯 - 奔驰 ML250 Bluetec 4MATIC 的 EPA 测试结果

行驶工况	CO_2/ (g/mile)	THC/ (g/mile)	CO/ (g/mile)	NO_x/ (g/mile)	PM/ (g/mile)	CH_4/ (g/mile)	N_2O/ (g/mile)	燃油经济性 /(mile/USgal)
FTP	345	0.0185	0.09	0.025	0.0015	0.0130	0.01	29.5
FTP(冷)	471	0.0136	0.2069	0.4839	0.0043			21.6
HFET	233	0.0002	0.0049	0.0001	0.0011	0.0011	0.01	43.7
US06	388	0	0.0053	0.1276	0.0004			26.2
SC03	446	0.0017	0.0033	0.0950	0.0026			22.8

值得放在一起比较的是来自同一制造商的汽油车和柴油车的排放，来自丰田的 HEV、以及特斯拉的 Model X90D 纯电动汽车（BEV），结果见表 1.6。2015 年款梅赛德斯 - 奔驰 ML350 Bluetec 4MATIC 汽油版与它的柴油同款，按照上面介绍的市区（FTP）和高速公路（HFET）行驶工况进行了对比。由于柴油发动机比汽油发动机更大、更重，柴油车的重量更高，如表 1.6 中第 4 列所示。与 FTP 工况的柴油发动机相比，汽油发动机的二氧化碳、THC 和一氧化碳的排放量更高，而在 HFET 高速公路上柴油车的氮氧化合物和 CH_4 则相对较少。在市区行驶工况中，柴油车排放的 PM 和一氧化氮显著增多。

表 1.6 传统汽油车、柴油车、混合动力车和纯电动汽车的比较

驾驶循环	车型	燃料	功率 /kW	质量 /kg	CO_2 /(g/mile)	THC /(g/mile)	CO /(g/mile)	NO_x /(g/mile)	PM /(g/mile)	CH_4 /(g/mile)	N_2O /(g/mile)	燃油经济性 (mile/USgal)
FTP	ML250	柴油	150	2495	345	0.0185	0.09	0.0250	0.0015	0.0130	0.01	29.5
	ML350	汽油	225	2381	404	0.0365	0.7445	0.0054		0.0095		21.9
	RX450h	汽油混动	183	2268	215	0.0072	0.0756	0.0048				41.2
	Model X 90D	纯电动	310	2495								124.2
HFET	ML250	柴油	150	2495	233	0.0002	0.0049	0.0001	0.0011	0.00112	0.01	43.7
	ML350	汽油	225	2381	285	0.019	0.2948	0.0028		0.00728		31.1
	RX450h	汽油混动	183	2268	229	0.0003	0.0400	0.0017				38.7
	Model X 90D	纯电动	310	2495								135.8

当把丰田雷克萨斯RC450h HEV与非混合动车汽车相比时，HEV的排放量显著下降，燃油经济性更高。

混合动力发动机的优势现在变得越来越明显。HEV可以达到与柴油车高速公路工况同等的效率，但是与柴油车不同的是，HEV可以为时走时停的市区工况提供同等的燃油经济性。虽然HEV在高速公路工况上的碳排放量与柴油车具有可比性，但柴油车43.7mile/USgal的燃油经济性要高于HEV的38.7mile/USgal，这是由于柴油每单位体积含有更多的热量。

最后一项是纯电动的特斯拉运动型多功能汽车（SUV）。在比较中，BEV的优势更加明显。BEV的等价燃油经济性显然高于其他所有的车辆，而且没有尾气排放，尽管它以牺牲续驶里程为代价。

1.5 BEV燃油消耗、续驶里程和等效燃油经济性

类似地，BEV的亮点是燃油经济性和消耗量——不用考虑尾气排放，因为它没有排放。

BEV的燃油经济性是用等效燃油经济性（$mpge$）来评估的。1USgal汽油名义上含有33.705kW的热量，所以该值被用来定义等效燃油经济性。因此，90kW·h的特斯拉Model X90D包含了2.67USgal的等效热量。BEV的动力总成比内燃机的效率要高得多，因此，尽管存储的热量很低，但是它的等效燃油经济性值却相当高。

计算燃油消耗量和排放的方法有很多。通常情况下，BEV的燃油经济性是用一个两工况测试法来计算的，这是美国环保署定义的。从根本上来说，车辆的性能是根据市区和高速公路行驶工况来评估的。综合燃油经济性则是55%的市区工况和45%的高速公路工况的结合。

由于测试是在测功机上进行的，所以综合燃料消耗测试结果要通过除以0.7进行修正，以便对现实世界行驶工况和HVAC开启的补充。

因此，修正后的综合燃油消耗量（FC）为

$$修正综合 FC = (0.55 cityFC + 0.45 hwyFC) \div 0.7 \quad (1.12)$$

式中，$cityFC$是市区行驶工况（FTP）燃油消耗量；$hwyFC$是高速公路行驶工况的燃油消耗量。

美国环保署发布了汽车制造商的能量消耗量数据，以每100mile的耗电量为计量单位，2015年日产Leaf测试结果见表1.7，其在100mile市区和高速公路行驶工况下，分别消耗了18.65kW·h和23.28kW·h的电量。这些数据转换还可以为第3列的W·h/km单位。修正的综合燃油消耗量计算值为29.62kW·h/100mile，或者根据式（1.12）的计算结果为184.1W·h/km。

表 1.7　2015 年日产 Leaf 测试结果

	耗电量 /(kW·h/100mile)	耗电量 /(W·h/km)	综合燃油消耗量 /(mile/Gal)
City FC	18.65	115.8	180.7
Hwy FC	23.28	144.7	144.8
Combined FC	20.73	128.8	162.6
Adj. City FC	26.64	165.6	126.5
Adj. Hwy FC	33.26	206.7	101.3
Adj. Combined FC	29.62	184.1	113.8
Range@ BOL		153km(95mile)	
Range @ EOL		123km(76mile)	
Range @ Midpoint		138km(86mile)	

我们也可以进一步估计车辆的续驶里程。假设充电效率为 85%，那么电池的能量消耗量则是 184.1W·h/km 的 85%，即 156.5W·h/km。将这种燃油消耗量换算到额定电池容量（BOL）为 24kW·h 的电池上，那么得到的续驶里程为 153km（95mile）。

由于电池容量会随着多种因素而衰减，我们注意到，如果电池寿命（EOL）降低到 80%，那么续驶里程会降低到 122km（86mile）。美国环保署评级为 90% BOL 的电池大约能够提供 138km 的续驶里程。电池容量为 24kW·h 的日产 Leaf 的实际 EPA 续驶里程为 137km，与估算的 138km 相当。这两个值之间的微小误差与存储器容量或者充电效率假设值有关。

同一辆车的 NEDC 工况续驶里程为 200km。NEDC 结果是基于测功机得到的，并且没有经过修正。在上面的例子中，很明显是考虑了现实世界的行驶条件而至少要减少 30% 来进行修正，这样才能为消费者提供一个真实的数据。

使用 FC 值可以很容易地得到等效燃油消耗量结果。等效燃油消耗量与 FC 值有如下关系

$$mpge = \frac{33.705 \frac{kW \cdot h}{USgal}}{FC} \qquad (1.13)$$

式中，FC 是燃油消耗量（kW·h/mile）。

美国环保署公布的市区工况、高速公路工况、综合工况修正等效燃油消耗量值分别为 126、101 和 114mile/USgal，这些值与利用上述公式计算的结果基本相当。

1.6　传统动力总成和电机动力总成碳排放

在考虑整体能源效率和环境影响时，更有意义的是比较汽车的总体排放量。本

节中，我们简要地回顾了与各种动力系统相关的碳排放。美国环保署在网站上公布了各种动力系统的碳排放值，其估值考虑了汽车尾气排放和由于各种能源的生产、运输和分配而产生的上游排放。

请注意，这些结果是基于2017年初美国环保署的数据。在数据发表的时候，燃料电池汽车的上游排放数据是不可用的，如丰田Mirai。总体来说，随着车辆和电网污染的降低以及效率的提升，汽车和电网排放将会持续下降。

美国环保署关于能源消耗和碳排放的数据见表1.8，表中列出了各种中型、大型BEV、HEV、柴油车和汽油车的数据。2017年日产Leaf每100mile行驶工况需要消耗30kW·h电能，这意味着综合等效燃油经济性达到了112mile/USgal。

表1.8　2015—2017年各种车辆的燃油经济性、上游碳排放量和续驶里程

车型	类型	车辆等级	燃油经济性 城市(mile/USgal)	燃油经济性 高速公路(mile/USgal)	燃油经济性 综合(mile/USgal)	gCO_2e总排放(尾管)(gCO_2e/mile)	续驶里程(mile/s)
2017 日产 Leaf	纯电动	中级	124	101	112	100(洛杉矶) 180(美国) 240(底特律)	107
2017 现代 Ioniq	纯电动	中级	150	122	136	90(洛杉矶) 150(美国) 200(底特律)	124
2017 雪佛兰 Volt	插电混动	紧凑级			106	140(洛杉矶) 200(美国) 250(底特律)	53(纯电) 420(总)
2017 丰田 Prius Eco	混动	中级	58	53	56	190(158)	633
2017 宝马 328d Auto	柴油	紧凑级	31	43	36	346(285)	540
2017 宝马 320i Auto	汽油	紧凑级	23	35	28	381(323)	422
2017 丰田 Mirai	氢	中级	67	67	67	不可测	312
2017 Tesla Model X AWD 90D	纯电动	SUV	90	94	92	130(洛杉矶) 220(美国) 300(底特律)	257
2017 雷克萨斯 RX 450h AWD	混动	SUV	31	28	30	356(297)	516
2015 奔驰 ML250 Bluetec 4MA TIC	柴油	SUV	22	29	25	499(413)	615
2015 奔驰 ML350 4MATIC	汽油	SUV	18	22	19	561(456)	467
2015 本田 Civic	CNG	紧凑级	27	38	31	309(218)	193
2015 本田 Civic	混动	紧凑级	43	45	44	242(202)	581
2015 本田 Civic HF	汽油	紧凑级	31	40	34	314(259)	449

美国环保署网站提供了基于地区邮政编码的电网排放值以及全国电网排放平均水平，让我们比较两个对比鲜明的城市。加州的邮政编码为90013，它的电网排放水平较低；而邮政编码为48201的密歇根州底特律市，由于使用煤炭发电，因此产生了很高的排放量。

因此，尽管2017年30kW·h的日产Leaf的碳排放量为零，但来自于发电厂的上游碳排放可能从洛杉矶的100g/mile（62gCO_2/km）到底特律的240g/mile（149gCO_2/km）不等，全国的平均水平为180g/mile（112gCO_2/km）。

2017年现代的Ioniq电动汽车装有28kW·h的电池包，比2017款日产Leaf具有更长的续驶里程和更高的能效。美国环保署公布的续驶里程是124mile，在美国全国范围内的排放量仅为150gCO_2/mile。

雪佛兰Volt混合动力汽车电池的续驶里程仅为53mile，总续驶里程为420mile。据估算，这款车在洛杉矶的二氧化碳排放量为140gCO_2/mile，在底特律则达到250gCO_2/mile。美国环保署假定汽车在76.1%的时间里是用电池驱动的，其他时间则使用汽油发动机。

丰田普锐斯Eco的综合油耗为56mile/USgal，包括上游排放量在内约为190gCO_2/mile，其中尾气排放量约为158gCO_2/mile。案例中的BMW 320系列为中型柴油车和汽油车，柴油版328d和汽油版320i的排放量分别为346gCO_2/mile和381gCO_2/mile。

美国环保署公布的结果中还包括2016款丰田Mirai燃料电池汽车的数据。已公布的结果为1kg氢能够行驶66mile，或者67mile/USgal，续驶里程为312mile。

接下来考虑一下SUV版电动汽车、混合动力汽车、柴油车和汽油车。与它的竞争对手雷克萨斯、梅赛德斯-奔驰相比，全电高性能特斯拉Model X的上游排放量只占一小部分，而传统的梅赛德斯汽车的排放量远远高于雷克萨斯。

最后，压缩天然气是一种具有竞争力的燃料，可以用于火花点火式发动机。如前所述，早些时候，1kg压缩天然气产生的二氧化碳量比汽油要少。尽管压缩天然气在气缸内燃烧时比汽油的能效低，但是从总体上来说会降低二氧化碳的排量。本田汽车在2015年推出了三款本田思域，燃料分别为压缩天然气、汽油和油电混合。通过对这三款车辆进行对比，结果表明了压缩天然气燃料的优点和缺点。压缩天然气车辆的尾气排放量约为218gCO_2/mile，相对于传统汽车的259gCO_2/mile有了巨大的进步，但是仍然低于油电混合动车汽车的202gCO_2/mile。由于压缩天然气需要有更大的存储空间，因此，使用压缩天然气的车辆还没有其他车辆的一半。压缩天然气的上游排放比汽油车的排放量要高得多。等效二氧化碳是指与排放出来的温室气体（特别是甲烷）达到同等影响的二氧化碳浓度。

生产、运输和分配压缩天然气过程中会泄漏甲烷，它作为一种温室气体比二氧化碳具有更大的破坏性，会导致压缩天然气的等效二氧化碳排放量增加。因此，压缩天然气汽车的二氧化碳总排放量达到309gCO_2/mile，高于汽油车的314gCO_2/

mile 和混合动力汽车的 242gCO₂/mile。

1.6.1 油井-车轮和摇篮-坟墓排放

油井-车轮是用来描述石油或天然气总能量流的术语，包括化石燃料从地底开采出来，到最终用在驱动汽车上的整个过程，这是一个非常活跃的研究和应用领域。例如，美国阿尔贡国立实验室开发了在该领域内应用的运输过程中的温室气体、限制排放和能源利用（Greenhouse gases, Regulated Emissions, and Energy use in Transportation, GREET）模型，并用其来评估 EPA 模式的排放量。

在生产一辆汽车时，会产生巨大的能量和碳排放成本。参考文献 [24] 提供了一项综合研究，研究了福特福克斯传统内燃机版和纯电动版汽车从摇篮-坟墓（诞生到报废）所产生的等效碳排放。BEV 产生约 10.3t 等效二氧化碳，而内燃机车则为 7.5t。24kW·h 锂电池的等效二氧化碳排放量为 3.4t，或者相当于 140kg/kW·h（参考问题 1.3）。

1.6.2 输电网络产生的排放

所有的电动汽车都具有自身具备的零碳排放的优势。很明显，如果使用化石燃料来生产电动汽车需要的电力或者 FCEV 使用的压缩氢，那么会不可避免地在能量转换过程中的某个时间点产生排放。在许多发电厂中，煤炭被用作基本的原材料，因为它既丰富又便宜。与其他化石燃料相比，煤炭的碳排放量相对较高。除了氮氧化合物，它还会产生大量的二氧化硫，而二氧化硫是城市烟雾的重要组成成分。大气中的二氧化硫能与氧气和水发生反应产生酸，它是有害酸雨的主要成分。煤炭燃料给中国、印度和美国等人口众多的国家带来的十分严峻的问题。低硫煤可以缓解这个问题，并且在世界各地都有丰富的储藏量。

许多发电厂用煤炭作为基础原料，而天然气则用作更加灵活、更加清洁的燃料。通常采用核能、水力发电和可再生能源来平衡对能源的利用。估算因发电而产生的碳排放量是有意义的，典型的电厂效率从碳原料的 38% 提高到了天然气的 50%。

例：确定输电网络排放

如果 35% 的电力来自于煤炭，40% 来自于天然气，平衡能源为无碳的核能、水力发电和可再生能源，计算碳排放量，单位为 gCO₂/kW·h（电力）。通过燃料的生产和分配以及电力的传输和分配，可以将答案调高 20%。

具有代表性的电厂效率值是 $\eta_{coal}=38\%$ 的碳和 $\eta_{gas}=50\%$ 的天然气。煤炭和天然气的碳排放量见表 1.1。

解决方案：

从表 1.1 中可以了解到，天然气的碳排放量为 198gCO₂/kW·h，煤炭的碳排放量为 350gCO₂/kW·h。这些碳排放值是基于燃料的主（或内含）热量。由于发电厂的效率较高,因此输出电力过程中的碳排放量很少。

这些排放数据需要除以发电厂的效率,以确定每单位输出电力的排放量。

煤炭　$gCO_2/kW \cdot h(电力) = \dfrac{350gCO_2/kW \cdot h}{\eta_{coal}} = \dfrac{350gCO_2/kW \cdot h}{0.38}$

$= 920gCO_2/kW \cdot h(电力)$

天然气　$gCO_2/kW \cdot h(电力) = \dfrac{198gCO_2/kW \cdot h}{\eta_{gas}} = \dfrac{198gCO_2/kW \cdot h}{0.5}$

$= 396gCO_2/kW \cdot h(电力)$

这样,碳排放量就可以根据用电量进行比例分配

35%煤炭 = 0.35 × 920gCO_2/kW·h(电能)

40%天然气 = 0.4 × 396gCO_2/kW·h(电能)

25%无碳 = 0.25 × 0gCO_2/kW·h(电能)

排放 = 480gCO_2/kW·h(电能)来自能源工厂 × 1.2

= 576gCO_2/kW·h(电能)

因此,本例中的总碳排放量为576gCO_2/kW·h(电力)。

1.7 传统汽车、电动汽车、混合动力汽车和燃料电池汽车电力系统概论

本节和接下来的4章中主要考虑7种车辆架构:

1)使用内燃机发动机的传统车辆:

① 以柴油为燃料的压燃式(CI)内燃机。

② 以汽油或压缩天然气为燃料的火花点燃式(SI)内燃机。

2)纯电动汽车。

3)混合动力汽车:

① 串联式。

② 并联式。

③ 串并联式。

4)燃料电池汽车。

接下来讨论简化的车辆配置。对车辆和整体的油井 – 车轮效率进行了简要思考。虽然车辆的效率取决于驾驶模式和其他因素,但在本节中使用了最具代表性的数据来说明这些差异。

1.7.1 传统内燃机汽车

传统内燃机通过离合器和变速器齿轮的耦合来驱动车轴。图1.7中的数字仅代

表了传统的动力系统,这种最基本的架构是现代汽车的基础。

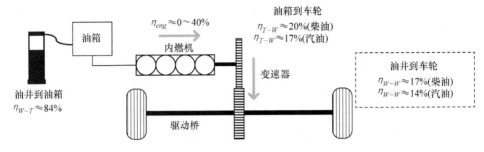

图1.7 传统汽车架构和能量流

发动机效率 η_{eng} 具有很大的分布范围,汽油发动机能够达到30%,柴油发动机能够达到40%。传统柴油发动机汽车的整体油箱-车轮效率 η_{T-W} 能够达到20%,汽油发动机汽车和压缩天然气汽车分别为17%和16%。这些相对较低的发动机效率通过燃料的高热量密度来补偿,通过快速和轻松地加油来保证长距离续驶里程和舒适性。具体地讲,从油井到油箱过程中的燃料生产、分配效率 η_{T-W} 为84%。因此,整体油井-车轮效率就是这两个因素的乘积,即

$$\eta_{W-W} = \eta_{W-T}\eta_{T-W} \tag{1.14}$$

这样的话,柴油和汽油的整体油井-车轮效率分别为17%和14%。

1.7.2 纯电动汽车

BEV将电池的化学能转化为机械能来驱动车辆,如图1.8所示。电动驱动有一个逆变器、电机和控制装置。逆变器将电池的直流转换成电机所需要的交流波形。虽然BEV在能源转换方面的效率很高,但由于能量密度低,电池续驶里程可能会受到限制。对于BEV来说,一个电池驱动的动力总成的效率 η_{B-W} 约为80%,这是一个合理的数字。车辆通过电网向电池充电来补充能量。由于许多电厂主要依赖于化石燃料,并适当辅助于核能和可再生原料,公共电网生产、运输和分配电力的效率 η_{grid} 约为40%。值得注意的是挪威的水电和法国的核电是个例外。从充电柱到电池的充电效率 $\eta_C = 85\%$ 是一个合理的数值。

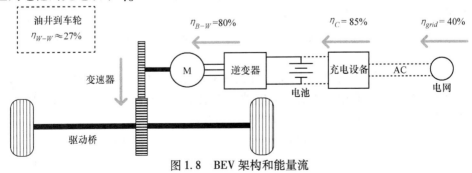

图1.8 BEV架构和能量流

因此，生产电力的总体油井 – 车轮效率 η_{W-W} 为

$$\eta_{W-W} = \eta_{grid}\eta_C\eta_{B-W} \tag{1.15}$$

BEV 的整体油井 – 车轮效率约为 27%。

1.7.3 混合动力汽车

通过解决影响燃油经济性的一些关键因素，混合动力汽车提高了传统化石燃料汽车的燃油经济：

1) 取消了怠速，因为当发动机怠速工作时会消耗掉大量的燃料。

2) 回收制动再生能量并储存在电池中。在传统汽车上，制动能量被制动系统以散热的形式消散掉。

3) 区市驾驶工况的起 – 停、低速、低转矩特性对传统汽车来说是低效的，而混合动力汽车则通过储存和使用电池能量，将驱动条件从发动机的效率中分离出来。

4) 与传统内燃机汽车相比，混合动力汽车的发动机尺寸可以更小，而且更有效地工作。

5) 由于 HEV 和 BEV 上装有电机，可以更好地发挥低速大转矩特性的优势。

混合动力汽车相对于纯电动汽车还有一个优势，那就是电池寿命可以延长，电池成本也会进一步降低。因为在混合动力汽车中，电池可以放电，而纯电动汽车却做不到。

PHEV 是一种混合动力的电动汽车，它带有一个电池组，可以从电网充电。PHEV 可以设计为 BEV 模式下长距离行驶。PHEV 通过电荷耗尽（CD）模式即可实现纯电动行驶，而电荷维持模式（CS）则可以让 PHEV 保持 HEV 状态行驶。

目前，有许多不同的混合系统——串联、并联和串并联，接下来分别对其进行讨论。

1.7.3.1 串联式混合动力汽车

串联式 HEV 结合了传统内燃机和 BEV 的优点。它综合了 BEV 的动力系统效率和传统内燃机燃料的高能量密度，其架构和能量流如图 1.9 所示。精心设计的串联式混合动力汽车的内燃机运行在一个高效的模式下，发动机输出功率通过两个串联电机转换，向驱动系统提供机械能。使用两台串联电机意味着能量转化可以更高效，甚至超过预期。发动机效率可以达到 30% ~ 40%，而发电和电机驱动阶段的效率均在 80% ~ 90%。

就像 BEV 一样，电池驱动的动力总成效率 η_{B-W} 约为 80% 是合理的假设。内燃机作为发电机为电池充电，内燃机向电池充电效率 η_C 的合理值可以达到 90%。发动机效率 η_{eng} 高，是因为它在高效率模式下运行。

这样的话，整体油井 – 车轮效率 η_{W-W} 为上述 4 个效率的乘积

$$\eta_{W-W} = \eta_{W-T}\eta_{eng}\eta_{gen}\eta_{B-W} \tag{1.16}$$

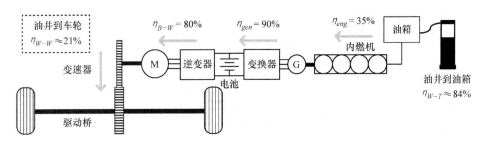

图 1.9 串联式 HEV 架构和能量流

串联式 HEV 的整体油井 - 车轮效率约为 21%。

1.7.3.2 并联混合动力汽车

并联式 HEV 架构是通过双离合器变速器实现的,如本田飞度和现代 Ioniq。当工作效率达到预定值时,车辆是以发动机驱动的。发动机可以与电机直接耦合到驱动轴上,发动机也可以驱动电机,为电池充电。并联式 HEV 架构和能量流如图 1.10 所示。如果车辆仅在发动机模式行驶,那么当发动机在高效率状态运行时,电机的效率也非常高。由于电池充电和放电时的效率低,所以当能量经过电力系统后,整体工作效率有可能下降,这一点与串联模式相似。动力总成到车轮的工作效率 η_{pt-W} 估计为 80%。

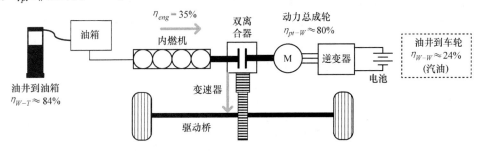

图 1.10 并联式 HEV 架构和能量流

这样的话,整体油井 - 车轮效率 η_{W-W} 为上述 3 个效率的乘积

$$\eta_{W-W} = \eta_{W-T} \eta_{eng} \eta_{pt-W} \qquad (1.17)$$

并联式 HEV 的整体油井 - 车轮效率约为 24%。

1.7.3.3 串并联混合动力汽车

串并联式 HEV 通常使用行星齿轮变速器,最著名的是无级变速器(CVT),它将发动机功率分成两路,这样的话车辆可以得到最佳控制。串并联式 HEV 架构和能量流如图 1.11 所示,其将发动机输出功率引导到驱动系统,驱动车辆的传动轴,或者引导到电池,通过电力驱动。在串联模式中介绍过,引入两种电力策略会降低工作效率。串并联式 HEV 在串联模式下也有两种策略,但只有内燃机直接驱动时,才需要这样做,与前面讨论过的并联式混合动力类似。

丰田、福特和通用汽车都使用了这种架构的变形模式。

它的油井-车轮效率与并联模式 HEV 相等，约为 24%。

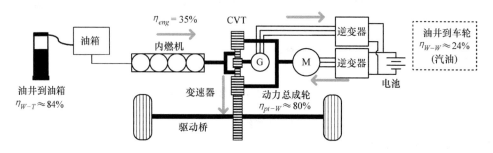

图 1.11 串并联式 HEV 架构和能量流

1.7.4 燃料电池汽车

与 HEV 类似，燃料电池汽车的特征是用一个电池来承担临时电力需求和再生功率，其架构和能量流如图 1.12 所示。由于能量不能重新返回到燃料电池中，因此电池系统是能量再生的必要条件。单向升压 DC-DC 变换器作为燃料电池和高压电直流连接界面，提供电驱动功率。升压变换器的工作效率能够达到 98%。

压缩天然气的生产，氢的生产、运输和供应给车辆的工作效率代表性数值为 60%。燃料电池系统的工作效率约为 58%，对于在最佳功率模式下运行的燃料电池来说是合理的，并且电池可以为临时能量需求提供缓冲。

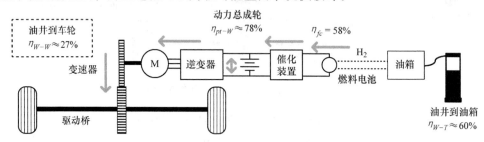

图 1.12 FCEV 架构和能量流

动力总成到车轮的效率约为 78%，由于升压变换器的存在，略低于其他模式。这样的话，整体油井-车轮效率 η_{W-W} 为上述 3 个效率的乘积

$$\eta_{W-W} = \eta_{W-T} \eta_{fc} \eta_{pt-W} \tag{1.18}$$

FCEV 的整体油井-车轮效率约为 27%。

1.7.5 传统汽车、电动汽车、混合动力汽车和燃料电池汽车效率对比

各种车辆的车载动力总成和油井-车轮效率见表 1.9。

表1.9 各种车辆的车载动力总成和油井-车轮效率

燃料	动力总成的效率(%)	油井到车轮的效率(%)
汽油机	17	14
柴油机	20	17
纯电动	80	27
汽油机串联混动	25	21
汽油机并联混动	28	24
氢燃料电池	45	27

BEV和FCEV具有最高的整体油井-车轮效率，约为27%；其次是并联式HEV，约为24%；传统汽油车的效率约为14%。因此，电气化可以显著改善整体的工作效率。广泛采用可再生能源和核能，可以减少和改善BEV、FCEV和PHEV的相关碳排放。

1.7.6 传统汽车、电动汽车、混合动力汽车和燃料电池汽车案例研究对比

在接下来的4章中，将对测试车辆的碳排放、动力系统效率和燃油经济进行具体的案例对比。汽油、柴油、电池动力、并联式混合动力、串并联式混合动力、燃料电池动力等配置对比结果见表1.10。由柴油和汽油驱动的汽车都加注了40L燃料。BEV有60kW·h的电池，而FECV则加注了5kg的氢。据估算，BEV的动力总成效率是最高的，其次是FECV。传统汽油车的效率最低，为20.4%。类似的结果也以单位W·h/km和L/100km列出，燃油经济则用单位mile/USgal表示。BEV、FCEV和串并联式混合动力汽车的碳排放量均低于$100gCO_2/km$，都是最佳的效率架构。在美国，BEV名义上的碳排放量为$73gCO_2/km$，而挪威是$1.5gCO_2/km$。这两组数据说明了BEV面临的挑战和机遇。美国和世界大部分区的电网排放量接近$500gCO_2/kW·h$，在$73gCO_2/km$的计算过程中就使用了这个数值。自然条件使挪威拥有丰富的可再生水力发电资源，挪威的碳排放量更接近$10gCO_2/kW·h$，从而使其汽车排放量达到了惊人的$1.5gCO_2/km$。因此，通过增加可再生资源的利用，如风能、光伏发电和水力发电，其他国家也有机会优化电网，减少电网的碳排放量。在最后一篇专栏文章中，我们可以看到BEV面临的挑战。485km的标称续驶里程明显低于其他技术。

表1.10 驱动案例对比研究

	燃料	容量	η_{pt} (%)	FC_{in} (W·h/km)	(L/100km)	mpge (mile/USgal)	CO_2 /(gCO_2/km)	续驶里程 /km
直喷	汽油机	40L	20.4	512	5.78	40.7	134	692
直喷	柴油机	40L	24.1	434	4.32	54.4	115	926

(续)

	燃料	容量	η_{pt}(%)	FC_{in} (W·h/km)	FC_{in} (L/100km)	mpge (mile/USgal)	CO_2 /(gCO_2/km)	续驶里程 /km
纯电动	电驱动	60kW·h	84.6	146		144	73/1.5	485
串联混动	汽油机	40L	26.4	396	4.47	52.7	103	895
串并联混动	汽油机	40L	32.7	320	3.6	65.2	84	1108
FCEV	氢	5kg	47.1	222		94	69	750

1.8 汽车和其他交通运输技术对比

尽管在第4章中讨论了使用燃料电池的重型车辆,但本章以及本书的重点都是轻型车辆。值得注意的是重型运输模式的相对性能。本书中所讨论的技术已经成功应用于陆地、海洋和空中的各种运输工具,动力系统已经日益电气化和混合化。各种运输工具的燃油消耗量如图1.13所示。在相关基础上,喷气式客机与轻型车辆具有高度可比性。轮船、货车、火车显然具有更高的效率。如果我们考虑一定距离下每位乘客的燃油经济性,可以得到类似的结果。

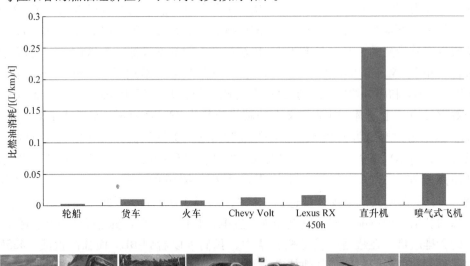

图1.13 各种运输工具的燃油消耗量

各种运输工具的功率-重量比如图1.14所示。从图中可以看出,与轻型轿车及SUV相比,商用货车功率-重量比明显更低。商用客车也是如此。

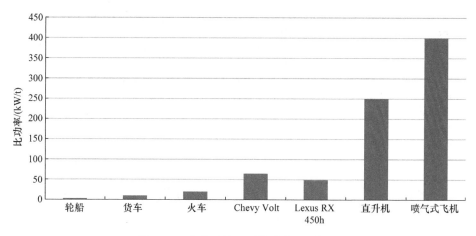

图1.14　各种运输工具的功率-重量比

参 考 文 献

1　M. Schnayerson, *The Car That Could*, Random House, 1996, ISBN 0-679-42105-X.
2　R. H. Schallenberg, "Prospects for the electric vehicle: A historical perspective," *IEEE Transactions on Education*, vol. E-23, No. 3, August 1980.
3　D. Yergin, *The Quest: Energy, Security, and the Remaking of the Modern World*, Penguin Books, 2012, ISBN 978-0-241-95777-6.
4　L. Tillemann, *The Great Race: The Global Quest for the Car of the Future*, Simon & Schuster, 2015.
5　H. Ford (with Samuel Crowther), *My Life and Work*, 1923.
6　A. J. Haagen-Smit "A lesson from the Smog Capital of the World," *Proceedings of the National Academy of Sciences*, October 1970.
7　A. J. Haagen-Smit, E. F. Darley, M. Zaitlin, H. Hull, and W. Noble, "Investigation on injury to plants from air pollution in the Los Angeles area," *Plant Physiology*, 27 (18), 1952.
8　A. Vance, *Elon Musk Tesla, SpaceX, and the Quest for a Fantastic Future*, HarperCollins Publishers, 2015.
9　Press release, *EPA's notice of violation of the Clean Air Act to Volkswagen*, International Council on Clean Transportation (ICCT), Sept. 18, 2015.
10　*Bosch Automotive Handbook*, 9th edition, Bentley Publishers, 2014.
11　T. L. Brown, H. E. LeMay, B. E. Bursten, C. J. Murphy, and P. M. Woodward, *Chemistry: The Central Science*, 12th edition, Prentice Hall (Pearson Education).
12　P. Miller, "The pulse of the planet," *National Geographic*, 228 (5), November 2015.
13　Department for Environment, Food and Rural Affairs, *Draft Plan to Improve Air Quality in the UK, Tackling Nitrogen Dioxide in our Towns and Cities*, UK overview document, September 2015.
14　Website of Air Resources Board: http://www.arb.ca.gov
15　Dynamometer Drive Schedules webpage of USA EPA: http://www3.epa.gov/nvfel/testing/dynamometer.htm
16　Test car list data files webpage of USA EPA: https://www.epa.gov/compliance-and-fuel-economy-data/data-cars-used-testing-fuel-economy

17　US EPA, "Fuel Economy of Motor Vehicle Revisions to Improve Calculation of Fuel Economy Estimates," December 2006.
18　US EPA, "EPA Test Procedures for Electric Vehicles and Plug-in Hybrids," January 2015.
19　Fuel economy labeling by USA EPA: http://www.fueleconomy.gov
20　Fuel Economy Guide data at https://www.fueleconomy.gov/feg/download.shtml
21　Natural Gas for Cars, US Department of Energy, December 2015.
22　M. Wang and A. Elgowainy, *Well-to-Wheels GHG Emissions of Natural Gas Use in Transportation: CNGVs, LNGVs, EVs, and FCVs*, Argonne National Laboratory, 2014.
23　GREET at http://greet.es.anl.gov
24　H. C. Kim, T. J. Wallington, R. Arsenault, C. Bae, S. Ahn, and J. Lee, "Cradle-to-Gate Emissions from a Commercial Electric Vehicle Li-Ion Battery: A comparative analysis," *Environmental Science and Technology*, 2016, 50 (14), pp 7715–7722, doi: 10.1021/acs.est.6b00830, June 2016.
25　J. Koornneef, S. Nierop, H. Saehr, and F. Wigand, "International comparison of fossil fuel efficiency and CO_2 intensity – Update 2015 Final Report," Ecofys, 2015.
26　Toyota Motor Company, *Toyota's Fuel Cell Vehicle Achievements and Pathway to Commercialization*, 2010.

扩 展 阅 读

1　Sony Pictures, *Who Killed the Electric Car*, 2006.
2　N. Cawthorne, *Tesla vs. Edison: The Life-long Feud that Electrified the World*, Chartwell Books, 2016.
3　T. Barboza and J. Schleuss, "L.A. keeps building near freeways, even though living there makes people sick," *Los Angeles Times*, March 2, 2017.
4　Website of University of Southern California (USC) Environmental Health Centers, www.envhealthcenters.usc.edu.
5　H. Chen, J. C. Kwong, R. Copes, K. Tu, P. J. Villeneuve, A. van Donkelaar, P. Hystad, R. V. Martin, B. J. Murray, B. Jessiman, A. S. Wilton, A. Kopp, and R. T. Burnett, "Living near major roads and the incidence of dementia, Parkinson's disease, and multiple sclerosis: A population-based cohort study," *The Lancet*, Online *January* 4, 2017.

问　　题

1.1　平衡下面甲烷燃烧的方程式。

$CH_4 + \boxed{} O_2 \rightarrow \boxed{} CO_2 + \boxed{} H_2O$

1.2　计算每 kg（a）甲烷和（b）柴油燃烧时二氧化碳的排放量，以证实表 1.1 中的数值。

1.3　2014 年款福特福克斯 BEV 配置了 24kW·h 电池包，洛杉矶的上游碳排放量为 68gCO_2/km（110gCO_2/mile），底特律为 162gCO_2/km（260gCO_2/mile），美国平均值为 118gCO_2/km（190gCO_2/mile）。2014 款福特福克斯 2.0L 汽油版的总排放量为 221gCO_2/km（356gCO_2/mile）。

1）福克斯电动汽车要行驶多少 km 才能达到比汽油版福克斯更低的碳排放量（a）在洛杉矶（b）在底特律（c）美国平均？假设电动汽车和汽油车摇篮 – 坟墓

的二氧化碳排放量分别为 10300kg 和 7500kg。

2）如果每辆车 8 年内在美国每年平均行驶 21700km，计算电动汽车和汽油车在上述 3 个地区的综合摇篮 – 坟墓、尾气和上游碳排放量。

3）挪威的电动汽车碳排放是美国的 50 倍，约为 2.5gCO_2/km。如果一辆 BEV 在挪威 8 年内每年行驶 21700km，综合摇篮 – 坟墓和上游碳排放是多少？

4）一辆具有代表性的 HEV 的摇篮 – 坟墓的二氧化碳排放量为 7500kg，总的碳排放量为 118gCO_2/km。确定电动汽车、混合动力汽车和汽油车在上述 3 个地区 8 年内每年行驶 12000km 的综合摇篮 – 坟墓、尾气和上游碳排放量。

〔答案：1）（a）18300km（b）47460km（c）27180km；2）洛杉矶 22100kg，底特律 38400kg，美国 30800kg，汽油车 45900kg；3）挪威 10734kg；4）洛杉矶 16828kg，底特律 25852kg，美国 21628kg，挪威 10540kg，汽油车 28716kg，HEV18828kg〕

作　　业

1.1　分析你所在地区的交通运输排放问题和燃油经济性。你认为最主要的影响因素是能源供应安全、环境，还是经济？

1.2　分析你所在地区的油井 – 车轮效率。如果想在整体上降低碳排放，最佳的运输方式是什么？

1.3　分析你的家庭能源需求，以及能源供应和转化的选项。这些可选项在性能、效率、碳排放、成本上有什么区别？

1.4　分析你所在地区的电力供应情况，最主要的资源是什么？估计一下碳排放，以 gCO_2/kW·h 为单位（参考 1.6.2 节中的例子）。

1.5　你的汽车与美国环保署的数据库里哪个车型最接近？你的日常行驶工况是哪一种？

1.6　分析由于汽车污染带来的健康问题对社会活动产生的影响。

第 2 章 车辆动力学

"每个人都坚持自己的休息状态,或者以正确的方向保持一致的运动,除非他被强迫改变这种状态。"

"运动的改变与所施加的动力成正比,它所选择的方向也是外力给予的。"

"对于每一种运动,总是存在一个相反而且相等的作用力;或者两个物体彼此之间的相互作用总是相等的,并且指向相反的部分。"译自 18 世纪牛顿定律原理(拉丁文书写,1687 年第一次出版)。

"我可以计算天体的运动,但是无法预测人类的疯狂。"艾萨克·牛顿(1643—1727)。

本章中,我们通过将物理学基本原理应用于汽车运动来研究汽车动力系统的动力和能量需求。首先,考虑了空气动力阻力、滚动阻力和爬升阻力的基本车辆载荷;然后对车辆加速进行量化。这一初步研究使读者能够量化车辆的动力和能量需求,并将这些车辆的速度和加速度或制动能量需求转化为电机或内燃机转矩和速度的机械规格。

2.1 车辆载荷

为了开发电动汽车动力传动系统,必须了解车辆驱动需求和性能规范。在本节中,车辆载荷(图 2.1)主要是指空气动力阻力(F_D)、滚动阻力(F_R)和爬升阻力(F_C),将分别在 2.1.2、2.1.3 和 2.1.6 中详细讨论。

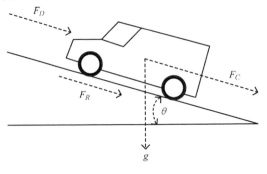

图 2.1 车辆载荷

首先，我们要关注一些基本关系。

2.1.1 基础动力、能量和速度之间的关系

功率是指物体在单位时间内所做的功，单位是瓦特（W），是以詹姆斯·瓦特（1736—1819）的名字命名的。他是一位苏格兰发明家，为开启蒸汽机和工业革命时代做出了巨大贡献。

如果一辆汽车以恒定的速度 v 行驶，那么推动它所需的功率 P 就等于力 F 和速度的乘积，即

$$\text{power} = \text{force} \times \text{speed} \tag{2.1}$$

$$P = Fv = F\frac{s}{t} \tag{2.2}$$

式中，s 是距离（m）；t 是行驶距离 s 所需要的时间（s）；v 是车辆行驶的速度（m/s）；F 是作用于车辆的力（N）。

力的单位是牛顿（N），是以伟大的科学家和物理学家艾萨克·牛顿的名字命名的。艾萨克·牛顿（1643—1727）是一位英国科学家，他的不朽发现和著作使他成为历史上最具影响力的科学家之一。

一个物体如果能够做功，那它就会拥有能量。能量和功的单位都是焦耳（J），这个单位是以英国物理学家詹姆斯·焦耳（1818—1889）的名字命名的，他对能量转换科学做出了重要贡献。

推动车辆以恒定速度前进所需要的能量 E，仅仅是功率和时间的乘积，即

$$\text{energy} = \text{power} \times \text{time} \tag{2.3}$$

$$E = Pt = P\frac{s}{v} \tag{2.4}$$

式（2.4）也可以用行驶一定距离所需要的能量、速度和功率之间的关系来描述

$$s = \frac{Ev}{P} \tag{2.5}$$

2.1.2 空气动力阻力

空气动力阻力是空气对车辆运动的阻力。作用在车辆上的空气动力阻力 F_D 和功率 P_D 可以定义为

$$F_D = \frac{1}{2}\rho C_D A(v + v_{air})^2 \tag{2.6}$$

$$P_D = F_D v \tag{2.7}$$

式中，ρ 是空气的密度；C_D 是空气动力阻力系数；A 是车辆的横截面积；v 是车辆速度（m/s）；v_{air} 是风速（m/s）。

从式（2.7）可以看出，空气动力阻力是速度的立方函数，通常是高速时最重

要的载荷。因此，在高速时，有

$$P_D \propto v^3 \tag{2.8}$$

克服高速阻力所需要的能量 E_D 与空气动力阻力成正比，或者与速度的平方成正比。这样，高速时的能量可以描述为

$$E_D \propto v^2 \tag{2.9}$$

例如，如果车辆的速度增加了一倍，只考虑阻力的话，所需要的能量就增加了四倍。类似地，当车辆被阻力控制时，给定的储存能量所能够行驶的距离与速度的平方成反比，即

$$s \propto \frac{1}{v^2} \tag{2.10}$$

阻力随着车辆横截面积的增加而增加或减少，这取决于车辆是顺风还是逆风行驶。顺风能够引起负速度和减少阻力，相对于车辆速度的净空气速度（$v - v_{air}$）减小；相反，逆风引起正速度和增加阻力，相对于车辆速度的净空气速度（$v + v_{air}$）增加。

在空气动力学中，能量的变化是一种常见关系。例如，风力涡轮机与风速有相似的关系。车辆以高速行驶时，能量的消耗是由阻力造成的。

空气的密度是温度、湿度和海拔的函数。在20℃、标准大气压（101kPa）的条件下，空气密度约为1.204kg/m³。空气密度在车辆的工作范围内可能有很大的变化，如-40℃时为1.514kg/m³，0℃时为1.293kg/m³，+40℃时为1.127kg/m³。因此，在寒冷的天气里，需要额外的动力和能量来推动车辆。此外，当温度很低时，汽车电机等的润滑油变得更加黏稠，导致更多的动力需求。

空气动力阻力系数 C_D 是汽车外形造型设计时的一个重要参数。通用EV1通过使用优化的通风孔、锥形"泪滴"体和交错的轴距，获得了极低的风阻系数（0.19）。通用EV1没有使用标准的鞭形天线，而是将它集成在顶盖上，可以进一步减少空气阻力，增加续驶里程。传统汽车发动机的空气冷却需要通风口，增加了风阻系数，但对于电动汽车来说，这不是一个问题，因为电动汽车的性能要高得多，不需要那么多的冷却。

"Impact"是通用EV1的前身，曾经在1993年创下了296km/h（184mile/h）的最高纪录。这台特殊的车辆采取了大量的改进措施，使它能够在高速时以较低的空气阻力行驶，例如移除外后视镜、减小与地面之间的间隙、填充刮水器叶片的空隙、使用平滑的轮毂，以及增加气动尾锥等。另外，它还增加了额外的电池包，更换了变速器以达到更快的速度。最后，在冷却回路中加入了冰，使电机和逆变器获得更好的冷却。虽然这些修改对于日常驾驶来说是不现实的，但它们的确为汽车设计提供了方向性建议。

电动汽车（BEV）、混合动力汽车（HEV）、插电式混合动力汽车（PHEV）以及燃料电池汽车（FCEV）的各种车辆参数见表2.1。整备质量是指没有乘员或行

李的车辆重量。美国环保署的测试重量是车辆的重量，包括乘员和行李，在第2.1.4节中将讨论环保署测试方法。

表2.1 车辆参数

参数	符号	GM EV1	Nissan Leaf	Tesla Model S	Toyota Prius	Lexus RX 450h	Chevy Volt	Toyota Mirai
车型年		1996	2015	2014	2015	2015	2015	2016
车辆类型		BEV	BEV	BEV	HEV	HEV	PHEV	FCEV
车型				S 85D				
空气阻力系数	C_D	0.19	0.28	0.24	0.25	0.33	0.28	0.29
滚动阻力系数	C_R		0.0083	0.0084	0.0055	0.0064	0.0065	0.0076
整备质量/kg		1400	1477	2100	1365	2091	1720	1850
EPA 测试重量/kg	m		1645	2155	1531	2268	1814	1928
额定功率/kW	P_r	100	80	270	73	183	111	113
额定转矩/Nm	T_r	150	254	440				335
最高车速/(km/h)		129	144	224	180	180	160	180
[mile/h]		[80]	[90]	[140]	[112]	[112]	[100]	[112]
0-60mile/h/s *0-100km/h		8.5	11.5	5.4	*10.4	7.7	9.2(纯电)	*9.6
A/N	A		133.3	177.2	82.3	141.8	115.9	143.8
B/(N/ms^{-1})	B		0.7094	1.445	0.222	3.273	-0.119	1.990
C/(N/m^{2}s^{-2})	C		0.491	0.354	0.403	0.569	0.405	0.407
传动比	n_g	10.9	8.19	9.73	CVT	CVT	CVT	
车轮半径/m	r	0.292	0.315	0.352	0.313	0.370	0.334	0.334

近期生产的汽车的风阻系数都很低，特斯拉 Model S 和丰田普锐斯的风阻系数分别为0.24和0.25。日产 Leaf 和雪佛兰 Volt 的值约为0.28，丰田 Mirai 为0.29，雷克萨斯 RX450 是一款运动型多功能汽车（SUV），它的风阻系数很高，阻力很大。

2.1.2.1 例：气动阻力

一辆电动汽车有以下特点：风阻系数 $C_D = 0.25$，车身横截面积 $A = 2m^2$，可用的推进能量 $E_b = 20kW \cdot h$（$1kW \cdot h = 3.6 \times 10^6 J$），设空气密度为 $\rho_{air} = 1.2 kg/m^3$。

当车速达到120km/h时，计算空气动力阻力、功率和续驶里程，行驶工况为（a）无风，（b）风速为12km/h，逆风。

答案：
首先用下式对车速进行换算

$$v = 120km/h = 120 \times \frac{1000m}{3600s} = \frac{120}{3.6} m/s = 33.33 m/s$$

（a）在无风发件下，力、功率和续驶里程分别为

$$F_D = \frac{1}{2}\rho C_D A v^2 = \frac{1}{2} \times 1.2 \times 0.25 \times 2 \times 33.33^2 \text{N} = 333\text{N}$$

$$P_D = F_D v = 333 \times 33.33 \text{W} = 11.1 \text{kW}$$

$$s = \frac{E_b v}{P_D} = \frac{20 \times 3.6 \times 10^6 \times 33.33}{11.1 \times 10^3}\text{m} = 216\text{km}$$

(b) 风速为

$$v_{air} = \frac{12}{3.6}\text{m/s} = 3.33\text{m/s}$$

逆风行驶时，在空气阻力作用下，导致续驶里程减少，需要增加的动力为

$$F_D = \frac{1}{2}\rho C_D A(v+v_{air})^2 = \frac{1}{2} \times 1.2 \times 0.25 \times 2 \times (33.33+3.33)^2 \text{N} = 403\text{N}$$

$$P_D = F_D v = 403 \times 33.33 \text{W} = 13.4 \text{kW}$$

而续驶里程则减少到

$$s = \frac{E_D v}{P_D} = \frac{20 \times 3.6 \times 10^6 \times 33.33}{13.4 \times 10^3}\text{m} = 179\text{km}$$

2.1.2.2 例：气动阻力和燃油消耗量

将行驶速度从120km/h提高到150km/h，计算需要增加的功率和燃油消耗量的百分比。只考虑空气阻力的影响。

答案：

由于空气阻力与速度的立方成正比，所以两种速度的阻力比是

$$\frac{P_D(150\text{km/h})}{P_D(120\text{km/h})} \approx \left(\frac{150\text{km/h}}{120\text{km/h}}\right)^3 = 1.95 \Rightarrow P_D(150\text{km/h}) = 1.95 P_D(120\text{km/h})$$

即，行驶速度为150km/h时比速度为120km/h的动力需求增加了95%。

同样，从式（2.9）可知，燃油消耗量与速度的平方成正比。这样的话，有

$$\frac{E_D(150\text{km/h})}{E_D(120\text{km/h})} \approx \left(\frac{150}{120}\right)^2 = 1.56 \Rightarrow E_D(150\text{km/h}) = 1.56 E_D(120\text{km/h})$$

即，行驶速度为150km/h时比速度为120km/h的燃油消耗量增加了56%。

2.1.3 滚动阻力

滚动阻力是由于路面上轮胎的变形和动力传动系统内部的摩擦力造成的所有摩擦载荷的总和，有

$$F_R = C_R mg \tag{2.11}$$

式中，m是车辆的质量；g是重力加速度，额定值为9.81m/s^2；C_R是滚动阻力。

车辆的重量直接影响滚动阻力的大小。低速行驶时，滚动阻力系数往往相对稳定；高速行驶时，滚动阻力会增加，但幅度并不大，因为此时车辆的损失是由空气阻力主导的。

电动汽车使用高压轮胎，以最大限度地减少滚动阻力。电动汽车轮胎的典型滚

动阻力值为 0.01 或更低。C_R 的估值见表 2.1。这些估值来自于接下来将要讨论的测试参数——系数 A 简单地除以 mg 即可获得 C_R 的估值。

值得注意的是,滚动阻力消散的能量会增加轮胎的温度和压力。

2.1.3.1 福特探险者召回

有趣的是,在 20 世纪 90 年代福特探险者汽车召回事件中,滚动阻力发挥了重要作用。福特探险者是一款 SUV 车型,因此相对来说具有很高的重心位置。在紧急情况下,高重心可能使车辆更容易翻转。福特提出的轮胎压力比轮胎制造商的建议值要低,以减轻翻车危险并提高车辆的控制性。较低的轮胎压力会导致更大的滚动阻力,但在炎热的天气下可能会导致轮胎过热和结构分裂,从而造成轮胎爆炸并带来严重后果。

2.1.3.2 1990 款 A 级奔驰

在 20 世纪 90 年代的早期测试中,梅赛德斯 A 级轿车也出现了类似的问题。由于其重心位置相对较高,车辆在紧急情况下很容易翻倒。这个问题是在瑞典驼鹿试验(急转向回避)失败后首次公布的,最终通过修改汽车设计来降低重心位置而得到了纠正。

2.1.3.3 2013 款特斯拉 Model S

同样地,早期的特斯拉 Model S 设计了主动悬架系统来提升或降低车辆重心位置。降低车身高度可以减小空气阻力,改善操纵性。然而,由于电池包是布置在底盘下面,如果道路上的碎片穿透底盘,电池组就会变得很脆弱。2013 年发生了少量相关事故,最终通过一系列修复措施纠正了这些问题,包括使用钛金属板来加固车身地板。

2.1.3.4 例:滚动阻力

一辆汽车有如下特性参数:滚动阻力系数 $C_R = 0.0085$,车辆质量为 2000kg,瞬间速度为 10km/h,计算滚动阻力和功率。设 $g = 9.81 \text{m/s}^2$。

答案:

滚动阻力可以利用式(2.11)得到

$$F_R = C_R mg = 0.0085 \times 2000 \times 9.81 \text{N} = 167 \text{N}$$

将车辆速度换算成 m/s 单位

$$v = \frac{10}{3.6} \text{m/s} = 2.77 \text{m/s}$$

滚动阻力功率为

$$P_R = F_R v = 167 \times 2.77 \text{W} = 463 \text{W}$$

2.1.4 根据 EPA 滑行试验的车辆道路-载荷系数

汽车制造商在各种监管机构的要求下进行了许多重要的测试。除了燃油经济性和排放数据之外,美国环保署还要求汽车制造商提供基于"滑行"工况的车辆载荷系数。在这个试验中，车辆从120km/h的速度开始滑行，可以得到三个系数来模拟滚动阻力、侧滑阻力和空气动力阻力。

车辆道路 – 载荷 F_v 是速度的函数，即

$$F_v = A + Bv + Cv^2 \tag{2.12}$$

式中，v 是汽车的速度（m/s）；A、B、C 是滑行试验中得到的三个系数，系数 A 与滚动阻力有关，系数 C 与空气动力阻力有关，系数 B 则与侧滑或转向损失有关，并且趋势相对较小。

使用滑行系数来预测车辆的道路载荷比简单地使用滚动阻力和空气阻力更加准确。这些系数在美国环保署的数据库中以磅力（lbf）和mile/h为单位提供，也可以使用表2.2中的系数转换为公制 N 和 m/s。2015年款日产 Leaf 滑行系数见表2.2。

表2.2　2015款日产Leaf滑行系数（美国、英制）

系数	值	单位	转换	值	单位
A	29.97	lbf	4.448	133.3	N
B	0.0713	lbf/(mile/h)	9.950	0.7094	N/(m/s)
C	0.02206	lbf/(mile/h)^2	22.26	0.491	N/(m/s)^2

车辆在不同行驶速度下的道路载荷曲线如图2.2所示，列出了有代表性的五种车辆：2015款日产Leaf、2015款丰田普锐斯、2015款雷克萨斯RX 450h SUV、2015款雪佛兰Volt、2014款特斯拉Model S。

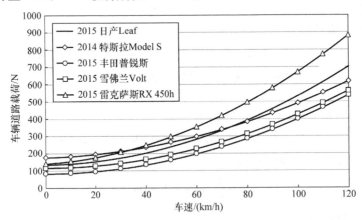

图2.2　车辆在不同行驶速度下的道路载荷曲线

从图2.2可以看出，当车速在30km/h以上时，雷克萨斯RX 450有最高的道路载荷。这是意料之中的事，因为SUV车的外形与普锐斯相比要大很多，普锐斯具有更低的道路载荷。雪佛兰的载荷比普锐斯略高，但低于特斯拉Model S，后者的路面载荷比日产Leaf在80km/h时的载荷低。

车辆道路功率 P_v 可以通过道路载荷和车速得到

$$P_v = F_v v = Av + Bv^2 + Cv^3 \tag{2.13}$$

各种车辆的道路-载荷功率如图 2.3 所示，被绘制成速度的函数曲线。正如我们所看到的，道路-载荷功率可以根据车辆的不同而有大幅增加。特斯拉 Model S 在最高车速时需要近 100kW 的功率去克服道路载荷。但更重要的是，特斯拉 Model S 的道路-载荷功率在车速低于 100km/h 时要小得多。

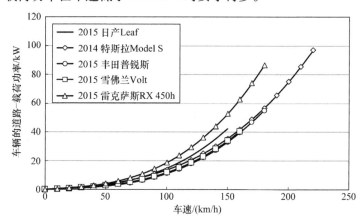

图 2.3　各种车辆的道路-载荷功率

表 2.3　各种车辆的道路功率和能量消耗

车速/(km/h)	2015 Nissan Leaf		2014 Tesla Model S		2015 Toyota Prius		2015 Chevy Volt		2015 Lexus RX 450h	
	功率/kW	能量消耗/(W·h/km)	功率/kW	能量消耗/(W·h/km)	功率/kW	能量消耗/(W·h/km)	功率/kW	能量消耗/(W·h/km)	功率/kW	能量消耗/(W·h/km)
30	1.44	48	1.78	59	0.93	31	1.19	40	1.74	58
60	4.7	78	5.0	83	3.3	55	3.8	63	5.9	98
90	11.4	127	10.9	121	8.5	94	9.2	102	14.5	161
120	23.4	195	20.6	172	17.9	149	18.7	156	29.4	245
150			35.5	237	33.0	220	33.9	226	52.8	352
最大	37.9	263	96.9	433	55.1	306	40.7	253	86.4	480

各种车辆的道路功率和能量消耗见表 2.3。很明显，车辆之间有很大的差异，特别是在最低和最高车速之间。雷克萨斯 RX 450h 比普锐斯具有更高的功率消耗。以 W·h/km 为单位的能量消耗是很容易计算的，而且对于各种车辆都是非常重要的参数。能量消耗可以用一个小时内消耗的能量除以行驶距离而计算得到。式 (2.5) 可以改写为

$$FC = \frac{E}{s} = \frac{P}{v} \tag{2.14}$$

例如，当车辆以60km/h的速度行驶时，日产Leaf所消耗的能量为4.7kW·h；行驶60km，总能耗为4700W·h/60km，或者为78W·h/km。

2.1.5 恒速下纯电动汽车的续驶里程

一旦知道了载荷功率，就可以估计电动汽车的续驶里程。对续驶里程的估算是非常复杂的，取决于许多因素。不过，我们可以根据一些基本的假设进行简化，如在以下示例中所采取的方法。

2.1.5.1 例：纯电动汽车续驶里程和速度之间的关系

一辆高性能车辆的电池容量为90kW·h。假设动力总成从电池到变速器的效率为85%。根据式（2.13）和式（2.14）的载荷-功率和续驶里程公式，以及表2.1中特斯拉Model S的车辆参数，可以估算相对于车速的续驶里程，高性能BEV以恒定速度行驶时的续驶里程如图2.4所示。续驶里程估算值从车速为70km/h时的800km降低到140km/h的360km。

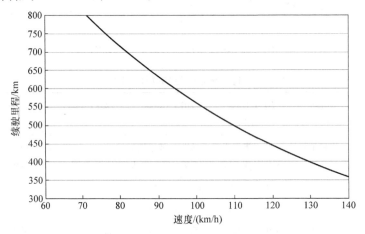

图2.4 高性能BEV以恒定速度行驶时的续驶里程

2.1.5.2 例：纯电动汽车续驶里程估算

估算上面的高性能车辆以120km/h速度行驶时的续驶里程。
答案：
将车辆速度换算为m/s

$$v = \frac{120}{3.6} \text{m/s} = 33.33 \text{m/s}$$

道路载荷为

$$P_v = Av + Bv^2 + Cv^3$$
$$= (177.2 \times 33.33 + 1.445 \times 33.33^2 + 0.354 \times 33.33^3) \text{ kW}$$

$$= (5.906 + 1.605 + 13.107) \text{kW} = 20.618 \text{kW}$$

电池容量 P_b 由道路载荷除以电机动力总成效率 η_{pt} 得到

$$P_b = \frac{P_v}{\eta_{pt}} = \frac{20.618}{0.85} \text{kW} = 24.256 \text{kW}$$

假定以恒定的功率牵引车辆，电池能够向电机动力总成提供恒定能量的时间为

$$t = \frac{E_b}{P_b} = \frac{90}{24.256} \text{h} = 3.71 \text{h}$$

在这个时间内车辆以恒定速度 v 能够行驶的里程为

$$s = vt = 33.33 \text{m/s} \times 3.71 \text{h} \times 3600 \text{s/h}$$
$$= 445 \text{km}$$

2.1.5.3 例：辅助载荷对续驶里程的影响

确定上一个案例中的 BEV 续驶里程的减少量，假定车辆的连续暖风、通风和空调（HVAC）消耗载荷为 6kW。

答案：

6kW 的 HVAC 载荷功率 P_{HVAC} 只需简单地加在运动所需的电池功率即 24.256kW 上，就可以估算电池功率 P_b，有

$$P_b = \frac{P_v}{\eta_{pt}} + P_{HVAC} = 24.256 \text{kW} + 6 \text{kW} = 30.256 \text{kW}$$

行驶时间从 3.71h 降低到

$$t = \frac{E_b}{P_b} = \frac{90}{30.256} \text{h} = 2.97 \text{h}$$

续驶里程从 445km 降低到

$$s = vt = 33.33 \text{m/s} \times 2.97 \text{h} \times 3600 \text{s/h}$$
$$= 356 \text{km}$$

2.1.6 最大爬坡度

车辆负载功率的增加或减少取决于汽车上坡或下坡行驶。爬坡阻力或下降力为

$$F_C = mg\sin\theta \tag{2.15}$$

式中，θ 是倾斜角度；g 是重力加速度。

攀爬力量正的，需要增加额外的动力；下降力是负的，可以向电池输出能量，这是电动汽车常用的一种模式，而不是利用摩擦制动来使车辆减速。

最大爬坡度是车辆以特定的速度爬坡时的最大斜率。简单地说，它是倾斜角度的正切值，通常以百分比的形式表示，例如 45° 的倾斜角即为 100%。倾斜角和最大爬坡度数值见表 2.4。

表 2.4 倾斜角和最大爬坡度数值

倾斜角/(°)	最大爬坡度/(°)
0	0
6	10.5
45	100

图 2.5 所示为 2015 款日产 Leaf 在不同坡度及速度下的道路 - 载荷功率函数曲线。图中的 0°、+6°和 -6°是指坡度。如图所示，汽车在爬 +6°的坡道时，以 40km/h 的速度行驶大约需要 21kW，以 130km/h 的速度行驶大约需要 80kW。当在 -6°的坡上行驶时（下坡），大量的电力可以为电动汽车的电池反向充电。以 120km/h 行驶在 -6°的坡上时，峰值再生功率可以达到 -33kW。再生能量不是制动系统的耗散能量，是电动汽车相对于使用非标准能量回收制动系统传统汽车所特有的一个巨大优势。

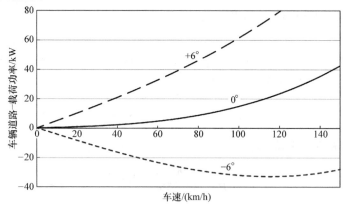

图 2.5 2015 款日产 Leaf 在不同坡道及速度下的道路 - 载荷功率函数曲线

例：下坡和能量回收

2015 款日产 Leaf 以 120km/h（33.33m/s）的速度行驶在 -6°的斜坡上，假定为无风天气，通过采取制动操作以保证车辆以恒定速度行驶，能够产生多少再生能量？

答案：

由于车辆在下坡道路上保持恒定的速度，任意大于道路载荷 - 功率的下坡车辆的势能都可以回收到电池中。

下坡车辆的势能为

$$P_c = mg\sin\theta \times v = 1645 \times 9.81 \times \sin(-6°) \times 33.33 \text{W} = -56.2 \text{kW}$$

表 2.3 中给出的道路载荷为

$$P_v = 23.4 \text{kW}$$

所求的电池可回收再生功率值 P_{regen} 为

$$P_{regen} = P_c + P_v = -56.2 \text{kW} + 23.4 \text{kW} = -32.8 \text{kW} \tag{2.16}$$

2.2 车辆加速

车辆的额定电力需求通常是基于车辆加速要求,通常指定为从 0 加速到 100km/h,或从 0 加速到 62mile/h 所需要的时间。在这种情况下,可能需要动力系统提供最大转矩和动力。

根据线性系统的牛顿第二定律,车辆加速或制动时的力 F_a 为

$$F_a = ma = m\frac{\mathrm{d}v}{\mathrm{d}t} \tag{2.17}$$

式中,a 是线性加速度。

运动力 F_m 是加速度、载荷和爬升力之和,有

$$F_m = F_a + F_v + F_c \tag{2.18}$$

因此,通过将式(2.12)、式(2.15)和式(2.17)替换为式(2.18),运动力可以表示为

$$F_m = m\frac{\mathrm{d}v}{\mathrm{d}t} + A + Bv + Cv^2 + mg\sin\theta \tag{2.19}$$

运动力描述了线性运动所需要的力。动力转矩 T_m 是驱动轴所需要的转矩,它是通过将动力乘以车轮半径 r 得到的,从而将线性运动与旋转运动联系起来,即

$$T_m = F_m r \tag{2.20}$$

根据牛顿第二运动定律,可以将转矩表示为

$$T = J\alpha = J\frac{\mathrm{d}\omega}{\mathrm{d}t} \tag{2.21}$$

式中,J 是转动惯量;ω 和 α 分别是角速度和角加速度。

除了驱动车辆的运动转矩外,我们还必须考虑驱动传动装置内部旋转部件所需的转矩,它是用驱动轴参考惯性矩 J_{axle} 来表示的。因此,总的驱动轴需要的转矩 T_{axle} 是运动转矩和加速驱动轴所需要的转矩之和,即

$$T_{axle} = T_m + J_{axle}\alpha_{axle} \tag{2.22}$$

式中,α_{axle} 是角加速度。

把式(2.19)和式(2.21)代入到式(2.22)中,另外有 $v = r\omega$,则驱动转矩可以重写为

$$T_{axle} = r\left\{m\frac{\mathrm{d}v}{\mathrm{d}t} + (A + mg\sin\theta) + Bv + Cv^2\right\} + \frac{J_{axle}}{r}\frac{\mathrm{d}v}{\mathrm{d}t} \tag{2.23}$$

或者是

$$T_{axle} = r\left\{\left(m + \frac{J_{axle}}{r^2}\right)\frac{\mathrm{d}v}{\mathrm{d}t} + (A + mg\sin\theta) + Bv + Cv^2\right\} \tag{2.24}$$

牵引力矩 T_t 是内燃机或者电动机输出轴上产生的转矩。最大牵引电机或发动机转矩和功率通常由制造商指定。这些数值是发动机或电机输出上可用的最大牵引

功率和牵引转矩。牵引力矩与驱动轴转矩直接相关。动力传动比 n_g 是由制造商基于多数车辆参数而指定的,针对配置无级变速器(CVT)的混合动力汽车,将在第5章内容中进行更详细的研究。变速和传送率 η_g 会严重影响动力转矩需求。车轴转矩和牵引力矩 T_t 有关,如图 2.6a 所示。

$$T_{axle} = n_g \eta_g T_t \tag{2.25}$$

牵引力矩 T_t 为

$$T_t = \frac{r}{n_g \eta_g}\left\{\left(m + \frac{J_{axle}}{r^2}\right)\frac{\mathrm{d}v}{\mathrm{d}t} + (A + mg\sin\theta) + Bv + Cv^2\right\} \tag{2.26}$$

齿轮损耗有一个类似于其他旋转部件的特性,并且有两个主要的损失成分:①无负载或旋转损耗;②负载转矩损失。上述方程式中的齿轮传动效率是齿轮传动和传动装置中负载转矩损失的假定值,忽略了无负载旋转损耗。我们假设牵引电机和齿轮传动装置是在滑行工况中进行测试的,并且参数 A、B、C 捕捉了由电机、齿轮传动装置和其他传动装置的摩擦和阻力(风阻)损耗所组成的无负载旋转损耗。在这项工作中,负载转矩齿轮的功率损失是假设它与齿轮的转矩和速度成线性的,以确定在任何条件下的齿轮传动摩擦损失。

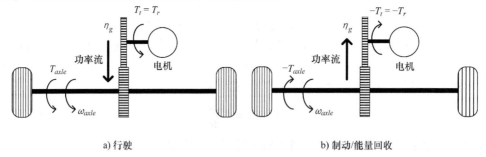

a) 行驶   b) 制动/能量回收

图 2.6 车辆行驶和能量回收

2.2.1 车辆制动能量回收

在传统汽车中,用来制动或减速的能量在制动系统中被当作热量而散失掉;而电动汽车可以捕获或再生能量并将其储存在车辆中。

牵引电机可以产生负转矩,在前进方向上可以达到额定值,从而改变功率的传递,使车辆的动能转化为负的机械动力,并转化为电池功率对电池充电。这就是可回收能量制动系统的工作原理,如图 2.6b 所示。同样的理论也适用于加速度应用,但必须正确地计算出齿轮的传动效率,即

$$T_{axle} = \frac{n_g T_t}{\eta_g}(\text{in regen}) \tag{2.27}$$

2.2.2 牵引电机特征

如果给定了最大的牵引功率和转矩,我们就可以对车辆的加速性进行研究。在

本书之后的内容中,将对电机进行深入分析,但现在需要一个基本的理解。我们应该注意到,电机相对于速度的转矩特性比传统内燃机要简单得多,而且线性更好,这是使电机成为汽车动力系统更有吸引力的另外一个特性。

如第 6 章中所讨论的,速度、转矩和功率的额定值是设计机器时的必要条件,无论是连续性还是间歇性的。这些条件还取决于各种环境因素,如大气温度和冷却系统温度。在讨论电机动力总成时,额定工况通常为最大转矩或功率输出。

电机的特点是有两种操作模式,即恒转矩模式和恒功率模式。

恒转矩模式是一种低速工况,电机可以输出一个固定的转子转矩 $T_{r(rated)}$,电机功率 P_r 随速度线性增加。因此,电机转矩 T_r 和电机功率 P_r 可以表示为

$$T_r = T_{r(rated)} \text{ 和 } P_r = T_{r(rated)}\omega_r \tag{2.28}$$

式中,ω_r 是角频率或电机速度。

这种状态一直持续到由式(2.29)定义的电机额定速度 $\omega_{r(rated)}$

$$\omega_{r(rated)} = \frac{P_{r(rated)}}{T_{r(rated)}} \tag{2.29}$$

如文中所述,额定转速也是电机的基本转速。电机的基本转速是电机输出额定功率时的最小转速。

恒功率模式是一种高速模式,当电机行驶在额定转速以上时,能够输出恒定的额定功率 $P_{r(rated)}$,电机可用功率随着速度上升而下降。

$$P_r = P_{r(rated)} \text{ and } T_r = \frac{P_{r(rated)}}{\omega_r} \tag{2.30}$$

例:日产 Leaf 额定转速

2015 款日产 Leaf 电机的额定转矩和功率分别为 254N·m 和 80kW。计算电机额定转速和车速?

答案:

电机的额定转速为

$$\omega_{r(rated)} = \frac{P_{r(rated)}}{T_{r(rated)}} = \frac{80000}{254} \text{N} \cdot \text{m} = 314.96 \text{rad/s}$$

按照表 2.1 中的数据,齿轮比为 8.19,车轮半径为 0.315m,当电机达到额定转速时的车辆速度为

$$v = r\frac{\omega_{r(rated)}}{n_g} = 0.315 \times \frac{314.96}{8.19} \text{m/s} = 12.11 \text{m/s} \quad (=43.61\text{km/h 或 } 27.1\text{mile/h})$$

2015 款日产 Leaf 的规格参数见表 2.5。电机频率 f_r 的单位为 Hz,电机转速 N_r 的单位为 r/min。

$$f_r = \frac{\omega_r}{2\pi}, N_r = 60f_r \tag{2.31}$$

表 2.5 中显示的关键特性参数用来生成相对于不同速度的转矩和功率值,结果

如图 2.7 所示。相关的 MATLAB 代码在本章的最后部分提供。

表 2.5　2015 款日产 Leaf 的规格参数

	单位	额定速度	最高速度
车速 v	km/h	43.61	144
	m/s	12.11	40
转子角速度 ω_r	rad/s	314.96	1040
转子频率 f_r	Hz	50.13	165.52
转子转速 N_r	r/min	3008	9931

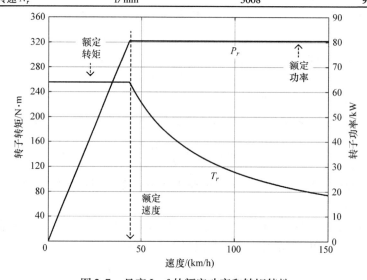

图 2.7　日产 Leaf 的额定功率和转矩特性

电机的恒转矩和恒功率模式比传统内燃机有明显的优势，它具有明显不同的转矩和功率速度特性，如第 5 章第 5 节所述。

电动汽车通常需要极快的加速性。这种能力是由电机在静止或低速时能够输出最大转矩的特性保证的。

2.2.3　车辆加速度

2.2.3.1　车辆速度时域估算

由于主要的车辆驱动和推进参数都是已知的，可以很容易地使用任何软件或电子表格来模拟车辆加速。请参阅第 15 章中关于使用 MATLAB/模拟器对车辆建模和控制的讨论。

式（2.26）可以改写为

$$\frac{dv}{dt} = \left\{ n_g \eta_g T_r - r\left[(A + mg\sin\theta) + Bv + Cv^2 \right] \right\} / \left(rm + \frac{J_{axle}}{r} \right) \quad (2.32)$$

假设加速转矩来自于电机转子（$T_t = T_r$）。

通过计算一个小微分时间步 Δt 的速度微分变化，可以很容易地求解微分方程。

$$\frac{dv}{dt} = \frac{v(n+1) - v(n)}{\Delta t} \quad (2.33)$$

式中，$v(n)$ 和 $v(n+1)$ 分别是第 n 步和第 $n+1$ 步的车速。

这样的话，有

$$v(n+1) = v(n) + \Delta t \{n_g \eta_g T_r - r[(A + mg\sin\theta) + Bv + Cv^2]\} / \left(rm + \frac{J_{axle}}{r}\right) \tag{2.34}$$

用附录中的 MATLAB 代码求解式（2.34），生成 2015 款日产 Leaf 加速度曲线，如图 2.8 所示。基于模拟结果，预测值为 10.8s，该值非常接近于公布的试验值 11.5s。

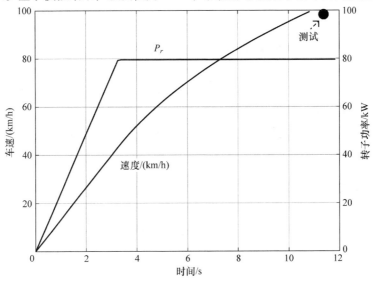

图 2.8　日产 Leaf 加速度曲线

2.2.3.2　忽略载荷力的特征加速度简化方程组

本节中，我们通过忽略负载力开发了一种简化的车辆加速闭型方程式。如果忽略了车辆的负载力和惯性矩，那么式（2.32）就会变为

$$\frac{dv}{dt} = \frac{n_g \eta_g}{rm} T_r \Rightarrow dv = \frac{n_g \eta_g}{rm} T_r dt \tag{2.35}$$

让我们考虑一下加速特性的两种主要工作模式：从零到额定转速的恒定转矩模式，以及高于额定转速的恒定功率模式。通过对式（2.35）两边进行积分，我们得到一个特定模式下的解

$$\int_{v_i}^{v_f} dv = \frac{n_g \eta_g}{rm} \int_{t_i}^{t_f} T_r(v) dt \tag{2.36}$$

式中，v_i 和 v_f 分别是初始时刻 t_i 和最后时刻 t_f 对应的速度。

在额定转速以下，加速时的最大转矩为

$$T_r(v) = T_{r(rated)} \tag{2.37}$$

式（2.36）在恒转矩模式下的积分结果为

$$\int_{v_i}^{v_f} \mathrm{d}v = [v]_{v_i}^{v_f}, \frac{n_g \eta_g T_{r(rated)}}{rm} \int_{t_i}^{t_f} 1 \mathrm{d}t = \frac{n_g \eta_g T_{r(rated)}}{rm} [t]_{t_i}^{t_f} \quad (2.38)$$

$$\Rightarrow v_f - v_i = \frac{n_g \eta_g T_{r(rated)}}{rm}(t_f - t_i)$$

初始时刻$t_i = 0$时的初始速度$v_i = 0$,在时刻t_{rated}加速到额定转速v_{rated},上面的积分方程式可以缩减为

$$v_{rated} = \frac{n_g \eta_g}{rm} T_{r(rated)} t_{rated} \quad (2.39)$$

这样的话,车辆从0加速到额定转速所需要的时间为

$$t_{rated} = \frac{rm v_{rated}}{n_g \eta_g T_{r(rated)}} \quad (2.40)$$

在额定转速以上,以恒功率模式运行时,最大转矩为

$$T_r(v) = \frac{P_{r(rated)}}{\omega_r} = \frac{T_{r(rated)} \omega_{r(rated)}}{\omega_r} = \frac{T_{r(rated)} v_{rated}}{v} \quad (2.41)$$

式中,$v = r\omega_r / n_g$。

恒功率模式的积分形式为

$$\int_{v_i}^{v_f} v \mathrm{d}v = \frac{n_g \eta_g}{rm} T_{r(rated)} v_{rated} \int_{t_i}^{t_f} 1 \mathrm{d}t \quad (2.42)$$

可以得到方程式的解为

$$\int_{v_i}^{v_f} v \mathrm{d}v = \left[\frac{1}{2}v^2\right]_{v_i}^{v_f}, \frac{n_g \eta_g T_{r(rated)} v_{rated}}{rm} \int_{t_i}^{t_f} 1 \mathrm{d}t = \frac{n_g \eta_g T_{r(rated)} v_{rated}}{rm} [t]_{t_i}^{t_f} \quad (2.43)$$

$$\Rightarrow \frac{1}{2}v_f^2 - \frac{1}{2}v_i^2 = \frac{n_g \eta_g}{rm} T_{r(rated)} v_{rated}(t_f - t_i) \quad (2.44)$$

方程式可以改写为

$$t_f = \frac{rm}{2n_g \eta_g T_{r(rated)} v_{rated}}(v_f^2 - v_{rated}^2) + t_{rated} \quad (2.45)$$

式中,t_i、v_i分别等于t_{rated}和v_{rated}。

由此,车辆从零到最终速度的时间为式(2.40)和式(2.45)的解的和,可以简化为

$$t_f = \frac{rm}{n_g \eta_g T_{r(rated)}} \frac{v_f^2 + v_{rated}^2}{2 v_{rated}} \quad (2.46)$$

现在我们有了一个基本方程式,可以简单地计算车辆加速所需要的能量E_a。该能量值等于整段时间内的平均功率和时间的乘积。在恒转矩模式过程中,平均功率是额定功率的一半;在恒功率模式阶段,平均功率为额定功率。积分形式为

$$E_a = \frac{P_{r(rated)}}{2} t_{rated} + P_{r(rated)}(t_f - t_{rated}) = P_{r(rated)}\left(t_f - \frac{t_{rated}}{2}\right) \quad (2.47)$$

例：日产 Leaf 加速时间的简化计算

估算 2015 款日产 Leaf 从 0~60mile/h 的加速时间和所需要的能量。忽略道路载荷和内部转动惯量。参考表 2.1，假定齿轮效率为 97%。

答案：

根据式（2.40），达到额定转速所需要的时间为

$$t_{rated} = \frac{rmv_{rated}}{n_g \eta_g T_{r(rated)}} = \frac{0.315 \times 1645 \times 12.11}{8.19 \times 0.97 \times 254} s = 3.11s$$

将车速单位换算为 m/s

$$v = 60 \times \frac{1.609}{3.6} m/s = 26.8 m/s$$

应用简化公式（2.46），结果为

$$t_f = \frac{rm}{n_g \eta_g T_{r(rated)}} \frac{v_f^2 + v_{rated}^2}{2 v_{rated}} = \frac{0.315 \times 1645}{8.19 \times 0.97 \times 254} \times \frac{26.8^2 + 12.11^2}{2 \times 12.11} s = 9.18s$$

(2.48)

从 0~60mile/h 的加速时间简化计算结果为 9.18s，与模拟结果 10.8s 和试验测试结果 11.5s 非常接近。

如果忽略道路载荷，电机轴需要的加速功率为

$$E_a = P_{r(rated)} \left(t_f - \frac{t_{rated}}{2} \right) = 80000 \times \left(9.18 - \frac{3.11}{2} \right) J$$
$$= 610 kJ (0.169 kW \cdot h)$$

(2.49)

2.3 简化行驶工况车辆对比

在接下来的章节中，将针对使用各种动力系统架构和能源的车辆，确定其燃油经济性、效率、碳排放和续驶里程。

为了简化行驶工况分析，首先需要有如下几个假设条件：

1）各种车辆均行驶在稳定工况。

2）发动机、起动机和电机响应时间是可以忽略的。

3）加速和制动的瞬态能量损耗及由此产生的动能增益和损失是可以忽略不计的，因为在行驶工况中很少出现停止和起动的情况。

4）每台汽车的齿轮传动和变速效率都是 95%。

5）行驶和发电的电驱动效率均为 85%。

简化的车辆动力总成如图 2.9 所示。

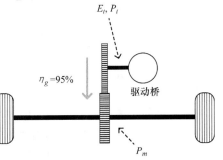

图 2.9 简化的车辆动力总成

使用表 2.1 中列出的 2015 款日产 Leaf 的参数对测试车辆进行分析，以基于图 2.10 所示的基本传动周期来确定各种动力

总成。车辆在平坦道路上行驶一个小时以上，在$t_1 = 1800s$内，车速为50km/h；在$t_2 = 1200s$内，车速为90km/h；在$t_3 = 600s$内，车辆以怠速行驶。下角标1、2、3分别对应各时间段t_1、t_2、t_3，下角标C用于整个工况。

首先，必须确定各种速度下的电机功率。

将车速v_1、v_2的单位换算为m/s

$$v_1 = \frac{50}{3.6}\text{m/s} = 13.89\text{m/s}, \quad v_2 = \frac{90}{3.6}\text{m/s} = 25\text{m/s}$$

50km/h时的功率P_{m1}和90km/h时的功率P_{m2}分别为

$$P_{m1} = Av_1 + Bv_1^2 + Cv_1^3 = 133.3 \times 13.89\text{W} + 0.7094 \times 13.89^2\text{W} + 0.491 \times 13.89^3\text{W} = 3.304\text{kW}$$

$$P_{m2} = Av_2 + Bv_2^2 + Cv_2^3 = 133.3 \times 25\text{W} + 0.7094 \times 25^2\text{W} + 0.491 \times 25^3\text{W} = 11.448\text{kW}$$

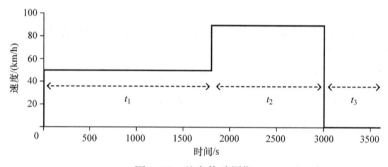

图2.10 基本传动周期

牵引功率P_t是驱动电机的输出功率，但是对于电动机或内燃机，则等于道路载荷功率除以齿轮效率

$$P_t = \frac{P_m}{\eta_g} \tag{2.50}$$

牵引功率P_{t1}和P_{t2}分别为

$$P_{t1} = \frac{P_{m1}}{\eta_g} = \frac{3.304}{0.95}\text{kW} = 3.478\text{kW}$$

$$P_{t2} = \frac{P_{m2}}{\eta_g} = \frac{11.448}{0.95}\text{kW} = 12.050\text{kW}$$

牵引能量E_t是为了驱动车辆，由电机或发动机的输出端所需要的能量，即

$$E_t = P_t t \tag{2.51}$$

为了驱动车辆所需要的牵引能量E_{t1}和E_{t2}分别为

$$E_{t1} = P_{t1} t_1 = 3.478 \times 1800\text{kJ} = 6.260\text{MJ}$$

$$E_{t2} = P_{t2} t_2 = 12.050 \times 12000\text{kJ} = 14.460\text{MJ}$$

所有工况中，为了驱动车辆所需要的总的牵引能量E_{tC}为

$$E_{tC} = E_{t1} + E_{t2} = 20.720\text{MJ}$$

在试验时间内所行驶过的距离 s_1 和 s_2 分别为
$$s_1 = v_1 t_1 = 25.0\text{km}$$
$$s_2 = v_2 t_2 = 30.0\text{km}$$
所有工况中，总的行驶距离 s 为
$$s = s_1 + s_2 = 25.0\text{km} + 30.0\text{km} = 55.0\text{km}$$

参 考 文 献

1. R. L. Simison, K. Lundegaard, N. Shirouzu, and J. Heller, "How a tire problem became a crisis for Firestone, Ford," *The Wall Street Journal*, August 10, 2000.
2. E. Musk, "Tesla adds titanium underbody shield and aluminum deflector plates to Model S," Tesla website, www.tesla.com/blog, March 28, 2014.
3. Test car list data files webpage of US EPA: https://www.epa.gov/compliance-and-fuel-economy-data/data-cars-used-testing-fuel-economy
4. T. Nakada, S. Ishikawa, and S. Oki, "Development of an electric motor for a newly developed electric vehicle," SAE Technical Paper 2014-01-1879.
5. C. Morris, "Tesla Semi hits the highway with a bang," *Charged Electric Vehicle MagaZine*, November 2017

扩 展 阅 读

1. E. K. Nam and R. Giannelli, *Fuel Consumption Modelling of Conventional and Advanced Technology Vehicles in the Physical Emission Rate Estimator (PERE)*, EPA420-P-05-001, draft February 2005, US EPA.
2. J. G. Hayes, R. P. R. De Oliveira, S. Vaughan, and M. G. Egan, "Simplified electric vehicle powertrain models and range estimation," *IEEE Vehicular Power and Propulsion Conference*, Chicago, 2011.
3. J. G. Hayes and K. Davis, "Simplified electric vehicle powertrain model for range and energy consumption based on EPA coast-down parameters and test validation by Argonne National Lab data on the Nissan Leaf," *IEEE Transportation Electrification Conference*, Dearborn, June 2014.

问　　题

2.1　一辆电动汽车有如下特性参数：质量 $m = 500\text{kg}$，车轮半径 $r = 0.3\text{m}$，从电机到驱动轴的齿轮效率 $n_g = 10$，额定齿轮效率 $\eta_g = 95\%$。在一条平坦的道路上，车辆需要在5s内由0km/h加速到36km/h，风速为零。忽略道路载荷，当车辆达到18km/h时，计算从电机到车辆的电磁转矩。

[答案：$31.6\text{N}\cdot\text{m}$]

2.2　使用问题2.1中的车辆，在一条平坦的道路上，车辆需要在5s内由36km/h减速到0km/h，风速为零。忽略道路载荷，当车辆达到18km/h时，计算从电机受到的制动转矩。

提示：加速度与问题2.1相同，但是值是相反的。如果参考图2.6b中的齿轮效率，可以得到正确答案。

[答案：$-28.5\text{N}\cdot\text{m}$]

2.3　一辆电动汽车以 80km/h 的速度爬 5°的坡道，风速 10km/h，逆风行驶。车辆具有如下特性参数：质量 $m=1400\text{kg}$，风阻系数 $C_D=0.19$，车身横截面积 $A=2.4\text{ m}^2$，滚动阻力系数 $C_R=0.0044$，车轮半径 $r=0.3\text{m}$，从电机到驱动轴的齿轮效率 $n_g=11$，齿轮传动效率 $\eta_g=95\%$，空气密度 $\rho_{air}=1.2\text{kg/m}^3$。

1) 计算转子输出力矩和转速。
2) 爬坡所需的功率比平坦路面上行驶要高多少？

［答案：$41.3\text{N}\cdot\text{m}$，$7740\text{r/min}$，约为 6 倍］

2.4　计算通用 EV1 电动汽车由 0km/h 加速到 36km/h 所需要的时间，忽略车辆道路载荷。参数见表 2.1，假定齿轮传动效率 $\eta_g=95\%$。

［答案：7.65 s］

2.5　日产 Leaf 以 144km/h 的速度行驶。在多少度的斜坡上，转子功率可以达到 80kW？

［答案：3.53°］

2.6　一辆搭载了 $24\text{kW}\cdot\text{h}$ 电池包的电动汽车，以 88km/h 的恒定速度行驶时的续驶里程为 170km。假设 HVAC 消耗功率为 6kW，那么，以 88km/h 恒定速度行驶时的续驶里程是多少？

［答案：115km］

2.7　修改 2.3 中的行驶工况，以 120km/h 的速度行驶 600s 代替怠速工况。

1) 计算以 120km/h 的速度行驶所需要的牵引功率。
2) 计算修订行驶工况时的总功率和行驶距离。

［答案：24.64kW，35.5 MJ，75 km］

2.8　特斯拉公司的埃隆·马斯克在 2017 年末推出了新的货车拖车。他公布了以下车辆参数：满载时的车辆总重 $m=36280\text{kg}$，空气阻力系数 $C_D=0.36$，满载时的续驶里程为 804.5km（500mile），平均速度为 96.54km/h（60mile/h）。假设车辆具有如下属性：车辆横截面积 $A=9\text{m}^2$，滚动阻力系数 $C_R=0.006$，动力系统和变速器的标称效率 $\eta_{pt}=85\%$，附件负载 $P_{aux}=2\text{kW}$，轮胎半径 $r=0.55\text{m}$，4 个特斯拉 Model S 牵引电机组合在一起，额定功率和转矩分别为 1080kW 和 $1760\text{N}\cdot\text{m}$，传动比 $n_g=20$，传动效率 $\eta_g=95\%$，设空气的密度 $\rho_{air}=1.2\text{kg/m}^3$。

1) 确定满载时满足该范围所需的电池能量。
2) 确定满载货车拖车从 0－60mile/h 的加速时间，忽略车辆负载。

［答案：$945.5\text{kW}\cdot\text{h}$，17.85s］

MATLAB 代码示例

Simplified Traction Machine Torque-Speed Characteristic (John Hayes)

```
%Plotting the torque and speed characteristics vs. vehicle speed
%In the example the Nissan Leaf parameters from Table 2.1 are used
close all; clear all; clc;
```

```matlab
Prrated    = 80000;              %rated rotor power in W
Trrated    = 254;                %rated rotor torque in Nm
r          = 0.315;              %wheel radius
ng         = 8.19;               %gear ratio
vmax       = 150;                %vehicle max speed at full power in
                                  km/h
wrrated    = Prrated/Trrated;    %angular speed at rated condition
wrmax      = ng*vmax/(3.6*r);    %rotor speed at maximum
                                  vehicle speed
N          = 1000;               %number of steps
wr         = linspace(1,wrmax,N);    %array of values for wr
speed      = r*3.6/ng*wr;        %vehicle speed array in km/h

T          = zeros(1,N);         %initialize torque array
P          = zeros(1,N);         %initialize power array
v          = zeros(1,N);         %initialize speed array

for n = 1:N                      %Looping N times
    if wr(n) < wrrated           %Less than rated speed
        T(n) = Trrated;          %torque array equation (2.28)
        P(n) = Trrated*wr(n);    %power array equation (2.28)
        v(n) = wr(n)/ng*r;
    elseif (wr(n) >= wrrated)    %More than base speed
        T(n) = Prrated/wr(n);    %torque array equation (2.30)
        P(n) = Prrated;          %power array equation (2.30)
    end;
end;
[hAx,hline1,hline2] = plotyy(speed,T,speed,P/1000);
%title('Full power acceleration of Nissan Leaf and Power
 vs. Speed');
set(hline1,'color','black','linewidth',3)
set(hline2,'color','black','linewidth',3)
set(hAx,{'ycolor'},{'black';'black'})
xlabel('Speed (km/h)');
ylabel(hAx(1),'Rotor Torque (Nm)');
ylabel(hAx(2),'Rotor Power (kW)');
%legend('Torque','Power','Location','northwest');
ylim([0 300]);

grid on
ha = findobj(gcf,'type','axes');
set(ha(1),'ytick',linspace(0,200,10));

set(hAx(1),'YLim',[0 360])
set(hAx(1),'YTick',[0:40:360])
set(hAx(2),'YLim',[0 90])
set(hAx(2),'YTick',[0:10:90])
```

```
%set(hline1,'linestyle','--','color','black','linewidth',3)
```
Simplified BEV Acceleration Profile

```
%Plotting the acceleration vs. time for the Nissan Leaf (John Hayes)
%In the example the Nissan Leaf parameters from Table 2.1 are used

close all;clear all; clc;

Prrated    = 80000;           %max rotor power in W
Trrated    = 254;             %max rotor torque in Nm
r          = 0.315;           %wheel radius
ng         = 8.19;            %gear ratio
m          = 1645;            %vehicle mass in kg
A          = 133.3;           %coastdown parameter A
B          = 0.7094;          %coastdown parameter B
C          = 0.491;           %coastdown parameter C

Effg = 0.97;                  %Assumed gear efficiency
J = 3;                        %Assumed axle-reference MOI

wrrated    = Prrated/Trrated;   %motor base angular speed in rad/s
vrated     = wrrated*r/ng      %vehicle speed in m/s

N          = 100;             %number of steps
tend       = 12;              %end time of 12 s, say, for Nissan Leaf
dT         = tend/N;          %time step
t          = linspace(0,tend,N); %time variable from 0 to tend in
                                  N steps

v          = zeros(1,N);      %initialize speed array at zero.
Tr         = zeros(1,N);      %initialize torque array at zero.
wr         = zeros(1,N);      %initialize angular array speed
                                at zero.
Pr         = zeros(1,N);      %initialize rotor power array at zero.

for n = 1:N-1                 %looping N-1 times
    wr(n) = v(n)*ng/r;        %rotor speed
    if v(n) < vrated          %less than rated speed
        Tr(n) = Trrated;      %rotor torque array
    else                      %greater than rated speed
        Tr(n) = Prrated/wr(n); %rotor torque array
    end;
    v(n+1)  = v(n)+dT*(ng*Effg*Tr(n)-r*(A+B*v(n)+C*(v(n))^2))/
              (r*m+J/r);      %speed equation (2.34)
    Pr(n)   = Tr(n)*wr(n);    %rotor power array
end;
```

```
[hAx,hline1,hline2] = plotyy(t(1:end-1),v(1:end-1)*3.6,
t(1:end-1),Pr(1:end-1)/1000);
%title('Full power acceleration of Nissan Leaf and Power
vs. Speed');
set(hline1,'color','black','linewidth',3)
set(hline2,'color','black','linewidth',3)
set(hAx,{'ycolor'},{'black';'black'})
xlabel('Time (s)');
ylabel(hAx(1),'Vehicle Speed (km/h)');
ylabel(hAx(2),'Rotor Power (kW)');
%legend('Speed','Power','Location','northwest');
ylim([0 100]);
set(gca,'YTick',[20 40 60 80]);
grid on;
ha = findobj(gcf,'type','axes');
set(ha(1),'ytick',linspace(0,200,10));
set(hAx(1),'YLim',[0 100])
set(hAx(1),'YTick',[0:20:100])
set(hAx(2),'YLim',[0 100])
set(hAx(2),'YTick',[0:20:100])
```

作业：BEV 模型

选择一款 BEV 进行研究，利用软件建立加速模型。由于 BEV 具有很多优点，如可以充电、可以在纯电模式下行驶、具有固定的齿轮比，因此很容易分析。

可以在参考文献 [3] 中找到有价值的车辆信息，也可以自由地分析其他车辆。

从参考文献 [3] 所列车辆中可以查到下面的信息：

1）第 K 列的额定功率，单位为马力（1 马力 = 735.499W）。

2）第 V 列的试验车辆重量，单位为 lb（1lb = 0.45359237kg）。

3）第 W 列的齿轮比（= 驱动轴比）。

4）第 BC、BD、BE 列的参数 A、B、C。

车轮半径可以从轮胎规格中计算出。一些正在使用的例子为：

特斯拉 Model S 的轮胎规格为：245/45YR19。

第一位数字代表轮胎的宽度为 245mm。

偏平比 0.45 代表轮胎的高度是宽度的倍数，即轮胎高度为 245mm × 0.45 = 110.3mm。

车轮直径，或者是内部直径为 19 英寸（×25.4mm = 482.6mm）。

轮胎直径是高度的两倍，再加上轮辋，或者 2 × 110.3mm + 482.6mm = 703.2mm。

轮胎半径是直径的一半，即 r = 351.6mm

美国环保署档案中的 BEV（2011—2021 年车型）

（参考最新车辆网站）

修改简化 BEV 加速度曲线的 MATLAB 代码，使用问题 2.8 中的信息模拟特斯拉货车拖车的加速度。

1）2021 Polestar 2

2）2021 Volvo XC 40P8

3）2020 Nissan Leaf（60kW·h）

4）2020 Porsche Taycan Turbo

5）2020 Tesla Model Y Long Range

6）2019 Honda Clarity

7）2019 Hyundai Kona Electric

8）2019 Jaguar I–Pace

9）2019 Kia Niro Eletric

10）2019 Tesla Model 3（multiple variations）

11）2019 Tesla Model S（multiple variations）

12）299 Tesla Model X（multiple variations）

13）2017 BMW i3

14）2017 Chevy Bolt

15）2017 Fiat 500e

16）2017 Hyundai Ioniq EV

17）2017 Kia Soul

18）2017 Mercedes–Benz B–class

19）2017 Mitsubishi i–MiEV

20）2017 Nissan Leaf SV

21）2016 BRG Bluecar

22）2016 Ford Focus

23）2016 Chevy Spark

24）2016 Mercedes–Benz Smart for two

25）2016 Tesla Model X

26）2016 Volkswagen eGolf

27）2014 BYD E6

28）2014 Tesla Model S

29）2014 Toyota RAV4

30）2013 Azure Dynamics Transit Connect Electric

31）2013 Coda

32）2013 Honda Fit EV

33）2013 Toyota Scion iQ EV

34）2011 BMW 1 Series Active E

35）2011 Nissan Leaf

第3章 电 池

"在我看来,蓄电池是一种廉价、哗众取宠、通过股票欺骗公众的产品。蓄电池是很有吸引力的一种东西,股票欺骗者想要的没有比这更完美的东西了。只要一个人开始研究蓄电池,就会显示出他说谎的潜能。从科学的角度来说,储能是正确的,但是,从商业角度来说,这是一个绝对的超出人类想象力的失败产品"。托马斯·爱迪生,1883年。

"难道你不知道,任何一个在物理上做出重要贡献的人,在你这个年纪的时候就已经做过了吗?"由24岁的世界大战老兵约翰·古迪纳夫在1946年发表的讲话。1980年,57岁的约翰发明了第一个锂离子电池。

"成本、安全、能量密度、充电率和放电率,以及循环寿命,对于能否广泛应用电池驱动汽车是至关重要的。相信我们的发现解决了当今电池所固有的许多问题。"约翰·古迪纳夫在2017年关于他的最新突破性技术——固态电池中说到。

本章将介绍用于电动汽车动力系统的电化学电池。首先,本章提供了一个电池概述,并重点介绍了广泛使用的铅酸电池、镍氢电池和锂离子电池及其基本的概念和材料定义。然后,讨论了电池寿命和相关因素等关键问题,还阐述了电化学知识。

3.1 电池介绍

3.1.1 电池类型和电池组

电池储存电化学能并将其转化为电能。电池符号如图3.1a所示。

用于汽车动力总成上的电池是二次电池。二次电池是一种可以反复充电和放电的电池,典型的例子是铅酸电池(PbA)、镍氢电池(NiMH)和锂离子电池(Li-ion)。

智能手机通常使用锂离子聚合物(LiPo)电池。锂离子聚合物电池的工作方式类似于标准的锂离子电池,但其电解质为凝胶状。这使得电池可塑性更强,更容易成型。标准的锂离子电池的电解质是液态物体,带有聚丙烯分离器。

另一种主要的电池类型是一次电池。一次电池在放电后是不可以充电的,典型例子是我们在电视遥控器和其他日常电器中使用的碱性锰电池。

电池单体是基本的电池单位。电池组是由多个电池单体构成的。可能需要多个电池单体来增加储存能量、电压或电池功率。许多电子设备需要比基本电池电压更高的电压。例如,直流电机的速度由电池直接供电保证,与电池的电压成正比。许多电子设备需要电池电压超过一定值才能工作。例如,现代手机有一个处理器,需要在1.5V的电压下才能发挥最佳性能,它很容易由一个带功率转换器来降低电压的锂离子电池驱动。

电池单体可以以串联或并联的方式排列。电池单体的串联排列方式如图3.1b所示,这样可以产生更高的电压和功率,因为电池组电压是所有电池单体电压的总和。常用的电视遥控器中使用两节1.5V的碱性电池,它的总电压为3V。对于消费者来说,一个常见的问题是当两个1.5V的碱性电池被两个可充电的NiMH电池取代时,NiMH电池的电压只有1.2V,如果设备是基于1.5V的电池电压而设计的,那么电池电压从1.5V降低到1.2V就会导致设备出现无法工作的问题。标准车辆上的12V铅酸电池是由6个2V铅酸电池串联构成的。

电池单体也可以并联排列,如图3.1c所示,这种方式可以产生更高的输出电流和功率。电池的储存能量、寿命和电压取决于电池的电流或功率。在并联的情况下,增加更多的电池单体会增加能量、寿命和电压。

电动汽车的电池单体通常是串-并联的,如图3.1d所示,这样可以获得更高的电压、电流、功率、能量和寿命。2012款特斯拉Model S的电池容量为85kW·h,电池组中含有16个串联模组,每个模组有6个子模组,每个子模组有74个并联排列的电池单体。因此,电池组的总数量为7104个电池单体,实际上是一个有96个串联排列和74个并联排列的电池单体矩阵。许多汽车的电池组包含有96个串联的锂电池,每个锂离子电池的电压都是4V,总电压接近400V。对于许多功率转换器来说,400V的电压只是一个常见的水平,已经开发出来的大量技术均可以保证在这个电压水平上有效地、安全地进行功率转换。

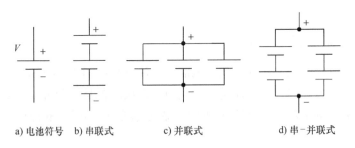

a) 电池符号　b) 串联式　　c) 并联式　　　d) 串-并联式

图3.1　电池符号和类型

近期纯电动车辆和电池化学性能

电池的化学成分有很多种类型。电池可以通过选择不同的材料进行优化,以应用于特定场合。为了提高纯电动汽车的续驶里程，对电池进行了多种优化；混合动力汽车的电池优化则主要是针对低续驶里程而加大放电工况的使用频率。

通用汽车搭载铅酸电池的 EV1 电动汽车于 1996 年投放市场。铅酸电池组中的铅使得它的重量非常大，因此限制了它的车载能量储存量。这种化学物质的寿命相对较短，且随着容量的降低，能够储存的能量也进一步减少，但在当时，铅酸电池是汽车唯一的选择。之后，镍氢电池技术飞速发展，1999 年推出的第二代 EV1 就使用了镍氢电池。镍氢电池比铅酸电池具有更高的储存能量和更长的寿命。1997 年推出的丰田普锐斯上就选择了这种电池。

与此同时，人们开发出具有巨大容量和寿命的锂离子电池，并将其应用于手机和笔记本电脑。锂离子电池是电动汽车复兴的基础，它最初被用于 2008 年推出的特斯拉跑车上。

锂是最轻的金属，锂离子电池相比其他技术有很多优势，比如更高的能量密度、更高的电压以及更长的寿命。

制造商开发出了许多不同类型锂离子电池中使用的化学物质。早期的锂离子电池化学成分主要是钴和锰金属。不同材料的混合和选择会显著影响电池密度、寿命、安全性和成本。下一节将介绍的电池阴极是锂、各种金属和氧的混合物，称为锂金属氧化物。通常用化学分子式来描述电池。例如，$LiCoO_2$ 是一种常见的化学物质，是钴酸锂电池的配方。

特斯拉 Model S 中使用的松下电池中镍含量很高。在一个典型的镍钴铝（NCA）电池中，镍可以占到阴极的 85%，铝和钴分别占 10% 和 5%。高的镍含量使电池的能量密度很高，寿命也更长。

2011 款雪佛兰 Volt 电动汽车上使用的 LG 化学电池具有 NMC 阴极。NMC 代表镍、锰、钴，化学分子式为 $LiNiMnCoO_2$，每一种金属的占比约为 1/3。虽然 NMC 化学物质的能量较低，但是与 NCA 相比，它的成本更低，寿命也更长。在 2016 款雪佛兰 Volt 电动汽车上，电池的能量密度从 2011 年的 87W·h/kg 提升到了 101W·h/kg。

2011 年日产 Leaf 上使用的 AESC 电池中混合了锰和镍金属，它的阴极是 $LiMn_2O_4$ 和 $LiNiO_2$ 的混合体。

从 1996 年的通用 EV1 开始对车辆的发布参数进行回顾是很有意义的，电池技术的发展也将变得更明显，关键参数见表 3.1。1996 年通用 EV1 电动汽车总重量是 1400kg，其中电池组的重量就达到了 500kg。电池组的额定能量和功率分别为 17kW·h 和 100kW。电池组的比能量（每千克电池组的能量，单位为 W·h/kg）相对较低，为 34W·h/kg，比功率（每千克的功率，单位为 W/kg）为 200W/kg。一个常用的比较指标是功率能量比，等于比功率除以比能量，记为 P/E。电动汽车的 P/E 指标往往较低，而 HEV 则较高。对电动汽车和混合动力汽车电池容量和功率的优化，可能会影响电池的最终化学性质。1996 年通用 EV1 电动汽车铅酸电池

的 P/E 值为6，与下一代电动汽车相比，这是一个相对较高的数值。

表3.1 各种车辆代表性的电池和电池组参数

车辆	车重/kg	电池重量/kg	电池制造商	化合物	额定能量/(kW·h)	比能量/(W·h/kg)	电池/电池组名义电压/V	额定功率/kW	比功率/(W/kg)	P/E
1996 通用 EV1	1400	500	Delphi	PbA	17	34	2/312	100	200	6
1999 通用 EV1	1290	480	Ovonics	NiMH	29	60	1.2/343	100	208	3
1997 丰田普锐斯 Prius	1240	53	Panasonic	NiMH	1.8	34	1.2/274	20	377	11
2008 特斯拉 Roadster	1300	450	Panasonic	Li-ion	53	118		185	411	3
2011 日产 Leaf	1520	294	AESC	Li-ion	24	82	3.75/360	80	272	3
2011 雪佛兰 Volt	1720	196	LG Chem	Li-ion	17	87	3.75/360	110	560	6
2012 特斯拉 Model S	2100	540	Panasonic	Li-ion	85	157		270	500	3
2017 雪佛兰 Bolt	1624	440	LG Chem	Li-ion	60	136	3.75/360	150	341	3

1999年引入NiMH电池技术的通用EV1电动汽车，几乎将电池组的容量增加了一倍，同时也减轻了重量。1997年的丰田普锐斯HEV引入了类似的NiMH电池技术，它的比容量只有1999年通用EV1电动汽车NiMH电池的一半，但由于其针对长寿命混合动力应用进行了优化，因此具有更高的比功率。在常规操作中，1997年丰田普锐斯HEV只使用了20%的可用能量，以最大限度地延长它的寿命周期。1997年丰田普锐斯的 P/E 值接近11，而1999年通用EV1电动汽车NiMH电池的 P/E 值只有3。

特斯拉跑车引入了高规格的锂离子电池技术，额定容量达到了1996年通用EV1铅酸电池的3~4倍，以及1999年通用EV1电动汽车NiMH电池的2倍，而且具有更高的比功率和更长的寿命。

2012款特斯拉Model S将比能量和比功率增加到更高的数值，其电池组尺寸比1996年通用EV1大5倍，但是重量相当。

2011款雪佛兰Volt电动汽车配置了 P/E 值为9的混合动力电池，是1996年通用EV1的2倍以上。2011年日产Leaf电动汽车配置了 P/E 值为3的电池，与雪佛兰相当。

2017款雪佛兰Bolt配置了比2011款雪佛兰Volt具有更高功率密度、更低成本的电池组，如图3.2所示。这款汽车展示了电池技术的进步，2017款雪佛兰Bolt的电池密度达到1996款通用EV1的4倍，而成本却只有后者的很小一部分。

3.1.2 电池基本原理

普遍认为，电化学电池的发明归功于意大利人亚历山大·沃尔塔（1745—1827）。电势的衡量指标和单位分别是电压和伏特，就是以他的名字命名的。沃尔

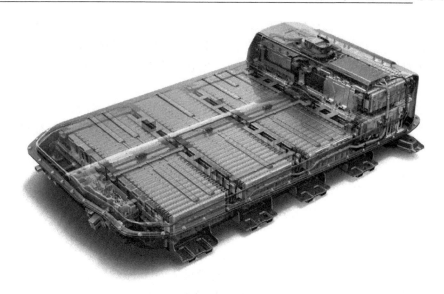

图 3.2 雪佛兰 Bolt 电池组

塔发现，当两种不同的金属（后来被称为电极）淹没在电解液中时，就会产生电势。电压取决于多种因素，包括电极的类型和大小、电解液、压力以及温度。电池单体的基本结构如图 3.3a 所示。阴极通常由金属氧化物制成，阳极则由导电金属或石墨碳制成。电极与导电电流收集器相连，这些收集器将电极连接到电池终端。为了消除电极之间的短路和促进离子流，还需要一个分离器。

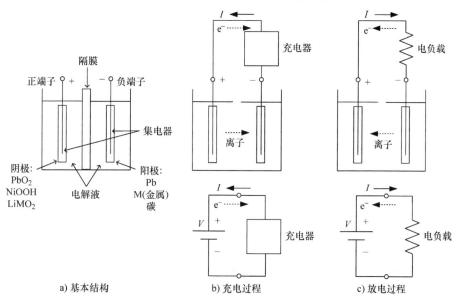

图 3.3 简化电池单体

电池的正电压在阴极处，负电压在阳极处。在电池充电过程（图3.3b）中，充电器连接在终端之间，电流从充电器流向阴极，然后从阳极流出。在充电过程中，电子符号为e-，从阴极向阳极流动，与电流的方向是相反的。正离子从阴极到阳极的电离子中穿过。

在放电过程（图3.3c）中，当外部电负载与电池单体连接时，电流从阴极通过负载流回到阳极。电子流在电池单体外表面，与电流方向相反。离子通过电解液从阳极回到阴极。

3.1.3　基础电化学

电化学研究内容是电与化学反应之间的关系。氧化和还原是电池中最基本的化学反应。

氧化是化学反应中失去了电子，这是自然界中常见的一种现象，特别是当一种物质与氧气结合时，例如铁生锈。还原是化学反应中的电子增益。

当不同材料在一个共同的反应中失去和获得电子时，就会发生氧化还原反应。还原剂失去电子而被氧化，而氧化剂获得电子而不断减少。在氧化还原反应中释放的能量可以通过使电子在表面流动来产生或储存电能，这是电化学电池单体或伏打电池工作的基础。一个简单的电化学电池由两个电极和电解液组成。

一个伏打电池由两个半电池单体构成。一个半单体发生氧化反应，另一个半单体发生还原反应。

阳极是指电池内固体金属连接体或电极，是在放电过程中发生氧化反应的部位。阳极在电池的负极上，根据定义，电流通过阳极流入其他设备中（电池放电期间）。

阴极是电池内部的固体金属连接体或电极，放电过程中它是不断减少的。阴极是电池的正极。

电解质是一种含有离子并允许离子电荷流动的物质。阳离子是带正电荷的离子，阴离子是带负电的离子。

一个电池由一个或多个这样的化学电池单体构成。电池能够将化学能转化为电能。

一次电池带有一个或多个电池单体，通过不可逆的化学反应产生电流。

二次电池带有一个或多个电池单体，通过可逆的化学反应产生电流。

3.1.3.1　铅酸电池

铅酸电池的电化学电池单体是由铅（Pb）制阳极板、含二氧化铅（PbO_2）覆盖物的阴极板以及由水和硫酸组成的电解液构成的。最初的氧化还原反应生成约2V的电压。当电流生成时，一种被称为硫化的反应会生成硫酸铅，并覆盖在板表面。当电池放电时，由于硫的存在，电压会下降。硫酸铅是一种软质材料，可被转化为铅和硫酸。然而，如果没有充电过程，会形成硫酸铅晶体从而对电池造成不可逆转的损害。这是铅酸电池失效最常见的原因。电池可能会因为硫酸盐化作用而造成容量损耗,因此,电池应该周期性地进行电荷平衡,这是确保每个电池单体的电荷都能够达到相同水平的过程。

铅酸电池、镍氢电池和锂离子电池的半电池单体和单体反应见表3.2。铅酸电池在充电过程中,硫酸铅和阴极的水被转化为二氧化硫和硫酸,释放出电子和离子流向阳极。在阴极产生的半电池电压为1.69V。电子和离子与阳极中的硫酸铅结合在一起,产生铅和硫酸,半电池电压为 -0.36V。

表3.2 各种电池的电池单体参数

化学成分	电极	反应	方程式	电压/V
铅酸充电	阴极	氧化反应	$PbSO_4 + 2H_2O \rightarrow PbO_2 + H_2SO_4 + 2H^+ + 2e^-$	1.69
	阳极	还原反应	$PbSO_4 + 2H^+ + 2e^- \rightarrow Pb + H_2SO_4$	-0.36
	电池单体		$2PbSO_4 + 2H_2O \rightarrow Pb + PbO_2 + 2H_2SO_4$	2.05
铅酸放电	阴极	还原反应	$PbO_2 + H_2SO_4 + 2H^+ + 2e^- \rightarrow PbSO_4 + 2H_2O$	1.69
	阳极	氧化反应	$Pb + H_2SO_4 \rightarrow PbSO_4 + 2H^+ + 2e^-$	-0.36
	电池单体		$Pb + PbO_2 + 2H_2SO_4 \rightarrow 2PbSO_4 + 2H_2O$	2.05
镍氢充电	阴极	氧化反应	$Ni(OH)_2 + OH^- \rightarrow NiOOH + H_2O + e^-$	0.45
	阳极	还原反应	$MH + OH^- + e^- \rightarrow M + H_2O$	-0.83
	电池单体		$Ni(OH)_2 + M \rightarrow NiOOH + MH$	1.28
镍氢放电	阴极	还原反应	$NiOOH + H_2O + e^- \rightarrow Ni(OH)_2 + OH^-$	0.45
	阳极	氧化反应	$M + H_2O \rightarrow MH + OH^- + e^-$	-0.83
	电池单体		$NiOOH + MH \rightarrow Ni(OH)_2 + M$	1.28
锂离子充电	阴极	氧化反应	$LiMO_2 \rightarrow MO_2 + Li^+ + e^-$	1
	阳极	还原反应	$C_6 + Li^+ + e^- \rightarrow LiC_6$	-3
	电池单体		$LiMO_2 + C_6 \rightarrow MO_2 + LiC_6$	4
锂离子放电	阴极	还原反应	$MO_2 + Li^+ + e^- \rightarrow LiMO_2$	1
	阳极	氧化反应	$LiC_6 \rightarrow C_6 + Li^+ + e^-$	-3
	电池单体		$MO_2 + LiC_6 \rightarrow LiMO_2 + C_6$	4

放电过程的反应是相反的,充电和放电期间的标称电压是1.69V减去 -0.36V,等于2.05V。

请注意,为阳极或阴极提供的电压是与一个标准氢电极有关的,它是用来确定半电池电压的基础。

因为铅酸电池内部阻力小、电流大、成本低、可以回收,目前仍然是传统汽车起动电源的选择。

3.1.3.2 镍氢电池

镍氢电池与曾经广泛使用的镍镉(NiCad)电池类似。除了价格昂贵之外,镉还是有毒物质,可以致癌。金属氢化物中的氢可以代替镍镉电池阳极中的镉。金属氢化物是一种化合物,其中的氢可以与金属结合。真实的金属混合物通常都是专用的,但都混合了普通金属如镍和镉,以及少量其他材料。镍氢电池的标称电压大约为1.2V,与镍镉电池相当。

虽然镍氢电池相比镍镉电池有很多优势,但是与其他化学物质相比,它的自放电率非常高。镍氢电池和镍镉电池都有"记忆"效应。记忆效应是由于多次充电不满导致的容量损失。与铅酸电池类似,这些电池必须定期进行均衡处理,以确保电池组中的每个单体都是同等充电的。

3.1.3.3 锂离子电池

锂离子电池有一个由锂金属氧化物($LiMO_2$)制成的阴极,阳极是由石墨形式的碳制成的。锂离子电池的工作方式与铅酸电池不同,在充电过程中锂本身会被释放出来,从阴极通过电解液到达阳极,从而与碳电极结合形成锂碳。电解质是一种高导电性的锂盐,它能够促进锂离子的运动。

阴极产生的半电池电压约为1V,而阳极半电池反应则为-3V,总电压约为4V。

锂金属在低温时可以沉淀在阳极板上,这种锂的积累物被称为树枝状晶体。树枝状晶体能够穿透分离器而形成短路。

锂离子电池没有记忆效应,但随着时间的周期性变化,它会逐渐损耗能量。电池中的活性锂随着时间的推移而不断减少。更高的电池电压加速了容量的丧失。电池的循环使用导致机械破裂,使电池的寿命缩短,这些影响随着温度的升高而显著增加。

锂钛酸盐(LiT)电池的阳极上有钛,而不是石墨。通过消除石墨的开裂,可以显著改善电池的寿命。减小的电池内阻提高了锂钛酸盐电池的功率容量,特别是在低温条件下,使该电池成为混合动力汽车上非常有吸引力的选择。与锂离子电池相比,它的缺点是成本高、电压低和比能量低。

新型的锂离子电池使用了先进的材料来制造阳极。硅基合金被用来取代碳,这样能够达到更高的能量密度。

3.1.4 电池能量储存单位

电池储存能量。一个物体如果能够做功,那么它就拥有能量。能量和功的单位是焦耳(符号J),是以英国物理学家艾姆斯·焦耳(1818—1889)的名字命名的。他是一位啤酒酿造师,这份职业为他在考虑电化学的复杂性时提供了帮助。

功率被定义为每秒做的功,功率的单位是瓦特(符号W)。即

$$能量 = 功率 \times 时间 \tag{3.1}$$

单位换算关系为

$$1J = 1W \cdot s \tag{3.2}$$

然而,焦耳是相对较小的能量单位,更常用的是其他能量储存单位,如W·h。

$1W\cdot h$ 定义为

$$1W\cdot h = 3600W\cdot s = 3600J \tag{3.3}$$

$W\cdot h$ 是非常方便的一种能量单位，也可以使用 $kW\cdot h$

$$1kW\cdot h = 3600000W\cdot s = 3600000J \tag{3.4}$$

与电池能量储存有关的一种常见的计量单位是容量，表示为 $A\cdot h$。电流的单位是安培（A），是以法国物理学家和数学家安德烈·玛丽·安培（1775—1836）的名字命名的。他经历了法国大革命和拿破仑时代，为电磁学做出了卓越贡献。电荷量 Q 的标准 SI 单位是库仑（C），是用另外一个法国人查利·奥古斯丁·库仑（1736—1806）的名字命名的，他在静电学领域做出了重大贡献，并提出了著名的库仑定律，将电荷之间的力联系起来。方程式为

$$电荷 = 电流 \times 时间 \tag{3.5}$$

单位换算关系为

$$1C = 1A\cdot s \tag{3.6}$$

库仑是一个小单位，更常用的则是安培·小时（$A\cdot h$）

$$1A\cdot h = 3600A\cdot s = 3600C \tag{3.7}$$

以安培·小时为单位的电池容量可以通过电压容量与以瓦特·小时为单位的能量联系起来

$$能量 = 容量 \times 电压 \tag{3.8}$$

单位换算关系为

$$1J = 1A\cdot s \times 1V \tag{3.9}$$

3.1.5 放电率

在描述电池时经常使用放电率，符号 C。这里的 C 是指电池的放电率，而不是库仑单位。放电率是衡量电池相对于其最大容量的充电或放电速度的单位。

例如，$1C$ 放电率表示一个小时内可以以固定电流将电池的电量放完，而 $10C$ 放电率则表示其放电速度为 $1C$ 的 10 倍。$1/3C$ 放电率表示它的放电速度为 $1C$ 的 $1/3$。

2011 款日产 Leaf 电池组例子

2011 款日产 Leaf 的额定电池容量为 $24kW\cdot h$，电池电压为 360V。电池组共有 192 个电池单体。电池组包括 48 个串联模组，每个模组有 4 个电池单体，如图 3.4 所示。电池是由 AESC 公司、日产公司和 NEC 公司合作生产的。

日产 Leaf 的电池单体、模组和电池组参数见表 3.3。一个电池单体的重量为 0.787kg，长度和宽度分别为 29cm 和 21.6cm，厚度为 0.61cm。电池的能量密度为 $317W\cdot h/L$，比能量为 $157W\cdot h/kg$。当这些电池单体被集成到模组中时，上述数值分别降低到 $206W\cdot h/L$ 和 $128W\cdot h/kg$。这是由于模组中需要额外的包装、连接、布线和电路。由于电池组是由 48 个模组组成的，除了电缆、连接和电路以外，

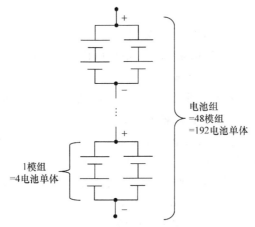

图 3.4 日产 Leaf 的电池单体、模组和电池组

还需要一个坚固的底盘来包装和保护这些电池单体,整体的重量增加到 294kg,而比能量大约为 82W·h/kg。

表 3.3 日产 Leaf 的电池单体、模组和电池组参数

	电池单体数量	电压/V	容量/A·h	能量/W·h	体积/L	重量/kg	能量密度/(W·h/L)	比能量/(W·h/kg)
电池单体	1	3.75	32.5	121.9	0.384	0.787	317	157
模组	4	7.5	65	487.5	2.365	3.8	206	128
电池组	192	360	65	23400~24000	—	294	—	82

这个电池的额定容量为 32.5A·h,以 $C/3$ 的速率放电时需要 3h。这个电池的放电率为 $C/3$,这意味着当每个电池单体以 10.8A 或每个电池组以 21.6A 在 $C/3$ 速率下放电 3h 时,每个电池单体的额定容量为 32.5A·h 或者 121.875W·h,或者每个电池组的额定容量为 65A·h 或 23.4kW·h。这种电池的 $C/3$ 放电率水平接近于日产 Leaf 电池组在正常行驶条件下典型的放电电流。$1C$ 放电率通常用于其他应用中。

接下来介绍两个相关的电池术语。

剩余电量或荷电状态(SOC)是总电池容量中可用于放电的部分。它通常表示为一个百分比,可以看作是衡量电池中剩余容量的指标。

放电深度(DOD)是放电后储存在电池中的电能,通常以百分比表示。

例如,如果一个电池组的容量为 24kW·h,已经放电量为 6kW·h,那么 DOD 为 6/24 或者 25%。电池组中的剩余电量为 18kW·h,即 SOC 为 18/24,或 75%。

3.1.6 电池参数和比较

与电池技术相关的参数有很多,我们关心的是为汽车应用而选择电池时重要的参数。在专注于主要电池的同时,我们还应该注意到,电池的化学反应可以针对特

定的汽车应用进行优化。

用于 HEV 的电池通常具有较小的储能能力,与 BEV 的电池相比,HEV 的特征是电池容量小、续驶里程短,而 BEV 的电池容量一般较大,且续驶里程也长。

3.1.6.1 电池电压

电池电压是电池中化学反应的参数,与 SOC、寿命、温度、充电率或放电率有很大的不同。各种电池的代表性参数见表 3.4,其中第三列显示了感兴趣的标称电池电压。电池的额定电压是整个放电循环的平均电压。例如,锂离子电池的额定电压为 3.75V,而在完全充电后,实际电压可以达到 4.2V;在完全放电后,电压可以达到 2.5V。由于汽车电池通常以串 – 并联形式封装,电池额定电压越高,所需要的电池单体数量就越少,这使得锂离子电池在电池组封装方面更具有吸引力。另外,镍氢电池的额定电压为 1.2V,铅酸电池的额定电压为 2V。

表 3.4 各种电池的代表性参数

化合物	符号	单体电池电压/V	比能量/(W·h/kg)	循环寿命	比功率/(W/kg)	自放电率/(%/月)
铅酸	PbA	2	35	≈500	250~500	5
镍氢	NiMH	1.2	30~100	>1000	200~600	>10
锂离子	Li–ion	3.8	80~160	>1000	250~600	<2
锂钛	LiT	2.5	50~100	>20000	—	—
锌锰	ZnMnO$_2$	1.5	110	—	—	<0.3

在高电压下工作会导致电池寿命大幅缩短,而在低电压下工作则会导致电池出现故障。图 3.5 所示为不同放电速率下,电池电压随容量变化的典型曲线,通常称为放电曲线。对于图 3.5 中所示的电池单体,容量大约为 33.3A·h,放电时的放电率为 $C/3$。图中共显示了四种规格:$C/3$ 或 11.1A、$1C$ 或 33.3A、$1.8C$ 或 60A、$2.7C$ 或 90A。

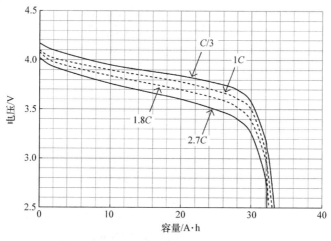

图 3.5 33.3A·h 锂离子电池的典型放电曲线

我们可以看出电池的一个重要特性。随着放电率的增加，电池终端电压，也就是输出终端的电压会下降，这是由于电流在电池单体中流动时因内阻的存在而使电压下降。这些损失导致电池单体内有热量产生，并减少了可以使用的电量。对于图 3.5 中显示的电池单体，相对于 $C/3$ 的容量大约是 33.3 A·h。有趣的是，在增加 C 值时，电池容量几乎没有变化，但是可用的电量会随着 C 值的增加而显著下降，电池可用电量的下降幅度可以从每条曲线平均终端电压的降幅中推断出来。

3.1.6.2 比能量

电池的比能量是每单位重量电池所储存的能量。锂离子电池的能量密度是最高的，见表 3.4 的第 4 列。锂离子电池的比能量大约是铅酸电池的 3~5 倍。

3.1.6.3 循环寿命

循环寿命是衡量电池在达到使用寿命之前充电和放电次数的标准。随着使用时间和使用次数的增多，电化学电池的循环寿命不断减少，当然，温度和电池电压等因素也起着关键作用。同样地，锂离子电池的循环寿命最高，镍氢电池与锂离子电池相当。铅酸电池的寿命最短，而一些碱性电池是不能充电的。表 3.4 中所标示的标称值均为 100% 完全充电后的值。锂钛电池是锂电池的一种变体，可消除锂离子的显著老化问题。尽管锂钛电池具有较低的电池电压和比能量，但循环寿命的显著增加使其成为 HEV 的一个有吸引力的选择。

3.1.6.4 比功率

比功率是衡量电池组每单位重量的可用放电功率。铅酸电池传统上具有较高的比功率，并被用作传统汽车的起动机电池。较新的电池，如锂离子电池和镍氢电池，具有与之相当的比功率。

3.1.6.5 自放电

即使没有充电或放电，电化学电池也会消耗能量。这种能量消耗是储存能量的寄生现象，被称为自放电。表 3.4 中列出了各种化学品的标称自放电率。与竞争对手相比，镍基电池的自放电率相对较高。完全充电后的前 24h 内，电池可能会有非常高的初始自放电，但速率会逐渐降低。随着温度的升高，自放电率会显著增加。请注意，尽管锂离子电池自放电率小于 2%，但电池组的整体自放电率可能接近 5%，因为电子系统可能需要额外 3% 的能量来管理电池组的电路。

3.2 生命周期和规格考虑事项

与许多电气和电子产品不同，电化学电池的寿命取决于其化学性质，可能相对较短。汽车产品的设计寿命通常为 10~12 年。典型的半导体器件，例如微处理器或开关，随着时间的推移表现出较小的退化。诸如电池、燃料电池和电解电容器等电化学装置在老化时会很快地降容，尤其是随着使用量的增加。因此，电池制造商面临的重大挑战是开发出符合汽车产品使用寿命的电池。市场已经从相对短寿命的铅酸电池转向更长寿命的镍氢和锂离子电池。

首先，我们回顾几个很有用处的术语。

时间和充电/放电周期：电化学电池的特点之一是存储电荷的能力会随着时间而降低。多次深度充电/放电循环会导致电池寿命缩短。

寿命：电池的寿命可以用时间（年）或重复次数来描述。汽车电池可能有附加要求，表示为以英里或千米为单位的续驶里程。

生命开始（BOL）：生命开始参数通常是指电池在初始制造时的容量和内部电阻。

寿命终止（EOL）：寿命终止参数是关键组件随着时间或使用情况降级后的值。典型的寿命终止标准是电池储能容量下降到 BOL 值的 80% 或内阻增加 50%。

影响电池寿命的因素有很多，也很复杂。以下是一些相关因素：

电压：太高的电池电压会导致电解质的分解、杂质的增加以及电极中锂的加速流失，所有这些都会增加阻力、降低存储容量，并因此缩短周期和使用寿命。在降低电池电压以增加电池寿命时需要均衡考虑，因为较低的电压也会降低电池内的能量储存。相对于浮动电压的电池充电/放电次数和电池容量如图 3.6 所示。浮动电压是电池完全充电后用以维持电池的电压，用来补偿电池的自放电。将电池充电至更高的电压会增加电池中储存的能量，但更高的电压会加速电池老化，而且到寿命结束的充电/放电循环次数可能会非常明显地减少。一些锂离子电池的最大工作电压范围为 3.6~3.8V，以优化储能和循环寿命。BEV 和 HEV 锂离子电池在正常条件下的典型最大值约为 4.2V，但在脉冲基础上可略高至约 4.3V。

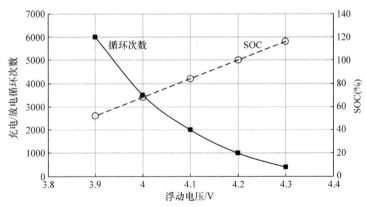

图 3.6 锂离子电池相对于浮动电压的电池充电/放电次数和电池容量

高温：一般来说，在化学和电子学中，在高温下工作会导致组件的寿命和可靠性显著降低的负面效应。瑞典科学家斯万特·阿列纽斯在 1889 年发表的有关寿命与温度的经典著作非常适用于当今的电化学存储设备。阿列纽斯是第一批研究碳排放量增加对全球气候影响的科学家之一。基于阿列纽斯方程的经验法则是，温度每升高10℃，设备的使用寿命就会减半。因此，在极高温的气候条件下，电池寿命会显著降低。世界上许多地方的气候都会对电池技术产生影响。例如，美国亚利桑那州菲尼克斯夏季的温度高于40℃，汽车不仅处在热沥青或柏油碎石表面之上，还会因太阳照射吸收太阳能，电池的温度会显著提高。在菲尼克斯，必要的空调使用会导致电池放电深度的增加。因此，温度升高和深度放电会加速电池容量衰减并增加内阻。

低温：在极低的温度下操作也可能导致某些电池技术问题。电解质可能变得更黏稠并且导电性降低。在低于 -10°C（14°F）的温度下，锂离子电池会降低其可用容量和储存能量。出于这个原因，制造商提供了用于寒冷气候的电池加热器，以确保电池具有足够的性能。理想情况下，电池在充电模式下插入电网时会被加热，从而节省电池能量用于驾驶需求。

时间：电动汽车制造商面临的最大挑战之一是开发一款寿命大于车辆寿命的电池。电池必须保证至少有 8~12 年的使用寿命。如前面讨论的那样，诸如电压、温度、使用次数都会显著影响电池寿命。随着电池的老化，以锂为活性材料的电池会随着时间而失去活性。较低的 SOC 导致电池电压降低，这会减缓电解质的退化和损失活性锂。

电池寿命测试：电池寿命测试可能非常复杂且耗时。典型的测试包括对多个相同的电池组进行一系列部分和全部充电和放电，以确定从 BOL 到 EOL 的循环次数。图 3.7 所示为充电/放电与 DOD 的关系曲线。曲线图基于充电/放电循环次数，直到容量下降到 EOL 容量，通常指定为 80%。

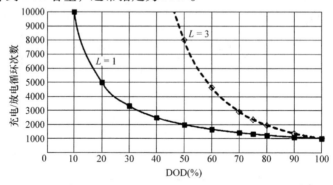

图 3.7　充电/放电与 DOD 的关系曲线

图 3.7 中的实线是基于一个基本假设生成的，即电池转换的总能量与 DOD 有关。对于实线（$L=1$），我们假设电池的能量吞吐量是恒定的。因此，如果电池在 100% DOD 下能够维持 1000 次循环，那么在 50% DOD 时它将维持 2000 次循环，在 10% DOD 时维持 10000 次循环。等式形式为

$$N = N_{100\%} \times \frac{100\%}{\text{DOD}} \text{ 或 DOD} = \frac{N_{100\%}}{N} \times 100\% \qquad (3.10)$$

式中，$N_{100\%}$ 是 100% DOD 时的循环次数；N 是给定的 DOD 的循环次数。

在为 BEV 设计电池时，恒定能量吞吐量的假设是一个合理的初始假设。

但是，用于 HEV 的电池设计为较浅的放电和非常高的循环次数，其使用寿命可能会远远高于刚刚列出的数字。HEV 电池的典型生命周期数可从 75% DOD 的 3000 次循环（从 95% SOC 到 20% SOC），到 50% DOD 的 9000 次（从 95% SOC 到 45% SOC）。小幅度充电和放电可能会使 HEV 增加成千上万次的循环次数。

因此，引入了新概念循环寿命指标 L

$$N = N_{100\%} \left(\frac{100\%}{\text{DOD}}\right)^L \text{ 或 DOD} = \left(\frac{N_{100\%}}{N}\right)^{1/L} \times 100\% \tag{3.11}$$

图 3.7 显示了 $L = 3$ 时的增强型寿命曲线。通过改变电池的化学成分，改善电池冷却，降低电池浮动电压并降低 DOD，可以提高电池的使用寿命。这种电池可用于插电式混合动力汽车（PHEV）或混合动力汽车（HEV）。

3.2.1 电池选型案例

3.2.1.1 例：纯电动汽车电池选型

根据以下要求计算 BEV 电池组所需的起始存储容量（kW·h）：行驶 8 年，日均行驶 48km，每年驾驶 365 天，每天充电，每千米电池平均输出能量 E_{km} = 180W·h/km。假设 $L = 1$ 和 $N_{100\%} = 1000$。

假设两个各含 96 个锂离子单体的电池模组串联排列，总的电池单体数 N_{cell} = 192，每个电池单体的标称电压为 3.75V。

计算每个电池单体的容量值。

在 BOL 和 EOL 状态下，车辆的续驶里程分别是多少？

答案：

首先，让我们确定平均每天的能源使用量和充电/放电次数。

总的循环次数 N 为

$$N = 8 \text{ 年} \times 365 \frac{\text{次数}}{\text{年}} = 2920 \text{ 次} \tag{3.12}$$

平均每天能量输出量 E_{day} 为

$$E_{day} = s_{day} E_{km} = 48 \text{km} \times 0.18 \frac{\text{kW} \cdot \text{h}}{\text{km}} = 8.64 \text{kW} \cdot \text{h} \tag{3.13}$$

DOD 可以按照下式很容易地求出

$$\text{DOD} = \left(\frac{N_{100\%}}{N}\right)^{1/L} \times 100\% = \left(\frac{1000}{2920}\right)^{1/L} \times 100\% = 34.25\% \tag{3.14}$$

BOL 存储能量为

$$E_{BOL} = \frac{E_{day}}{\text{DOD}} = \frac{8.64 \text{kW} \cdot \text{h}}{0.3425} = 25.23 \text{kW} \cdot \text{h} \tag{3.15}$$

EOL 存储能量为

$$E_{EOL} = 0.8 \times E_{BOL} = 20.18 \text{kW} \cdot \text{h} \quad (3.16)$$

这个简单的例子表明，需要一个初始存储能量为 25.23kW·h 的电池组，才能在 8 年内提供所需的平均每日能量。

该电池组共有 192 个电池单体，由各含 96 个电池单体的两组电池模组串联而成。电池组电压 V_{bp} 是

$$V_{bp} = \frac{N_{cell}}{2} V_b = \frac{192}{2} \times 3.75 \text{V} = 360 \text{V} \quad (3.17)$$

电池组容量 Ah_{bp} 由下式给出：

$$Ah_{bp} = \frac{E_{BOL}}{V_{bp}} = \frac{25230}{360} \text{A} \cdot \text{h} = 70.08 \text{A} \cdot \text{h} \quad (3.18)$$

电池单体容量 Ah_b 可以通过下式容易求得

$$Ah_b = \frac{Ah_{bp}}{2} = \frac{70.08}{2} \text{A} \cdot \text{h} = 35.04 \text{A} \cdot \text{h} \quad (3.19)$$

BOL 续驶里程为

$$\text{Range(BOL)} = \frac{E_{BOL}}{E_{km}} = \frac{25230}{180} \text{km} = 140.2 \text{km} \quad (3.20)$$

EOL 续驶里程为

$$\text{Range(EOL)} = \frac{E_{EOL}}{E_{km}} = \frac{20180}{180} \text{km} = 112.1 \text{km} \quad (3.21)$$

3.2.1.2 例：插电式混合动力汽车电池规格

在本例中，我们重复上述练习，以获得循环寿命指标 $L = 3$ 的 PHEV 使用的增强型电池。假定只有一组电池串。

答案：

如前所述，循环总数 N 为 2920 个循环，平均每日能量消耗 E_{day} 是 8.64kW·h。DOD 可以按照下式很容易地求出

$$\text{DOD} = \left(\frac{N_{100\%}}{N}\right)^{1/L} \times 100\% = \left(\frac{1000}{2920}\right)^{1/3} \times 100\% = 70\% \quad (3.22)$$

这样的话，为了在 2920 个循环之后达到 80% 的 SOC，那么 BOL 存储能量为

$$E_{BOL} = \frac{E_{day}}{\text{DOD}} = \frac{8.64 \text{kW} \cdot \text{h}}{0.70} = 12.34 \text{kW} \cdot \text{h} \quad (3.23)$$

EOL 存储能量为

$$E_{EOL} = 0.8 \times E_{BOL} = 9.87 \text{kW} \cdot \text{h} \quad (3.24)$$

这个简单的例子表明，需要一个初始存储能量为 12.34kW·h 的电池组，才能在 8 年内提供以上所需能源。

BOL 续驶里程为

$$\text{Range}(\text{BOL}) = \frac{E_{BOL}}{E_{km}} = \frac{12340}{180}\text{km} = 68.6\text{km} \tag{3.25}$$

EOL 续驶里程为

$$\text{Range}(\text{EOL}) = \frac{E_{EOL}}{E_{km}} = \frac{9880}{180}\text{km} = 54.9\text{km} \tag{3.26}$$

电池单体容量 Ah_b 可以通过下式容易求得

$$AH_b = Ah_{bp} = \frac{E_{BOL}}{V_b} = \frac{12340}{360}\text{A}\cdot\text{h} = 34.3\text{A}\cdot\text{h} \tag{3.27}$$

这两个例子说明了设计电池组参数时的一些挑战。寿命较短的 BEV 电池组必须足够大才能满足寿命周期内每天驾驶的需要。增强型 PHEV 电池组可以小一些，但在 BOL 和 EOL 方面整体能耗更低，续驶里程更少。随着 DOD 的降低，电池组循环寿命显著增加到数十万次。典型的 HEV 电池组仅使用相对较小的 DOD 续驶里程，从而使电池寿命超过数十万次。

3.2.2 电池组放电曲线和寿命

电动汽车及其电池组已经由美国能源部在爱达荷国家实验室和 Intertek 公司的清洁能源技术评估中心进行了测试。测试车辆在亚利桑那州菲尼克斯的沙漠气候中行驶。在不同的时间间隔内，断开电池组并以恒定速率放电，以表征行驶一定里程数时电池组具有的性能。

由 LG 公司制造的 2013 款福特福克斯 BEV 电池组的测试结果如图 3.8 所示。在这些测试中，电池组以 8kW 的恒定速率放电。随着电池组的放电，电压从大约 360V 下降到 260V。电池已经过各种驾驶间隔的测试。在行驶里程达到 589km 后，测得的电池标准容量为 74.44A·h。在 6729km、19429km 和 38621km 处重复测试，整个测试需要 36 个月。电池容量在 6729km 处降至 71.42A·h，在 19429km 处降至 67.53A·h，在 38621km 处降至 57.89A·h。可以得出，BOL 电池容量退化到 77.8%。

2013 款雪佛兰 Volt PHEV 采用与福特福克斯 BEV 相似的 LG 化学电池。该组件在稍高的 10kW 放电率下进行测试，雪佛兰 Volt 的测试结果如图 3.9 所示。电池容量从 7227km 时的 46.46A·h 下降到 257541km 处的 38A·h。在 44 个月的测试试验中，电池容量降到了 BOL 的 81.8%。电池组存储量在 195387km 时已经下降了约 10%，并且在 195387km 和 257541km 之间还有几个百分点的降低。

在 PHEV 中，行驶若干千米后电池容量下降幅度较低，因为汽油发动机将 PHEV 中的电池组 DOD 控制在更小的行驶里程内。测试结果证实了这一结论。PHEV 经历了 257541km、44 个月的 18.4% 的降幅，而 BEV 经历了 38621km、36 个月的 22.2% 的降幅。驾驶条件相对苛刻。雪佛兰 Volt 在 EV 模式下的行驶里程仅占总里程的 20%，但在 HEV 模式下，电池组在能源管理方面发挥了积极作用。在超

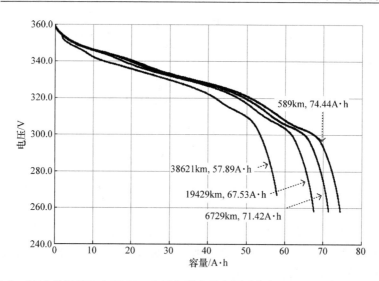

图 3.8 2013 款福特福克斯 BEV 电压与静态放电测试期间以 C/3 速率放电的容量
注：数据由爱达荷国家实验室和 Intertek 公司清洁能源技术评估中心提供。

过 90% 的试验时间内，空调都是处于运行状态的。

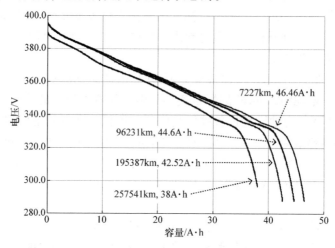

图 3.9 2013 款雪佛兰 Volt PHEV 电压与静态放电测试期间以 10kW 速率放电的容量
注：数据由爱达荷国家实验室和 Intertek 公司清洁能源技术评估中心提供。

3.3 电池充电、保护和管理系统

3.3.1 电池充电

所有电池都具有类似的充电特性。一般情况下，放电后的电池可以接受较大的充电电流。在某个电压或 SOC 下，电流会降低以确保电池的正确充电电压。正如我们在本章前面看到的那样，锂离子电池的最高电池电压是电池寿命中的重要因素。锂离子电池的充电曲线如图 3.10 所示。最初，电池以恒定电流充电。当电池达到 80% SOC 左右时，充电电流会降低以控制施加于电池的电压。在这种模式下，电流逐渐减小以保持适当的电池电压。在这个阶段，SOC 缓慢增加，与从低 SOC 到 80% 相比，电池 SOC 从 80% 增加到 100% 用时较长。一般来说，对锂离子电池进行充电后，至少应该达到 80% SOC。

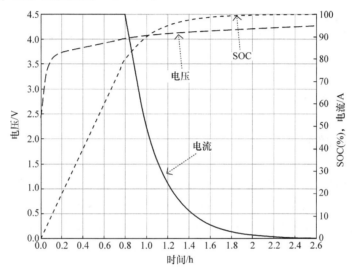

图 3.10 锂离子电池的充电曲线

3.3.2 电池失效和保护

电池具有一定的危险性，严重时甚至会发生影响生命的灾难性事故。汽车电池组必须经过严格的测试以确保安全。一般来说，电池不应该出现部件散落、起火、产生有毒或有害气体。此外，在制造、运输、使用和回收电池时必须格外小心。有许多安全标准用来定义汽车电池的危险等级。下面是安全测试的例子。

穿透：包装穿透会使锂基材料暴露于空气中，导致火灾。

挤压：如果电池组在碰撞中被挤压，不允许出现电池受损。

热稳定性：如果温度过高，电池组可能容易受热失控，这是钠硫电池面临的一个重要问题，但是对锂离子电池来说一般不成问题。锂离子电池在 80°C 以下是安全的，但是在较高温度下可能会发生潜在的危险反应，因此必须执行安全标准以减少潜在火焰或有害气体。更详细内容参考扩展阅读部分。

过充电/过放电：这些情况可能导致内部升温和热失控。

外部短路：外部短路可能导致与电池加热、升温和失控相关的明显内部功耗。

3.3.3 电池管理系统

从本章前面的内容可以看出,电池组是一个复杂的储能系统。为了执行储存能量的基本任务,电池管理系统(BMS)需要采集所有电池组和车辆的信息,以确保电池组安全运行。典型的电池管理系统具有以下任务:

1)电压、电流、功率和温度的监控。
2)估算 SOC 值。
3)维护电池始终处于健康状态,并进行诊断。
4)防止过电流、过充电、欠充电、短路故障以及温度过高或过低。
5)控制功率上升、下降和预充电。
6)与车辆之间的信息交流。
7)保持电池单体平衡。

3.4 电池模组

电化学研究电和化学反应之间的关系,是一个广泛的话题。有必要深入研究一下电化学,以建立电池模型。作者发现文献 [5] 是一本非常好的入门教科书。

自发过程是指在没有任何外部辅助情况下自行进行的过程。电池是自发电化学氧化还原反应的典型例子,它能将化学能转化为电能并驱动电器工作。吉布斯自由能是衡量反应能力的指标。

电化学电池的开路电路可逆电压 V_r^0 是空载开路电压,并通过式(3.28)与吉布斯自由能的变化 ΔG^0 产生联系。

$$V_r^0 = -\frac{\Delta G^0}{nF} \tag{3.28}$$

式中,n 是根据氧化还原反应平衡方程式转移电子的摩尔数;F 是法拉第常数(96485C/mol)。

约西亚·威拉德·吉布斯(1839—1903)是第一个获得耶鲁大学工程博士学位的人(1863 年),他对美国化学热力学的发展做出了巨大贡献。

当电化学电池放电并且 DOD 增加或 SOC 降低时,会消耗电池单体内的反应物,使反应物的浓度降低。德国化学家瓦尔特·能斯特(1864—1941)也对电化学做出了重大贡献,他开发了一个与电池电压 V_b 相关的反应物浓度公式

$$V_b = V_r^0 - \frac{RT}{nF}\log_e Q_R \tag{3.29}$$

式中,R 是理想气体常数;T 是温度;Q_R 是反应系数,是反应物浓度的函数。

能斯特方程很重要,因为它将电池电压与 SOC 或 DOD 关联起来了。具有极化区域轮廓的锂离子电池的放电曲线如图 3.11 所示,其与图 3.5 均清楚地说明了一

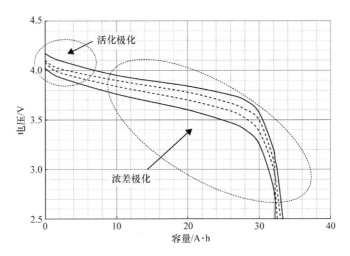

图 3.11 具有极化区域轮廓的锂离子电池的放电曲线

定 SOC 下电池电压的下降。然而，严格地说，能斯特方程只适用于当电池单体中没有电流时。另外，我们看到电池电压依赖于电池单体内的电流。这种关系受到电池单体内部多个电压降的控制。有三个引起电压降的主要现象：

1）电阻：终端和集电器的内部电阻。

2）活化极化：是指由于电极电化学反应迟延而引起其电位偏离平衡电位的现象。

3）浓差极化：是指分离过程中，料液中的溶液在压力驱动下透过膜，溶质（离子或不同分子量溶质）被截留，在膜与本体溶液界面或临近膜界面区域浓度越来越高；在浓度梯度作用下，溶质又会由膜面向本体溶液扩散，形成边界层，使流体阻力与局部渗透压增加，从而导致溶剂通过量下降。

为了简单起见，我们假设在这个讨论中可以用单个集成等效电池内阻 R_b 来模拟这些阻力。虽然这是一个简化的电化学电阻，但是它提供了一个有用的工程近似方法。

因此，式（3.29）的电池单体电压可以修改为包括欧姆降的形式

$$V_b = V_r^0 - \frac{RT}{nF}\log_e Q_R - R_b I_b \tag{3.30}$$

式中，R_b 是由于欧姆和极化压降的组合而引起的电池内阻；I_b 是电池单体电流。

充电和放电之间的电阻可能不同，但为简单起见，本书假设为恒定的电阻。

最后，本书修改了电池方程式以解释这两个重要电压降。从图 3.11 可以看出，电池电压随着电池容量呈现多种下降趋势：先是对数下降，然后是线性下降，最后阶段为指数下降。因此，对式（3.30）进行修改，以显示电池电压公式与空载可逆电压之间接近于对数、线性和指数的函数关系。相对于电流的电压降为

$$V_b(I_b, y) = V_r^0 - A\log_e(By) - Ky - Fe^{G(y-y_3)} - R_b I_b \tag{3.31}$$

式中，y 是与容量、DOD、SOC 或电池单体相关的能量变量；y_3 是指数下降开始的值；A、B、K、F 和 G 的值由曲线拟合确定。

式（3.31）可以用 DOD 改写成如下形式

$$V_b(I_b, \mathrm{DOD}) = V_r^0 - A\log_e(B\mathrm{DOD})$$
$$- K\mathrm{DOD} - Fe^{G(\mathrm{DOD}-\mathrm{DOD}_3)} - R_b I_b \quad (3.32)$$

式（3.31）也可以用空载电压和电压降表示

$$V_b(I_b, \mathrm{DOD}) = V_{b(nl)}(\mathrm{DOD}) - R_b I_b \quad (3.33)$$

式中

$$V_{b(nl)}(\mathrm{DOD}) = V_r^0 - A\log_e(B\mathrm{DOD}) -$$
$$K\mathrm{DOD} - Fe^{G(\mathrm{DOD}-\mathrm{DOD}_3)} \quad (3.34)$$

这些方程可以很容易地表示为一个简单的静态电池等效电路模型，如图 3.12 所示。

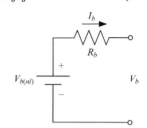

图 3.12 静态电池等效电路模型

3.4.1 适应纯电动汽车电池模型的简化新曲线

曲线拟合生成电池模型的方法很多。本节重点在于静态或直流稳态模型，而不是更复杂的动态模型。这种新颖的静态模型可以在放电曲线的基础上生成，同时需要额外的测试数据来生成具有电容性组件的动态模型。

静态曲线可以用各种方式建模。式（3.32）中生成的闭型方程通常是很有用的。

以下曲线段可以根据放电曲线的一般特征进行识别，如图 3.13a 所示：当电池单体深度放电时，最初是准对数下降，在中间阶段呈现准线性下降，随后出现准指数下降。另外，由于内部电压下降，导致电池电压随着电池放电电流而下降。

第一步是确定图 3.13a 放电曲线内的各种模式，即（Ah_1、V_1）与（Ah_2、V_2）之间的准对数，（Ah_2、V_2）与（Ah_3、V_3）之间的准线性以及（Ah_3、V_3）与（Ah_5、V_5）之间的准指数。在指数区域进行表征需要一个临时点，即（Ah_4、V_4）。这些数据记录见表 3.5，用于 $C/3$ 的放电率。表 3.5 中第 6 点和第 7 点将在稍后的简化中使用。曲线拟合程序可用于生成电池单体的拟合曲线。

针对 33.3A·h 电池单体开发了简单的曲线拟合。曲线拟合的方法在本章的附录中有详细介绍。正如在附录中讨论的那样，表 3.6 是由式（3.32）中的各个参数确定的。

现在可以很容易地再现各种放电速率下的电池电压曲线。曲线基于方程（3.32），模拟结果如图 3.13b 所示。这些曲线是电池终端电压的近似值。现在我们可以用电流和 DOD 来表示电池电压的闭合方程，绘制如图 3.14a 所示的曲线。如预期的那样，在 DOD=100% 时，电池电压在 $C/3$（额定容量）下降至 2.5V。此外，图 3.14a 中还显示了 $4C$ 特性。

图 3.14b 所示为含 192 个电池单体的电池组功率的模拟曲线，它是恒定放电电

流时 DOD 的函数。例如，$3C$ 放电率会导致完全充电后从 75kW 的峰值功率下降到 DOD 为 80% 的 67kW。放电电流为 133.2A 或 $4C$ 放电率在 DOD 为 90% 时，输出功率大于 80kW。

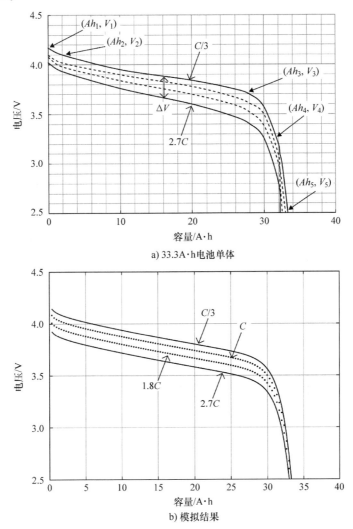

图 3.13 放电曲线

表 3.5 33.3A·h 电池单体模拟曲线坐标

		1	2	3	4	5	6	7
Ah	A·h	0.3	2	28	32	33.3	8.3	25
V_{cell}	V	4.15	4.1	3.7	3.2	2.5	4	3.75
DOD	%	1	6	84	96	100	25	75
y	%	1	6	84	96	100	25	75

表 3.6 33.3A·h 电池单体模拟曲线参数

V_r^0/V	A/V	$B(\%)$	F/V	$G(\%)$	$K/(mV/\%)$	R_b/Ω
4.18	0.0279	1	0.0281	0.231	0.0039	0.0028

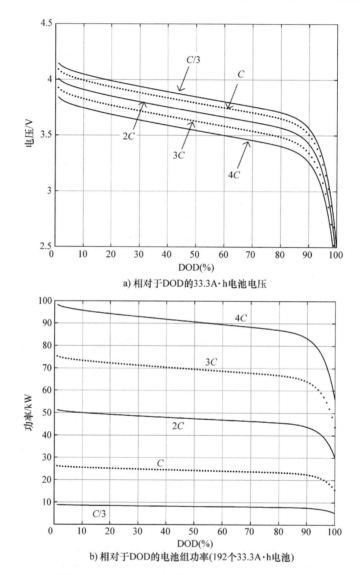

a) 相对于DOD的33.3A·h电池电压

b) 相对于DOD的电池组功率(192个33.3A·h电池)

图 3.14 相对于 DOD 的电池电压和电池组功率

3.4.2 电池组电压、电流、电阻和效率

一旦知道了电池电压和电流,就可以计算电池组端的电压和电流了。如果每个

电池组有 N_{par} 个并联电池单体和 N_{ser} 个串联电池单体,如图3.15所示,则电池组电压 V_{bp} 和电流 I_{bp} 与电池单体电压 V_b 和电流 I_b 相关。

$$V_{bp} = N_{ser}V_b \tag{3.35}$$

$$I_{bp} = N_{par}I_b \tag{3.36}$$

电池组电阻 R_{bp} 与电池单体电阻的关系为

$$R_{bp} = \frac{N_{ser}}{N_{par}}R_b \tag{3.37}$$

放电期间,电池组的效率 η_{dis} 是有效输出功率与总有效输出功率和内部电阻损耗之和的比值。

$$\eta_{dis} = \frac{V_{bp}I_{bp}}{V_{bp}I_{bp} + R_{bp}I_{bp}^2} \times 100\% = \frac{V_{bp}}{V_{bp(nl)}} \times 100\% \tag{3.38}$$

式中,$V_{bp(nl)}$ 是无负载电池组终端电压。

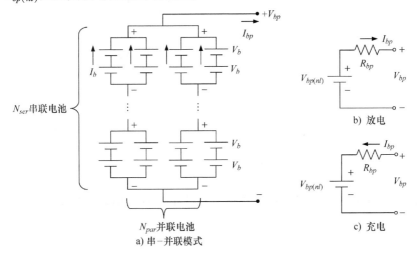

图3.15 串-并联电池组有效电路

充电期间,电池组的效率 η_{ch} 是输入功率减去内部电阻损耗后与输入功率之比。

$$\eta_{ch} = \frac{V_{bp}I_{bp} - R_{bp}I_{bp}^2}{V_{bp}I_{bp}} \times 100\% = \frac{V_{bp(nl)}}{V_{bp}} \times 100\% \tag{3.39}$$

例:计算一辆纯电动汽车电池组电压范围

将33.3A·h锂离子电池用于DOD为0%~100%的BEV时,电压范围是多少?

如果192个电池单体串并联排列,电池组的电压范围是多少?

答案:

从之前的分析可知,完全放电时,DOD为0%时电池单体电压为4.18V,100%时为2.5V。

串并联排列的 192 个电池单体相当于 96 个电池单体串联。因此，我们只需将 2.5~4.18V 的电池电压乘以 96，即可得到一个电池组电压在完全放电时为 240V，完全充电时为 401V。

3.4.3 混合动力汽车电池的简单曲线

HEV 的 DOD 通常低于 BEV。如果我们计划在 25%~75% 之间仅使用 50% 的 SOC，那么电池的寿命将显著增加，建模也变得很容易。因为我们在很大程度上可以利用放电曲线的准线性部分，如图 3.16 所示。

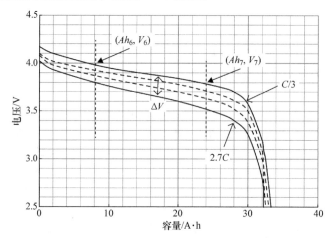

图 3.16 电池单体在 HEV 模式下的充电曲线

因此，我们可以通过忽略电池单体方程式中对数和指数部分来模拟电池单元。简化后的等式为

$$V_b = V_{b(nl,y6)} - K(y - y_6) - R_b I_b \quad (3.40)$$

式中，$V_{b(nl,y6)}$ 是 y_6 时的空载电压。

方程式还可以用 DOD 来描述

$$V_b = V_{b(nl,\text{DOD6})} - K(\text{DOD} - \text{DOD}_6) - R_b I_b \quad (3.41)$$

电池内阻 R_b 的估算值可以通过测量随电流增加而下降的电压降来确定。因此，电压降 ΔV 估算值在 50% A·h 时约为 0.22V，放电电流从 $C/3$ 时的 11.1A 增加到 2.7C 时的 90A。

$$R_b = \frac{\Delta V}{I_{2.7C} - I_{C/3}} = \frac{0.22}{90 - 11.1}\Omega = 2.8\text{m}\Omega \quad (3.42)$$

DOD 为 25% 时的空载电压为

$$V_{b(nl,\text{DOD6})} = V_b + R_b I_b = 4.0\text{V} + 0.0028 \times 11.1\text{V} = 4.03\text{V} \quad (3.43)$$

电压降通过（Ah_6, V_6）和（Ah_7, V_7）之间的准线性区域斜率为 K 的直线建模，其值见表 3.5。

$$K = \frac{V_6 - V_7}{\text{DOD}_7 - \text{DOD}_6} = \frac{4 - 3.75}{75 - 25} \frac{\text{mV}}{\%} = 5 \frac{\text{mV}}{\%} \tag{3.44}$$

例：确定一辆混合动力汽车电池组电压范围

HEV 中，DOD 为 25%~75%，负载范围从空载至 6C 的满负荷时，电池的电压范围是多少？

如果有两组各含 96 个串联电池单体并联而成的 192 个电池单体，电池组的电压是多少？

答案：

在无负载情况下，电池电压仅为 $V_{b(nl,\text{DOD}6)} = 4.03\text{V}$。

满载时，6C 放电率为 199.8A，电池电压为

$$V_b = V_{b(nl,\text{DOD}6)} - K(\text{DOD} - \text{DOD}_6) - R_b I_b$$
$$= 4.03\text{V} - 0.005 \times (75 - 25)\text{V} - 0.0028 \times 199.8\text{V} = 3.22\text{V}$$

因此，电池输出电压范围为 3.22~4.03V。

串并联排列的 192 个电池单体中有 96 个电池单体串联。因此，我们简单地将电池电压乘以 96，可以得出在空载情况下电池组电压为 387V，满载时为 309V。

3.4.4 充电

电池组充电时有多种可用功率。根据安装情况，标准家用充电器可以输出 2~20kW 的功率。快速充电时可能会更高一些。可以使用相同的方程式。我们所要做的就是改变电池电流的标志，确保终端电压大于空载电池电压，以给电池充电。

$$\text{BEV}: V_b = V_r^0 - A\log_e(By) - Ky - Fe^{G(y-y_3)} + R_b I_b \tag{3.45}$$

$$\text{HEV}: V_b = V_{b(nl,y6)} - K(y - y_6) + R_b I_b \tag{3.46}$$

图 3.17 所示为 33.3A·h 电池单体的模拟充电曲线。充电时注意不要超过最大电池电压（4.3V）。

以 4.3V 作为最大值，显然必须在低 DOD（或高 SOC）时缩短时间。例如，在 3C 时，电池在约 20% DOD 或 80% SOC 时达到极限。曲线显示，在 1C 或更低时充电会使电池电压保持在极限值以下。

例：快速充电

一个 24kW·h 的电池组可以在 30min 内从 0% SOC 快速充电至 80% SOC。计算实现这一充电时间所需的充电电流和功率。

答案：

电池组标称规格为 24kW·h，80% 即为 19.2kW·h。因此，电池必须以约 2 倍于 19.2kW（相当于净功率 38.4kW）的平均速率进行充电，以便在 30min 内达到 80% SOC。

如果标称电池组电压为 360V，那么平均充电电流为 38.4kW/360V，即 107A。

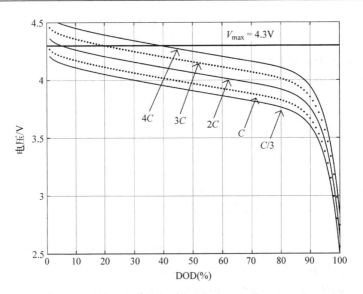

图3.17 33.3A·h电池单体的模拟充电曲线

3.4.5 计算给定输出/输入功率下的电池/电池组电压

如果DOD值已知,那么电池单体的电压可以简化为

$$V_b = V_{b(nl)} - R_b I_b \tag{3.47}$$

空载电压 $V_{b(nl)}$ 是DOD的函数。放电时的电流是正的,充电时的电流是负的。基本电路模型如图3.18所示。

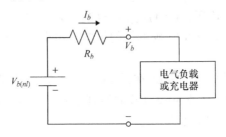

图3.18 简化电池模型

如果电池输入或输出功率 P_b 是已知的,那么电流和终端电压很容易通过求解以下二次方程来确定

$$P_b = V_b I_b = V_{b(nl)} I_b - R_b I_b^2 \tag{3.48}$$

$$\Rightarrow R_b I_b^2 - V_{b(nl)} I_b + P_b = 0 \tag{3.49}$$

放电时,方程式的解为

$$I_b = \frac{V_{b(nl)} - \sqrt{V_{(b)nl}^2 - 4R_b P_b}}{2R_b} \tag{3.50}$$

充电时，方程式的解为

$$I_b = \frac{V_{b(nl)} - \sqrt{V_{b(nl)}^2 - 4R_b(-P_b)}}{2R_b} \tag{3.51}$$

3.4.5.1 例：电池放电

一个电池组由 96 个电池串联，两个并联串组成。每个电池的空载电压为 4.18V，内部电阻为 2.8mΩ。

1）如果电池充满电，则计算电池组在 80kW 放电时的电流和电压。
2）计算电池的放电效率。

答案：

完全充电时的空载电压为 4.18V 的 96 倍或 $V_{bp(nl)} = 401.3V$。根据式（3.37），电池组电阻是

$$R_{bp} = \frac{N_{ser}}{N_{par}} R_b = \frac{96}{2} \times 2.8\text{mΩ} = 134.4\text{mΩ}$$

从式（3.50）可知

$$I_{bp} = \frac{401.3 - \sqrt{401.3^2 - 4 \times 0.1344 \times 80000}}{2 \times 0.1344} \text{A} = 214.8\text{A}$$

从式（3.47）可知

$$V_{bp} = 401.3\text{V} - 0.1344 \times 214.8\text{V} = 372.4\text{V}$$

从式（3.38）可知

$$\eta_{dis} = \frac{V_{bp}}{V_{bp(nl)}} \times 100\% = \frac{372.4}{401.3} \times 100\% = 92.8\%$$

3.4.5.2 例：电池充电

如果电池完全放电，请在 50kW 电量时计算电池组的电流和电压。完全放电时电池电压降至 2.5V。在这个功率级的电池充电效率是多少？

答案：

完全放电时的空载电压为 2.5V 的 96 倍或 $V_{bp(nl)} = 240V$，电池组电阻与之前相同。

$$I_{bp} = \frac{240 - \sqrt{240^2 - 4 \times 0.1344 \times (-50000)}}{2 \times 0.1344} \text{A} = -188.4\text{A}$$

电池组电压为

$$V_{bp} = 240\text{V} - 0.1344 \times (-188.4)\text{V} = 265.3\text{V}$$

从式（3.39）可知

$$\eta_{ch} = \frac{V_{bp(nl)}}{V_{bp}} \times 100\% = \frac{240}{265.3} \times 100\% = 90.5\% \tag{3.52}$$

3.4.6 电池单体能量和放电率

随着放电率的增加，电池有效容量下降。这是由于在较高放电率下，电阻损耗

有所增加。请注意，以下估算电池能量的方法适用于本书中介绍的锂离子电池，但通常不适用于其他化学成分的电池。

BEV 电池的 Ah 值通常以低放电率指定，如 $C/3$ 放电率。在放电之前储存在电池内的总能量 E_{cell} 等于额定容量乘以额定电压，再加上额定电阻损耗，即

$$E_{cell} = Ah_{rated}V_{rated} + R_b I_{rated}^2 \frac{h}{C_{rated}} \tag{3.53}$$

式中，h 是指一个小时。

其他速率 C 的标称电压 V_{xC} 可以近似地从额定电压中减去内阻电压降得到，即

$$V_{xC} \approx V_{rated} - R_b(I_{xC} - I_{rated}) \tag{3.54}$$

式中，x 是其他放电率 C 的系数。

xC 处的可用输出能量近似为

$$E_{xC} \approx E_{cell} - R_b I_{xC}^2 \frac{h}{x} \tag{3.55}$$

放电效率（以及电荷）也是放电率 C 的函数，即

$$放电：\eta_{dis} = \frac{E_{xc}}{E_{cell}}(\%) \tag{3.56}$$

$$充电：\eta_{ch} = \frac{E_{cell}}{E_{xc}}(\%)$$

例：电池单体容量

在 $C/3$ 时，电池的容量约为 33.3A·h，额定电压为 3.75V，计算 3C 时的容量。假设 $R_b = 2.8\text{m}\Omega$。

答案：

放电前，电池内存储的总能量等于电池的电量容量与额定电压的乘积，再加上 $C/3$ 的电阻损耗。

$$\begin{aligned} E_{cell} &= Ah_{C/3}V_{rated,C/3} + R_b I_{C/3}^2 \times 3h \\ &= 33.3 \times 3.75\text{W}\cdot h + 0.0028 \times 11.1^2 \times 3\text{W}\cdot h \\ &= 124.88\text{W}\cdot h + 1.03\text{W}\cdot h \\ &= 125.91\text{W}\cdot h \end{aligned} \tag{3.57}$$

在 3C 时，电流增加到 99.9A，内部电阻功率损耗增加，从而降低了电池的可用能量。

$$E_{3C} = E_{cell} - R_b I_{3C}^2 \times \frac{h}{3} = 125.91\text{W}\cdot h - 0.0028 \times 99.9^2 \times \frac{h}{3}\text{W} = 116.6\text{W}\cdot h \tag{3.58}$$

从该例子可以清楚地看出，随着放电率的增加，电池的可用输出能量减少。这是因为电池内部损耗随着电流平方的增加而增加。因此，如果 $C/3$ 速率是特定电池单体的基准，那么可用能量随着速率增加而降低。电池容量不一定会下降，因为

它等于可用能量除以标称电压,而标称电压也在下降。

该电池的额定电压为3.75V,这是电池在标称放电率 C(本例中为 C/3)下 SOC 从 100% 到 0% 放电时的平均电压。3C 时的平均电压为

$$V_{3C} \approx V_{rated} - R_b(I_{3C} - I_{rated}) = 3.75V - 0.0028 \times (99.9 - 11.1)V = 3.50V$$

3C 时的放电率为

$$\eta_{dis} = \frac{E_{xC}}{E_{cell}}(\times 100\%) = \frac{116.6}{125.91}(\times 100\%) = 92.6\% \tag{3.59}$$

电池容量可以用输出能量除以标称电压来计算,即

$$Ah_{3C} = \frac{E_{3C}}{V_{3C}} = \frac{116.6}{3.50} A \cdot h = 33.3 A \cdot h \tag{3.60}$$

这是一个额定容量几乎没有变化的值。

对于 C/3、1C 和 3C 的放电率,33.3A·h 锂离子电池单体的各种估算值见表 3.7。从表中可以看出,各种放电率的容量大致保持不变,而平均电池端电压、有效输出能量和效率变化相对较大。

表 3.7 33.3A·h 锂离子电池单体的各种估算值

参数	单位	C/3 (11.1A)	1C (33.3A)	3C (99.9A)
x		1/3	1	3
V	V	3.75	3.69	3.50
Ah	A·h	33.3	33.3	33.3
Wh	W·h	124.88	122.8	116.6
η	%	99.2	97.5	92.6

3.5 例:某固定齿轮速比纯电动汽车的能耗

在这个例子中,利用简单的行驶工况和 2.3 节中提供的数据研究车辆能耗。BEV 有一个 60kW·h 的电池组。据推测,电池组和电驱动效率 η_{ed} 约为 85%,其架构如图 3.19 所示。充电桩 η_{chg} 的充电效率为 85%,传动效率 η_g 为 95%,怠速时电池耗电量为 200W。

计算来自于两个不同国家充电桩的二氧化碳/千米排放量:美国约 500gCO_2/kW·h(电气)和挪威约 10gCO_2/kW·h(电气)。

答案:

从 2.3 节可以看出,牵引功率 P_{t1} = 3.478kW,P_{t2} = 12.050kW。该行驶工况的总牵引功率为 E_{tC} = 20.72MJ(5.76kW·h)。

电池所需的功率 P_b 可以用电机输出功率除以电驱动效率 η_{ed},即

$$P_b = \frac{P_t}{\eta_{ed}} \tag{3.61}$$

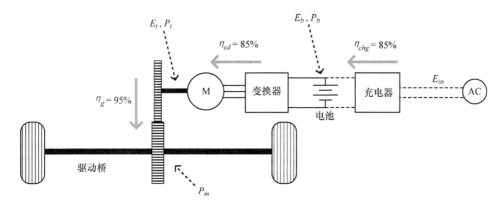

图 3.19 BEV 架构

电池功率 P_{b1} 和 P_{b2} 分别为

$$P_{b1} = \frac{P_{t1}}{\eta_{ed}} = \frac{3.478}{0.85}\text{kW} = 4.092\text{kW}$$

$$P_{b2} = \frac{P_{t2}}{\eta_{ed}} = \frac{12.050}{0.85}\text{kW} = 14.176\text{kW}$$

怠速期间，电池功率为

$$P_{b3} = 0.2\text{kW}$$

功率乘以时间得到的能耗为

$$E_b = P_b t \tag{3.62}$$

电池输出能量 E_{b1}、E_{b2}、E_{b3} 分别为

$$E_{b1} = P_{b1} t_1 = 4.092 \times 1800\text{kJ} = 7.37\text{MJ}$$

$$E_{b2} = P_{b2} t_2 = 14.176 \times 1200\text{kJ} = 17.01\text{MJ}$$

$$E_{b3} = P_{b3} t_3 = 0.2 \times 600\text{kJ} = 0.12\text{MJ}$$

在整个行驶工况中，电池输出能量 E_{bC} 为

$$E_{bC} = E_{b1} + E_{b2} + E_{b3} = 7.37\text{MJ} + 17.01\text{MJ} + 0.12\text{MJ} = 24.5\text{MJ}(6.81\text{kW}\cdot\text{h})$$

BEV 使用充电桩的电力供电。假定从插头到电池的充电效率 η_{chg} 为 85%，从电网提供的能量 E_{in} 为

$$E_{in} = \frac{E_b}{\eta_{chg}} \tag{3.63}$$

输入能量 E_{in1}、E_{in2}、E_{in3} 分别为

$$E_{in1} = \frac{E_{b1}}{\eta_{chg}} = \frac{7.37}{0.85}\text{MJ} = 8.67\text{MJ}$$

$$E_{in2} = \frac{E_{b2}}{\eta_{chg}} = \frac{17.01}{0.85}\text{MJ} = 20.01\text{MJ}$$

$$E_{in3} = \frac{E_{b3}}{\eta_{chg}} = \frac{0.12}{0.85}\text{MJ} = 0.14\text{MJ}$$

整个行驶工况所需要的输入能量 E_{inC} 为

$$E_{inC} = E_{in1} + E_{in2} + E_{in3} = 28.82\text{MJ}(8.01\text{kW} \cdot \text{h})$$

从电池到牵引电机输出的车辆动力总成效率为

$$\eta_{pt} = \frac{E_t}{E_b} \tag{3.64}$$

那么

$$\eta_{ptC} = \frac{E_{tC}}{E_{bC}} = \frac{20.72}{24.5} \times 100\% = 84.6\%$$

车辆的燃油消耗（FC）和相关的燃油经济性通常基于插头的输入能量

$$FC = \frac{E_{in}}{s} \tag{3.65}$$

整个行驶工况的能耗为

$$FC = \frac{E_{inC}}{s} = \frac{8.01}{55} \frac{\text{kW} \cdot \text{h}}{\text{km}} = 146 \frac{\text{W} \cdot \text{h}}{\text{km}}$$

基于简单的计算可以得到 BEV mpge 值。以 $33.705\text{kW} \cdot \text{h}/\text{USgal}$ 的能量密度作为基础。因此，行驶工况中 mpge 值为

$$\text{mpge} = \frac{\frac{s}{1.609}}{E_{inC} \times \frac{\text{USgal}}{33.705\text{kW} \cdot \text{h}}} = \frac{\frac{55}{1.609}\text{mile}}{8.01 \times \frac{\text{USgal}}{33.705\text{kW} \cdot \text{h}}} = \frac{34.18\text{mile}}{0.238\text{USgal}} = 144\text{mile}/\text{USgal}$$

$$\tag{3.66}$$

如果知道输入能量，BEV 的上游碳排放量是可以估计的。通常情况下，每千瓦·时的碳排放量是针对全球各种电网发布的。美国的代表性数值约为 $500\text{gCO}_2/\text{kW} \cdot \text{h}$（包括上游排放）。挪威和法国等国家的排放量更低，由于挪威大量使用水力发电，上游排放量约为 $10\text{gCO}_2/\text{kW} \cdot \text{h}$；而法国由于使用核电，上游排放量约 $50\text{gCO}_2/\text{kW} \cdot \text{h}$。其他国家因使用煤炭，碳排放量较高。

$$\frac{\text{gCO}_2}{\text{km}} = \frac{E_{in} \times \frac{\text{gCO}_2}{\text{kW} \cdot \text{h}}}{s} \tag{3.67}$$

美国行驶工况中的碳排放量为

$$\frac{\text{gCO}_2}{\text{km}} = \frac{E_{inC} \times \frac{\text{gCO}_2}{\text{kW} \cdot \text{h}}}{s} = \frac{8.01 \times 500 \frac{\text{gCO}_2}{\text{kW} \cdot \text{h}}}{55} = 73 \frac{\text{gCO}_2}{\text{km}}$$

挪威的该数值约为 $1.5\text{gCO}_2/\text{km}$，比美国低 50 倍，这并不奇怪，因为挪威在 BEV 上投入了巨资，所使用的发电原料中几乎不含化石燃料。

BEV 的续驶里程可以简单地用电池储存能量除以能耗

$$\text{Range} = \frac{\text{kW} \cdot h_b}{E_b/s} \tag{3.68}$$

因此，60kW·h 电池容量的电动汽车的续驶里程为

$$\text{Range} = \frac{kW \cdot h_b}{E_{bC}/s} = \frac{60}{6.81/55} \text{km} = 485 \text{km}$$

BEV 简化行驶工况的结果见表 3.8。

表 3.8 BEV 简化行驶工况的结果

速度/ (km/h)	时间/ s	E_b /MJ	E_{in} /MJ	η_{pt} (%)	FC/ (W·h/km)	燃油经济性/ (mile/USgal)	续驶里程 /km	美国/挪威碳排放量 /(gCO$_2$/km)
50	1800	7.37	8.67	85	96	217	732	48/1
90	1200	17.01	20.01	85	185	113	380	93/1.8
怠速	600	0.12	0.14	—	—	—	—	—
总计	3600	24.5	28.82	84.6	146	144	485	73/1.5

这个例子说明了 BEV 与化石燃料汽车、燃料电池汽车相比的优点和缺点，这些内容将在下面的章节中讨论。BEV 动力总成比汽油或柴油车辆更有效率，但续驶里程有限。BEV 减少碳排放的能力最终取决于用于为电网供电的燃料来源。BEV 的一个主要优势是能够将使用场所的排放物与电网电站分离。

参 考 文 献

1. S. Levine, *The Powerhouse, Inside the Invention of a Battery to Save the World*, Viking, 2015.
2. M. H. Braga, N. S. Grundish, A. J. Murchison, and J. B. Goodenough, "Alternative strategy for a safe rechargeable battery," *Journal of Energy and Environmental Science*, **10**, pp. 331–336, 2017.
3. Website of AESC: http://www.eco-aesc-lb.com/en/product/liion_ev
4. Battery testing at Idaho National Laboratory: http://avt.inl.gov/fsev.shtml
5. T. L. Brown, H. E. LeMay, B. E. Bursten, C. J. Murphy, and P. M. Woodward, *Chemistry: The Central Science*, 12th edition, Prentice Hall (Pearson Education).
6. E. Harlow, et al., "A Wide Range of Testing Results on an Excellent Lithium-Ion Cell Chemistry to be used as Benchmarks for New Battery Technologies," Journal of the Electrochemical Society, 166(13), PP A3031-A3034, September 2019.

扩 展 阅 读

1. T. B. Reddy, *Linden's Handbook of Batteries*, 4th edition, McGraw-Hill, 2011.
2. O. Gross, "Introduction to advanced automotive batteries," seminar, *IEEE Vehicle Power & Propulsion Conference*, 2011.
3. F. Hoffart, "Proper care extends Li-ion battery life," *Power Electronics Technology*, pp. 24–28, April 2007.
4. M. Petersen, "Probe blames Boeing and FAA for 787 Dreamliner battery fire," *Los Angeles Times*, 1 December 2014.
5. E. Hu, "Samsung Pins Blame On Batteries For Galaxy Note 7 Fires," *National Public Radio*, 22 January 2017.

问　题

3.1　BEV 具有以下要求：平均运行 8 年，每年 24000km，平均每年 365 天。假设平均电池组输出功率为 204W·h/km，额定电池电压为 3.6V，容量为 3.4A·h，并且寿命指标为 $L=1$。假设 $N_{100\%}=1000$。

1) 计算 BOL 存储能量（kW·h）。
2) 需要多少个电池单体？BOL 续驶里程是多少？
3) BOL 存储能量是多少？为了将 BOL 范围增加到 425km，一个更大的电池组需要多少个电池？
4) 如果电池组中有 96 个电池串联，那么需要多少个并联电池串？
5) 假定电池组的密度为 150W·h/kg，那么电池组的质量是多少千克？
6) 如果峰值功率为 325kW，那么大电池组的 P/E 值是多少？

[答案：39.16kW·h；3200，192km；86.7kW·h，7083；74；578kg，3.5]

3.2　PHEV 电池组有以下要求：10 年运行，平均每天 50km，平均电池组输出 5km/kW·h，以及 14.6A 时电池额定电压为 3.65V，寿命指数为 $L=3$。假设 $N_{100\%}=1000$。

1) BOL 电池组储能是多少？
2) 所需电池单体的总数是多少？
3) 如果电池组的形式为 3 个电池单体并联，然后串联，那么电池组的电压是多少？
4) 如果峰值功率为 110kW，电池的 P/E 值是多少？
5) 假设密度为 150W·h/kg，电池组质量是多少？

[答案：15.4kW·h；288（最接近的 3 的倍数）；350V；7.1；103kg]

3.3　HEV 镍氢电池组的规格基于以下要求：每年 60W·h，共 10 年的循环次数为 10000 次，电池组容量为 6.5A·h，额定电压为 1.2V，指数 $L=1.5$。假设 $N_{100\%}=1000$。

1) BOL 电池组储能是多少？
2) 所需电池单体的总数是多少？
3) 如果电池全部串联，电池组的电压是多少？
4) 如果峰值功率为 30kW，电池的 P/E 值是多少？

[答案：1.29kW·h；166；199.2V；23]

3.4　PHEV 电池具有 36kW·h 的 100% SOC。电池 DOD 被保持在 20%~80% 的范围内。简化的 HEV 电池组模型具有以下参数：在 20% DOD 时开路电压为 $V_{bp(nl)}=360V$，电阻 $R_{bp}=200m\Omega$，常数 $K_{bp}=0.5V/(\%DOD)$。

1) 如果电池以 100A 恒定电流放电至 80%，计算电池端电压。
2) 在 DOD=80% 时确定电池端电压、电流和效率，(a) +80kW 放电和(b) -80kW

充电。

3) 如果电池有96个电池串联,在DOD=20%时,电池充电功率为多大才能使每个电池单体的电压极限达到4.3V?

[答案:310V;(a) 270.9V, 295.3A, 82.1% (b) -214.5A, 372.9V, 88.5%;109kW]

3.5 图3.20中锂钛电池的额定电压为2.5V, 1C时的额定容量为2A·h。

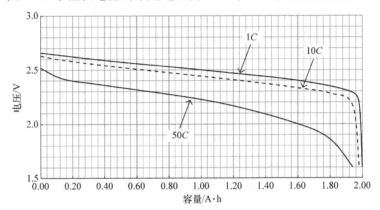

图3.20 锂钛2A·h电池的典型放电曲线

1) 确定函数y=DOD时的近似HEV电池电压模型和电池单体的I_b。

2) 确定50C放电率下电池单体的近似电荷量、额定容量和效率。

[答案:R_b = 2.8mΩ, $V_{b(nl)}$ = 2.61V (20%), K = 3.3mV/(%DOD);4.45W·h, 2A·h, 88.6%]

3.6 锂离子电池的额定电压为3.6V, 0.2C时为3.4A·h, 内部电阻为65mΩ。计算电池单体的电荷量、额定容量和4C放电率时的效率。

[答案:9.38W·h, 3.4A·h, 75.7%]

3.7 EV电池在85kW·h时具有100%SOC。当DOD维持在20%~100%的范围内时,电池可以在高功率下充电。该电池组有96个电池单体串联,共74个串并联。在3.64V充电期间,每个电池单体都有平均空载电压和65mΩ内部电阻。

1) 确定120kW充电时的电池端电流、电压和效率。

2) 电池的DOD从100%降至20%,需要多少充电时间?

[答案:-318.9A, 376.3V, 92.9%; 30~40min]

3.8 问题3.5中的车辆以120km/h的恒定速度行驶,计算碳排放量和续驶里程。请参阅第2章问题2.7。

[答案:$142gCO_2$/km, 248km]

3.9 修改问题3.5的行驶工况,用120km/h的高速巡航替换怠速工况,持续600s。确定修改后的行驶工况下的碳排放量和续驶里程。

[答案:$91gCO_2/km$,$388km$]

3.10 问题 2.8 中的特斯拉货车拖车的电池寿命规定为 1609000km (1000000mile)。假设一个 $L=3$,$N_{100\%}=1000$ 的电池组,每次充电行驶 804.5km (500mile)。如果比能量为 $0.18kW\cdot h/kg$,确定电池的能量和质量。如果车辆可以在 30min 内充电到 80%SOC,确定充电器的近似功率水平。

[答案:$1192kW\cdot h$,$6618kg$,$1.5MW$]

附录:一种简化的适应于纯电动汽车电池的模拟曲线

在本节中,因为电池已放电,可以通过一些工程简化假设,手工完成图 3.13a 中主要组成部分的曲线拟合。首先,电阻 R_b 是随电流而出现的电阻降确定的。其次,假定初始电压降由一个 $\log_e$ 分量占主导,然后是一个准欧姆降,最后是一个准指数降。对于这项研究,假设 $y=DOD$,DOD 是一个常用的变量。

可以通过测量电流增加时的电压降来获得内阻 R_b 的估计值。因此,当放电电流从大约 11.1A($C/3$)增加到 90A(2.7C),达到额定值的 50% 时,电压降 ΔV 估计约为 0.22V。

$$R_b = \frac{\Delta V}{I_{2.7C} - I_{C/3}} = \frac{0.22}{90-11.1}\Omega = 2.8m\Omega \quad (A3.1)$$

为了简化数学计算,假定 V_r^0 是 DOD 等于 1% 而不是 0% 时的电压。因此,完全充电的开路电压 V_r^0 通过考虑电阻降来确定。

$$V_r^0 \approx V_1 + R_b I_b = 4.15V + 0.0028 \times 11.1V = 4.18V \quad (A3.2)$$

放电时,完全充电的电池电压最初从 V_1 开始以对数速度下降到 V_2。假设电压降如下

$$V_b = V_r^0 - A\log_e(By) - R_b I_b \quad (A3.3)$$

可以表达为

$$A = \frac{V_1 - V_2}{\log_e(y_2/y_1)}, B = \frac{e^{\left(\frac{V_r^0 - V_1 - R_b I_b}{A}\right)}}{y_1} \quad (A3.4)$$

这样的话,对于 $33.3A\cdot h$ 的电池来说有

$$A = \frac{4.15-4.1}{\log_e(6/1)} = 0.0279, \quad B = \frac{e^{\left(\frac{4.18-4.15-0.028\times 11.1}{0.0279}\right)}}{1} \approx \frac{e^0}{1} = 1$$

通过准线性区域,电压继续以 $\log_e$ 函数下降。假定线性区域的下降平衡可以用斜率为 K 的直线建模,则

$$V_3 = V_r^0 - A\log_e(By_3) - R_b I_b - Ky_3 \quad (A3.5)$$

或

$$K = \frac{V_r^0 - A\log_e(By_3) - R_b I_b - V_3}{y_3} \quad (A3.6)$$

对于这款电池单体来说

$$K = \frac{4.18 - 0.0279\log_e(1\times 84) - 0.0028\times 11.1 - 3.7}{84} = 3.9\,\frac{\text{mV}}{\%}$$

因此，DOD 每增加一个百分比，电池电压就会下降 3.9mV。最后，电压从 V_3 以指数速度下降到 V_5。为了求解系数 F 和 G，需要通过中间点 V_4 来计算。

令

$$V_4 = V_r^0 - A\log_e(By_4) - Ky_4 - Fe^{G(y_4-y_3)} - R_bI_b \quad (\text{A3.7})$$

$$\Rightarrow Fe^{G(y_4-y_3)} = V_r^0 - A\log_e(By_4) - Ky_4 - R_bI_b - V_4 \quad (\text{A3.8})$$

和

$$V_5 = V_r^0 - A\log_e(By_5) - Ky_5 - Fe^{G(y_5-y_3)} - R_bI_b \quad (\text{A3.9})$$

$$\Rightarrow Fe^{G(y_5-y_3)} = V_r^0 - A\log_e(By_5) - Ky_5 - R_bI_b - V_5 \quad (\text{A3.10})$$

可以用下式表示

$$G = \frac{\log_e\left(\dfrac{V_r^0 - A\log_e(By_5) - Ky_5 - R_bI_b - V_5}{V_r^0 - A\log_e(By_4) - Ky_4 - R_bI_b - V_4}\right)}{y_5 - y_4} \quad (\text{A3.11})$$

和

$$F = [V_r^0 - A\log_e(By_4) - Ky_4 - R_bI_b - V_4]e^{G(y_3-y_4)} \quad (\text{A3.12})$$

计算结果为

$$G = \frac{\log_e\left(\dfrac{4.18 - 0.0279\times\log_e(1\times 100) - 0.0039\times 100 - 0.0028\times 11.1 - 2.5}{4.18 - 0.0279\times\log_e(1\times 96) - 0.0039\times 96 - 0.0028\times 11.1 - 3.2}\right)}{100 - 96}$$

$$= 0.231$$

和

$$F = [4.18 - 0.0279\times\log_e(1\times 96) - 0.0039\times 96 - 0.0028\times 11.1 - 3.2]e^{0.231\times(84-96)}$$

$$= 0.0281$$

第4章 燃料电池

"是的，但水分解成它的原始元素。"赛勒斯·史密斯回复道，"通过电力毫无疑问地分解了，然后电力将变成一种强大而易于管理的力量，通过一些莫名其妙的规则，似乎所有伟大的发现都是一致的，同时也变得完整。是的，我的朋友们，我相信有一天水将被用作燃料，构成水的氢气和氧气单独或一起使用，将提供无穷无尽的热和光资源，煤不是无穷无尽的……我相信当煤炭用尽时，我们应该用水来提供温暖。水将成为未来的煤炭。"

"我很想看看。"水手说。

"你出生太早了，潘克洛夫。"内布回答说。

——摘自《神秘岛》，儒勒·凡尔纳，1874年

本章将会向读者介绍电化学燃料电池。第3章介绍过，燃料电池是在理解电化学存储的基础上而开发的。本章的重点是聚合物电解质膜燃料电池，这是在汽车上应用的首选技术。与传统内燃机相比，燃料电池的相对效率和能量密度使其成为汽车应用的一项有竞争力的技术。此外，本章还会介绍诸如燃料电池规格和氢燃料来源等话题。

4.1 燃料电池介绍

燃料电池是将燃料的化学能转换为电能的装置，例如将氢气、氧化剂、空气转变成电能和热。类似于电化学电池，电能以直流电的形式输出。与电池不同的是，燃料和氧化剂储存在电池外部并随着反应物的消耗而转移到电池单体中。燃料电池转换能源而不是储存它，并且只要提供燃料就可以持续提供能量。

燃料电池已经存在很长时间了。第一个有记录的燃料电池是1838年由威廉·格罗夫在英国制造的。然而，第一个商业化的燃料电池则是由美国国家航空航天局（NASA）于20世纪50年代开发的。燃料电池现在经常用于航天器上，用来提供主要动力。例如，燃料电池为国际空间站提供动力。由于氢气是航天器的火箭燃料，因此使用该燃料进行发电也是有意义的。当今汽车所关注的质子交换膜或聚合物电解质膜（PEM）燃料电池最初是由威拉德·托马斯·格拉布和伦纳德·迪德里克于20世纪50年代在美国通用电气公司（GE）发明的。到今天为止，已经开发出

许多不同类型的燃料电池。例如，固体氧化物燃料电池已经生产并用于固定备用电源，而碱性燃料电池已经普遍用于航天器。所有这些燃料电池都可以消耗氢燃料。

由于 PEM 燃料电池的工作温度范围小（小于 100℃）、体积小、效率高、续驶里程大，因此是汽车的首选。燃料电池面临的挑战是铂金属电极的成本、寿命、对杂质的敏感性以及管理燃料电池所需的附属系统（被称为配套设施或周边系统）。PEM 燃料电池的电压非常低，在负载范围内为 $0.5\sim1V$。因此，汽车燃料电池通常以数百个电池串联的方式排列，也可以并联以增加功率。

几十年来，汽车行业在开发燃料电池车辆方面已经积累了很多经验。在 21 世纪燃料电池再度兴起之前，一些汽车公司在 19 世纪六七十年代就尝试使用燃料电池。在一个对环境非常敏感的年代，燃料电池对汽车行业是有吸引力的，因为它在使用过程中唯一的排放物是水蒸气。由于燃料电池汽车将化石燃料的能量密度与电动汽车的动力系统效率相结合，因此非常具有吸引力。然而，由于成本、尺寸、工艺性和使用寿命的限制，燃料电池的开发相对较慢。近几年来，这些问题不断得到解决，新车型即将上市。2014 年推出了现代途胜，2015 年推出了丰田 Mirai，2017 年推出了本田 Clarity。其他汽车制造商也将不断地推出新车型和改进型车型。

由于燃料电池的重量很大，因此，氢的能量密度大和加注速度快的优点使燃料电池在重型车辆上特别受欢迎。而这两个因素却是电动汽车面临的主要挑战。长续驶里程重型燃料电池汽车的主要竞争对手是柴油汽车和压缩天然气（CNG）汽车。然而，这些燃烧化石燃料的车辆在使用时会产生大量的颗粒物质、碳氢化合物和氮氧化物，正在面临着日趋严格的排放限制，特别是在城市环境中。此外，柴油车辆重量较大，需要大量维护；而燃料电池可以在不使用车载化石燃料的情况下达到所需的能量和功率密度。燃料电池可被视为"无燃烧发动机"，因为它是通过氢气和氧气的化学反应来产生电能的。

4.1.1 燃料电池排放和上游排放

目前，石油工业通过技术革新，利用碳氢化合物生成大量氢气。制造过程如下：在很高的温度下，压缩天然气（主要成分是甲烷 CH_4）与蒸汽反应生成氢气和一氧化碳（CO）。化学反应是

$$CH_4 + H_2O + 热 \rightarrow CO + 3H_2 \tag{4.1}$$

在生产过程中收集到的一氧化碳，可以广泛用于各种工业操作。

由于与石油或煤炭相比碳含量较低，天然气已经成为许多国家发电的首选燃料。特别是在美国，丰富的页岩气资源已经扩大了天然气在电力生产中的应用。关于压裂和甲烷泄漏等方面还需要更多的关注。

根据 GREET 模型，通过蒸汽重整制氢、输送压缩燃料，最后加注进车辆，天然气生产和转化效率约为 60%。

根据第 1 章 1.7 节中讨论的内容，燃料电池电动汽车（FCEV）的动力系统能

量效率约为45%，总体的油井-车轮效率大约为27%，与传统电网供电的电动汽车相当。

FCEV 的油井-车轮碳排放量也可以通过技术革新来改善，如使用来自发酵生物的氢气，也可以利用能够产生热蒸汽的核电站或电解质产生氢气，或者使用可再生能源。

尽管可再生能源为 BEV 充电的效率高于 FCEV，但是高能量储存密度使 FCEV 成为重型车辆（如大型客车和货车）极具吸引力的选择，因为这些重型车辆必须长距离行驶并运载重型货物。对于这些类型的车辆，加油基础设施更容易建立，因为它们通常在城市之间的核心区域行驶。现有选项基于柴油和压缩天然气——两者都会在使用时产生大量污染物。

4.1.2 氢气的安全因素

自从 1937 年 5 月 6 日新泽西州的一个火焰球使 LZ 129 兴登堡飞艇炸毁后，氢气安全受到公众的广泛关注。多年之后，关于火灾的原因有许多解释，但没有确凿证据表明由氢气提供浮力是一个重要的事故因素。氢气已经被广泛使用了很长时间，并且如前所述，它是航天器常用的燃料。

与竞争燃料相比，在评估氢气安全性时需要考虑许多因素。各种燃料的安全系数见表 4.1。氢气和天然气是无色无味的气体，而汽油是液体。天然气和汽油都可能有毒。

表 4.1 各种燃料的安全系数（见彩插）

	氢气	天然气	汽油
物理状态为 25℃和 1 大气压	气体	气体	液体
颜色	无	无	由透明到琥珀色
气味	无	无	有
毒性	无	有	高
相对于空气的浮力	$14.4 \times$ 轻	$1.6 \times$ 轻	$3.7 \times$ 重
空气中的扩散系数/(cm^2/s)	0.61	0.16	0.05
需监测	是	是	受限
NPFA 704 菱形 0 = 无，4 = 严重 上：易燃性 左：健康 右：反应性 下：特殊危害	4/0/0	4/2/0	3/1/0

氢气比天然气或汽油蒸气轻很多，因此当氢气在开放空间中泄漏时，它往往会迅速上升并扩散，一般通过扩散系数来测量。氢气和压缩天然气的泄漏都很容易被检测到。

美国消防协会（NFPA）提供了一个简单、容易识别的危险物质标识标准，标准号为 NFPA 704。其对安全的危害性标识分为从 0（最小危害）至 4 级（最严重危害），由健康材料（左侧蓝色）、可燃性（顶部红色）、反应性（右侧黄色）和特殊危害（底部白色）构成。从表 4.1 可知，压缩天然气和氢气都是高度易燃的，而与压缩天然气或汽油相比，氢气对健康的危害较小。

4.2 基本原理

氧化还原反应是电化学燃料电池的基础，同时也是电化学电池的基础。与电池一样，简单的电化学燃料电池包括两个电极，一种电解质，如图 4.1 所示。

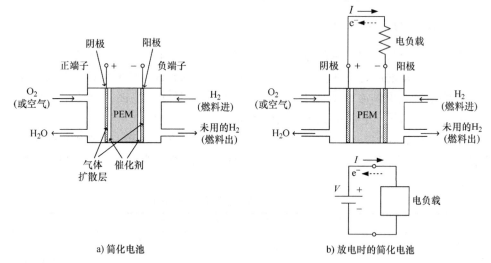

图 4.1 电化学燃料电池

燃料电池由两个半电池单体组成。一个半电池单体处发生氧化反应，而另一个半电池单体处发生还原反应。

阳极是燃料电池内的固体金属或电极，氧化反应就发生在这里。阳极是燃料电池的负极。

阴极是燃料电池内的固体金属或电极，还原反应就发生在这里。阴极是燃料电池的正极。

电解质是一种含有离子并允许离子电荷流动的物质。燃料电池采用聚合物电解质。这种类型的燃料电池通常称为 PEM，是指质子交换膜或聚合物电解质，交换膜被设计成传导正电荷并使电极绝缘。通常使用铂作为阳极和阴极的催化剂，以便在阳极处将氢分子分解成离子和电子，并促进氢和氧在阴极处的结合。

氢气和氧气被吸收到气体扩散层（GDL）中，GDL 可以充当电极并允许反应物沿着交换膜扩散，还有利于去除水分。

电极和交换膜的完整组装称为膜电极组件（MEA）。

PEM 燃料电池单体的参数及反应见表 4.2。电池放电时，氢燃料在阳极处转化为氢离子和电子。电子向外流动为负载供电，并且氢离子通过电解质到达阴极。氧分子、氢离子和电子在阴极组合并产生水分子。在阴极产生 1V 的标称半电池电压，阳极的半电池电压是 0V。因此，总的电池电压为 1V。

请注意，阳极或阴极的电压是相对于标准氢电极而言，是决定半电池单体电压的常用基础。

表 4.2　PEM 燃料电池单体的参数及反应

化合物	电极	反应	方程式	电压/V
PEM	阴极	还原	$O_2 + 4H^+ + 4e^- \rightarrow 2H_2O$	1
放电	阳极	氧化	$2H_2 \rightarrow 4H^+ + 4e^-$	0
	电池		$2H_2 + O_2 \rightarrow 2H_2O$	1

除了电力和未使用的燃料之外，燃料电池还会产生水和热量，因此它必须具备一套水和热管理系统。过多热量和高温会导致燃料电池失效。PEM 燃料电池的一个优点是其具有相对较低的工作温度。交换膜中的水太多或太少可能会造成溢出或干燥，减少功率输出，因此水管理十分重要。

4.2.1　燃料电池模型和电池电压

燃料电池的电化学模型与早期的电池类似，现在又开发了一个相关的电池电压模型。与电池一样，重点在于简化的静态模型而不是具有电容效应的动态模型。

电化学电池的开路可逆电压 V_r^0 是电池的空载开路电压，它与吉布斯自由能 ΔG^0 的变化有关，即

$$V_r^0 = -\frac{\Delta G^0}{2F} \tag{4.2}$$

式中，2 是根据氧化还原反应平衡方程所转移的电子摩尔数；F 是法拉第常数（96485C/mol）。

与电池类似，可以修改燃料电池电压 V_{fc}，以反应如能斯特方程描述的反应系数的影响

$$V_{fc} = V_r^0 - \frac{RT}{2F}\log_e Q_R \tag{4.3}$$

式中，R 是理想气体常数；T 是温度；Q_R 是反应系数。

再次，能斯特方程仅严格地适用于电池中没有电流的情况。电池端子电压取决于电池电流。由于内部电池反应，无负载电池电压通常明显低于可逆电压。由这些内部反应而产生的电压降称为静压降，即 Δv_0。这种关系受电池内电压降的影响。有三个主要电压降：欧姆极化、活化极化和浓差极化。

电阻是终端和电流收集器的内部电阻。

电阻电压降 ΔV_Ω 可以简单地表示为

$$\Delta V_\Omega = R_\Omega i_{fc} \tag{4.4}$$

式中，R_Ω 是燃料电池电阻率（$\Omega \cdot m^2$）；i_{fc} 是燃料电池单体的电流密度（A/m^2）。

活化极化是指由于电极电化学反应迟延而引起其电位偏离平衡电位的现象。这种效应从燃料电池的低功率运行到全功率运行时占主导地位。

活化极化压降 ΔV_a 为

$$\Delta V_a = A\log_e\left(\frac{i_{fc}}{i_0}\right), \quad i_{fc} \geq i_0 \tag{4.5}$$

式中，i_0 是燃料电池交换电流密度；A 是活性损失系数。

式（4.5）通常被称为塔菲等式，是以瑞士化学家朱利安·塔菲（1862—1918）的名字命名的。

浓差极化是指分离过程中，料液中的溶液在压力驱动下透过膜，溶质（离子或不同分子量溶质）被截留，在膜与本体溶液界面或临近膜界面区域浓度越来越高；在浓度梯度作用下，溶质又会由膜面向本体溶液扩散，形成边界层，使流体阻力与局部渗透压增加，从而导致溶剂透过通量下降。

浓差极化压降 ΔV_c 为

$$\Delta V_c = me^{ni_{fc}} \tag{4.6}$$

式中，m 和 n 分别是浓度损失系数和指数。

因此，可以修改燃料电池电压等式（4.3），以包括上述三种电压降

$$V_{fc} = V_r^0 - \Delta V_0 - \Delta V_\Omega - \Delta V_a - \Delta V_c \tag{4.7}$$

例：PEM 燃料电池空载和负载电压

燃料电池参数见表 4.3。为了简单起见，忽略温度和压力。

表 4.3 燃料电池参数

描述	参数	值	单位
吉布斯自由能的变化	ΔG^0	-240×10^3	J/mol
法拉第常数	F	96485	C/mol
静压降	ΔV_0	0.311	V
燃料电池面积比电阻	R_Ω	1.5×10^{-5}	$\Omega \cdot m^2$
活化损失系数	A	5×10^{-3}	V
交流电流密度	i_0	20	A/m^2
浓度损失系数	m	3×10^{-5}	V
浓度损失指数	n	0.5×10^{-3}	m^2/A
电池厚度	t_{fc}	1.34	mm

计算空载电压和 $15000A/m^2$ 时的满载电压。

答案：

1）空载电压为

$$V_{fc} = V_r^0 - \Delta V_0 = -\frac{\Delta G^0}{2F} - \Delta V_0 = -\frac{-240000}{2 \times 96485}V - 0.311V = 1.244V - 0.311V = 0.933V$$

2）负载时的电压降计算过程如下：

电阻压降 ΔV_Ω 为

$$\Delta V_\Omega = R_\Omega i_{fc} = 1.5 \times 10^{-5} \times 15000 V = 0.225 V \tag{4.8}$$

活化极化电压降 ΔV_a 为

$$\Delta V_a = A\log_e\left(\frac{i_{fc}}{i_0}\right) = 0.005 \times \log_e\left(\frac{15000}{20}\right)V = 0.033V \tag{4.9}$$

浓差极化电压降 ΔV_c 为

$$\Delta V_c = me^{m_i i_{fc}} = 3 \times 10^{-5} \times e^{0.0005 \times 15000}V = 0.054V \tag{4.10}$$

那么，全负荷时的燃料电池单体电压为

$$V_{fc} = V_r^0 - \Delta V_0 - \Delta V_\Omega - \Delta V_a - \Delta V_c = 1.244V - 0.311V - 0.225V - 0.033V - 0.054V = 0.621V$$

4.2.2 燃料电池单体和燃料电池动力系统的功率和效率

燃料电池单体的比能量密度为 P_{sfc}，单位为 W/m^2，计算公式为

$$P_{sfc} = V_{fc} i_{fc} \tag{4.11}$$

燃料电池的效率 η_{fc} 标称上是输出电压和无负载可逆电压之比，即

$$\eta_{fc} = \frac{V_{fc}}{V_r^0} \times 100\% \tag{4.12}$$

然而，燃料电池输出功率的一部分需要为配套设施提供能量（将在下一节讨论），以更有利于提高整个燃料电池系统或动力装置的效率。

假定 η_{bop} 是配套设施的效率，那么燃料电池动力装置效率 η_{fcp} 为

$$\eta_{fcp} = \eta_{bop} \eta_{fc} = \eta_{bop} \frac{V_{fc}}{V_r^0} \tag{4.13}$$

例：PEM 燃料电池组满载功率和效率

如果配套设施消耗燃料电池输出功率的 20%（η_{bop} 等于 80%），计算满负荷时燃料电池和动力装置的功率密度。

答案：

燃料电池的功率密度为

$$P_{sfc} = V_{fc} i_{fc} = 0.621 \times 15000 W/m^2 = 9315 W/m^2$$

燃料电池单体的效率为

$$\eta_{fc} = \frac{V_{fc}}{V_r^0} \times 100\% = \frac{0.621}{1.244} \times 100\% = 49.9\% \tag{4.14}$$

燃料电池动力装置的效率为

$$\eta_{fcp} = \eta_{bop} \times \eta_{fcp} = 0.80 \times 49.9\% = 39.9\% \tag{4.15}$$

4.2.3 燃料电池特征曲线

燃料电池电压随特定电流变化的曲线称为燃料电池的极化曲线，如图 4.2 所示，参数见表 4.3。图 4.2 中还显示了燃料电池的比功率曲线。比功率峰值大约出现在 15000A/m² 外，之后明显下降。图中还注明了空载和短路运行工况。

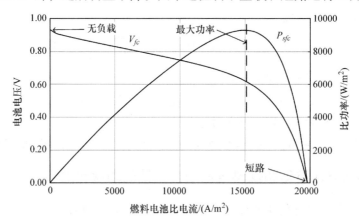

图 4.2 燃料电池极化曲线和比功率曲线

图 4.3 所示为燃料电池和燃料电池动力装置的效率曲线。曲线中假设需要 20% 的功率来为配套设施供电。对于实际的燃料电池装置，有几点需要注意。由于轻载损失，燃料电池动力装置通常不会在非常轻的负载下运行（低于额定功率的 5%~10%）。该装置也不会超出最大功率点运行，因为这样的话系统功率和效率都会显著下降。

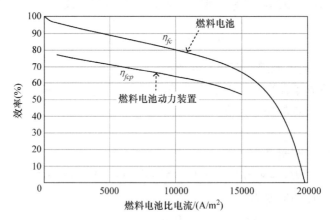

图 4.3 燃料电池和燃料电池动力装置的效率曲线

4.3 燃料电池动力系统选型

为了获得汽车动力总成所需的功率和电压,多个燃料电池单体作为组而串联布置。燃料电池组电压应尽可能高,以最大限度地提高电力装置的效率。通常需要串联数百个电池单体。

燃料电池的电流和功率与燃料面积成正比。这样就可以确定单个燃料电池单体的面积,以便输出所需的功率。

来自燃料电池动力装置的输出电压 V_{fcp} 为

$$V_{fcp} = N_{fc} V_{fc} \tag{4.16}$$

式中,N_{fc} 是燃料电池组中电池单体的个数。

燃料电池动力装置输出功率 P_{fcp} 由多个燃料电池组的输出功率 P_{fc} 与 BOP 的效率决定,即

$$P_{fcp} = \eta_{bop} P_{fc} \tag{4.17}$$

单个燃料电池的面积 A_{fc} 是电池组最大输出功率 P_{fc} 与电池单体数量和最大比功率 P_{sfc} 的乘积之比,即

$$A_{fc} = \frac{P_{fc}}{N_{fc} P_{sfc}} \tag{4.18}$$

如果燃料电池的厚度 t_{fc} 已知,则燃料电池组的体积 V_{fc} 为

$$v_{fc} = N_{fc} t_{fc} A_{fc} \tag{4.19}$$

燃料电池组的输入能量 E_{in} 为

$$E_{in} = \frac{P_{fcp}}{\eta_{fcp}} t \tag{4.20}$$

式中,t 是时间。

氢燃料的质量流率 $\dot{m}_{H2}$ 为

$$\dot{m}_{H2} = \frac{E_{in}}{Qt} = \frac{P_{fcp} t}{\eta_{fcp} Q t} = \frac{P_{fcp}}{\eta_{fcp} Q} \tag{4.21}$$

式中,Q 是氢燃料的比能量或低热值(LHV),$Q = 120 \text{MJ/kg}$ (33.33kW·h)。

4.3.1 例:燃料电池单体选型

一个燃料电池动力装置输出功率为114kW,由370个电池单体串联而成,电池单体厚度 $t_{fc} = 1.34\text{mm}$。电池组参数见表4.3。

计算每个燃料电池单体的面积、燃料电池组的体积、燃料的质量流率,以及15000A/m^2 满负荷条件下满功率时的电池组电压。参考前面的案例。

答案:

根据式(4.17),用于配套设施的燃料电池功率必要系数为

$$P_{fc} = \frac{P_{fcp}}{\eta_{bop}} = \frac{114}{0.8} \text{kW} = 142.5 \text{kW} \qquad (4.22)$$

基于式（4.18），燃料电池组的面积为

$$A_{fc} = \frac{P_{fc}}{N_{fc} P_{sfc}} = \frac{142500}{370 \times 9315} \text{m}^2 = 0.04135 \text{m}^2 \ (= 20.3 \text{cm} \times 20.3 \text{cm})$$

基于式（4.19），燃料电池组的体积为

$$v_{fc} = N_{fc} t_{fc} A_{fc} = 370 \times 1.34 \times 10^{-3} \times 0.04135 \text{m}^3 = 0.0205 \text{m}^3 \ (= 20.5 \text{L})$$

根据式（4.21），氢燃料的质量流率为

$$\dot{m}_{H2} = \frac{P_{fcp}}{\eta_{fcp} Q} = \frac{114 \text{kW}}{0.5325 \times 120 \text{kJ/g}} = 1.784 \text{g/s}$$

根据式（4.16），电池组电压为

$$V_{fcp} = N_{fc} V_{fc} = 370 \times 0.621 \text{V} = 230 \text{V}$$

4.3.2 丰田 Mirai

2016 款丰田 Mirai 的单个燃料电池堆中有 370 个燃料电池单体，每个电池单体厚度为 1.34mm。该车在重 87.5kg 碳纤维增强型高压燃料箱中储存了 5kg 氢气，可以在 3min 内加满燃料。燃料电池组最大输出功率 114kW。能源系统采用镍氢电池。

4.3.3 配套设施

燃料电池动力装置一般需要大量的支持组件和辅助设备以输出电力。这些额外的组件和设备被称为配套设施，如图 4.4 所示。燃料电池有如下几种配套设施：①燃料加注系统；②空气系统；③热和水管理系统；④电力控制系统；⑤保护装置；⑥直流 - 交流转换装置；⑦车辆冷却系统。

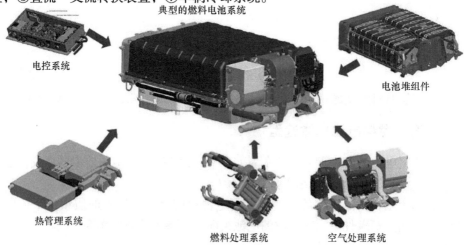

图 4.4 汽车燃料电池配套设施

正如前面所讨论的那样，配套设施的能量需求可能相当高，通常消耗燃料电池输出功率的约20%用于高压燃料系统，约10%用于低压燃料系统，为风扇、泵、压缩机等供电。

4.3.4　DC – DC 升压变换器

升压型直流 – 直流电源变换器将燃料电池与高压直流电连接起来。丰田 Mirai 的燃料电池通过四相升压变换器与驱动装置连接，其最大输出电压为 650V。关于升压变换器将在第 11 章深入讨论。

4.4　燃料电池寿命

随着 GDL 和交换膜的降解，燃料电池性能随时间而衰减。对于前几代燃料电池来说，电池寿命是一个相当大的挑战。最新一代燃料电池的寿命和运行时间都非常符合要求苛刻的重型汽车的需求。乘用车的设计寿命约为 5000h，重型商用车可能达到 20000h。重型车辆的动力总成部件通常在 20000h 后更换。

图 4.5 所示为 100kW 燃料电池动力装置的极化曲线，这些动力装置由美国混合动力公司制造，并在一系列重型商用客车上进行了现场测试。曲线是基于燃料电池特性的常规现场试验数据得出的。

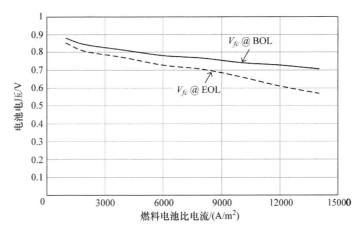

图 4.5　重型汽车 PEM 燃料电池的极化曲线（由美国混合动力汽车公司提供）

在生命周期开始阶段（BOL），电池电压从轻负载的 0.88V 到满负载的 0.7V。在 20000h 后，或在电池寿命结束时（EOL），电池电压降至轻载的 0.85V 和满载的 0.57V。

这种重型车辆电池组由 540 个串联的燃料电池单体组成。燃料电池动力装置的输出电压和功率如图 4.6 所示。

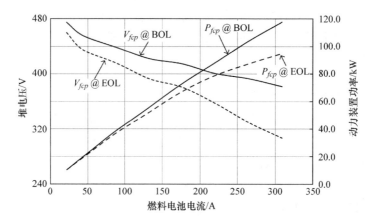

图 4.6 燃料电池动力装置的输出电压和功率

BOL 燃料电池设备的电压范围从最小负载时的 475V 到 118kW 满负荷时的 370V。EOL 燃料电池设备电压从最小负载时的 460V 到 95kW 满载时的 310V。请注意，电压曲线上的轻微起伏模式显示的是电池放电状态的特征，如图 3.8 所示。

燃料电池动力装置的输出功率和效率如图 4.7 所示。BOL 燃料电池在轻载和满载效率分别从 10kW 的 64% 下降到 118kW 的 49%；EOL 燃料电池在轻载和满载效率分别从 10kW 的 54% 下降到 95kW 的 46%。因此，在燃料电池寿命期间，轻负载时的平均效率约为 59%，满载时约为 47.5%。

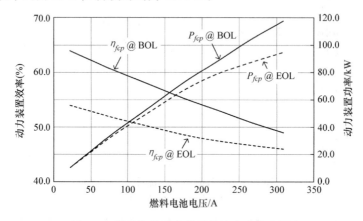

图 4.7 燃料电池动力装置的输出功率和效率

4.5 例：重型货物牵引车 – 拖车组合燃料电池系统选型

在这个案例中，燃料电池系统的特性参数适用于港口运输货物的牵引拖车。牵引拖车的最大毛重为 36280kg（80000lb），平均速度为 64km/h。车辆具有以下特性参数：满载时的车辆总重量 $m=36280\mathrm{kg}$，空载时为 $13600\mathrm{kg}$；阻力系数 $C_D=0.7$；车辆横截面积 $A=10\mathrm{m}^2$；滚动阻力系数 $C_R=0.008$；动力传动系的额定效率 $\eta_{pt}=85\%$；附件负载 $P_{aux}=2\mathrm{kW}$；设空气密度 $\rho_{air}=1.2\mathrm{kg/m^3}$。

燃料电池系统的整体质量（包括燃料电池、配套设施、储罐和支架）为 $400\mathrm{kg}$，再加上 16 个重 $5\mathrm{kg}$ 的电池单体，共计 $480\mathrm{kg}$。

1) 如果车辆以 $64\mathrm{km/h}$ 的恒定速度行驶 $8\mathrm{h}$ 或 $512\mathrm{km}$，计算燃料电池的 mpge 值和总质量。该行驶工况下的燃料电池装置效率为 48%。

2) 如果电池比能量 SE_b 为 $0.15\mathrm{kW\cdot h/kg}$，计算电池组的质量。这款电池应用面临的挑战是什么？

答案：

汽车速度为

$$v=\frac{64}{3.6}\mathrm{m/s}=17.78\mathrm{m/s}$$

车辆满载时的道路载荷功率为

$$P_V=\frac{1}{2}\rho_{air}C_DAv^3+C_Rmgv$$

$$=\frac{1}{2}\times1.2\times0.7\times10\times17.78^3\mathrm{W}+0.008\times36280\times9.81\times17.78\mathrm{W}$$

$$=74.23\mathrm{kW}$$

燃料电池装置的输出功率是动力总成的功率加上附件功率 P_{aux}

$$P_{fcp}=\frac{P_v}{\eta_{pt}}+P_{aux}=\frac{74.23}{0.85}\mathrm{kW}+2\mathrm{kW}=89.33\mathrm{kW}$$

总的行驶时间为 $8\mathrm{h}$，燃料电池装置的输出能量为

$$E_{fcp}=P_{fcp}t=89.33\times8\mathrm{kW\cdot h}=714.6\mathrm{kW\cdot h}$$

氢燃料电池提供的输入能量为

$$E_{in}=\frac{E_{fcp}}{\eta_{fcp}}=\frac{714.6}{0.48}\mathrm{kW\cdot h}=1489\mathrm{kW\cdot h}$$

所需要的氢燃料的质量为

$$m_{H2}=\frac{E_{in}}{Q}=\frac{1489}{33.33}\mathrm{kg}=44.67\mathrm{kg}$$

mpge 值为

$$\mathrm{mpge}=\frac{\dfrac{s}{1.609}}{\dfrac{E_{in}}{33.705\mathrm{kW\cdot h}}\times\mathrm{USgal}}=\frac{\dfrac{512}{1.609}\mathrm{mile}}{1489\mathrm{kW\cdot h}\times\dfrac{\mathrm{USgal}}{33.705\mathrm{kW\cdot h}}}=\frac{318.2\mathrm{mile}}{44.17\mathrm{USgal}}=7.2\mathrm{mile/USgal}$$

燃料电池装置的总重量为

$$m_{fcp}=400\mathrm{kg}+\frac{80}{5}m_{H2}=400\mathrm{kg}+\frac{80}{5}\times44.67\mathrm{kg}=1115\mathrm{kg}$$

等效电池输出能量必须等于燃料电池输出能量。因此，电池质量 m_b 是

$$m_b = \frac{E_{fcp}}{SE_b} = \frac{714.6}{0.15} \text{kg} = 4764 \text{kg}$$

在诸如此类的应用中，电池与燃料电池的竞争面临着巨大的挑战。首先，牵引车的电池重量可能大过车轴。其次，车辆可以在几分钟内加满氢燃料，而电池充电的时间可能很长，并导致车辆的行驶时间成比例下降。

4.6 例：燃料电池汽车燃油经济性

在这个案例中，为了调查燃料电池汽车的性能，按照第2章第2.3节中介绍的简单工况行驶。假设条件如下：电驱动效率 η_{ed} 为 85%，升压变换器效率 η_{boost} 为 98%，等效空转负载约 1kW，蒸汽重整、传输、分配、压缩和加注的效率 η_{H2} 约为 64%。燃料电池汽车架构如图 4.8 所示。

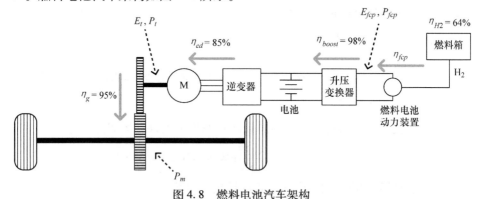

图 4.8 燃料电池汽车架构

值得注意的是，燃料电池应该以最小的负载运行，以给电池充电或起动及停止汽车辅助机构。为了简单起见，此处假设在时间段 t_3 内燃料电池的等效负载为 1kW。

假定在轻载功率 $P_{fcp(ll)}$ 为 4kW 时，轻载动力装置效率 $\eta_{fcp(ll)}$ 为 59%；在全载功率 $P_{fcp(fl)}$ 为 80kW 时，全载动力装置效率 $\eta_{fcp(fl)}$ 为 47.5%。整个行驶里程内效率随输出功率大致线性变化，并且可以表示为

$$\eta_{fcp} = \eta_{fcp(ll)} + \frac{(\eta_{fcp(fl)} - \eta_{fcp(ll)})}{(P_{fcp(fl)} - P_{fcp(ll)})}(P_{fcp} - P_{fcp(ll)}) \quad (4.23)$$

答案：

燃料电池动力装置所需的功率 P_{fcp} 是电机输出功率除以电驱动效率 η_{ed} 和升压变换器效率 η_{boost}

$$P_{fcp} = \frac{P_t}{\eta_{ed}\eta_{boost}} \quad (4.24)$$

从第2章的2.3节中可以了解到，牵引功率分别为：$P_{t1} = 3.478 \text{kW}$、$P_{t2} =$

12.050kW。燃料电池动力装置的 P_{fcp1}、P_{fcp2}、P_{fcp2} 分别为

$$P_{fcp1} = \frac{P_{t1}}{\eta_{ed}\eta_{boost}} = \frac{3.478}{0.85 \times 0.98}\text{kW} = 4.175\text{kW}$$

$$P_{fcp2} = \frac{P_{t2}}{\eta_{ed}\eta_{boost}} = \frac{12.050}{0.85 \times 0.98}\text{kW} = 14.466\text{kW}$$

$$P_{fcp3} = 1\text{kW}$$

燃料电池所消耗掉的能量是功率和时间的乘积

$$E_{fcp} = P_{fcp}t \tag{4.25}$$

燃料电池的输出能量 E_{fcp1}、E_{fcp2}、E_{fcp3} 分别为

$$E_{fcp1} = P_{fcp1}t_1 = 4.175 \times 1800\text{kJ} = 7.515\text{MJ}$$

$$E_{fcp2} = P_{fcp2}t_2 = 14.466 \times 1200\text{kJ} = 17.359\text{MJ}$$

$$E_{fcp3} = P_{fcp3}t_3 = 1.0 \times 600\text{kJ} = 0.6\text{MJ}$$

在整个行驶工况中,动力装置的输出能量 E_{fcpC} 为

$$E_{fcpC} = E_{fcp1} + E_{fcp2} + E_{fcp3} = 7.515\text{MJ} + 17.359\text{MJ} + 0.6\text{MJ}$$
$$= 25.474\text{MJ}(= 7.08\text{kW} \cdot \text{h})$$

氢燃料提供的能量 E_{in} 为

$$E_{in} = \frac{E_{fcp}}{\eta_{fcp}} \tag{4.26}$$

动力装置的效率为

$$\eta_{fcp} = \eta_{fcp(ll)} + \frac{(\eta_{fcp(fl)} - \eta_{fcp(ll)})}{(P_{fcp(fl)} - P_{fcp(ll)})}(P_{fcp} - P_{fcp(ll)})$$

$$= 59\% + \frac{(47.5\% - 59\%)}{(80\text{kW} - 4\text{kW})} \times (P_{fcp} - 4\text{kW}) = 59\% - 0.1513\% \times (P_{fcp} - 4\text{kW})$$

假设轻载时的车辆功率能够由动力装置在轻载效率级别时提供。那么,各参数的计算如下所示

$$\eta_{fcp1} = 59\% - 0.1513\% \times (4.175\text{kW} - 4\text{kW}) \approx 59\%$$

$$\eta_{fcp2} = 59\% - 0.1513\% \times (14.466\text{kW} - 4\text{kW}) \approx 57.4\%$$

$$\eta_{fcp3} = 59\%$$

输入能量 E_{in1}、E_{in2}、E_{in3} 分别为

$$E_{in1} = \frac{E_{fcp1}}{\eta_{fcp1}} = \frac{7.515}{0.59}\text{MJ} = 12.737\text{MJ}$$

$$E_{in2} = \frac{E_{fcp2}}{\eta_{fcp2}} = \frac{17.359}{0.574}\text{MJ} = 30.242\text{MJ}$$

$$E_{in3} = \frac{E_{fcp3}}{\eta_{fcp3}} = \frac{0.6}{0.59}\text{MJ} = 1.017\text{MJ}$$

整个行驶工况中的输入能量 E_{inC} 为

$$E_{inC} = E_{in1} + E_{in2} + E_{in3} = 12.737\text{MJ} + 30.242\text{MJ} + 1.017\text{MJ}$$

$$= 43.996\text{MJ}(12.22\text{kW}\cdot\text{h})$$

每个时间段和整个行驶工况中所消耗的燃料氢的质量 m_1、m_2、m_3 和 m_C 分别为

$$m_1 = \frac{E_{in1}}{Q} = \frac{12.737\text{MJ}}{120\text{MJ}}\text{kg} = 0.106\text{kg} \quad m_2 = \frac{E_{in2}}{Q} = \frac{30.242\text{MJ}}{120\text{MJ}}\text{kg} = 0.252\text{kg}$$

$$m_3 = \frac{E_{in3}}{Q} = \frac{1.017\text{MJ}}{120\text{MJ}}\text{kg} = 0.008\text{kg} \quad m_C = \frac{E_{inC}}{Q} = \frac{43.996\text{MJ}}{120\text{MJ}}\text{kg} = 0.366\text{kg}$$

动力装置从燃料箱到牵引机输出的转化效率 η_{pt} 为

$$\eta_{pt} = \frac{E_{tC}}{E_{inC}} \times 100\% = \frac{20.72}{43.996} \times 100\% = 47.1\%$$

式中，$E_{tC} = 20.72\text{MJ}$，由第 2 章 2.3 节确定。

车辆的燃料消耗量和燃油经济性基于燃料中输入的能量。

$$FC = \frac{E_{in}}{s} \tag{4.27}$$

则整个行驶工况中的燃料消耗量为

$$FC = \frac{E_{inC}}{s} = \frac{12.22\text{kW}\cdot\text{h}}{55\text{km}} = 222\frac{\text{W}\cdot\text{h}}{\text{km}}$$

请注意，在 $33.33\text{kW}\cdot\text{h/kg}$ 下的 1kg 氢气的能量值接近于 $33.705\text{kW}\cdot\text{h/USgal}$ 下的 1USgal 汽油的能量值。FCEV 的 mpge 为

$$\text{mpge} = \frac{\dfrac{s}{1.609}}{E_{in} \times \dfrac{\text{USgal}}{33.705\text{kW}\cdot\text{h}}} \tag{4.28}$$

这样的话，整个行驶工况中的 mpge 值为

$$\text{mpge} = \frac{\dfrac{s}{1.609}}{E_{inC} \times \dfrac{\text{USgal}}{33.705\text{kW}\cdot\text{h}}} = \frac{\dfrac{55}{1.609}\text{mile}}{12.22\text{kW}\cdot\text{h} \times \dfrac{\text{USgal}}{33.705\text{kW}\cdot\text{h}}} = \frac{34.18\text{mile}}{0.363\text{USgal}} = 94\text{mile/USgal}$$

如果知道了输入能量，FCEV 产生的上游碳排放量是可以估计的。碳可以在蒸汽重整中以一氧化碳的形式收集，我们通过假设输入到重整器的甲烷为 $198\text{gCO}_2/\text{kW}\cdot\text{h}$ 来简化分析（表 1.1）。

$$\frac{\text{gCO}_2}{\text{km}} = \frac{E_{in}}{\eta_{H2}} \frac{198\text{gCO}_2}{\text{kW}\cdot\text{h}} \frac{1}{s} \tag{4.29}$$

对于行驶工况来说

$$\frac{\text{gCO}_2}{\text{km}} = \frac{E_{inC}}{\eta_{H2}} \frac{198\text{gCO}_2}{\text{kW}\cdot\text{h}} \frac{1}{s} = \frac{12.22\text{kW}\cdot\text{h}}{0.64} \times \frac{198\text{gCO}_2}{\text{kW}\cdot\text{h}} \times \frac{1}{55\text{km}} = 69\frac{\text{gCO}_2}{\text{km}}$$

FCEV 行驶里程等于燃料箱储存能量除以燃料消耗量

$$\text{Range} = \frac{mQ}{E_{in}/s} \tag{4.30}$$

这样的话,整个行驶工况中所行驶的距离为

$$\text{Range} = \frac{mQ}{E_{inC}/s} = \frac{5 \times 33.33}{12.22 \times 10^6/55}\text{km} = 750\text{km}$$

FCEV 行驶工况结果见表 4.4。

表 4.4 FCEV 行驶工况结果

速度 /(km/h)	时间/s	m/kg	E_{in} /MU	η_{pt} (%)	FC/ (W·h/km)	燃油经济性 /(mile/USgal)	续驶里程 /km	碳排放量 /(gCO$_2$/km)
50	1800	0.106	12.737	49.1	142	148	1177	44
90	1200	0.252	30.242	47.8	280	75	595	87
空载	600	0.008	1.017	—	—	—	—	—
总计	3600	0.366	43.996	47.1	222	94	750	69

这个例子说明了 FCEV 与化石燃料汽车及 BEV 相比的优点和缺点。在行驶工况中,FCEV 动力系统在低-中载时比汽油车或柴油车的效率更高,因此其续驶里程相比 BEV 更长。

参 考 文 献

1　US Department of Energy, *Natural Gas for Cars*, DOE/GO-102015-4685, December 2015.
2　http://www.toyota-global.com/innovation/environmental_technology/fuelcell_vehicle/
3　http://www.ushybrid.com/
4　Thames and Kosmos, http://www.thamesandkosmos.com/
5　Horizon Fuel Cell Technologies, http://www.horizonfuelcell.com/
6　H. Lohse-Busch, M. Duoba, K. Stutenberg, S. Iliev, M. Kem, B. Richards, M. Christenson, and A. Loiselle-Lapointe, *Technology Assessment of a Fuel Cell Vehicle*:2017 *Toyota Mirai*, Argonne National Laboratory report, 2018.

问　题

4.1　燃料电池的参数见表 4.3。计算以下 3 种工况下的燃料电池电压和电池效率。

1) 轻负荷 1500A/m^2,$\eta_{bop} = 96.5\%$。

2) 中负荷 7500A/m^2,$\eta_{bop} = 89\%$。

3) 超载 17500A/m^2,$\eta_{bop} = 77\%$。

请注意,BOP 效率代表高压燃料电池系统,如丰田 Mirai。

[答案:1) 0.889 V,71.5%,69%;2) 0.79V,63.5%,56.5%;3) 0.447V,35.9%,27.6%]

4.2　燃料电池具有表 4.3 中的参数并具有 400cm^2 的燃料电池面积。该燃料电池动力装置在 15000A/m^2 时输出功率为 80 kW。假设 $\eta_{bop} = 80\%$。参见第 4.2.1 和 4.2.2 节中的例子。

1）计算燃料电池单体的数量和电池组的体积。
2）计算80kW满载时的输出电压、效率和燃油质量流率。
3）空载电压是多少？

[答案：1）268，14.4L；2）166.4V，39.9%，1.67g/s；3）250V]

4.3 4.6节中的车辆以120km/h的恒定速度行驶，需要牵引功率24.64kW。请参阅第2章的问题2.7。

如果油箱中燃料氢的重量为5kg，那么以此速度行驶时碳排放量和行驶里程是多少？

[答案：138gCO_2/km，373km]

4.4 修改4.6节的行驶工况，以120km/h高速巡航代替怠速，牵引功率为24.64kW（来自于之前的问题），共持续600s。

计算修改后的行驶工况的碳排放量和续驶里程。

[答案：86gCO_2/km，599km]

4.5 计算第4.5节中的车辆在空载时的mpge值和续驶里程。燃料电池装置的效率为52%。

[答案：13.4mile/USgal，951km]

4.6 一辆满载巴士具有以下特性参数：质量 m = 20000kg，风阻系数 C_D = 0.7，车辆横截面 A = 10m^2，滚动阻力系数 C_R = 0.008。动力总成和传动标称效率 η_{pt} = 85%，辅助机构负载为2kW。设空气密度 ρ_{air} = 1.2kg/m^3。燃料电池系统的整体质量（包括燃料电池、配套设施、储罐和支架）为400kg，再加上16个重5kg的电池单体，共计480kg。

1）如果车辆要以64km/h的恒定速度行驶两个循环，总计16h，或1024km。燃料电池动力装置的效率为50%。计算燃料电池的mpge值、燃料氢质量和燃料系统总质量。

2）假设比能量为0.15kW·h/kg，计算所需要的电池质量。

3）如果重量下降1/3，没有乘客的车辆的续驶里程是多少？该行驶工况下的燃料电池动力装置效率为53%。

[答案：1）10.7mile/USgal，60.1kg，1362kg；2）6667kg；3）1315km]

4.7 燃料电池储能系统的尺寸应符合问题2.8和3.10中特斯拉货车拖车的要求。假设燃料电池设备效率为59%。燃料电池系统（包括燃料电池、设备平衡装置、储罐和支架）的总质量为400kg，此外，每储氢5kg，增加质量80kg。重达400kg的混合电池也是存储系统的一部分。确定燃料电池和蓄电池组合的质量。

[答案：1585kg]

作　业

使用参考文献[4]或[5]中由供应商提供的燃料电池套件进行试验。

第5章 传统和混合动力总成

"通过永无止境的创造力、好奇心和对进步的追求来领先于时代。"

这是丰田汽车公司创始人丰田喜一郎（1894—1952）提出的五条准则之一。这些准则来源于他父亲丰田佐吉（1867—1930）的信念，丰田佐吉创立了制造纺织织布机的丰田工业，被称为日本工业革命之父。

在本章中，我们会探讨效率、燃料消耗量和续驶里程等促使汽车动力总成向电气化和混合动力系统转换的影响因素，初步介绍内燃机制动引起的燃油消耗，并对传统汽油、柴油车辆与串联和串并联混合动力汽车（HEV）在排放、燃油经济性和续驶里程等方面进行比较。串并联 HEV 的关键是无级变速器（CVT），一种使用行星齿轮的功率分配设备。

5.1 混合动力汽车概述

搭载火花点火（SI）和压缩点火内燃机的汽车已经主宰运输行业超过了一个世纪。但是，正如第 1 章所讨论的，内燃机的激增产生了相关的排放问题，包括温室气体和污染物，同时其运行效率相对较低。通过提供串联和/或并联能量路径，混合动力系统提供了一种缓解这些问题的途径，能够使内燃机以高效模式运行，并最大限度地提高燃油经济性，同时最大限度地减少有害排放。本章是对上述动力系统的概述。为了研究内燃机的基本原理，读者可以阅读参考文献 [1] 等深入的教科书。

值得注意的是，与传统车辆相比，混合动力汽车的主要优势在于：
1）消除车辆怠速损失。
2）能量回收制动系统的使用。
3）高效和优化的能源管理。
4）使用尺寸更小、效率更高的发动机。

与传统车辆相比，这些因素可使混合动力汽车的燃油经济性提高一倍。一般来说，在整个速度范围内，内燃机在低转矩时效率非常低，在中高转矩和中等转速下达到效率峰值。当发动机不产生动力时会发生怠速运转，并且可能导致整个行驶工况以低效运行。典型的内燃机怠速转速为每分钟数百转（r/min）。

传统的火花点火和压缩点火内燃机基于奥托循环。德国工程师尼古拉·奥托（1832—1891）发明了第一台成功运行的内燃机。奥托循环发动机具有四个冲程，分别为进气、压缩、膨胀和排气。燃料和空气的混合物被火花点燃后释放能量，以提供动力。

柴油发动机是1882年由鲁道夫·迪塞尔（1858—1913）发明的。迪塞尔也是德国人，他发现发动机的效率可以通过提高发动机气缸内的压缩比和温度来提高，以便通过压缩而不是点火来点燃燃料——空气混合物。

一般来说，发动机在中高转矩和中等速度下效率最高。然而，大多数车辆的行驶工况处于低转矩和低速度，特别是在城市中，这就会导致能量转换效率低下。

丰田混合动力系统中使用的发动机是汽油发动机的一种变型，被称为阿特金森循环发动机。英国人詹姆斯·阿特金森（1846—1914）发明了一种比普通发动机压缩冲程更长的膨胀冲程。由于循环的扩大，阿特金森循环发动机具有相对较高的效率，但由于其相对较低的峰值转矩速度特性而没有应用于汽车上。阿特金森循环发动机的这一弱点可以通过将发动机集成到混合动力系统中，并使用电驱动在整个速度范围内提供额外的转矩来克服。

混合动力传动系统使发动机能够在接近最高效率的情况下运行，以尽量减少排放和燃料消耗，同时在整个车辆推进所需的速度和转矩范围内运行。

考虑可用牵引机（电机或发动机）转矩和动力系统效率相关的各种技术是很有用的。图5.1所示为传统汽油发动机、柴油发动机、阿特金森循环发动机以及使用燃料电池和电池的电机动力传动系统的峰值转矩和效率的代表性曲线。图5.1a所示的EV曲线适用于纯电动汽车（BEV）和燃料电池电动汽车（FCEV）。

1.5L排量阿特金森循环汽油发动机的峰值转矩在整个速度范围内相对平稳，从1000r/min时的77N·m增加到4000r/min时的102N·m。峰值转矩在整个速度范围内的峰值效率在36%~38%之间变化。

与汽油发动机相比，柴油发动机的峰值转矩较高，速度范围内的百分比效率在30s左右的中高档。较新的柴油发动机可以在40s内起效。

标准汽油发动机的转速范围比柴油发动机和阿特金森循环发动机更宽，最大转矩低于柴油发动机的等效转速，但明显高于阿特金森循环发动机。在整个速度范围内，效率范围从20~30s不等。

现在我们来了解一下电机动力总成。典型的EV具有非常高的低速转矩，一直到零速都可用，并且当装置输出恒定功率时，该转矩以超过额定速度的速度反向下降。该转矩特性适用于任何电动汽车，无论是蓄电池汽车、燃料电池汽车还是混合动力汽车。BEV从电池到电机输出的效率非常高——80s内是合理的，包括电池损耗。燃料电池汽车的效率远远低于BEV，但接近50%~60%，远高于内燃机汽车。

一个设计良好的混合动力系统结合了电池电力驱动的优点，也许范围有限，但非常有效。它结合了化石燃料内燃机或氢气燃料电池的优点，可以实现高能量存储

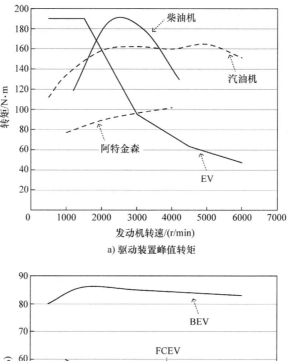

图 5.1 各种动力总成的典型转矩和效率特性

密度和长距离续驶里程。

5.2 制动比油耗

制动比油耗（BSFC）是衡量发动机燃油消耗的一个指标，与效率成反比。BSFC 等于燃料质量消耗率 $\dot{m}$（g/s）乘以 3600 再除以发动机输出功率 P_{eng}。

常用的 BSFC 单位是 g/kW·h。

$$BSFC = \frac{3600\dot{m}}{P_{eng}} \tag{5.1}$$

发动机的燃料消耗通常以 BSFC 图表征。当发动机在测功机上进行测试时，BSFC 图将发动机燃料消耗与速度和输出转矩进行比较。图 5.2 所示为 1997 款丰田普锐斯发动机样本的 BSFC 曲线，数据来源于参考文献 [2]。图 5.2 中显示的发动机燃料消耗量的范围可以从 80N·m 和 2000r/min 时的约 230g/kW·h 到 10N·m 和 4000r/min 时的约 600g/kW·h 的峰值。

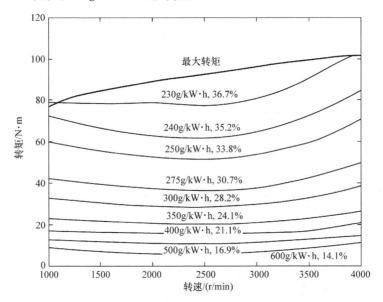

图 5.2　1997 款丰田普锐斯发动机样本的 BSFC 曲线

知道了燃料的比能量 Q，就可以计算发动机效率 η_{eng}

$$\eta_{eng} = \frac{P_{eng}}{\dot{m}Q} = \frac{3600}{BSFC Q} \tag{5.2}$$

因此，发动机的效率与 BSFC 成反比。发动机效率值也显示在图 5.2 中。

Q 值取决于具体的燃料混合物。基于参考文献 [2] 中的测试值，汽油和柴油的 Q 值分别为 42.6kJ/g 和 42.9kJ/g。

例：能源消耗、功率输出、效率和 BSFC

计算 1997 款丰田普锐斯发动机在 80N·m 和 2000r/min 时的燃料质量流量比、输出功率和发动机效率。假设汽油燃料具有 42.6kJ/g 的比能量和 0.749kg/L 的密度。

解：

在 80N·m 和 2000r/min 的工作点，发动机在最低 BSFC 等于 230g/kW·h 的范围内工作，这是最有效的运行区域。

输出功率为

$$P_{eng} = T_{eng}\omega_{eng} = 80 \times 2000 \times \frac{2\pi}{60}\text{W} = 16.755\text{kW} \tag{5.3}$$

燃料质量流量比为

$$\dot{m} = \frac{BSFC}{3600}P_{eng} = \frac{230}{3600} \times 16.755\text{g/s} = 1.07\text{g/s} \tag{5.4}$$

效率为

$$\eta_{eng} = \frac{3600}{BSFCQ} = \frac{3600}{230 \times 42.6} \times 100\% = 36.74\% \tag{5.5}$$

如果我们采用原始 BSFC 数据并重新绘制曲线,就可以获得发动机的更多信息。图 5.3a 和 b 所示分别为不同转速下的燃料消耗和发动机效率与转矩的关系曲

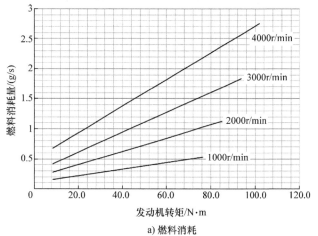

a) 燃料消耗

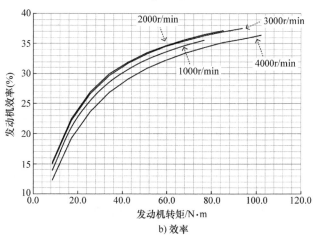

b) 效率

图 5.3 1997 款丰田普锐斯阿特金森循环发动机特性曲线

线。显然，对于这个阿特金森循环发动机的特定转速，燃料消耗量随转矩（和功率，因为功率是转矩乘以转速）的增加近似呈线性增加。发动机的效率随着转矩而增加。在高转矩下，发动机效率非常高，在93N·m和3000r/min时达到约38%的峰值。但是，在较低的转矩水平下，发动机效率会显著下降，在9N·m和4000r/min时，效率会低至12%。类似地，与中速相比，高速时的发动机效率下降。例如，93N·m和4000r/min时的发动机效率约为35%，而3000r/min时为38%。

基于参考文献［2］的数据，1.9L汽油发动机和1.7L柴油发动机的代表性BSFC曲线如图5.4和图5.5所示。汽油发动机的效率在125N·m和2500r/min时达到约33.8%；在6000r/min的高速下，在16N·m时效率为11%，在125N·m时上升到29%的峰值。

柴油发动机在180N·m和2200r/min时的峰值效率约为37.8%，并且在2000~3000r/min之间的大部分转矩范围内保持发动机效率超过30%。

在下一节中，将使用一个简单的传动系示例来说明各种车辆动力传动系的相对优点。

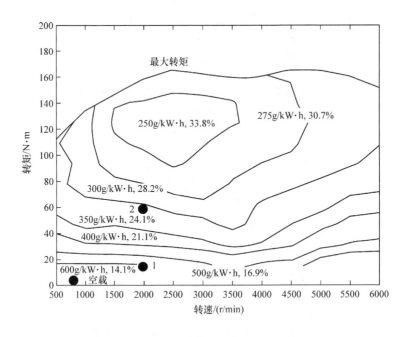

图5.4 GM土星1.9L汽油发动机的BSFC曲线

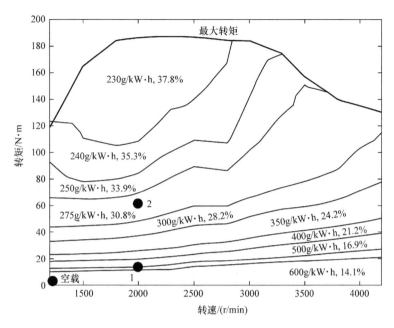

图 5.5 奔驰 1.7L 柴油发动机的 BSFC 曲线

5.3 传统发动机、串联和串并联混合系统的比较

5.3.1 例：使用汽油或柴油发动机的内燃机汽车的燃油经济性

在这个例子中，估计 1.9L 汽油发动机和 1.7L 柴油发动机的车辆燃油经济性、效率和续驶里程。利用图 5.4 和图 5.5 的 BSFC 曲线分别确定汽油和柴油的燃料消耗。BSFC 值是基于操作点视觉插值的近似值。传统车辆功率流架构如图 5.6 所示。

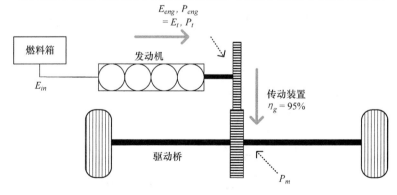

图 5.6 传统车辆功率流架构

汽油和柴油发动机的怠速燃料消耗量为0.15g/s，怠速转速为700r/min（这个数值在问题中没有使用）。该车有一个40L的油箱。

假设汽油的比能量为42.6kJ/g，密度为0.749kg/L；柴油比能量为42.9kJ/g，密度为0.843kg/L。

假设车辆变速器的传动比和工作范围见表5.1。差速器是转矩分配传动机构，其作用是使车轮在转弯时能够以不同的速度旋转。

表5.1 测试车辆传动比

档位	传动比	工作范围/(km/h)
1	3.72	0~11
2	2.13	11~37
3	1.30	37~53
4	0.89	53~72
5	0.69	>72
倒档	3.31	
差速器	3.70	

使用汽油和柴油发动机，确定第2章2.3节所述车辆的燃油经济性、续驶里程和碳排放。

解：

首先，基于车速和变速比来估计发动机转速。

从发动机输出轴到驱动桥的传动比是特定齿轮比和差动传动比 n_{diff} 的乘积。从表5.1中可知，车辆时速为50km/h时以3档运行，变速比为 n_{g3}，时速为90km/h时档位为5档，变速比为 n_{g5}。第2章第2.3节中的线速度为 $v_1=13.89$m/s 和 $v_2=25$m/s。

发动机角速度 ω_{eng1} 和 ω_{eng2} 为

$$\omega_{eng1} = \frac{v_1}{r} n_{g3} n_{diff} = \frac{13.89}{0.315} \times 1.30 \times 3.70 \text{rad/s} = 212.1 \text{rad/s}$$

$$\omega_{eng2} = \frac{v_2}{r} n_{g5} n_{diff} = \frac{25}{0.315} \times 0.69 \times 3.70 \text{rad/s} = 202.6 \text{rad/s}$$

式中，r是第2章表2.1中的车轮半径。

发动机转速 N_{eng1} 和 N_{eng2} 为

$$N_{eng1} = \omega_{eng1} \times \frac{60}{2\pi} = 212.1 \times \frac{60}{2\pi} \text{r/min} = 2025 \text{r/min}$$

$$N_{eng2} = \omega_{eng2} \times \frac{60}{2\pi} = 202.6 \times \frac{60}{2\pi} \text{r/min} = 1935 \text{r/min}$$

发动机轴转矩 T_{eng1} 和 T_{eng2} 为

$$T_{eng1} = \frac{P_{eng1}}{\omega_{eng1}} = \frac{P_{t1}}{\omega_{eng1}} = \frac{3478}{212.1} \text{N} \cdot \text{m} = 16.4 \text{N} \cdot \text{m}$$

$$T_{eng2} = \frac{P_{eng2}}{\omega_{eng2}} = \frac{P_{t2}}{\omega_{eng2}} = \frac{12050}{202.6} \text{N} \cdot \text{m} = 59.5 \text{N} \cdot \text{m}$$

P_{t1} 和 P_{t2} 值由第 2 章第 2.3 节提供。

到目前为止产生的数据见表 5.2。

表 5.2 SI 和 CI 发动机的行驶工况

阶段	持续时间/s	速度/(km/h)	档位	转速/(r/min)	T_{eng}/N·m	P_{eng}/kW	d/km	E_t/kW·h
1	1800	50	3	2025	16.4	3.478	25	1.74
2	1200	90	5	1935	59.5	12.05	30	4.02
3	600	idle	neutral	700	—	—	0	0
整个循环	3600						55	5.76

如果两种巡航速度下的发动机转矩和速度是已知的，就可以确定车辆的燃料消耗。对于 16.4N·m/(2025r/min)、车速 50km/h 时的数据点，BSFC 曲线中最接近的值为汽油约 600g/kW·h，柴油约 500g/kW·h。对于 59.5N·m/(1935r/min)、车速 90km/h 时的数据点，BSFC 曲线中最接近的值为汽油约 310g/kW·h，柴油约 260g/kW·h。

知道了燃料消耗率，就可以计算完成续驶里程所需燃料的质量和体积。下面的例子解释了汽油发动机的情况，行驶工况结果见表 5.3。柴油机发动机的行驶工况结果见表 5.4。

燃料质量消耗率 $\dot{m}$ 为

$$\dot{m} = \frac{BSFC \times P_{eng}}{3600} \quad (5.6)$$

燃料质量消率 $\dot{m}_1$、$\dot{m}_2$ 分别为

$$\dot{m}_1 = \frac{BSFC \times P_{eng}}{3600} = \frac{600 \times 3.478}{3600} \text{g/s} = 0.58 \text{g/s}$$

$$\dot{m}_2 = \frac{310 \times 12.05}{3600} \text{g/s} = 1.038 \text{g/s}$$

而怠速时的燃油消耗率的 $\dot{m}_3$ 为

$$\dot{m}_3 = 0.15 \text{g/s}$$

随着时间消耗的燃料质量 m 为

$$m = \dot{m} \times t \quad (5.7)$$

燃料质量 m_1、m_2 和 m_3 分别为

$$m_1 = \dot{m}_1 t_1 = 0.58 \times 1800 \text{g} = 1.044 \text{kg}$$

$$m_2 = \dot{m}_2 t_2 = 1.038 \times 1200 \text{g} = 1.246 \text{kg}$$

$$m_3 = \dot{m}_3 t_3 = 0.15 \times 600 \text{g} = 0.09 \text{kg}$$

行驶工况 m_C 中消耗的总燃料质量等于所有区间内消耗的燃料质量总和，即

$$m_C = m_1 + m_2 + m_2 = 1.044 \text{kg} + 1.246 \text{kg} + 0.090 \text{kg} = 2.38 \text{kg}$$

燃料体积的计算公式为

$$V = \frac{m}{\rho} \tag{5.8}$$

其中，汽油的密度为 0.749kg/L，柴油的密度为 0.843kg/L。

燃料体积 V_1、V_2 和 V_3 分别为

$$V_1 = \frac{m_1}{\rho} = \frac{1.044}{0.749} \text{L} = 1.394 \text{L}$$

$$V_2 = \frac{m_2}{\rho} = \frac{1.246}{0.749} \text{L} = 1.664 \text{L}$$

$$V_3 = \frac{m_3}{\rho} = \frac{0.090}{0.749} \text{L} = 0.12 \text{L}$$

表 5.3　汽油发动机的行驶工况结果

速度/(km/h)	时间/s	BSFC/(g/kW·h)	$\dot{m}$/(g/s)	燃料消耗量/g	燃料消耗量/L	E_{in}/MJ	η_{eng}(%)	FC (W·h/km)	FC (L/100km)	燃油经济性/(mile/USgal)	碳排放量/(gCO$_2$/km)	续驶里程/km
50	1800	600	0.58	1044	1.394	44.47	14.1	494	5.58	42.2	129	717
90	1200	310	1.038	1246	1.664	53.08	27.2	491	5.55	42.4	128	725
空载	600	—	0.15	90	0.12	3.83	—	—	—	0	—	—
总计	3600	—	—	2380	3.178	101.38	20.4	512	5.78	40.7	134	692

表 5.4　柴油发动机的行驶工况结果

速度/(km/h)	时间/s	BSFC/(g/kW·h)	$\dot{m}$/(g/s)	燃料消耗量/g	燃料消耗量/L	E_{in}/MJ	η_{eng}(%)	FC (W·h/km)	FC (L/100km)	燃油经济性/(mile/USgal)	碳排放量/(gCO$_2$/km)	续驶里程/km
50	1800	500	0.483	869	1.03	37.28	16.8	414	4.12	57	110	971
90	1200	260	0.870	1044	1.24	44.79	32.3	415	4.13	57	110	969
空载	600	—	0.15	90	0.11	3.86	—	—	—	0	—	—
总计	3600	—	—	2003	2.38	85.93	24.1	434	4.32	54.4	115	926

在行驶工况 V_C 中消耗的总燃料量是每个时间间隔内消耗的燃料量的总和

$$V_C = V_1 + V_2 + V_3 = 1.394 \text{L} + 1.664 \text{L} + 0.12 \text{L} = 3.178 \text{L}$$

输入到内燃机的能量 E_{in} 等于比能量和质量的乘积

$$E_{in} = mQ \quad (5.9)$$

输入能量 E_{in1}、E_{in2} 和 E_{in3} 分别为

$$E_{in1} = m_1 Q = 1.044 \times 42.6 \text{MJ} = 44.47 \text{MJ}$$

$$E_{in2} = m_2 Q = 1.246 \times 42.6 \text{MJ} = 53.08 \text{MJ}$$

$$E_{in3} = m_3 Q = 0.090 \times 42.6 \text{kJ} = 3.83 \text{MJ}$$

在行驶工况 E_{inC} 内消耗的总能量是每个时间间隔内消耗的燃料量的总和

$$E_{inC} = E_{in1} + E_{in2} + E_{in3} = 44.47 \text{MJ} + 53.08 \text{MJ} + 3.83 \text{MJ} = 101.38 \text{MJ} \; (=28.16 \text{kW} \cdot \text{h})$$

发动机效率 η_{eng} 为

$$\eta_{eng} = \frac{E_t}{E_{in}} \times 100\% \quad (5.10)$$

发动机的效率分别为

$$\eta_{eng1} = \frac{E_{t1}}{E_{in1}} \times 100\% = \frac{6.26}{44.47} \times 100\% = 14.1\%$$

$$\eta_{eng2} = \frac{E_{t2}}{E_{in2}} \times 100\% = \frac{14.46}{53.08} \times 100\% = 27.2\%$$

$$\eta_{engC} = \frac{E_{tC}}{E_{inC}} \times 100\% = \frac{20.72}{101.38} \times 100\% = 20.4\%$$

其中，E_{t1}、E_{t2} 和 E_{tC} 由第 2 章第 2.3 节的计算得出。

这些简单的计算说明了传统内燃机面临的挑战。虽然中高转矩下的效率相对较高，但在低转矩下效率会显著下降。因此，发动机效率从 90km/h 时的 27.2% 下降到 50km/h 时的 14.1%。在怠速状态下由于没有动力产生，导致整个工况的总效率为 20.4%。

由于已经知道了输入、输出能量和行驶距离，我们可以计算出其他有用的信息。

车辆的燃料消耗和额定燃油经济性基于燃料的输入能量

$$FC = \frac{E_{in}}{s} \quad (5.11)$$

燃料消耗量 FC 和燃油经济性值 mpg 为

$$FC = \frac{V}{s} \times 100 \; \frac{\text{L}}{100\text{km}} \quad (5.12)$$

$$mpg = \frac{\frac{s}{1.609}}{\frac{V}{3.785}} \text{mile/USgal} \quad (5.13)$$

碳排放量可以根据第 1 章表 1.1 中每千克汽油的二氧化碳排放量为 3.09kg 估算。燃烧释放的二氧化碳的质量 m_{CO2} 为

$$m_{CO2} = 3.09m \quad (5.14)$$

每千米的排放量为

$$\frac{gCO_2}{km} = \frac{m_{CO2}}{s} \tag{5.15}$$

续驶里程可以用车辆油箱的容积除以油耗

$$Range = \frac{V_{tank}}{FC} \tag{5.16}$$

使用汽油发动机的整个行驶工况中的各种数值为

$$FC = \frac{E_{inC}}{s} = \frac{28160}{55} \frac{W \cdot h}{km} = 512 \frac{W \cdot h}{km}$$

$$FC = \frac{V}{s} \times 100 \frac{L}{100km} = \frac{3.178}{55} \times 100 \frac{L}{100km} = 5.78 \frac{L}{100km}$$

$$mpg = \frac{\frac{s}{1.609}}{\frac{V}{3.785}} \text{mile/USgal} = \frac{\frac{55}{1.609}}{\frac{3.178}{3.785}} \text{mile/USgal} = \frac{34.18}{0.84} \text{mile/USgal} = 40.7 \text{mile/USgal}$$

$$\frac{gCO_2}{km} = \frac{3.09 m_C}{s} = \frac{3.09 \times 2.38}{55} \frac{gCO_2}{km} = 134 \frac{gCO_2}{km}$$

$$Range = \frac{V_{tank}}{FC} = \frac{40L}{5.78L/100km} = 692 km$$

对柴油机进行类似的练习,具体结果见表5.4。由于柴油的能量密度高且燃烧效率高,因此柴油发动机的燃油经济性显著高于汽油发动机。由于柴油和汽油的比能量非常接近,碳排放估值反映了两种发动机类型的效率差异。

5.3.2 例:串联HEV的燃油经济性

在这个例子中,驱动电机用于推进车辆。阿特金森循环内燃机仅用于对电池进行充电,如图5.7所示。为简单起见,发电机和逆变器输出的发电效率也假设为85%,以对电池进行再充电。发动机在最佳效率点运行,为电池提供所需的能量。

请参阅第3章第3.5节中的相关BEV示例。

答案:

从之前的BEV案例中,我们知道了行驶工况中所需的电池能量E_{bC}。内燃机所需的输出能量E_{eng}是对电池进行再充电所需的能量,等于电池输出能量除以发电效率

$$E_{eng} = \frac{E_b}{\eta_{gen}} \tag{5.17}$$

因此,所需的发动机输出能量为

$$E_{eng} = \frac{E_{bC}}{\eta_{gen}} = \frac{24.5}{0.85} MJ = 28.82 MJ \ (8.01 kW \cdot h)$$

阿特金森循环发动机的最佳效率工作点为转速2000r/min、T_{eng}等于80N·m。该点的输出功率P_{eng}为16.755kW。

充电电池t_{gen}所需的时间是输出能量E_{eng}除以输出功率P_{eng},即

$$t_{gen} = \frac{E_{eng}}{P_{eng}} = \frac{28.82 \times 10^6}{16755}s = 1720s$$

图5.2的BSFC值为230g/kW·h。燃料质量流量$\dot{m}$是

$$\dot{m} = \frac{BSFC P_{eng}}{3600} = \frac{230 \times 16.755}{3600}g/s = 1.07g/s \tag{5.18}$$

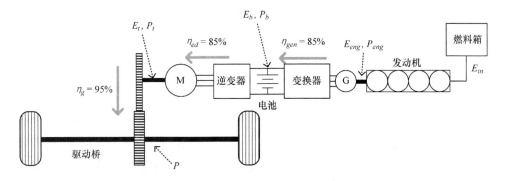

图5.7 串联式HEV功率流

质量m_C、体积V_C和整个行驶工况中驱动车辆所需的输入到发动机的能量E_{inC}分别为

$$m_C = \dot{m} t_{gen} = 1.07 \times 1720 g = 1.84 kg$$

$$V_C = \frac{m_C}{\rho} = \frac{1.84}{0.749}L = 2.457L$$

$$E_{inC} = m_C Q = 1840 \times 42.6 kJ = 78.38 MJ(21.77 kW·h)$$

动力传动系效率就是牵引能量除以输入能量,以百分比表示为

$$\eta_{pt} = \frac{E_{tC}}{E_{inC}} \times 100\% = \frac{20.72}{78.38} \times 100\% = 26.4\%$$

其中循环牵引能量E_{tC}在第2章2.3节中确定。

请注意,此时发动机运行非常高效。

$$\eta_{eng} = \frac{E_{eng}}{E_{inc}} \times 100\% = \frac{28.82}{78.38} \times 100\% = 36.7\%$$

各种其他数据是基于之前案例中的发动机计算的,有

$$FC = \frac{E_{inC}}{s} = \frac{21770}{55}\frac{W·h}{km} = 396\frac{W·h}{km}$$

$$FC = \frac{V}{s} \times 100 \frac{L}{100km} = \frac{2.457}{55} \times 100 \frac{L}{100km} = 4.47 \frac{L}{100km}$$

$$mpg = \frac{s}{\frac{1.609}{V}} \text{mile/USgal} = \frac{55}{\frac{1.609}{2.457}} \text{mile/USgal} = \frac{34.18}{0.649} \text{mile/USgal} = 52.7 \text{mile/USgal}$$

$$\frac{gCO_2}{km} = \frac{3.09 m_C}{s} = \frac{3.09 \times 1.84}{55} \frac{gCO_2}{km} = 103 \frac{gCO_2}{km}$$

$$\text{Range} = \frac{V_{tank}}{FC} = \frac{40L}{4.47L/100km} = 895 km$$

串联式 HEV 简化行驶工况结果见表 5.5。

表 5.5　串联式 HEV 简化行驶工况结果

时间/s	BSFC/(g/kW·h)	$\dot{m}$/(g/s)	Fuel/g	Fuel/L	E_{in}/MJ	η_{pt}(%)	FC (W·h/km)	FC (L/100km)	经济燃油性(mile/USgal)	碳排放量/(gCO$_2$/km)	续驶里程/km
整个循环	230	1.07	1840	2.457	78.38	26.4	396	4.47	52.7	103	895

从这个例子可以看出混合动力汽车的优点。发动机在接近最大值的情况下运行，高效的电动传动系用于推动车轮。传统车辆的碳排放和燃油消耗得到改善，BEV 的续驶里程得到了改善。不过，串联式混合动力汽车的一个缺点是发动机能量必须通过两个串联的电动级来推动车辆。

5.3.3　例：串并联混合动力汽车的燃油经济性

图 5.8 所示为串并联 HEV 的基本架构。在这个案例中，电驱动机仅用于驱动车辆的一部分行驶工况。

车辆在 t_1 期间通过电力驱动装置和电池提供动力，时速为 50km/h；t_3 期间为急速工况。通过优化发动机控制可以在短时间内提供大量能量，就像串联式 HEV 那样。

发动机驱动车辆以 90km/h 的较高速度行驶，持续时间为 t_2。由于此时是从发动机直接给车辆供能，因此最为有效。

答案：

我们从第 3 章第 3.5 节的 BEV 例子可知，t_1 和 t_3 期间电池消耗的能量分别为 E_{b1} 和 E_{b3}。因此，内燃机在这段时间内为车辆提供动力所需的能量为

$$E_{eng} = \frac{E_{b1} + E_{b3}}{\eta_{gen}} = \frac{7.37 + 0.12}{0.85} MJ = 8.81 MJ$$

电池能量 E_{b1} 和 E_{b3} 在第 2 章第 2.3 节中确定。

与之前的串联式混合动力汽车相比，阿特金森循环发动机的最佳效率工作点在 2000r/min，输出转矩约为 80N·m，发动机效率为 36.7%。

$$P_{eng} = T_{eng}\omega_{eng} = 80 \times 2000 \times \frac{2\pi}{60} kW = 16.755 kW$$

充电所需的时间是

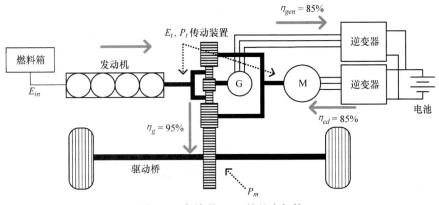

图 5.8 串并联 HEV 的基本架构

$$t_{gen} = \frac{E_{eng}}{P_{eng}} = \frac{8.81 \times 10^6}{16755}\text{s} = 526\text{s}$$

下标（1，3）表示时间段1和时间段3的综合值。

同样，该功率的燃油消耗率是1.07g/s。因此，在时段 t_1 和 t_3 内提供能量所需的燃料质量、体积和输入能量分别是

$$m_{1,3} = \dot{m}_{1,3} t_{gen} = 1.07 \times 526\text{g} = 563\text{g}$$

$$V_{1,3} = \frac{m_{1,3}}{\rho} = \frac{0.563}{0.749}\text{L} = 0.752\text{L}$$

$$E_{in1,3} = m_{1,3}Q = 563 \times 42.6\text{kJ} = 23.98\text{MJ}\ (=6.66\text{kW}\cdot\text{h})$$

在时间间隔 t_2 期间，发动机直接驱动传动齿轮使车辆以 90km/h 的速度行驶。发动机输出所需的功率为 12.05kW。如果发动机以 1500r/min 的转速运转，那么发动机转矩为

$$T_{eng} = \frac{P_{eng}}{\omega_{eng}} = \frac{12050}{1500 \times \frac{2\pi}{60}}\text{N}\cdot\text{m} = 76.7\text{N}\cdot\text{m}$$

根据图 5.2，BSFC 的值约为 230g/kW·h。质量流量 $\dot{m}_2$ 为

$$\dot{m}_2 = \frac{BSFC P_{eng}}{3600} = \frac{230 \times 12.050}{3600}\text{g/s} = 0.77\text{g/s} \tag{5.19}$$

其余的值为

$$m_2 = \dot{m}_2 t_2 = 0.77 \times 1200\text{g} = 924\text{g}$$

$$V_2 = \frac{m_2}{\rho} = \frac{0.924}{0.749}\text{L} = 1.234\text{L}$$

$$E_{in2} = m_2 Q = 924 \times 42.6\text{kJ} = 39.36\text{MJ}(=10.93\text{kW}\cdot\text{h})$$

知道了运动时间段所需的能量消耗，就可以确定整个行程中的能量消耗。串并联 HEV 简化行驶工况结果见表 5.6。串联模式运行时间间隔为 t_1 和 t_3，并联模式运行时间间隔为 t_2。这个例子清楚地表明了串并联混合动力汽车的优点。

表5.6 串并联HEV简化行驶工况结果

时间间隔	模式	燃料/g	燃料/L	E_{in}/MJ	η_{pt}(%)	FC (W·h/km)	FC (L/100km)	燃料经济性/(mile/USgal)	碳排放量/(gCO$_2$/km)	续驶里程/km
t_1+t_3	串联	0.563	0.752	23.98	26.5	266	3.0	78.2	70	1331
t_2	并联	0.924	1.234	39.36	36.7	364	4.11	57.2	95	973
总计	—	1.487	1.986	63.34	32.7	320	3.6	65.2	84	1108

表5.7 传动系比较结果

	燃料	燃料/kg	燃料/L	E_{in}/MJ	η_{pt}(%)	FC_{in} (W·h/km)	FC_{in} (L/100km)	燃料经济性/(mile/USgal)	碳排放量/(gCO$_2$/km)	续驶里程/km
SI	汽油	2.38	3.178	101.38	20.4	512	5.78	40.7	134	692
CI	柴油	2.003	2.38	85.93	24.1	434	4.32	54.4	115	926
纯电动	电			28.82	84.6	146		144	73/1.5	485
串联式混动	汽油	1.840	2.457	78.38	26.4	396	4.47	52.7	103	895
串并联混动	汽油	1.487	1.986	63.34	32.7	320	3.6	65.2	84	1108
燃料电池车	氢	0.366		43.996	47.1	222		94	69	750

车辆运行系统是以串联模式还是并联模式驱动,取决于哪一种模式能够提供最佳的效率或性能。

5.3.4 比较总结

第2~5章分析的各种车辆传动系比较结果见表5.7。第3章的BEV需要的能源最少,其次是第4章的FCEV。串联式HEV优于并联式HEV,以及本章的所有常规柴油和汽油车。串并联HEV的续驶里程最长,而BEV的续驶里程最短。请注意,化石燃料车具有40L的燃料储存量,FCEV氢气储存量为5kg,而BEV具有60kW·h的电池容量。

人们最关注的是碳排放量数值。总体来说,这些数值反映了传统车辆和混合动力车辆的能源转换效率,以及BEV发电功率的协调性。BEV、FCEV和串并联混合动力汽车的排放均低于100gCO$_2$/km。BEV有两个有代表性的数字。第一个73gCO$_2$/km是根据2012年美国平均约500gCO$_2$/km(电力)而计算的,其中化石燃料约占70%,核燃料和可再生能源占30%。由于挪威大部分电力来自于可再生水电,碳排放量下降至约10gCO$_2$/km(电力),使得挪威BEV的碳排放量低至1.5gCO$_2$/km。

5.4 行星齿轮作为动力分配装置

串并联混合动力汽车的发动机功率分配一般是通过内齿圈、太阳轮和行星齿轮组中的行星齿轮来实现的。这种类型的传动装置通常采用无级变速（CVT）。与前面例子中使用的离散齿轮传动系统相比，CVT 实现了可变齿轮传动比。HEV，如丰田普锐斯和雪佛兰 Volt，使用的就是基于行星齿轮的某种形式的 CVT。现代 Ioniq 和本田飞度等车型采用了具有竞争力的双离合多档系统及并联混合动力配置。

图 5.9 所示为以内齿圈、太阳轮和四个行星齿轮为特征的行星齿轮组的示例，包含三组齿轮和四个相对运动。最外层的齿轮被称为内齿圈，它的齿在内表面上。在 2004 年的丰田 Prius 中，内齿圈直接连接到电动机的转子和传动系。最里面的齿轮被称为**太阳轮**，其齿轮齿在外表面上。太阳齿轮直接连接到发电机。中间齿轮被称为**行星齿轮**。在这个例子中，四个行星齿轮直接连接在一起，并且它们作为承载齿轮一起旋转。在 2004 款丰田 Prius 上，承载齿轮直接与发动机相连。

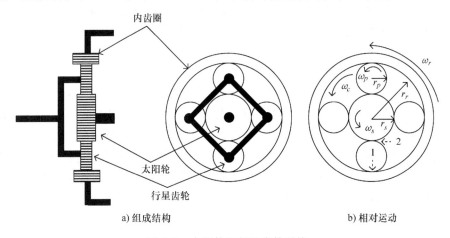

a) 组成结构　　　　　　　　b) 相对运动

图 5.9　太阳轮和行星齿轮系统

内齿圈的内径为 r_r，转速为 ω_r。行星齿轮的半径为 r_p，转速为 ω_p。太阳齿轮的半径为 r_s，旋转速度为 ω_s。承载齿轮的转速为 ω_c。

表征齿轮传动运行的简单方法是分析图 5.9b 所示的点 1 和点 2 的相对齿轮速度。

行星齿轮与内齿圈的交点为点 1，该接触点速度为 v_1，即

$$v_1 = r_r \omega_r = r_p \omega_p + r_r \omega_c \tag{5.20}$$

此时的速度是行星齿轮与耦合传动机构的速度之和。

行星齿轮与太阳齿轮之间的第二接触点处的速度 v_2 有类似的关系，即

$$v_2 = r_s \omega_s = -r_p \omega_p + r_s \omega_c \tag{5.21}$$

把式（5.20）和式（5.21）相加，可得

$$r_r\omega_r + r_s\omega_s = (r_r + r_s)\omega_c \tag{5.22}$$

也可以写为

$$\omega_c = \frac{r_r}{r_r + r_s}\omega_r + \frac{r_s}{r_r + r_s}\omega_s \tag{5.23}$$

由于齿数与给定传动装置的半径成正比，因此

$$\omega_c = \frac{N_{Gr}}{N_{Gr} + N_{Gs}}\omega_r + \frac{N_{Gs}}{N_{Gr} + N_{Gs}}\omega_s \tag{5.24}$$

式中，N_{Gr} 和 N_{Gs} 分别是内齿圈和太阳齿轮的齿数。

我们现在有一个关于内齿圈、太阳轮和承载齿轮速度的关系式。通常，CVT中的三个速度中有两个是已知的，第三个速度可以计算。

如果知道了功率，就可以确定各种传动装置的转矩。提供给三个传动装置的功率必须总和为零，即

$$P_r + P_c + P_s = 0 \tag{5.25}$$

式中，P_r、P_c 和 P_s 分别是供给内齿圈、承载齿轮和太阳轮的功率。

在下一部分中，将考虑无级变速器中的行星齿轮的特定应用。

5.4.1 2004 款丰田普锐斯动力总成

利用 2004 款丰田普锐斯来说明无级变速器的操作和动力分配。图 5.10 所示为各种无级变速器和传动装置的图片。其他各种串并联 HEV 使用某种形式的动力分配。运行模式是类似的，但细节和复杂程度可能因车辆要求而存在差异。

无级变速器的内齿圈通过传动链与电机轴和传动系统直接连接。CVT 通过链传动和多个齿轮与驱动桥连接。从内齿圈到驱动桥的最终传动比是 4.113。

2004 款丰田普锐斯 CVT 的配备见表 5.8。

因此，之前的方程可写为

$$\omega_{eng} = \frac{N_{Gr}}{N_{Gr} + N_{Gs}}\omega_{mot} + \frac{N_{Gs}}{N_{Gr} + N_{Gs}}\omega_{gen} \tag{5.26}$$

或者

$$\omega_{eng} = \frac{78}{78+30}\omega_{mot} + \frac{30}{78+30}\omega_{gen} = 0.722\omega_{mot} + 0.278\omega_{gen}$$

式中，ω_{eng}、ω_{mot} 和 ω_{gen} 分别是发动机、电动机和发电机的角速度。

电动机转速 ω_{mot} 与车轴转速 ω_{axle} 和线速度 v 相关，有

$$\omega_{mot} = \omega_{axle}n_{diff} = \frac{v}{r}n_{diff} \tag{5.27}$$

式中，n_{diff} 是差速比，$n_{diff} = 4.113$。

a) 2010款丰田普锐斯

b) 2004款丰田普锐斯

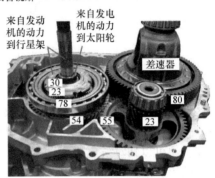

c) 2007款丰田凯美瑞

图 5.10　不同车辆的无级变速器和传动装置

注：图片来源于美国能源部橡树岭国家实验室。

表 5.8　2004 款丰田普锐斯 CVT 的配备

齿轮	连接	齿数
齿圈	发电机与传动装置	78
行星轮	发动机	23
太阳轮	发电机	30

如果发动机和电动机向 CVT 提供的功率分别为 P_{eng} 和 P_{mot}，则 CVT 的输出功率会产生起动机率 P_{gen}，或向传动系统提供牵引功率 P_t

$$P_{eng} + P_{mot} = P_{gen} + P_t \tag{5.28}$$

实际中有多种运行模式，下面通过一些例子加以探讨。

5.4.2　例：在电驱动模式下运行的 CVT（车辆起动和低速）

纯电动模式下的串并联 HEV 架构如图 5.11 所示。如果车辆在电驱动模式下运行，发动机和发电机处于关闭状态，计算电动机、发电机和发动机的转速和转矩。假定车辆与前面例子中的车辆相同。该车辆行驶 50km，牵引功率 P_t = 3.478kW。

令轮胎半径 $r = 0.315\text{m}$，$n_{diff} = 4.113$。

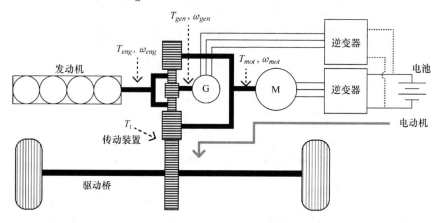

图 5.11 纯电动模式下的串并联 HEV 架构

解：
这是最简单的运行模式。在这种模式下，动力仅源自电池组。电动机提供牵引力矩，并且发动机不输出动力。发动机轴被锁定且不旋转，因此承载齿轮的最终速度为零，便可以估算发电机速度。

电动机速度为

$$\omega_{mot} = \frac{v}{r}n_{diff} = \frac{50/3.6}{0.315} \times 4.113 \text{rad/s} = 181.4 \text{rad/s}$$

或者

$$N_{mot} = \omega_{mot} \times \frac{60}{2\pi} = 181.4 \times \frac{60}{2\pi} \text{r/min} = 1732 \text{r/min}$$

电动机转矩 T_{mot} 为

$$T_{mot} = \frac{P_t}{\omega_{mot}} = \frac{3478}{181.4} \text{N} \cdot \text{m} = 19.2 \text{N} \cdot \text{m}$$

这种情况下的发电机速度可以通过重新排列式（5.26）来确定

$$\omega_{gen} = \frac{N_{Gr} + N_{Gs}}{N_{Gs}}\omega_{eng} - \frac{N_{Gr}}{N_{Gs}}\omega_{mot} \tag{5.29}$$

在这个例子中，发动机转速为零，因此发电机转速为

$$\omega_{gen} = \frac{N_{Gr} + N_{Gs}}{N_{Gs}}\omega_{eng} - \frac{N_{Gr}}{N_{Gs}}\omega_{mot} = \frac{78+30}{30}\omega_{eng} - \frac{78}{30}\omega_{mot} = 3.6\omega_{eng} - 2.6\omega_{mot}$$

(5.30)

$$\Rightarrow \omega_{gen} = 3.6 \times 0 \text{rad/s} - 2.6 \times 181.4 \text{rad/s} = -471.6 \text{rad/s}$$

以及

$$N_{gen} = \omega_{gen} \times \frac{60}{2\pi} = -471.6 \times \frac{60}{2\pi} \text{r/min} = -4503 \text{r/min}$$

因此,电动机在1732r/min时产生19.2N·m的转矩,发电机以-4503r/min的速度旋转,并且发动机转矩和旋转速度都为零。

5.4.3 例:CVT在全功率模式下运行

全功率模式下的串并联HEV架构如图5.12所示。如果车辆在全功率模式下运行,并且发动机的最大转矩均从发动机和电动机传递到驱动桥,确定电动机、发电机和发动机转速和转矩。使用与上例相同的车辆。假设车速在85km/h时需要82kW的牵引力,以便在57kW、5000r/min的最大功率条件下加速。

解:

在这种模式下,动力来源于电池和发动机。发电机产生较小的转矩。当电动机直接与驱动桥连接时,发电机起着调节发动机转速的重要作用,以使发动机可以在最大功率下运行。

发动机角速度 ω_{eng} 来自于5000r/min时的57kW的最大功率工作点,即

$$\omega_{eng} = N_{eng} \times \frac{2\pi}{60} \text{rad/s} = 5000 \times \frac{2\pi}{60} \text{rad/s} = 523.6 \text{rad/s}$$

发动机输出轴转矩 T_{eng} 为

$$T_{eng} = \frac{P_{eng}}{\omega_{eng}} = \frac{57000}{523.6} \text{N} \cdot \text{m} = 108.9 \text{N} \cdot \text{m}$$

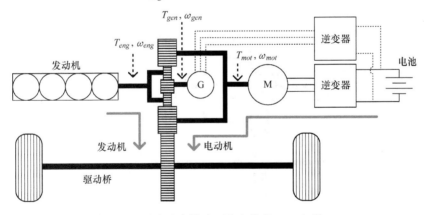

图5.12 全功率模式下的串并联HEV架构

电动机角速度 ω_{mot} 与驱动轴速度直接相关

$$\omega_{mot} = \frac{v}{r} n_{diff} = \frac{85/3.6}{0.315} \times 4.113 \text{rad/s} = 308.3 \text{rad/s}$$

电动机速度为

$$N_{mot} = \omega_{mot} \times \frac{60}{2\pi} = 308.3 \times \frac{60}{2\pi} \text{r/min} = 2944 \text{r/min}$$

如果发动机需要输出57kW和82kW的功率,那么配套设施消耗的25kW功率

来源于电动机和电池。

电动机转矩 T_{mot} 为

$$T_{mot} = \frac{P_{mot}}{\omega_{mot}} = \frac{25000}{308.3} \text{N} \cdot \text{m} = 81.1 \text{N} \cdot \text{m}$$

发电机速度为

$\omega_{gen} = 3.6\omega_{eng} - 2.6\omega_{mot} = 3.6 \times 523.6 \text{rad/s} - 2.6 \times 308.3 \text{rad/s} = 1083.4 \text{rad/s}$

以及

$$N_{gen} = \omega_{gen} \times \frac{60}{2\pi} = 1083.4 \times \frac{60}{2\pi} \text{r/min} = 10346 \text{r/min}$$

在这个例子中，假定发电机转矩最小，并且发电机以 10346r/min 速度旋转以控制发动机转速，发动机在 5000r/min 时的转矩为 108.9N·m，电动机在 2944r/min 时的转矩为 81.1N·m。

5.4.4 例：CVT 在巡航和发电模式下运行

巡航和再生模式下的串并联 HEV 架构如图 5.13 所示，如果车辆以 85km/h 的速度巡航，发动机工作并发电，计算电动机、发电机和发动机的转速和转矩。该车在 5000r/min 时需要 57kW 功率，发电机功率为 33kW。假设牵引电动机的转矩可以忽略不计。

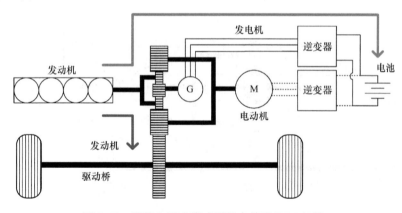

图 5.13 巡航和再生模式下的串并联 HEV 架构

解：

在此模式下，电池正在充电时，动力来自发动机。电动机中产生的转矩可以忽略不计。

电动机、发电机、发动机转速和发动机转矩都与前面例子中的数值一样。

发电机轴转矩 T_{gen} 为

$$T_{gen} = \frac{P_{gen}}{\omega_{gen}} = \frac{-33000}{1083.4} \text{N} \cdot \text{m} = -30.5 \text{N} \cdot \text{m}$$

在这种模式下，发电机在转速 10346r/min 时产生 33kW 的功率，而发动机以 57kW/5000r/min 的全功率运行。电机转速为 2944r/min。

参 考 文 献

1 John Heywood, *Internal Combustion Engine Fundamentals*, 1st edition, McGraw Hill, 1988.
2 ADVISOR 2.0, National Renewable Energy Laboratory, 1999.
3 R. H. Staunton, C. W. Ayers, L. D. Marlino, J. N. Chiasson, and T. A. Burress, *Evaluation of 2004 Toyota Prius Hybrid Electric Drive System*, Oak Ridge National Laboratory report, May 2006.

问　题

5.1　验证表 5.4 中柴油机的数据。

5.2　确定本章实例中使用的汽油车、柴油车、串联式 HEV 和串并联式 HEV 以 120km/h 的恒定速度行驶 600s 时的燃油消耗量、碳排放量和续驶里程。参考第 2 章问题 2.7。

［答案：汽油车为 6.85L/100km，159gCO_2/km，584km；柴油车为 5.97L/100km，159gCO_2/km，670km；串联式 HEV 为 8.71L/100km，202gCO_2/km，459km；串并联式 HEV 为 6.3L/100km，146gCO_2/km，635km］

5.3　修改本章的行驶工况，以 120km/h 的高速公路巡航取代怠速时间，持续 600s。确定修改后驶工况后的 *mpg* 值、碳排放量和续驶里程。

［答案：汽油车为 5.9L/100km，137gCO_2/km，678km；柴油车为 4.62L/100km，123 gCO_2/km，866km；串联式 HEV 为 5.59L/100km，129gCO_2/km，716km；串并联式 HEV 为 4.29L/100km，99 gCO_2/km，932km］

5.4　本章使用的无级变速混合动力汽车在纯电模式下巡航速度为 45km/h。发动机关闭，车辆正在向蓄电池充电。计算电动机和发电机的速度。

［答案：$N_{mot}=1558$r/min，$N_{gen}=-4051$r/min］

5.5　上述问题的 HEV 在发动机关闭的情况下，以 10km/h 的时速倒车。计算电动机和发电机的速度。

［答案：$N_{mot}=-347$r/min，$N_{gen}=902$r/min］

5.6　如果上述问题的车辆在巡航模式下以 180km/h 的速度行驶，发动机开启并发电。计算电动机、发电机和发动机转速。发动机在 110N·m 时的输出功率为 57kW。

［答案：$N_{eng}=4948$r/min，$N_{mot}=6234$r/min，$N_{gen}=1604$r/min］

作　业

下载 Advisor 2.0，模拟车辆的各种工作模式。
1997 款丰田普锐斯 *BSFC* 曲线的 MATLAB 代码
MATLAB 代码修改了 ADVISOR 2.0 中的原始数据文件，并生成了一个类似于

图5.2所示的 *BSFC* 曲线图。

```
%Brake specific fuel consumption for 1.5L Toyota Prius(Atkinson cycle)engine
% with a maximum power of 43kW @4000rpm and max Torque 102 Nm @ 4000 rpm. (Kevin Davis and John Hayes)
% Data source: ADVISOR script file "FC_PRIUS_JPN.m"
Spd_rpm=[1000 1250 1500 1750 2000 2250 2500 2750 3000 3250 3500 4000];
Trq_Nm=[8.54 16.95 25.49 34.04 42.44 50.99 59.53 67.94 76.48 85.02 93.43 101.97];
% FUEL consumption table in (g/s),vertical index=Speed, horizontal index=Torque
Fuel_cons = [
0.1513  0.1984  0.2455  0.2925  0.3396  0.3867  0.4338  0.4808  0.5279  0.5279  0.5279  0.5279
0.1834  0.2423  0.3011  0.3599  0.4188  0.4776  0.5365  0.5953  0.6541  0.6689  0.6689  0.6689
0.2145  0.2851  0.3557  0.4263  0.4969  0.5675  0.6381  0.7087  0.7793  0.8146  0.8146  0.8146
0.2451  0.3274  0.4098  0.4922  0.5746  0.6570  0.7393  0.8217  0.9041  0.9659  0.9659  0.9659
0.2759  0.3700  0.4642  0.5583  0.6525  0.7466  0.8408  0.9349  1.0291  1.1232  1.1232  1.1232
0.3076  0.4135  0.5194  0.6253  0.7312  0.8371  0.9430  1.0490  1.1549  1.2608  1.2873  1.2873
0.3407  0.4584  0.5761  0.6937  0.8114  0.9291  1.0468  1.1645  1.2822  1.3998  1.4587  1.4587
0.3773  0.5068  0.6362  0.7657  0.8951  1.0246  1.1540  1.2835  1.4129  1.5424  1.6395  1.6395
0.4200  0.5612  0.7024  0.8436  0.9849  1.1261  1.2673  1.4085  1.5497  1.6910  1.8322  1.8322
0.4701  0.6231  0.7761  0.9290  1.0820  1.2350  1.3880  1.5410  1.6940  1.8470  1.9999  2.0382
0.5290  0.6938  0.8585  1.0233  1.1880  1.3528  1.5175  1.6823  1.8470  2.0118  2.1766  2.2589
0.6789  0.8672  1.0555  1.2438  1.4321  1.6204  1.8087  1.9970  2.1852  2.3735  2.5618  2.7501
];
[Trq,spd]=meshgrid(Trq_Nm, Spd_rpm);% develop torque-speed table of operating points
Engine_kW=Trq.*spd*(pi/30)/1000;% Calculate engine power table in kW using P=Tw
bsfc=(Fuel_cons./Engine_kW).*3600; % bsfc=(g/s)/Power (kW) *(seconds per hour) to get (g/kWh)
%Plotting efficiency as a contour plot
[C,h]=contour(spd,Trq,bsfc,[225 230 240 250 275 300 350 400 500],'k','linewidth',1);
clabel(C,h); % displays the selected contour values
xlabel('Speed [rpm]');ylabel('Torque [Nm]');zlabel ('BSFC [g/kWh]');
title ('BSFC (g/kWh) for Prius 1.5L Engine');
axis([1000,4000,0,120]); %
hold on
%LIMITS Plot of maximum torque (Nm) for each operating speed (RPM)
Trq_max=[77.29 82.04 84.75 86.78 89.36 91.12 92.89 94.65 96.41 98.17 99.94 101.97];
plot(Spd_rpm,Trq_max,'--kd','linewidth',3);
% end
```

第 2 部分 电 机

第6章 牵引电机介绍

"如果我问人们他们想要什么,他们会说更快的马。"亨利·福特(1863—1947)。

本章介绍用于电力驱动牵引的电机。电力牵引是高效电力和混合动力推进的关键因素。此外,本章还将讲述转矩和转速的物理量与电流和电压的电气量之间非常简单的重要关系;介绍不同的直流和交流电机及其作为汽车动力总成时的优点和缺点;讨论电机的主要规范,这些规范可以广泛应用于任何类型的电机。

6.1 驱动电机概论

电机在现代工业社会发展中扮演着很重要的角色,是电力推进的一项重要应用技术。由电机产生的转矩或者旋转力,取决于电流和电磁场之间的作用。磁场可由永磁体(PM)或电磁体产生,其磁通利用电流生成。

我们需要注意的是一个电机有两个主要的物理部件。定子是电机的固定部分,转子是电机的旋转或者转动部分。

电机有两大类,即交流(AC)和直流(DC)。早期的电动车辆使用直流电机驱动,而现代电驱动车辆使用交流电机驱动。相比直流电机,交流电机非常有效,其功率密度更高、成本更低、可靠性更好。因此,交流电机广泛应用在电动车辆驱动、风力发电及发电站发电中。虽然交流电机在中高功率应用领域已经取得了广泛的应用,但直流电机由于容易控制和控制器的成本较低,其在低功率的应用中无处不在。直流电机利用机械换向器来调节旋转磁场。功率半导体和低成本微处理器的出现,使得交流电机驱动的电子控制比直流电机驱动更经济、更可靠且功率密度更高。

直流电机和交流电机在现代内燃机车辆中起着重要的作用。串励直流电机是汽油机曲轴的起动电机,而交流电机则用于交流发电机。交流发电机产生交流电压,并利用整流器将交流电转换成车辆所需的直流电。

交流电机和直流电机以相似的原理运行,可以用带有电压、电流和磁通量的类似的速度和转矩关系来描述。电磁电机运行基于一些基本的关系,这些关系可以用两个简单的方程概括。

首先（引自第 16 章的 16.7 节），电磁转矩 T_{em} 由与电机直接相关的电流 I 决定，即

$$T_{em} = kI \tag{6.1}$$

式中，k 是电机常数，是电机的物理和电磁属性的函数。

相似的关系存在于电机绕组感应的电动势 E 和电机转子的角速度 ω_r 之间，有

$$E = k\omega_r \tag{6.2}$$

6.1.1 直流电机

对于大多数人来说，第一次接触的电驱动系统是有刷永磁直流电机，该电机可以驱动玩具汽车，并由一次碱性电池供电。由于有刷永磁直流电机使用方便，使得它成为许多应用的首选电机。有刷永磁直流电机中的电流通过机械电刷和换向器从电机的定子部分流向电机的转子部分，从而使电机能够以最佳方式产生转矩。然而，电刷会随使用时间而磨损，这就限制了有刷直流电机的使用寿命。图 6.1 所示为有刷直流电机的示例，是丰田风窗玻璃刮水器电机。转子包括驱动轴、输出轴、换向器、绕组和铁心；定子包括外壳、永磁铁、电刷和法兰。注意，定子没有像转子一样的铁心来传导磁通量。磁通量实际上通过电机的金属外壳返回磁铁。

绕线磁极式直流电机利用电磁铁磁场电流而不是永磁铁来产生磁通量。这种电机同样也有电刷，但是它有一个显著的优势，可以控制磁场电流以弱化磁场，从而使电机可以高速运转。

有刷直流电机在工作电压、耐久性、尺寸和使用寿命上有限制，这些都取决于电刷。不过，它在车辆上作为最佳驱动电机有许多用途：刮水器、座椅调节、鼓风机、顶灯调节器、电动舵机锁、后视镜调节器、电子节气门控制、废气再循环、车窗升降驱动、电动泵、腰杆支撑、动力升降装置等。

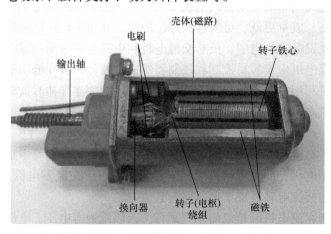

图 6.1 有刷直流电机的示例

直流电机有两大类：使用寿命有限的有刷电机和使用寿命较长的电子换向（EC）直流电机。EC 直流电机运行与 PM（永磁）直流电机相似，因为 PM 位于转子上，而载流导体位于定子上。这种电机结构消除了电刷和换向器，显著增加了电机寿命，尽管还需要额外增加电子传导需要的相关传感器和电子电路。EC 直流电机常被称作梯形波无刷直流电机，是许多电子控制驱动的首选。在车上，EC 直流电机通常被用于燃油泵、废气再循环、双离合变速器及电动转向。EC 直流电机也被广泛用于长寿命应用，比如计算机风扇，这种应用的寿命要求远远超过有刷电机的能力。

6.1.2 交流电机

交流电机是基于尼古拉·特斯拉的伟大发明创造的，他对工业革命有巨大的贡献。特斯拉设想电机使用带有相位分布的三项交流电压和电流供电，在不需要电刷和换向器的情况下生成一个旋转的磁场。这个令人难以置信的发明是生成现代输电网络技术革命的关键部分，交流电机定子示例如图 6.2 所示。

尼古拉·特斯拉的天赋是有目共睹的，他将电机定子内的三个绕组线圈 a、b、c 间隔了 $120°$，如图 6.3a 所示。通过向这三个绕组提供相位差为 $120°$ 的三相电流，便会生成一个旋转的磁场。注意，线圈由成对的导体组成，它们在电机内部一个封闭的回路里承载电流。例如，线圈 a 显示有导体 $a+$ 和 $a-$ 分别负载电流流出和流入页面。旋转的磁场可以通过旋转的磁铁模拟，如图 6.3b 所示。在定子上产生的旋转磁场可以与转子磁场相互作用，转子磁场由一个永磁体或者电流产生，从而产生转矩。旋转磁场甚至可以感应与其相互作用的转子电流，这是感应电机的基本原理。特斯拉的伟大发明使得位于尼亚加拉大瀑布的发电机可以产生三相交流电压，并将其传送到纽约进行分配和使用。在使用时，交流电压可以提供给交流电机，并

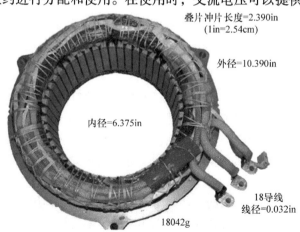

图 6.2 交流电机定子示例

注：示例图片为 2007 款丰田凯美瑞混合动力汽车电机，由美国能源部橡树岭国家实验室提供。

使用与发电相同的机电技术再转换为机械功率。

电机常设计成有多对磁极，导体可以后置于定子磁槽内生成多极电机。4极和8极电机定子产生等效的磁场，分别如图6.3c和图6.3d所示。4极电机有2对磁极，旋转磁场需要2个电周期完成1个完整的360°旋转。8极电机有4对磁极，旋转磁场需要4个电周期完成1个完整的360°旋转。

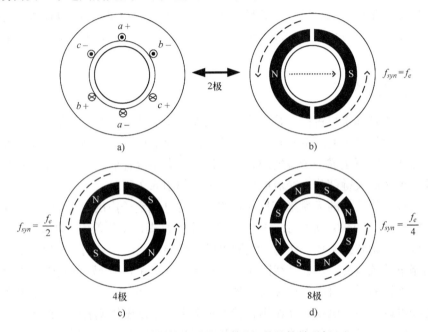

图6.3 特斯拉发明的3种磁极数的旋转磁场

旋转磁场的频率被称为同步频率 f_{syn}，同步频率可以由输入电流频率除以磁极对数确定，即

$$f_{syn} = \frac{f_e}{p/2} \tag{6.3}$$

式中，p 是磁极数，$p/2$ 则是磁极对数。

电机磁极对数增加的一个显著优点就是在给定的机械转速下，它可以以更高的电流频率运行，这样可以减小电机尺寸和重量。1996年通用EV1中使用的感应电机是一个4极电机，日产凌风和丰田混合动力中使用的永磁电机是8极的。

交流电机有两大类，即异步电机和同步电机。两类电机有相似的定子但是有不同的转子结构。

在异步电机中，旋转磁场的工作频率不同于与其相互作用以产生转矩的电流的频率。在同步电机中，旋转磁场和电流以相同的频率运行。

异步电机的一个案例是由尼古拉·特斯拉发明的笼型感应电机，如图6.4所示。实际的定子和转子如图6.5所示，提供给定子的电流会产生旋转磁场。转子的导体结构类似仓鼠或者松鼠笼型，有很多长杆穿过转子铁心槽孔，并且两端短路。旋转磁场通过法拉第定律在转子上感应出电动势和电流。然后，感应电流与旋转磁场相互作用产生转矩。感应电机常被用作工业动力。感应电机最大的缺点是感应电流在转子上产生热损失。

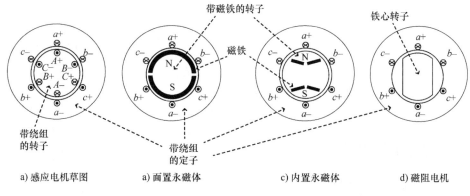

a) 感应电机草图　　　b) 面置永磁体　　　c) 内置永磁体　　　d) 磁阻电机

图 6.4　笼型感应电机

a) 定子　　　　　　　　　　　b) 转子

图 6.5　汽车动力总成感应电机

注：由美国混合动力提供。

近年来，基于永磁体的同步电机非常流行并且比感应电机更具竞争力。在永磁交流电机中，转子包含一对或者多对永磁磁极。提供给定子的电流与转子上的永磁体磁场相互作用产生转矩。永磁电机和电力电子技术的进步使高功率密度的电机成为可能。磁铁放置在转子铁心的表面或者插入其内部，如图 6.4b 和 6.4c 所示。内置永磁交流电机广泛用于电动汽车。内置永磁（IPM）交流电机的转矩是通过两种机制生成：①永磁磁通和供电电流之间的相互作用产生磁转矩；②供电电流和铁材料之间的相互作用产生磁阻转矩。

内置永磁电机侧视图如图 6.6a 所示；电机分解图如图 6.6b 所示，转子的 16 块磁铁被移动并物理偏移。这 16 块磁铁配对形成 8 个磁极，从而形成 4 对 NS 极。

永磁交流电机有两大类。内置永磁交流电机广泛用于高速汽车驱动，而面置永磁（SPM）电机广泛应用于低速电动驱动。面置永磁电机的磁铁被固定在转子铁心的表面，如图6.4b所示。但是，磁铁固定于转子铁心表面对于高速应用是不适合的，因此磁铁被嵌入转子中，从而形成内置永磁结构，如图6.4c和图6.6所示。

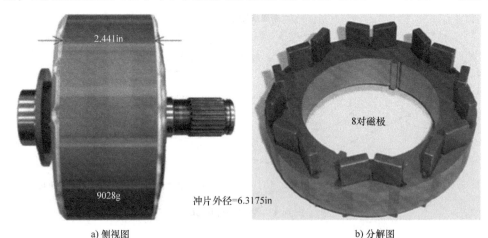

a) 侧视图　　　　　　　　　　　　　　b) 分解图

图6.6　2007款丰田凯美瑞HEV电机IPM转子视图

注：由美国能源部橡树岭实验室提供。

内置永磁结构使电机在高速运转下更加稳健。2004款丰田普锐斯电机定子和转子冲片如图6.7所示。普锐斯驱动电机是包括8个磁极的内置永磁电机，每个磁极包含1对以V形排列的磁铁。丰田其他的产品有相似的形状，但是日产凌风每个磁极有3个以V形排列的磁铁。

磁阻电机是交流电机的另一种形式，如图6.4d所示。旋转的定子磁场和突出的磁极铁心转子相互作用在铁心上生成一个阻抗转矩，类似于一块磁铁和一块铁的作用，并且不需要转子磁铁或者导体。虽然它的成本很低，但在工业应用方面十分有限，而且由于尺寸、转矩波动和噪声的原因，一般不考虑在汽车上应用。

图6.7　2004款丰田普锐斯电机定子和转子冲片

6.1.3 牵引电机对比

第一代 GM EV1 在 1996 年进入市场，第一代和第二代的特斯拉车辆，2007 款的特斯拉 Roadster 和 2012 款的特斯拉 Model S 都装备了高性能感应电机。内置永磁交流电机是许多其他电驱动制造商的首选，同样也是丰田混动牵引电机和发电机、日产凌风、雪佛兰伏特、三菱 iMiEV 等更多厂家的首选电机。不同牵引电机的对比见表 6.1。

面置永磁交流电机（SPM）、内置永磁交流电机（IPM）、笼型感应电机（SCIM）、磁阻电机（RM）、有刷永磁直流（PM DC）电机和有刷电磁直流（WF DC）电机在尺寸、成本、效率、高速磁场弱化、转子冷却、服务和维修、容错能力及汽车动力总成方面的对比见表 6.1。电机正向特征获得一个"√"至两个"√√"，负向特征获得一个"×"，两个"××"意味着电机对于汽车动力传动系统应用不适合。

表 6.1 不同牵引电机的对比

属性	AC				DC	
	SPM	IPM	SCIM	RM	PM	WF
尺寸	√√	√√	√√	××	×	×
成本	√	√√	√√	√√	×	×
效率	√√	√√	√	√√	×	×
高速磁场弱化	√√	√√	√√	√	××	√√
转子冷却	√√	√√	×	√√	√√	×
服务和维修	√√	√√	√√	√√	××	××
容错能力	××	√	√√	√	××	√
汽车动力总成	××	√√	√√	××	××	××

总体来说，相比交流电机，直流电机的整体性能不是很好并且不适合电动动力总成。PM 直流电机有一个基本尺寸限制问题，我们将在第 7 章中进一步详细探讨，由于 WF 直流电机具有控制磁场的能力，其性能优于 PM 直流电机。PM 和 WF 直流电机都不适用于汽车动力传动系统，因为需要为其提供定期维修和更换电刷。

SPM 和 IPM 电机的尺寸优于 SCIM，但 SCIM 的成本和耐用性优于 PM 电机。SPM 和 IPM 电机胜过感应电机的一个优点是同步电机在停滞状态可以通过直流电流激励而产生转矩。

因为 SCIM 主要由铁和铜制成，所以它更加耐用。而 PM 电机的磁铁在某些错误条件下运行时，会有消磁的风险或产生过电压。SPM 交流和 PM 直流电机在某些错误条件工况下运行时，也会产生过电压。

因为永磁铁本身占电机成本的很大一部分，所以 SCIM 相比 PM 电机有成本优势。注意 IPM 交流电机的成本比 SPM 交流电机的成本低，而且高速运转时不需要控制环约束磁体。

RM 有潜在的成本优势，这是因为它的转子上没有磁铁和绕组，但是由于其在尺寸和噪声等方面的劣势，并没有应用于汽车动力总成。

因为 SCIM 有转子铜损，所以 IPM 交流电机固有的效率优势超过 SCIM。先进的冷却方法可以提高感应电机的功率密度。

PM 直流电机、WF 直流电机和 SCIM 都受到转子严重的铜损耗的影响。与定子发热相比，转子发热更难处理，导致有转子铜损耗的电机体积较大。

对于大规模生产的汽车电动动力总成来说，最合适的经济高效且坚固的电机是内置永磁交流电机和笼型感应电机。

6.1.4 案例研究——火星探测器牵引电机

总体来看，火星探测器对于驱动电机特别是对于有刷直流电机而言，是一个有趣的案例研究。2004 年的火星探测器，被称为是勇气号和机遇号，是为在其他星球上运行而制造的电池电动汽车！勇气号和机遇号采用先进的轻型可充电锂离子电池，可以通过车载太阳能电池板进行充电。

下面是来自 Maxon Motors 的文献和 2004 年 1 月火星着陆资料的摘录。"这次，两个完全相同的探测器被同时发射：勇气号和机遇号。它们比之前探测器的规模明显更大（约185kg）并且应用了更多先进的技术。探测器可以拍照、刷刮岩石以露出新的岩石表面进行研究。它们的任务是找到火星上曾经有水甚至是有生命的证据。这两辆车超出了所有人的预期。它们的预期服务寿命是 3 个月。然而，在勇气号向地球发出最后的信号时，它已经运行了 6 年，它的兄弟机遇号仍然在继续……尽管存在沙尘暴，且温度波动范围较大（-120~25℃），但是 Maxon 直流电机仍然运行可靠。每个探测器都装备了 35 个精密的驱动器，负责驱动 6 个车轮、转向机构、岩石磨损工具（RAT）、机械臂和相机。另外，着陆器中使用了 8 个 Maxon 电机"。

机遇号火星探测器的图像和来自火星的自拍像如图 6.8 所示。2015 年 3 月，机遇号达到了一个神奇的里程碑，它在火星上完成了相当于一次马拉松的里程！

火星探测器使用的牵引电机如图 6.9 所示，是标准 Maxon 电机的修改版，零部件号是 339152，参数将在第 7 章中概述。此处，将其作为有刷直流电机工程案例进行简单讨论。

Maxon 设计是一种"无心"设计，它的特点是设计并优化了复杂的交错绕组，转子上不需要铁心材料。与传统结构相比，该结构在效率、重量、惯量等方面具有一定优势，也可以应用于交流电机。倾斜绕组的方法减少了转矩齿槽效应和运行噪声。无心电机设计仅限于低转矩应用。

Maxon 电机上的电刷由 50% 的石墨和 50% 的铜构成，铜可以用来降低接触电

第 6 章 牵引电机介绍

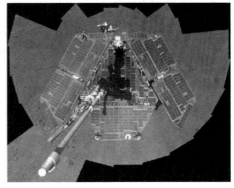

图 6.8 机遇号火星探测器的图像和来自火星的自拍像
注：由 NASA/JPL – Caltech 提供。

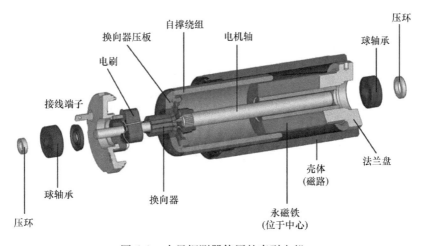

图 6.9 火星探测器使用的牵引电机

阻和电刷阻抗。换向器部分也是由铜制成。例如，由银化合物制成的贵金属电刷是一种替代品，且趋于在电枢电流下具有恒定的相对较低的电阻。贵金属电刷最适合轻载时连续运转的小型电机，但不适合停止 – 起动或者大电流负载。石墨 – 铜电刷是火星探测器的选择，因为它具有更高的电流和温度承受能力。具体参考第 7 章 7.10 和 7.11 节。

6.2 电机定义

在本节中，我们将回顾电机的关键工作特性，并确认一些重要的定义。

6.2.1 四象限运行

电机可以穿越所有的4个运行象限运行,具有正负转矩和正负极速度。四象限转矩与速度如图6.10所示,电机象限见表6.2。

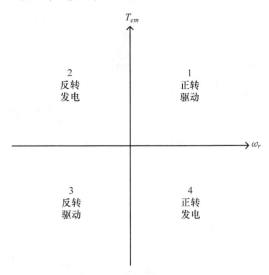

图 6.10　四象限转矩与速度

表 6.2　电机象限

象限	方向	速度/电动势	反应	转矩/电流
1	正转	+	驱动	+
2	反转	−	发电	+
3	反转	−	驱动	−
4	正转	+	发电	−

运行的第一象限是以正向转矩和正向速度的正转方向的驱动。如果电机以正向速度和负向转矩向正转方向旋转,那么电机就在第四象限,并且是正转方向发电/制动。如果电机以反方向旋转且在第三象限驱动,那么转矩和速度均为负。最后,如果电机反转并且发电/制动,那么速度就是负向的,转矩是正向的,处于第二象限。

由于所需的电流会引起绕组过热并可能导致电机故障,实际电机在产生高转矩方面受到限制。因此,对于连续和瞬态运行,四象限转矩与速度的关系如图6.11所示。接下来,我们讨论电机一些注意事项和规范。

6.2.2　额定参数

电机的额定参数是电机的设计参数,典型的有转子转矩、转子功率、转子速度、电源电压、电源电流、冷却条件、环境温度和持续时间。

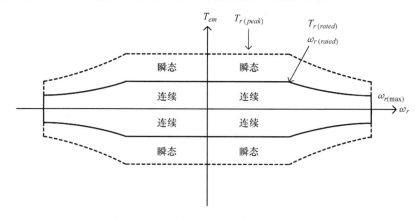

图 6.11　实际电机四象限连续和瞬态运转

在特定条件下，当由额定电压、额定电流和额定频率供电时，电机以额定转速输出额定功率。

电机可以在额定功率下连续运转，或者在额定时间内运转。

6.2.3　额定转矩

电机的标定转矩 $T_{r(rated)}$ 是电机在额定转速下输出额定功率的转矩水平。这个参数也被称为是满载转矩。

6.2.4　额定转速和基本转速

额定转速，也被称为是名义或者基本转速。$\omega_{r(rated)}$ 是指电机输出额定功率时的转速。

额定转速缩写通常为 $N_{r(rated)}$，单位是 r/min，与角速度的关系为

$$N_{r(rated)} = 60 \times \frac{\omega_{r(rated)}}{2\pi} \tag{6.4}$$

基本转速是电机可以输出全功率的最小转速，在本书中一般可以和额定转速互换使用。

6.2.5　额定功率

电机的额定功率 $P_{r(rated)}$ 是当电机运转在额定转矩和转速时可输出的功率，即

$$P_{r(rated)} = T_{r(rated)} \omega_{r(rated)} \tag{6.5}$$

6.2.6　峰值转矩

瞬态运转到峰值转矩 $T_{r(peak)}$ 或者某时间段内的最大转矩。

峰值转矩是电机在不超过电机和交换器的电流和温度限值的情况下可以运行的最大转矩。峰值转矩一般用于间歇性运转而不是连续运转。

6.2.7 堵转转矩

堵转转矩是电机在起动或者被堵转条件下。零转速下的最大起动转矩。一般情况下，堵转转矩对于由电源逆变器驱动的电机来说并不是一个重要的问题，就像汽车动力传动系统一样。但对于直接由电网供电的感应电机来说，这是一个非常重要的问题，它没有电源逆变器缓冲。

6.3 电机特性曲线

在第2章2.2.2节中讨论车辆加速度的时候，我们讨论了电机特性。图6.12所示为电机转矩、功率与转速的关系曲线。由此可以确定电机的不同运转模式。

6.3.1 恒转矩模式

此模式下，转矩被峰值转矩限制。如果车辆以全转矩加速，那么电机将会以恒转矩模式运转，转子功率随转速线性增加直到达到功率限值，即

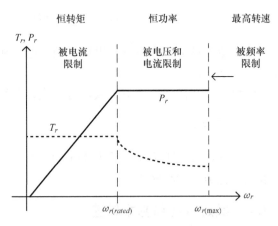

图 6.12　电机转矩、功率与转速的关系曲线

$$T_r = T_{r(peak)} \tag{6.6}$$

此模式下，转矩被电机电流和相关传导损失限制。

6.3.2 恒功率模式

此模式下，电机功率大约是常数，转子有效转矩随转速的升高而下降，即

$$T_r = \frac{P_{r(peak)}}{\omega_r} \tag{6.7}$$

此模式是高速运转的必要模式，通常被称为磁场弱化模式。控制电机磁场电流是为了通过弱化磁场将转矩最大化。

功率由电机电压和电流限制。电机电压受磁参数的限制，比如磁饱和、磁心损耗和相关发热，还受绝缘厚度等电气参数的限制。

6.3.3 最高转速模式

此模式下,功率电子转换器最大运转频率 $\omega_{r(max)}$ 可能会限制电机的最高运行转速。转速也可能被机械约束限制,如轴承或者转子转速限值。

6.3.4 效率谱

电机性能通常被电机内的功率损耗限制。功率损耗会导致电机内部产生较高的温度。相同功率水平下,IPM 交流电机通常比感应电机损耗要小,因为 IPM 电机的转子上没有载电导体产生磁场,因此没有转子铜耗,这样就减少了电机的功率损耗,而铜损是很难从旋转的转子中去除的。

通过绘制效率等值线作为输出转矩和转子转速的函数是很常见的。2010 款丰田普锐斯牵引电机试验转矩 – 转速效率图如图 6.13 所示。整个驱动过程的效率图,即电机和逆变器效率的乘积,如图 6.14 所示。

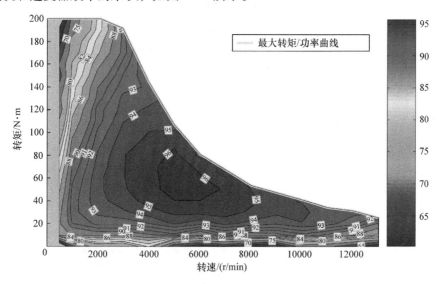

图 6.13 2010 款丰田普锐斯牵引电机试验转矩 – 转速效率图(见彩插)
注:由美国能源部橡树岭国家实验室提供。

电机最大转矩大约为 200N·m,最大功率大约为 60kW。利用等高线绘制电机效率。电机效率通常在中等转速低转矩区域(大部分驾驶发生的区域)最高,约为 96%。由于定子铜损,当转矩在较低转速增加时,效率可能会显著下降。例如,2000r/min 及 200N·m 时的效率约为 82%。

图 6.14 所示为 2010 款丰田普锐斯电机 – 逆变器效率图。逆变器的效率可以高达 99%,并且大部分运行区域均超过了 90%。电机 – 逆变器的联合效率是两个效率的简单乘积。在中等转速、低转矩运行区域时,电机 – 逆变器的效率可高达 95%。

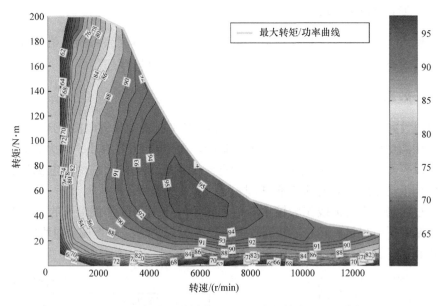

图6.14 2010款丰田普锐斯电机-逆变器效率图（见彩插）
注：由美国能源部橡树岭国家实验室提供。

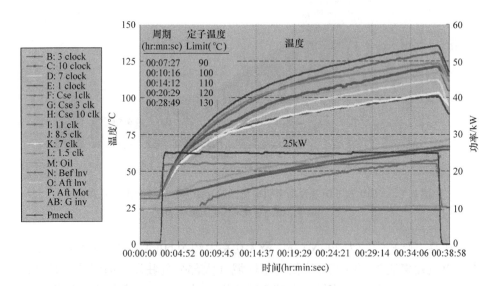

图6.15 2010款丰田普锐斯HEV在25kW输出、3000r/min和25℃冷却液下不同的电机温度（美国能源部橡树岭国家实验室提供）。

低效率运转会引起电机和逆变器较高的功率损失，系统内部会产生过多热量。通常情况下，这些条件不是连续运转条件，系统可以在这些模式下运行一段时间，因为电机需要时间来加热。图 6.15 所示为此运转的示例。在该图中，电机以 25kW 的功率运转，如阶梯波形和第二垂直轴所示；持续 30min 以上，如横轴所示。电机的温度通过放置在电机上的热电偶来测量。电机以指数级的速度升温，大约 10min 可以达到 100℃，20min 后才能达到 125℃。参考第 7 章 7.11 节。

6.4 电机单元转换因子

经常使用电机常数来描述电机，例如转矩和电流、电压和转速之间的关系。通常可以使用电机转矩系数 k_t 和电机电压系数 k_e 来表达，即

$$T_{em} = k_t I_a \tag{6.8}$$

$$E_a = k_e \omega_r \tag{6.9}$$

在公制系统中，有

$$k = k_e = k_t \tag{6.10}$$

因此

$$T_{em} = k I_a \tag{6.11}$$

$$E_a = k \omega_r \tag{6.12}$$

使用电压系数 k_e 和转矩系数 k_t 来描述电机与非公制单位中电机的关系，比如美制或者英制单位。将电压系数 [V/r/min] 或者转矩系数 (lbf·ft/A) 转换为公制单位时，就会得到上述更简单的公制方程。

参 考 文 献

1 T. A. Burress, C. L. Coomer, S. L. Campbell, L. E. Seiber, L. D. Marlino, R.H. Staunton, J. P. Cunningham, and H. T. Lin, *Evaluation of the 2007 Toyota Camry Hybrid Synergy Electric Drive System*, Oak Ridge National Laboratory report, 2008.
2 T. Nakada, S. Ishikawa, and S. Oki, "Development of an electric motor for a newly developed electric vehicle," *SAE Technical Paper 2014-01-1879*.
3 S. Rochi, "The Mars Mission – Technology for another world," *Maxon Motors Application Stories*, 2014.
4 T. A. Burress, S. L. Campbell, C. L. Coomer, C. W. Ayers, A. A. Wereszczak, J. P. Cunningham, L. D. Marlino, L. E. Seiber, and H. T. Lin, *Evaluation of the 2010 Toyota Prius Hybrid Synergy Drive System*, Oak Ridge National Laboratory report, 2011.

第 7 章　有刷直流电机

"这是人类企业第一次在另一个世界表面超过马拉松的距离。"当机遇号2015年3月在火星表面历经11年完成马拉松时,美NASA喷气推进实验室机遇号项目经理约翰·卡拉斯说。探测器是一个由有刷直流电机驱动的电动汽车。

在本章中,将向读者介绍自交换有刷直流电机。对许多人来说,第一次接触电推进系统是驱动玩具汽车的有刷永磁直流电机。有刷直流电机的易用性使其成为许多应用的首选电机。虽然电机可以简单最优地产生转矩,但它的使用寿命和耐用性是有限的,因为它使用电刷和换向器将电流提供给电机转动部分。电励磁直流电机使用电磁铁而不是永磁铁的磁场电流生成磁场。这种电机也有电刷,但与同类电机相比,它有一个显著的优势,即可以控制磁场电流以削弱磁场,使电机能够高速运转。这种磁场弱化能力具有很大价值,我们将在后续章节的交流电机介绍中看到。电励磁直流电机在车辆中发挥着很广泛的作用。传统内燃机车辆的起动电机是一个串励直流电机。

本章主要介绍电机,并处理很多重要的技术因素,比如磁场弱化、磁滞、效率、功率损失和温度上升(热管理)。电-机械能转换的基本介绍理论详见第16章16.7节。

7.1　直流电机结构

直流电机有均匀的气隙,并通过静止磁场磁通和旋转电流之间的相互作用产生旋转转矩。磁场可以由永磁铁或者电磁铁产生。基本直流电机如图7.1所示。永磁(PM)直流电机的俯视图如图7.1a所示,侧视图如图7.1b所示。绕组(WF)有刷直流电机如图7.1c所示。在永磁电机中,来自电枢电压电源V_a的电枢电流I_a与永磁铁相互作用产生转矩。

定子是电机的固定部分,由外壳、定子铁心和永磁铁组成。定子可以有任何偶数的磁极以N、S极序列交替激励。两极基本电机如图7.1所示。

为了在定子和转子之间形成很小的固定气隙,定子磁极绕着转子曲线分布。这是电机非常重要的一个特性,因为转子导体在旋转的时候会经历一个恒定的磁感应强度,引起切向的转矩,从而使转子按照要求转动。有了这个均匀的气隙结构,线

第 7 章 有刷直流电机

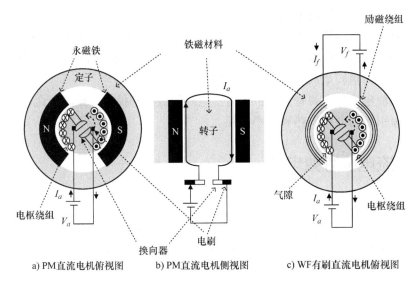

a) PM直流电机俯视图　　b) PM直流电机侧视图　　c) WF有刷直流电机俯视图

图 7.1　基本直流电机

圈不会产生意外的径向转矩，从而导致线圈分离。

转子是电机的转动部分。电枢是转子的一部分，它负责电流与定子磁通相互作用产生转矩。除了诸如轴和齿轮之类的机械部件外，转子通常还包含铁磁材料，以为定子感应的磁感提供路径。

考虑基本的两极电机，其电枢绕组由单一线圈组成，线圈侧径向相反地布置在转子表面上，如图 7.1 所示。电枢电流 I_a 由外部直流电源 V_a 提供。磁场从 N 极穿过气隙旋转到 S 极，通过外部铁磁路径返回到 N 极。

在直流电机中，当线圈穿过磁场旋转时，给定的电枢绕组中的电流必须以两个不同方向流动，如图 7.1 所示。当电机运行时，导体在穿越 N 极表面时需要负载进入的电流，但是当线圈以其中心轴线旋转并且穿越 S 极表面时，导体需要负载离开的电流。有刷电机中电流和电压的方向交替是通过换向器和电刷以机械方式实现的。

换向器是由安装在电枢轴上但彼此绝缘的铜段形成的圆柱体。固定的电刷，直接连接到直流电源，与换向器表面保持接触，从而向电枢绕组提供电压和电流。利用换向器的这种机械特性，线圈内的电流方向随着转子的旋转改变。因此线圈的电动势被换向器整流并在电刷输出端产生直流电压，如图 7.2 所示。电

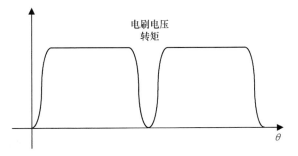

图 7.2　直流电机一个循环内不同转角 θ 时的电刷电压和转矩的变化

机生成一个单向的相同波形的转矩。

实际直流电机可能有许多平行的电流传导路径，以此减少电机中的转矩脉动。这两种不同的分布式绕组结构叫作叠绕组和波绕组。电动势的脉动性质和如图 7.2 所示的电机的简单转矩波形通常是不可接受的。

有刷直流电机的主要特点是：①由于电刷的磨损和损耗，使用寿命较短；②由于电枢电流引起的电枢发热和功率损耗。

7.2　直流电机等效电路

直流电机等效电路如图 7.3 所示。

有刷直流电机符号通常显示为由两个电刷接触的反电动势 E_a 的电压源，如图 7.3 所示。电机的内部元件如电枢绕组阻抗 L_a 和电枢串联阻抗 R_a，在电路图中通常被作为外部组件，尽管它们显然是电机的组成部分。

值得注意的是，还有另一种类型的单独励磁的有刷电机结构，如图 7.4 所示。励磁绕组和电枢绕组可以串联或者并联连接。串联时称为串励电机，如图 7.4a 所示，通常被用作传统内燃机的车辆起动机。并联时称为并励电机，如图 7.4b 所示，通常用作定速、可变负载应用。复励电机是串联和并联结构的组合，是在交流电机占主导地位之前被广泛使用的大功率电机。

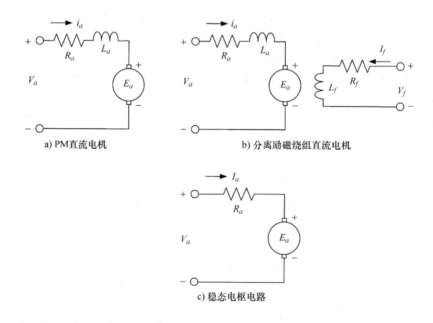

a) PM直流电机

b) 分离励磁绕组直流电机

c) 稳态电枢电路

图 7.3　直流电机等效电路

a) 串励电机　　b) 并励电机

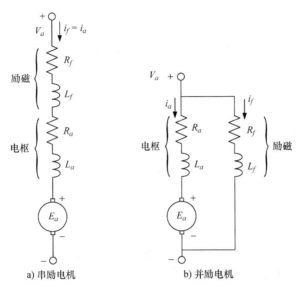

图 7.4　串励和并励直流电机电路图

7.3　直流电机电路方程

图 7.3a 所示的串励电路方程很容易利用基尔霍夫电压定律导出，即

$$V_a = E_a + R_a i_a + L_a \frac{\mathrm{d}i_a}{\mathrm{d}t} \tag{7.1}$$

当在稳态直流电路中运转时，方程电感部分的影响可以忽略。因此在稳态中，等效电路可以缩减为图 7.3c。稳态方程简化为

$$V_a = E_a + R_a i_a \tag{7.2}$$

产生的反电动势 E_a 和终端电压 V_a 是很重要的。当正向 $V_a > E_a$ 时，电机作为电动机，I_a 是正的。当正向 $V_a < E_a$ 时，电机作为发电机，I_a 是负的。

直流电机的机电特性由转矩和反电动势方程描述，在第 16 章 16.7 节推导得出

$$T_{em} = \frac{p}{2}\lambda_f I_a \tag{7.3}$$

$$E_a = \frac{p}{2}\lambda_f I\omega_r \tag{7.4}$$

式中，ω_r 是转子角速度；λ_f 是励磁磁链；p 是磁极个数。

通常，特别是对于永磁直流电机，常数 k 的使用如下：

$$T_{em} = kI_a \tag{7.5}$$

$$E_a = k\omega_r \tag{7.6}$$

其中

$$k = \frac{p}{2}\lambda_f \tag{7.7}$$

转矩和转速的关系可以基于电压和转矩的关系推导出来。将式（7.5）和式（7.6）带入式（7.2）得到

$$V_a = k\omega_r + \frac{R_a}{k}T_{em} \tag{7.8}$$

重新排列得到以输入电压和转矩表示的角速度为

$$\omega_r = \frac{V_a}{k} - \frac{R_a}{k^2}T_{em} \tag{7.9}$$

或者，转矩可以以输入电压和角速度的关系表示为

$$T_{em} = \frac{k}{R_a}V_a - \frac{k^2}{R_a}\omega_r \tag{7.10}$$

式（7.10）定义了电机的转矩-转速特性。恒定电压 V_a 下，转矩被绘制为第一运转象限的速度函数，如图 7.5a 所示。此特性以一条直线表示。电机电磁功率为

$$P_{em} = T_{em}\omega_r = \frac{kV_a}{R_a}\omega_r - \frac{k^2}{R_a}\omega_r^2 \tag{7.11}$$

在图 7.5a 中，功率也绘制在第一运转象限。功率与转速的曲线呈二次方程趋势。转矩从失速值 $T_{r(stall)}$ 线性下降至零。汽车电机的峰值转矩被电子控制装置限制至额定值，如图 7.5b 所示。这种情况下，可用功率从零转速线性地增加至额定转速。转子转矩 T_r 等于电磁转矩 T_{em} 减去空载转矩 T_{nl}，即

$$T_r = T_{em} - T_{nl} \tag{7.12}$$

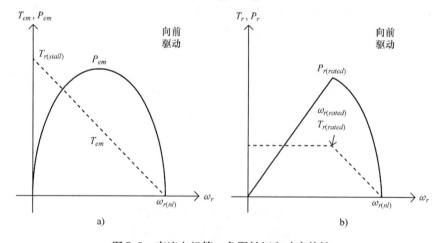

图 7.5 直流电机第一象限转矩和功率特性

一些电机关键特性运转点将在下文讨论。

7.3.1 空载旋转损耗

空载旋转损耗是电机仅旋转转子而无外部负载的功率需求。与车辆本身一样，转子有气动损耗和摩擦损耗。这种机械损耗通常被称为摩擦损耗和风阻损耗。摩擦损耗主要取决于轴承和电刷-换向器装配，而风阻损耗取决于转子旋转时的空气阻力。磁心损耗是一种磁损耗，包括磁滞损耗和涡流损失，详见第16章。

虽然这三种损耗是转速、转矩和磁通量的独立函数，但通常将损耗集中在一起，并将磁心损耗、摩擦损耗和风阻损耗 P_{cfw} 称为电机的空载损耗或者旋转损耗。当空载转矩随转速变化时，本书中通常假设损耗可以通过恒定的空载转矩 T_{nl} 模拟。

输出在转子上的可用功率 P_r 是电磁功率 P_{em} 减去空载旋转功率损失 P_{cfw}，即

$$P_r = P_{em} - P_{cfw} = \frac{kV_a}{R_a}\omega_r - \frac{k^2}{R_a}\omega_r^2 - P_{cfw} \tag{7.13}$$

其中

$$P_{cfw} = T_{nl}\omega_r \tag{7.14}$$

7.3.2 空载转速

空载转速 $\omega_{r(nl)}$ 是转子输出转矩为零且由电压 V_a 供电时转子可以自由旋转的转速。空载转速表达式为

$$\omega_{r(nl)} = \frac{V_a}{k} - \frac{R_a}{k^2}T_{nl} \tag{7.15}$$

如果空载转矩 T_{nl} 相对很小，如下近似计算可以有效估算电机空载转速

$$\omega_{r(nl)} \approx \frac{V_a}{k} \tag{7.16}$$

7.3.3 最大功率

直流电机的功率特性表示在零转速和空载转速下，输出功率为零的二次方程，峰值功率在 $\omega_r = \frac{\omega_{r(nl)}}{2}$ 处如图7.5a所示。

最大电磁功率可以表示为

$$P_{em(max)} = \frac{V_a^2}{4R_a} \tag{7.17}$$

7.3.4 额定条件

在第6章中讨论过，电机的额定参数通常是转矩、功率、转速、电压、电流、冷却、温度及时间。在特定条件下，当提供额定电压和电流时，电机在额定转速下输出额定功率。

7.4 永磁直流电机功率、损耗及效率

假设一个直流电机以转速 ω_r 稳态运转,并生成转矩 T_{em},提供电枢电压 V_a 和电流 I_a。主要损耗机制有三种:电枢阻抗中的铜损、转子磁心损耗、机械摩擦和风阻损耗,如图 7.6 所示。

将式(7.2)乘以 I_a 可以得到

$$V_a I_a = (E_a + R_a I_a) I_a = E_a I_a + R_a I_a^2 \tag{7.18}$$

功率 $V_a I_a$ 代表提供给电枢的总的电力功率,$R_a I_a^2$ 代表电枢电路阻抗功率损失。将这两个变量之间的差值命名为 $E_a I_a$,以此代表输入电枢的净电力功率,可以转化成电磁功率 $T_{em}\omega_r$ 和磁心损耗。

机电功率可以表示为

$$P_{em} = E_a I_a = \frac{p}{2} \lambda_f \omega_r \frac{2}{p \lambda_f} T_{em} = T_{em}\omega_r \tag{7.19}$$

因此

$$V_a I_a = T_{em}\omega_r + R_a I_a^2 \tag{7.20}$$

机电转矩由转子生成的空载转矩 T_{nl} 和有用的转子输出转矩 T_r 生成。因此,功率方程可以写为

$$V_a I_a = T_r \omega_r + T_{nl}\omega_r + R_a I_a^2 \tag{7.21}$$

电机功率损失 $P_{m(loss)}$ 为

$$P_{m(loss)} = T_{nl}\omega_r + R_a I_a^2 \tag{7.22}$$

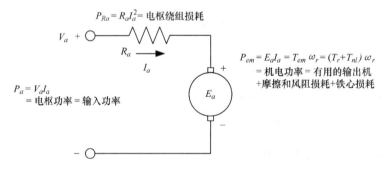

图 7.6 直流电机等效电路驱动功率流

电机的效率是转子的输出功率与电枢的输入功率之比。当驱动时,有

$$\eta = \frac{P_r}{P_a} \times 100\% = \frac{T_r \omega_r}{V_a I_a} \times 100\% \tag{7.23}$$

当发电时,输入功率为转子机械功率,输出功率为电枢电力功率,有

$$\eta = \frac{P_r}{P_a} \times 100\% = \frac{T_r \omega_r}{V_a I_a} \times 100\% \qquad (7.24)$$

7.5 应用电力电子进行电机控制

对于许多使用直流电机的应用，特别是在低功率应用中，不使用电源转换器直接由电源为电机提供最佳电压和电流是可以接受的。在早期阶段，为了调节转速和转矩，在电源和电枢之间放置有一个低率的离散可变电阻。

然而，牵引应用的任何电机的最佳运转都需要基于开关模式、功率电子技术的电源变换器，以给电机提供最优的电枢电压和电流，从而使电机运转转矩或者效率最大化。这种直流电机需要一个电源变换器，它可以在电枢上输出从 $+V_s$ 到 $-V_s$ 变化的正电压或者负电压。直流–直流变换器，如图 7.7a 所示，通常是典型的全桥直流–直流（DC–DC）变换器，如图 7.7b 所示。在这个阶段，我们简单地将 DC–DC 变换器建模为一个高效率的 DC–DC 变换器（一般为 98%~99%）。直流电机的牵引电源转换器在本教材中没有深入进行讲解，但是用于交流电机的三相牵引逆变器将在第 13 章中详细讨论。

例：应用永磁直流电机驱动

在本例中，我们使用永磁直流电机作为纯电动汽车的牵引电机。直流电机的基本参数有：$P_{r(rated)} = 80\text{kW}$，额定转速输出转矩 $T_{r(rated)} = 280\text{N} \cdot \text{m}$，齿轮速比 $n_g = 8.19$，轮胎半径 $r = 0.315\text{m}$。

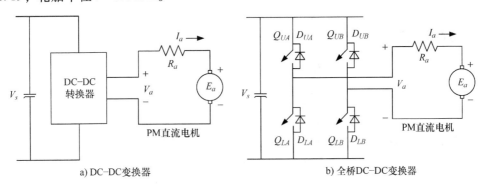

a) DC–DC变换器   b) 全桥DC–DC变换器

图 7.7 直流电机驱动

我们做如下假设：额定转速的 $E_a = 220\text{V}$，电枢电阻 $R_a = 50\text{m}\Omega$，空载转矩 $T_{nl} = 2\text{N} \cdot \text{m}$。

当车辆在如下工况运行时，确定电枢电压和 DC–DC 变换器输出电流以及电机效率。

1) 驱动爬坡并在额定转速下生成最大转矩。
2) 以额定转速运行并产生 $70\text{N} \cdot \text{m}$ 的转矩。

3) 以 1/2 额定转速运行并产生 70N·m 的转矩。

解：

1) 驱动爬坡并在额定转速下生成最大转矩

转子额定转速为

$$\omega_r = \omega_{r(rated)} = \frac{P_{r(rated)}}{T_{r(rated)}} = \frac{80000}{280} \text{rad/s} = 285.71 \text{rad/s}$$

转子频率为

$$f_r = \frac{\omega_r}{2\pi} = \frac{285.71}{2\pi} \text{Hz} = 45.473 \text{Hz}$$

或者

$$N_r = 60 f_r = 60 \times 45.473 \text{r/min} = 2728.4 \text{r/min}$$

输出轴转速 ω_{axle} 为

$$\omega_{axle} = \frac{\omega_r}{n_g} = \frac{285.71}{8.19} \text{rad/s} = 34.885 \text{rad/s}$$

车辆速度 v 为

$$v = r\omega_{axle} = 0.315 \times 34.885 \text{rad/s} = 10.989 \text{m/s}(\times 3.6 = 39.56 \text{km/h})$$

电机常数可以由额定条件下已知的后电动势和角速度确定

$$k = \frac{E_a}{\omega_{r(rated)}} = \frac{220 \text{ V}}{285.71 \text{rad/s}} = 0.77 \frac{\text{V}}{\text{rad/s}}$$

当在驱动模式下运转时，电磁转矩是有效输出转矩和空载转矩之和

$$T_{em} = T_r + T_{nl} = 280 \text{N} \cdot \text{m} + 2 \text{N} \cdot \text{m} = 282 \text{N} \cdot \text{m}$$

电枢电流为

$$I_a = \frac{T_{em}}{k} = \frac{282}{0.77} \text{A} = 366.23 \text{A}$$

DC-DC 变换器电枢电压输出为

$$V_a = E_a + R_a I_a = 220 \text{V} + 0.05 \times 366.23 \text{V} = 238.31 \text{V}$$

电机功率损耗是电阻和磁心、摩擦及风阻损耗之和

$$P_{m(loss)} = T_{nl}\omega_r + R_a I_a^2 = 2 \times 285.71 \text{W} + 0.05 \times 366.23^2 \text{W} = 7.278 \text{kW}$$

电机输入功率为

$$P_a = P_r + P_{m(loss)} = 80 \text{kW} + 7.278 \text{kW} = 87.278 \text{kW}$$

电机效率为

$$\eta = \frac{P_r}{P_a} = \frac{80 \text{kW}}{87.278 \text{kW}} \times 100\% = 91.66\%$$

2) 额定转速运行并产生 70N·m 的转矩，速度仍然和第一部分一样

$$\omega_r = \omega_{r(rated)} = 285.71 \text{rad/s}$$

但是电磁转矩和转子输出功率为

$$T_{em} = T_r + T_{nl} = 70\text{N}\cdot\text{m} + 2\text{N}\cdot\text{m} = 72\text{N}\cdot\text{m}$$

$$P_r = T_r\omega_r = 70 \times 285.71\text{W} = 20\text{kW}$$

电枢电流降低显著，为

$$I_a = \frac{T_{em}}{k} = \frac{72}{0.77}\text{A} = 93.51\text{A}$$

电枢电压只降低了一点，仍然很高，这是因为转速没有改变

$$V_a = E_a + R_a I_a = 220\text{V} + 0.05 \times 93.51\text{V} = 224.68\text{V}$$

电机功率损耗、输入功率和效率为

$$P_{m(loss)} = T_{nl}\omega_r + R_a I_a^2 = 2 \times 285.71\text{W} + 0.05 \times 93.51^2\text{W} = 1.009\text{kW}$$

$$P_a = P_r + P_{m(loss)} = 20\text{kW} + 1.009\text{kW} = 21.009\text{kW}$$

$$\eta = \frac{P_r}{P_a} = \frac{20\text{kW}}{21.009\text{kW}} \times 100\% = 95.2\%$$

电机一般在中低转矩和中低转速下运转效率最高。

3）以 1/2 额定转速运行并产生 70N·m 的转矩

这种工况下，转速和后电动势降低一半

$$\omega_r = \frac{\omega_{r(rated)}}{2} = 142.86\text{rad/s}$$

$$E_a = k\omega_r = 0.77 \times 142.86\text{V} = 110.0\text{V}$$

电磁转矩为

$$T_{em} = T_r + T_{nl} = 70\text{N}\cdot\text{m} + 2\text{N}\cdot\text{m} = 72\text{N}\cdot\text{m}$$

转子输出功率降低至

$$P_r = T_r\omega_r = 70 \times 285.71\text{W} = 20\text{kW}$$

电枢电压和电流为

$$I_a = \frac{T_{em}}{k} = \frac{72}{0.77}\text{A} = 93.51\text{A}$$

$$V_a = E_a + R_a I_a = 110\text{V} + 0.05 \times 93.51\text{V} = 114.68\text{V}$$

电机功率损耗、输入功率和效率为

$$P_{m(loss)} = T_{nl}\omega_r + R_a I_a^2 = 2 \times 142.86\text{W} + 0.05 \times 93.51^2\text{W} = 723\text{W}$$

$$P_a = P_r + P_{m(loss)} = 10\text{kW} + 0.723\text{kW} = 10.723\text{kW}$$

$$\eta = \frac{P_r}{P_a} = \frac{10\text{kW}}{10.723\text{kW}} \times 100\% = 93.3\%$$

7.6 正向或反转模式下电机作为电动机或者发电机运转

电机可以从电动机运转切换为发电机运转，只需在保持电枢电压为正的同时反转电枢电流。

对于正向驱动,当电流从 N 极流进纸面,并且从 S 极流出纸面时,力是正向的,如图 7.8a 所示。导体上的力是逆时针的或者正向的,旋转方向也是逆时针的。

当作为发电机以正向运转时,电枢绕组内的电流为反向,并且产生的力是顺时针的,与旋转方向相反,如图 7.8b 所示。

通过施加负电枢电压可以使转子反转,如图 7.8c 所示。当反向驱动的时候,电动势和旋转方向是相同的方向;当反向发电的时候,产生的力和旋转方向就是相反的方向。

正向发电模式如图 7.9 所示,与正向驱动工况对比,输入功率和电枢电流均为负。

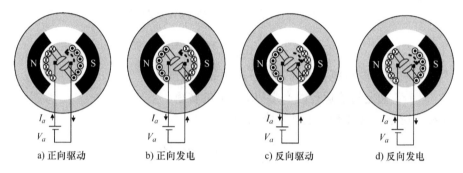

a) 正向驱动　　b) 正向发电　　c) 反向驱动　　d) 反向发电

图 7.8　驱动和发电模式

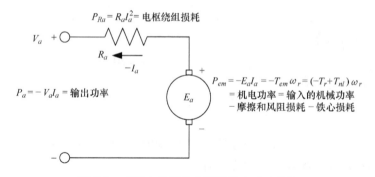

图 7.9　直流电机等效电路重新生成功率流

7.6.1　例:应用永磁直流电机发电或者制动

在前面的案例中,电机以正向 - 发电模式运转并在额定转速下产生最大转矩。确定电枢电压和直流 - 直流变换器输出电流,以及该运行点的电机效率。

解:

当运行在发电或者制动模式时,电磁转矩是转子的输入转矩减去空载转矩,即

$$T_{em} = T_r + T_{nl} = -280\text{N}\cdot\text{m} + 2\text{N}\cdot\text{m} = -278\text{N}\cdot\text{m}$$

额定条件下的速度与之前一样，单位为 Hz 和 rad/s。

电枢电流为

$$I_a = \frac{T_{em}}{k} = \frac{-278}{0.77}\text{A} = -361.04\text{A}$$

电枢电压输出为

$$V_a = E_a + R_a I_a = 110\text{V} + 0.05 \times (-361.04)\text{V} = 201.95\text{V}$$

电机功率损耗是电阻损耗和空载损耗之和，即

$$P_{m(loss)} = T_{nl}\omega_r + R_a I_a^2 = 2 \times 285.71\text{W} + 0.05 \times (-361.04)^2\text{W} = 7.089\text{kW}$$

提供给转子的功率为 -80kW。电枢功率为

$$P_a = P_r + P_{m(loss)} = -80\text{kW} + 7.089\text{kW} = -72.911\text{kW}$$

电机效率由下式给出

$$\eta = \frac{P_a}{P_r} \times 100\% = \frac{-72.911\text{kW}}{-80\text{kW}} \times 100\% = 91.14\%$$

7.6.2 例：反转驱动

上例中的电机以额定转速的一半且转矩为 $70\text{N}\cdot\text{m}$ 时反转驱动运转。确定此工况下由直流-直流变换器输出的电枢电压、电流及电机效率。

解：

当运行在反转驱动模式下时，速度是负的，电磁转矩是有效的输入转矩加上空载转矩，两者的值也都是负的。

转子转速、转矩和功率为

$$\omega_r = -\frac{\omega_{r(rated)}}{2} = -142.86\text{rad/s}$$

$$T_{em} = T_r + T_{nl} = -70\text{N}\cdot\text{m} - 2\text{N}\cdot\text{m} = -72\text{N}\cdot\text{m}$$

$$P_r = T_r\omega_r = -70 \times (-142.86)\text{W} = 10\text{kW}$$

电枢电流、后电动势和电枢电压为

$$I_a = \frac{T_{em}}{k} = \frac{-72}{0.77}\text{A} = -93.51\text{A}$$

$$E_a = k\omega_r = 0.77 \times (-142.86)\text{V} = -110.0\text{V}$$

$$V_a = E_a + R_a I_a = -110\text{V} - 0.05 \times 93.51\text{V} = -114.68\text{V}$$

电机功率损耗、输入功率及效率为

$$P_{m(loss)} = T_{nl}\omega_r + R_a I_a^2 = -2 \times (-142.86)\text{W} + 0.05 \times 93.51^2\text{W} = 723\text{W}$$

$$P_a = P_r + P_{m(loss)} = 10\text{kW} + 0.723\text{kW} = 10.723\text{kW}$$

$$\eta = \frac{P_r}{P_a} \times 100\% = \frac{10\text{kW}}{10.723\text{kW}} \times 100\% = 93.3\%$$

7.7 磁饱和与电枢反应

旋转电机和其他电磁设备在正常运行中常会进入磁饱和。由之前的推导可知,电机转矩与电枢电流和磁链相关。随着电流的增加,电机被驱动进入磁饱和,有效地减少了电机磁链。

某工业永磁直流电机转矩与电流的关系如图7.10所示。虚线代表无磁饱和的理论转矩估算,实线是实际的试验转矩与电流关系曲线。有两类基本的磁饱和机理:第一,由于较大的电枢电流转子材料可能磁饱和;第二,转子磁饱和增加了磁通量的路径磁阻,从而减小了磁通量,这种局部磁饱和效应称为电枢反应。

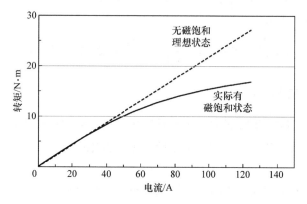

图7.10 某工业永磁直流电机转矩与电流的关系

磁饱和效应介绍了磁场减弱的连锁反应,可以从如下的电机方程看出来

$$k = \frac{p}{2}\lambda_f = \begin{cases} \dfrac{E_a}{\omega_r} \\ \dfrac{T_{em}}{I_a} \end{cases} \quad (7.25)$$

同反电动势及电流一样,转速和转矩都受磁饱和的影响。参数 k 和 λ_f 也类似地受磁饱和影响。

例:使用PM直流电机和电机磁饱进行驱动

前面的电驱动是正向-驱动模式,在额定转速下会产生全转矩。然而,由于电机磁饱和,电机常数在全转矩时的相对标称值下降30%。

确定通过DC-DC变换器的电枢电压和电流输出,以及该工况点的效率。

解:

磁饱和下修正的电机常数下降至

$$k = 70\% \times 0.77 \frac{\text{V}}{\text{rad/s}} = 0.539 \frac{\text{V}}{\text{rad/s}}$$

反电动势下降至

$$E_a = k\omega_r = 0.539 \times 285.71\text{V} = 154\text{V}$$

电枢电流增加至

$$I_a = \frac{T_{em}}{k} = \frac{282}{0.539}\text{A} = 523.19\text{A}$$

无磁饱和的原始值是 366.23A。

来自 DC – DC 变换器的电枢电压输出是

$$V_a = E_a + R_a I_a = 154\text{V} + 0.05 \times 523.19\text{V} = 180.16\text{V}$$

电机功率损耗是电阻和铁心、摩擦、风阻损耗之和

$$P_{m(loss)} = T_{nl}\omega_r + R_a I_a^2 = 2 \times 285.71\text{W} + 0.05 \times 523.19^2\text{W} = 14.258\text{kW}$$

电机输入功率是

$$P_a = P_r + P_{m(loss)} = 80\text{kW} + 14.258\text{kW} = 94.258\text{kW}$$

电机效率为

$$\eta = \frac{P_r}{P_a} \times 100\% = \frac{80\text{kW}}{94.258\text{kW}} \times 100\% = 84.87\%$$

可以看出，由于电机磁饱和，电机效率从 91.66% 显著降低至 84.87%。

7.8 电动汽车动力总成使用 PM 直流电机

一般来说，有两种电机运行模式限制电驱动的转矩和速度控制：低速恒定转矩模式、高速恒定功率或者磁场减弱模式。磁场减弱 WF 直流电机的两种模式如图 7.11a 所示。

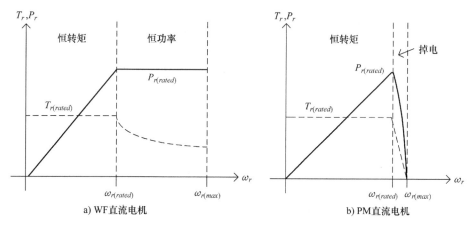

图 7.11 直流电机功率和转矩特性

也存在第三种模式——掉电模式。因为传统的 PM 直流电机没有弱化磁场机制（围绕磁铁可以增加附加磁场绕组来弱化磁场，但是在这里不考虑这种选择），所

以其不能运行在恒功率模式下。交流电机磁场很容易被弱化,将在第 8~10 章讨论。

因此,基本的 PM 直流电机只有两种运行模式:恒转矩和掉电模式,如图 7.11b 所示。

PM 直流电机的两种模式如下:

1)恒转矩模式:这种模式下,电机可输出恒定转矩,电机产生的最大功率随着转速线性增加,有

$$T_r = T_{r(rated)} \qquad (7.26)$$

2)掉电模式:在此模式下,电机功率和转矩被限制;在电机最大空载转速时,两者都趋近于零。转矩可表示为

$$T_r = T_{r(rated)} - \frac{k^2}{R_a}[\omega_r - \omega_{r(rated)}] \qquad (7.27)$$

它是 PM 直流电机不能有恒功率或者磁场减弱模式的关键限制。因为电机被限制运转在接近额定转速的最高转速,所以其无法以更高的转速运行。PM 直流电机可用于单齿轮车辆,但是需要一个类似于传统内燃机车辆的变速齿轮机构,才能在全转速范围内运转。

分别使用图 7.12a 和图 7.12b 所示的 PM 和 WF 直流电机对纯电动汽车(BEV)传动系统进行仿真。

例:PM 直流电机的最高转速

确定以下条件下电机和车辆的速度:

1)额定转速。

2)前面案例中使用的 PM 直流电机的最高转速。

解:

1)对于额定转速的结果已经在之前的例子中估算过,转子和车辆速度分别为 285.71rad/s 和 39.56km/h。

2)最高转子速度可通过设置式(7.27)中 T_r 为零来确定。因此,相应车速为 42.83km/h。

$$\omega_{r(max)} = \omega_{r(rated)} + \frac{R_a}{k^2}T_{r(rated)} = 285.71\text{rad/s} + \frac{0.05}{0.77^2} \times 280\text{rad/s}$$

$$= 309.32\text{rad/s}$$

由此得出,此 PM 电机在车速约为 39.56km/h 时达到峰值功率,最高车速被限制为不超过 42.83km/h。

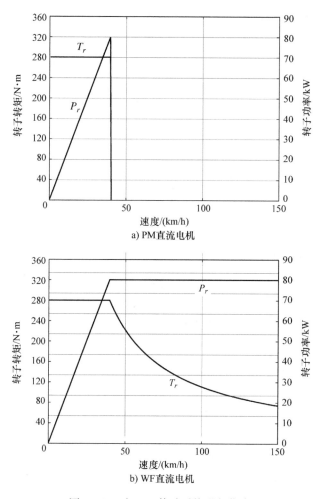

a) PM直流电机

b) WF直流电机

图 7.12 对 BEV 传动系统进行仿真

7.9 电动汽车动力总成使用 WF 直流电机

在运动控制中,电机在不超过额定电压的情况下以高于额定转速运行是理想的,通常也是必要的。如此高转速运行在许多电机中通过应用磁场弱化可以很容易地实现。通过降低磁场电流和由此产生的磁链,磁场可以从额定值减小或者弱化。

如第 16 章 16.4.6 节讨论的,WF 直流电机与其使用永磁体还不如使用电磁生成磁场。虽然励磁绕组增加了复杂性和电机损耗,但是它可以使 WF 直流电机超过额定转速运转。图 7.13 所示为 WF 直流电机驱动系统图。电枢和励磁电流用两个直流 - 直流变换器分别控制。

从第 16 章 16.4.6 的例子中可知,磁链的表达式为

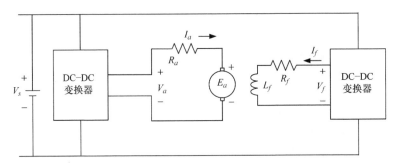

图7.13 WF直流电机驱动系统图

$$\lambda_f = L_f I_f$$

式中，L_f 和 I_f 分别是磁场电感和电流。

转矩和反电动势是

$$T_{em} = \frac{p}{2}\lambda_f I_a = \frac{p}{2}L_f I_f I_a = k I_a \tag{7.28}$$

$$E_a = \frac{p}{2}\lambda_f \omega_r = \frac{p}{2}L_f I_f \omega_r = k \omega_r \tag{7.29}$$

式中，k 是等效电机常数。

WF 直流电机有两个基本运转模式：

1）恒转矩模式：此模式下，电机可以输出最大转矩，电机最大功率随速度线性增加。励磁电流和由此产生的磁链及电机常数可以在额定值保持不变。最大转矩被限制为

$$T_r = T_{r(rated)} \tag{7.30}$$

根据式（7.28）或者式（7.29），额定条件的励磁电流为

$$I_{f(rated)} = \frac{2k}{pL_f} \tag{7.31}$$

2）恒功率模式：此模式下，电机可输出恒定功率，转子转矩与转子转速成反比，最大转矩被限制为

$$T_r = \frac{P_{r(rated)}}{\omega_r} \tag{7.32}$$

超过额定值后励磁电流随着转速的增加而降低，有

$$I_f = \frac{\omega_{r(rated)}}{\omega_r} I_{f(rated)} \tag{7.33}$$

等效电机常数成为

$$k = \frac{\omega_{r(rated)}}{\omega_r} k_{rated} \tag{7.34}$$

式中，k_{rated} 是额定条件下的等效电机常数。

如果 WF 直流电机被集成到电动汽车动力总成中，我们就可以获得图 7.12b 所示的模拟结果。电机在 40~150km/h 时，运转在磁场弱化模式。WF 直流电机达到了测试车辆的全部要求。

例：使用 WF 直流电机驱动

在本例中，前例中的试验车辆有一个 8 磁极 WF 直流电机作为牵引电机。额定条件是 80kW 和 280N·m。额定条件下的等效电机常数是 0.77N·m/A。电机的电枢电阻 $R_a = 50\text{m}\Omega$、磁场电阻 $R_f = 50\text{m}\Omega$、磁场电感 $L_f = 1\text{mH}$、空载转矩 $T_{nl} = 2\text{N}\cdot\text{m}$。

确定如下工况下，通过 DC-DC 变换器的电枢电流和励磁电流输出，以及电机效率。

1）额定速度下的额定功率。
2）3.75 倍额定速度下的额定功率。
3）额定转速下的部分负荷转矩 70N·m。

解：

1）额定磁场电流可以由式（7.31）确定

$$I_{f(rated)} = \frac{2k}{pL_f} = \frac{2 \times 0.77}{8 \times 0.001}\text{A} = 192.5\text{A}$$

像之前一样，电磁转矩是有效输出转矩与空载转矩之和

$$T_{em} = T_r + T_{nl} = 280\text{N}\cdot\text{m} + 2\text{N}\cdot\text{m} = 282\text{N}\cdot\text{m}$$

电枢电流为

$$I_a = \frac{T_{em}}{k} = \frac{282}{0.77}\text{A} = 366.23\text{A}$$

电机功率损耗是旋转损耗和电枢及磁场铜损之和

$$P_{m(loss)} = T_{nl}\omega_r + R_a I_a^2 + R_f I_f^2 = 2 \times 285.71\text{W} + 0.05 \times 366.23^2\text{W}$$
$$+ 0.04 \times 192.5^2\text{W} = 8760\text{W}$$

电机输入功率 P 为

$$P = P_{r(rated)} + P_{m(loss)} = 80\text{kW} + 8.76\text{kW} = 88.76\text{kW}$$

电机效率为

$$\eta = \frac{P_r}{P} \times 100\% = \frac{80\text{kW}}{88.76\text{kW}} \times 100\% = 90.13\%$$

2）车辆以 3.75 倍的额定速度，且转子上产生 80kW 全功率，在轻微斜坡上被推进。

对于此条件下，转子转速为

$$\omega_r = 3.75\omega_{r(rated)} = 3.75 \times 285.71\text{rad/s} = 1071.41\text{rad/s}$$

对于磁场弱化模式下的定功率输出，转子转矩必须成比例地下降

$$T_r = \frac{P_{r(rated)}}{\omega_r} = \frac{80000}{1071.4}\text{N}\cdot\text{m} = 74.67\text{N}\cdot\text{m}$$

由式（7.33）可得磁场电流为

$$I_f = \frac{\omega_{r(rated)}}{\omega_r} I_{f(rated)} = \frac{1}{3.75} \times 192.5\text{A} = 51.33\text{A}$$

相似地，为了限制反电动势，等效电机常数也随着转速成比例下降由式（7.34）可得

$$k = \frac{\omega_{r(rated)}}{\omega_r} k_{rated} = \frac{1}{3.75} \times 0.77\text{N} \cdot \text{m/A} = 0.2053\text{N} \cdot \text{m/A}$$

像之前一样，电磁转矩是有效输出转矩与空载转矩之和

$$T_{em} = T_r + T_{nl} = 74.67\text{N} \cdot \text{m} + 2\text{N} \cdot \text{m} = 76.67\text{N} \cdot \text{m}$$

电枢电流为

$$I_a = \frac{T_{em}}{k} = \frac{76.67}{0.2053}\text{A} = 373.4\text{A}$$

电机功率损耗是电阻损耗与空载损耗之和

$$\begin{aligned} P_{m(loss)} &= T_{nl}\omega_r + R_a I_a^2 + R_f I_f^2 \\ &= 2 \times 1071.4\text{W} + 0.05 \times 373.4^2\text{W} \\ &\quad + 0.04 \times 51.33^2\text{W} \\ &= 9220\text{W} = 9.22\text{kW} \end{aligned}$$

电机输入功率 P 为

$$P = P_{r(rated)} + P_{m(loss)} = 80\text{kW} + 9.22\text{kW} = 89.22\text{kW}$$

电机效率由下式给出

$$\eta = \frac{P_r}{P} \times 100\% = \frac{80\text{kW}}{89.22\text{kW}} \times 100\% = 89.67\%$$

3）车辆以额定转速在斜坡上推动，且需要 70N·m 的转子转矩。
对于这个工况，转子的转速为

$$\omega_r = \omega_{r(rated)} = 285.71\text{rad/s}$$

因此，根据此例的1）部分，磁场电流仍然是192.5A。
转子输出功率为

$$P_r = T_r \omega_r = 70 \times 285.71\text{W} = 20\text{kW}$$

电磁转矩是有效输出转矩与空载转矩之和

$$T_{em} = T_r + T_{nl} = 70\text{N} \cdot \text{m} + 2\text{N} \cdot \text{m} = 72\text{N} \cdot \text{m}$$

电枢电流为

$$I_a = \frac{T_{em}}{k} = \frac{72}{0.77}\text{A} = 93.51\text{A}$$

电机功率损耗是电阻损耗与空载损耗之和

$$\begin{aligned} P_{m(loss)} &= T_{nl}\omega_r + R_a I_a^2 + R_f I_f^2 \\ &= 2 \times 285.71\text{W} + 0.05 \times 93.51^2\text{W} + 0.04 \times 192.5^2\text{W} \\ &= 2491\text{W} \end{aligned}$$

电机输入功率 P 为

$$P = P_{r(rated)} + P_{m(loss)} = 20\text{kW} + 2.491\text{kW} = 22.491\text{kW}$$

电机效率为

$$\eta = \frac{P_r}{P} \times 100\% = \frac{20\text{kW}}{22.491\text{kW}} \times 100\% = 88.92\%$$

7.10 案例研究——火星探测器牵引电机

在这一节，我们回顾一下工业直流电机的一些定义。以 Maxon 两极电机的标准版本为例，零部件号为 339152，与火星探测器勇气号和机遇者号上使用的牵引电机相似，该电机参数见表 7.1。

Maxon 两极电机输出转矩和功率曲线如图 7.14 所示。显然，电机可以在比定义的额定条件更高的转矩及功率水平运行。325N·m 的失速转矩几乎是额定转矩 30.4N·m 的 10 倍。大约 93W 时的峰值功率明显大于 25℃时 30.8W 的额定功率。

表 7.1 Maxon 两极电机参数

参数	符号	值	单位
额定电压	V_a	24	V
额定电压空载转速	$N_{r(nl)}$	10900	r/min
空载角速度	$\omega_{r(nl)}$	1141	rad/s
空载电流	$I_{a(nl)}$	40.2	mA
空载转矩	T_{nl}	0.84	mN·m
额定转速	$N_{r(rated)}$	9690	r/min
额定角速度	$\omega_{r(rated)}$	1015	rad/s
额定转矩（最大连续转矩）	$T_{r(rated)}$	30.4	mN·m
额定电流（最大连续电流）	$I_{a(rated)}$	1.5	A
名义输出功率（最大连续）	$P_{r(rated)}$	30.85	W
名义输入功率（最大连续）	$P_{a(rated)}$	36	W
额定条件下效率	η	85.7	%
失速转矩	$T_{r(stall)}$	325	mN·m
失速电流	$I_{a(stall)}$	15.6	A
特性			
终端阻抗	R_a	1.53	Ω
终端电感	L_a	0.186	mH
转矩常数	k	0.0208	N·m/A

（续）

参数	符号	值	单位
特性			
机械时间常数	τ_{mech}	5.24	ms
转子惯量	J	14.7	$g \cdot cm^2$
热力数据			
壳体-环境热阻	$R_{\theta(H-A)}$	14.4	℃/W
绕组-壳体热阻	$R_{\theta(W-H)}$	5.1	℃/W
绕组热力时间常数	τ	29.8	s
转子热力时间常数	τ_{motor}	543	s
环境温度	T_{amb}	-30~100	℃
最大绕组温度	$T_{W(max)}$	155	℃

  石墨-铜电刷和贵金属电刷电枢电阻与电枢电流的关系如图7.15所示。

  电枢电阻 R_a 有两个主要部分，即电枢绕组电阻 R_{wdg} 和电枢及换向器电阻 R_{b-c}。可以看出，轻载时石墨电刷电阻增加，基于应用可能不是最佳的电刷类型。贵金属电刷是一种可替代方案，并且随着电枢电流的变化，电阻趋于一个相对较低的定值。对于贵金属电刷，银化合物是常用的材料。贵金属电刷对于连续运转的轻载小型电机来说是很理想的选择。

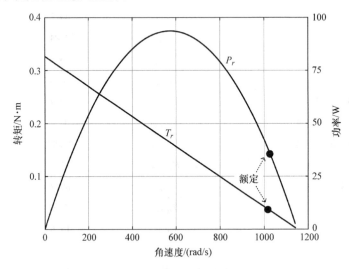

图7.14　Maxon两极电机输出转矩和功率曲线

  贵金属在启停工况或者大电流负荷下是不理想的，但在可听噪声、电磁干扰和电刷摩擦方面优于石墨电刷。石墨-铜电刷是火星探测器的首选，因为它具有较高的电流负载和耐温能力。

第 7 章 有刷直流电机

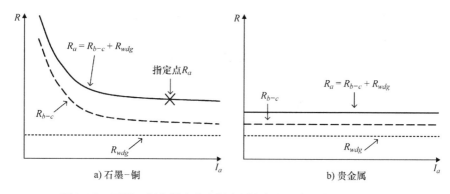

图 7.15 石墨－铜电刷和贵金属电刷电枢电阻与电枢电流的关系

7.11 电机热特性

电机热信息有助于我们理解电机随温度变化的功率能力。因为电机采用无铁心结构，Maxon 电机的损耗大部分在转子绕组中，这样就简化了分析和讨论。

在电机热能力中，绕组对环境的热阻是一个重要的限制因素。电机功率损耗会引起电机温度升高，从而超过电机外部的环境温度。如果对环境的热阻和绕组功率损耗已知，就可以估算绕组 T_w 的热点温度。热电路的等效电路图如图 7.16 所示。

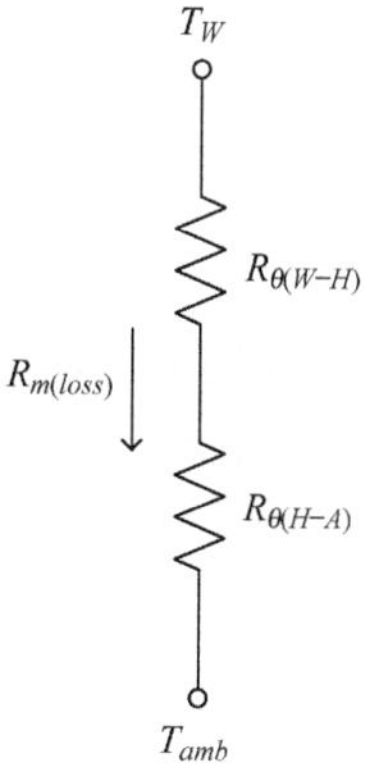

绕组至环境的热阻 $R_{\theta(W-A)}$ 是绕组－壳体热阻 $R_{\theta(W-H)}$ （值为 5.1℃/W）与壳体－环境热阻 $R_{\theta(H-A)}$ （值为 14.4℃/W）的和，即

$$R_{\theta(W-A)} = R_{\theta(W-H)} + R_{\theta(H-A)} = 5.1℃/W + 14.4℃/W = 19.5℃/W \tag{7.35}$$

电枢绕组铜损为

$$P_{R_a} = R_a I_a^2 \tag{7.36}$$

图 7.16 热电路的等效电路图

随着温度的变化，绕组电阻不是一个定值。铜电阻随温度的变化可以表示为

$$R_a = R_o [1 + \alpha (T - T_o)] \tag{7.37}$$

式中，R_o 是标准温度 T_o （通常为 25℃）下的电阻；α 是电阻的温度系数，对于铜电阻，α 约为 0.004/℃。

7.11.1 稳态温升案例

首先考虑 25℃ 额定工况条件，参数值见表 7.1。在这种条件下，期望绕组达到大约 155℃ 的温度。因此，电枢电阻大约为

$$R_a = R_o[1+\alpha(T-T_o)] = 1.53 \times [1+0.004 \times (155-25)]\Omega = 2.33\Omega \quad (7.38)$$

电枢绕组中的铜损为

$$P_{R_a} = R_a I_{a(rated)}^2 = 2.33 \times 1.5^2 \text{W} = 5.24\text{W} \quad (7.39)$$

旋转摩擦和风阻损耗为

$$P_{fw} = T_{nl}\omega_{r(rated)} = 0.00084 \times 1015 \text{W} = 0.85\text{W} \quad (7.40)$$

总电机功率损耗为

$$P_{m(loss)} = P_{fw} + P_{R_a} = 0.85\text{W} + 5.24\text{W} = 6.09\text{W} \quad (7.41)$$

因此，绕组的温度估算为

$$T_W = T_{amb} + R_{\theta(W-A)} P_{m(loss)}$$
$$= 25℃ + 19.5 \times 6.09℃ = 25℃ + 119℃ = 144℃ \quad (7.42)$$

该结果与期望的绕组温度值155℃非常接近。

7.11.2 瞬态温升案例

当电流流入电枢时，电机不会直接加热升温；温度以指数方式上升，类似于电容器的RC充电。

$$T_W = T_{amb} + \Delta T(1 - e^{-\frac{t}{\tau}}) \quad (7.43)$$

式中，T_{amb}是环境温度，τ是时间常数，是指温度上升到最终温度的63.2%时所花费的时间。让我们来讨论一个简单的案例。

如果环境温度为25℃的额定温度，电机转矩为额定速度下额定转矩的2倍，确定电机绕组加热到155℃需要多长时间。

解：

为了简单起见，我们假设随着转矩增加1倍，电枢电流从额定条件下的1.5A上升至3A，并且电枢电阻仍然为2.33Ω，如上。

电枢绕组中的铜损为

$$P_{R_a} = R_a I_a^2 = 2.33 \times 3^2 \text{W} = 20.97\text{W} \quad (7.44)$$

总电机功率损耗为

$$P_{m(loss)} = P_{fw} + P_{R_a} = 0.85\text{W} + 20.97\text{W} = 21.82\text{W} \quad (7.45)$$

在稳态，绕组温升为

$$\Delta T = R_{\theta(W-A)} P_{m(loss)} = 19.5 \times 21.82℃ = 425℃ \quad (7.46)$$

从25℃上升至155℃的时间是

$$t = -\tau \log_e \left(1 - \frac{T_W - T_{amb}}{\Delta T}\right) = -29.8 \times \log_e \left(1 - \frac{155-25}{425}\right) = 10.9\text{s} \quad (7.47)$$

因此，电机在额定转速下可以承受过载转矩，并且如果时间过程少于10.9s，绕组热点温度不会超过最高允许温度155℃。

参考文献

1 A. E. Fitzgerald, C. Kingsley, and S. D. Umans, *Electric Machinery*, McGraw-Hill, 2002, 6th edition, ISBN 9780073660097.
2 S. Rochi, "The Mars Mission – Technology for another world," *Maxon Motors Application Stories*, 2014.
3 Maxon Motors catalog at www.maxonmotors.com.

问 题

7.1 使用一台 PM 直流电机作为某纯电动汽车的牵引电机。电机有如下的参数：4 磁极，电枢电阻 $R_a = 0.025\Omega$，电机常数 $k = 0.7\text{V}/(\text{rad/s})$，空载转矩 $T_{nl} = 2\text{N} \cdot \text{m}$。

确定通过 DC - DC 变换器输出的电枢电压和电流，以及驱动模式下 80kW、280N·m 额定条件下的电机效率。

[答案：210.1V，402.9A，94.5%]

7.2 车辆在 50% 额定转速及 20kW 转子功率下，重新计算以上参数。

[答案：105.1V，202.9A，93.8%]

7.3 车辆在额定转速及 -30kW 转子功率（发电模式）下，重新计算以上参数。

[答案：196.3V，-147.1A，96.3%]

7.4 车辆在 25% 的额定转速及 10kW 反转驱动下，重新计算以上参数。

[答案：-55.1V，-202.9A，89.5%]

7.5 车辆在 80kW、280N·m 驱动模式下，如果电枢反应和相关饱和度在最大电流下将电机常数降低 25%，重新计算以上参数。

[答案：163.4V，537.1A，91.1%]

7.6 使用一台 WF 直流电机作为纯电动汽车的牵引电机。电机有如下参数：8 磁极，电枢电阻 $R_a = 0.025\Omega$，磁场电阻 $R_f = 0.020\Omega$，空载转矩 $T_{nl} = 2\text{N} \cdot \text{m}$，$L_f = 2\text{mH}$。控制磁场电流 I_f 以模拟问题 7.1 中的电机常数。

在 80kW 运转驱动模式下，确定额定转速和 3.75 倍额定转速时通过 DC - DC 变换器输出的电枢电压、电枢电流、电机效率和磁场电流。

[答案：402.9A，210.1V，94.4%，87.5A；410.7A，210.3V，92.6%，23.3A]

7.7 使用一台 PM 直流电机作为高性能纯电动跑车的牵引电机。电机有如下参数：电枢电阻 $R_a = 0.02\Omega$，电机常数 $k = 0.6\text{V}/(\text{rad/s})$，空载转矩 $T_{nl} = 2\text{N} \cdot \text{m}$。

对于驱动模式下 300kW、600N·m 的额定条件，确定由 DC - DC 变换器输出的电枢电压和电流，以及此工况点的电机效率。

[答案：320.1V，1003.3A，93.4%]

7.8 对于前述问题的车辆,在 -300kW、-600N·m 的发电模式下,重新计算以上参数。

[答案:280.1V, -996.7A, 93.0%]

7.9 对于问题 7.7 中的车辆,在 300kW、600N·m 驱动模式下,如果电枢反应和相关饱和度在最大电流时将电机常数降低 25%,重新计算以上参数。

[答案:251.8V, 1337.8A, 89.1%]

7.10 使用一个 WF 直流电机作为高性能跑车的牵引电机。电机有如下参数:额定条件下电枢电阻 $R_a = 0.02\Omega$,磁场电阻 $R_f = 0.015\Omega$,空载转矩 $T_{nl} = 2N·m$,$k = 0.6N·m/A$,$I_f = 300A$。

在 300kW 运转驱动模式下,确定额定转速和 2 倍额定转速时通过 DC-DC 变换器输出的电枢电压、电枢电流、电机效率和磁场电流。

[答案:1003.3A, 320.1V, 93.0%, 300A;1006.7A, 320.1V, 93.0%, 150A]

7.11 如果环境温度为 70℃,且电机在额定转矩和转速下运行,确定 Maxon 电机绕组加热到 110℃ 需要用多长时间。见 7.11.1 和 7.11.2 节。

[答案:14s]

7.12 如果环境是在 25℃ 的额定温度,且电机在零转速失速,确定 Maxon 电机绕组加热到 110℃ 需要用多长时间。

[答案:0.35s]

第8章 感应电机

"……1%的灵感和99%的坚持。"托马斯·爱迪生的一句名言解释了他的成功。

"他的方法在极限情况下效率是很低的……只需进行一些理论和计算,便可以节省90%的劳动力。但是他对书本学习和数学知识是很不屑一顾的……"尼古拉·特斯拉如此评论他的前老板托马斯·爱迪生。

"特斯拉先生可能会实现伟大的东西,但是他确实永远不会做这个……它是一个永动机框架,一个不可能实现的想法。"奥地利格拉茨的乔安内姆专科学校的Pöschl教授评论他的学生尼古拉·特斯拉的想法。

"我不会用我的旋转磁场发现换取一千个发明,不管多么有价值……一千年以后,电话和摄影机可能会过时,但是旋转磁场的原理将永远是一种重要的、有生命的东西。"

——居古拉·特斯拉(1856—1943)

感应电机被认为是工业的主力,是尼古拉·特斯拉的伟大发明。它在我们的工业经济中扮演着重要的角色。最近,美国多达一半的电力被工业电机消耗在风扇、压缩机、泵和其他设备上。在电动汽车的发展中,感应电机是 GM EV1 和特斯拉 Model S 的首选电机。

在本章中,我们将阐述定子绕组产生的旋转磁场的基础数学,介绍电机内部引起转矩产生的一种笼型转子结构。从电气上来讲,电机的工作原理是通过定子的旋转磁场将电压和电流感应到转子上。本质上,它是一个有旋转的次级绕组的变压器。因此,感应电机可以使用变压器的传统电流等效电路来模拟。为了产生电机的机电特征,使用等效电路分析电机的稳态运转。通过空载和转子堵转测试来确定感应电机的等效电路参数。

8.1 定子绕组和旋转磁场

汽车内置永磁(IPM)电机和感应电机(IM)定子分别如图 8.1a 和图 8.1b 所示。这些三相对称的定子绕组通过三相平衡交流电流后,会产生一个旋转的磁场。

定子铁心是由铁磁材料叠层制成的,2004 款丰田普锐斯定子铁心冲片如图 8.1c所示。虽然 IPM 电机和 IM 的定子相似,但是绕组结构不同,后面将会讨论。

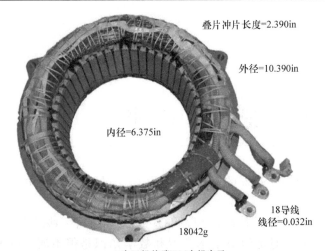

a) 丰田凯美瑞IPM电机定子

b) USH感应电机(IM)定子

c) 2004款丰田普锐斯定子铁心冲片

图 8.1　电机定子

注：由美国能源部和美国混合动力公司及橡树岭国家实验室提供。

三相交流电机有 3 套相同但是分离的定子绕组，绕组嵌入定子槽如图 8.1 所示。三相绕组有规律地缠绕，两两之间彼此偏移 120°（电角度）。图 8.2 所示为一

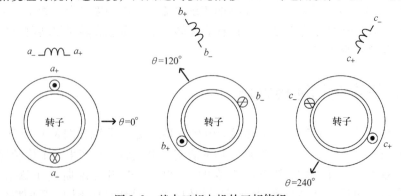

图 8.2　基本三相电机的三相绕组

个简单的两极交流电机,如果相位 a 的磁轴是在 0°,那么相位 b 偏移 120°,相位 c 偏移 240°。磁轴的对齐方向是当相位绕组被电流激励时磁场的方向。

定子的三相绕组有两种联结方式,即星形和三角形,如图 8.3 所示。汽车牵引

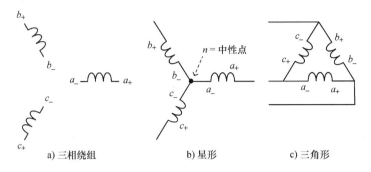

a) 三相绕组　　　　　　b) 星形　　　　　　c) 三角形

图 8.3　定子绕组星形和三角形联结方式

电机通常为星形联结,也被认为是 Y 形或者三通。相序一般被指定为 abc 或 uvw。星形联结的共同点被称为是中性点。电机也可以以三角形方式连接,也被认为是网状——这常常是电机需要较高相电压的原因。星形联结绕组的相电压是三角形联结的相电压的 $\sqrt{3}$ 倍。三相电机的电路图形符号如图 8.4 所示。

图 8.4　三相电机的电路图形符号

8.1.1　定子磁流密度

为了理解旋转磁场的概念,让我们从理解 a 相单线圈产生的磁场开始,如图 8.5 所示。电流方向如线圈导体所示,a + 导线将电流流出页面,相同的电流通过 a - 导体流进返回页面。根据右手螺旋定则,磁通线围绕导体 a + 逆时针旋转,围绕导体 a - 顺时针旋转。a 相电流产生的磁通量密度如图 8.6 所示。

相位 a 的磁轴沿着 $\theta = 0°$ 轴方向,a 相产生的磁通量围绕该轴是对称的。因此,通过环绕转子周长气隙的磁通量密度为:正的从 $-\frac{\pi}{2}$ 到 $\frac{\pi}{2}$,负的从 $\frac{\pi}{2}$ 到 $\frac{3\pi}{2}$。

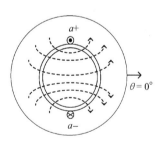

图 8.5　a 相电流产生的磁场

基本三相两极电机如图 8.7 所示,其磁通量密度如图 8.8 所示。对于这些图,假定相位 b 和相位 c 的电流各为一半,且与相位 a 电流的极性相反。b 相和 c 相电流产生的磁通量密度相对 a 相有所偏移。因为磁通量密度代表一个物理向量,三相位的磁通量密度可以简单地叠加在气隙内,从而产生定子磁通量密度。定子磁通量密度 B_s 在转子周围有阶跃交流特征。这种一次绕组会引起不需要的谐波。理想情况下,定子磁通量密度将有一个余弦波形。

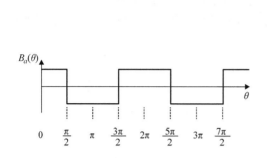

图 8.6 a 相电流产生的磁通量密度

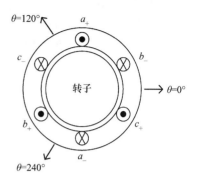

图 8.7 基本三相两极电机

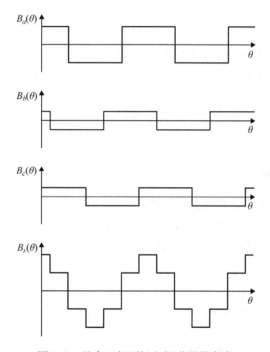

图 8.8 基本三相两极电机磁通量密度

一些基本的绕制方法可以用来产生较小畸变的定子磁通量密度。首先，一相绕组被分配到多个定子铁心槽中，这就是所谓的分布式绕组。其次，绕组的节距可以改变。如果导体的回位绕组滞后 180°（电角度），那么这种电机绕组被称为是全距绕组。如果回位绕组滞后小于 180°，则该绕组被称为短节距绕组。分布式三相两极全距绕组如图 8.9a 所示。这种绕组的变体被广泛用于 IPM 电机。分布式三相两极短节距绕组如图 8.9b 所示。这种类型的绕组广泛用于 IM 中以减少信号失真。

为便于比较，假设每个相位包含 4 个串联线圈。全距和短节距的分布式三相两

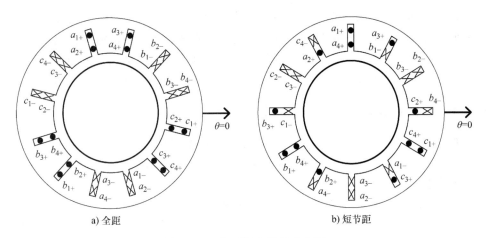

a) 全距　　　　　　　　　　　　　b) 短节距

图 8.9　三相两极电机绕组分配

极电机绕组的磁通量密度波形分别如图 8.10a 和图 8.10b 所示。波形是相似的。当与图 8.8 中三相两极全距绕组对比时，分布式绕组的作用是在相位波形中引入一个缺口。短节距的作用是移动缺口，并生成一个较低失真的波形。对于 IPM 电机，

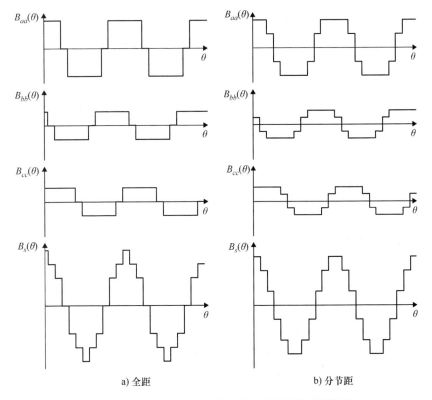

a) 全距　　　　　　　　　　　　　b) 分节距

图 8.10　分布式三相两极电机绕组的磁通量密度波形

全距绕组的谐波失真是可接受的，而短节距绕组于 IM 进一步减少失真是必要的。进一步显著降低感应电机波形扭曲的方法是使用斜槽转子，后面将会讨论。

因此，从本节可以看出，将平衡的三相电流通入到交流电机平衡的三相定子绕组中，会产生一个关于气隙的近似正弦分布的定子磁通量密度。

8.1.2 空间向量电流和旋转磁场

如果三相绕组由三路电流供电，电流相对彼此在时间上以 120°排列，这样定子磁场以一个由电流频率决定的频率绕着电机定子物理地旋转。接下来介绍这种旋转磁场基本的运转基础。

首先，确定一个可以模拟或者产生与三相电流类似的磁场的等效空间矢量电流 $i_s(t)$ 是很有用。空间矢量是一个虚拟的数学概念，但是这个概念非常有用，并与磁通量密度矢量直接相关，而磁通量密度是一个电机内真实的物理矢量。

假设

$$\vec{i_s}^a(t) = i_a(t)\angle 0° + i_b(t)\angle 120° + i_c(t)\angle 240° \tag{8.1}$$

式中，$\vec{i_s}^a(t)$ 是以 a 相轴作为参考指针的等效空间矢量电流；角度与在电机内的物理位置相关；t 是时间。

式（8.1）可以改写为三角函数的形式，即

$$\vec{i_s}^a(t) = i_a(t)(\cos 0° + j\sin 0°) + i_b(t)(\cos 120° + j\sin 120°)$$
$$+ i_c(t)(\cos 240° + j\sin 240°) \tag{8.2}$$

简化为

$$\vec{i_s}^a(t) = i_a(t)(1+j0) + i_b(t)\left(-\frac{1}{2}+j\frac{\sqrt{3}}{2}\right) + i_c(t)\left(-\frac{1}{2}-j\frac{\sqrt{3}}{2}\right) \tag{8.3}$$

$$\Rightarrow \vec{i_s}^a(t) = \left\{i_a(t) - \frac{1}{2}[i_b(t)+i_c(t)]\right\} + j\frac{\sqrt{3}}{2}[i_b(t)-i_c(t)] \tag{8.4}$$

假定三相电机内的三相电流总和为零

$$i_a(t) - \frac{1}{2}i_b(t) + i_c(t) = 0 \tag{8.5}$$

式（8.4）可以简化为

$$\vec{i_s}^a(t) = \frac{3}{2}i_a(t) + j\frac{\sqrt{3}}{2}[i_b(t)-i_c(t)] \tag{8.6}$$

下面，我们给定子提供三向余弦电流。电流相对彼此在时间上以 120°排列。

$$i_a(t) = \sqrt{2}I_{ph}\cos(2\pi f_e t) \tag{8.7}$$

$$i_b(t) = \sqrt{2}I_{ph}\cos(2\pi f_e t - 120°) \tag{8.8}$$

$$i_c(t) = \sqrt{2}I_{ph}\cos(2\pi f_e t - 240°) \tag{8.9}$$

式中，I_{ph} 是相电流的有效值；f_e 是电频率。

将这些三相电流替代到式（8.6）中，可以得到

$$\vec{i_s}^a(t) = \frac{3}{2}\sqrt{2}I_{ph}\cos(2\pi f_e t) + j\frac{\sqrt{3}}{2}[\sqrt{2}I_{ph}\cos(2\pi f_e t - 120°) - \sqrt{2}I_{ph}\cos(2\pi f_e t - 240°)]$$
(8.10)

简化后给出了空间矢量电流的简单表达式

$$\vec{i_s}^a(t) = \frac{3}{2}\sqrt{2}I_{ph}[\cos(2\pi f_e t) + j\sin(2\pi f_e t)]$$
(8.11)

可以以极坐标形式改写为

$$\vec{i_s}^a(t) = \hat{I}_s \angle 2\pi f_e t$$
(8.12)

或者指数形式如

$$\vec{i_s}^a(t) = \hat{I}_s e^{j2\pi f_e t}$$
(8.13)

其中

$$\hat{I}_s = \frac{3}{2}\sqrt{2}I_{ph}$$
(8.14)

这些复杂的表达式简单地表示了合成空间矢量通过三个单相余弦电流矢量叠加生成,其峰值$\hat{I}_s$围绕电机以电流输入频率决定的频率旋转。

对于两极电机,电频率等于磁场的旋转频率。磁场的旋转速度被称为同步速度或者同步频率f_{syn}。

对于p极电机,同步频率和电频率相关

$$f_{syn} = \frac{f_e}{p/2}$$
(8.15)

根据安培的电流定律,气隙磁场强度大约为

$$\vec{H_s}^a(t) = \frac{N_{ph}}{2 l_g}\vec{i_s}^a(t)$$
(8.16)

式中,N_{ph}是每相转换次数;l_g是定子和转子之间气隙的长度。

对于此简单的表达式,高磁导率铁心的磁效应被忽略。磁场强度是一个物理矢量,其在同步频率处围绕气隙旋转,该同步频率由电频率决定。

气隙磁通量密度由下式给出

$$\vec{B_S}^a(t) = \frac{\mu_0 N_{ph}}{2 l_g}\vec{i_s}^a(t) = \hat{B}_s \angle 2\pi f_e t$$
(8.17)

式中,μ_0是自由空间或者空气的磁导率;$\hat{B}_s$是旋转磁通量密度场峰值,由下式给出

$$\hat{B}_S = \frac{3\mu_0 N_{ph} I_{ph}}{2\sqrt{2} l_g}$$
(8.18)

因此,定子磁通量密度矢量也是围绕定子在同步频率下旋转,因为磁通量密度直接与电流空间矢量相关,其由三个随时间变化的电流联合生成。

这个简单的数学运算本质上描述了尼古拉·特斯拉的杰出发明,他基于根据相应时间偏移电流供电的物理偏移绕组来可视化旋转磁场。

作为概念的图示说明,考虑图8.11所示的三相电流波形。

图 8.11 中所示的电流被绘制为与电流轴相对应的空间矢量,如图 8.12 所示。

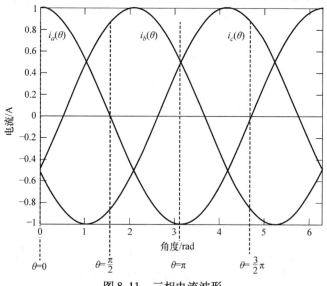

图 8.11　三相电流波形

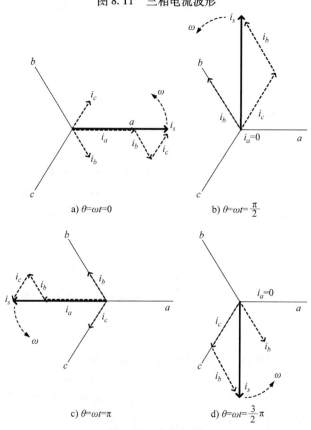

图 8.12　空间矢量

当 $\theta=0$ 时，相位 a 电流 $i_a(\theta)=i_a(\omega t)$ 达到峰值，相位 b 电流 $i_b(\theta)$ 和相位 c 电流 $i_c(\theta)$，均为相对于相位 a 电流的 -0.5（或 $\cos120°$）。合成的空间矢量电流与 a 轴对齐。

当电流随着时间变化时，在 $\theta=\frac{\pi}{2}$、$\theta=\pi$ 和 $\theta=\frac{3}{2}\pi$ 时也绘制了三个实例。对于 $\theta=\frac{\pi}{2}$ 和 $\theta=\frac{3}{2}\pi$，相位 a 电流贡献是零，合成空间矢量分别与 $\frac{\pi}{2}$ 和 $\frac{3}{2}\pi$ 对齐。当电流随着时间改变时，合成电流空间矢量和磁通量密度空间矢量围绕电机旋转。

8.2 感应电机转子电压、电流和转矩

8.2.1 转子结构

汽车感应电机笼式转子结构如图 8.13 所示。该转子配有可导电的铝条，铝条贯穿转子，并由转子两端的端环短接。由于电机导电截面类似一个鼠笼，因此得名。转子可以用铜或者铝制造。高性能电机用铜，因为铜比铝有较低的电阻。虽然铝转子有较高的电阻，但是在端环上它们有制造和成本优势，并且可以和转子轴在一个装配步骤中铸造。铸造是一个过程，在此过程中，熔化的金属（比如此例中的铝）被倒入一个模具中。另一方面，铜转子不能被铸造，且会被转子轴到端环的钎焊中断。两种金属使用钎料金属高温连接通常被称为钎焊。从图中可以看出，转子轴并不是笔直的，而是以一个倾斜的角度从一个端环到另一个端环。倾斜转子可以减少电机内不需要的谐波。

图 8.13 汽车感应电机笼式转子结构

注：由美国混动研究院提供。

定子和转子叠片由单个叠片冲压而成。汽车叠片的轮廓如图 8.14 所示。定子有 36 个绕组槽，转子有 44 个。为了减少谐波，转子轴不仅倾斜，而且还有比定子更多的导体槽。轭和齿为磁通量提供路径。

转子和定子轴视图如图8.15a所示，转子侧视图如图8.15b所示。在IM中，转子和定子之间的气隙相对较小，一般约为0.5mm。

8.2.2 感应电机运转理论

感应电机运转理论如图8.16所示，包含一对转子轴和两个尾环。假设定子磁场B正在径向地穿过转子轴并且沿正向或者逆时针方向旋转。假设转子导体相对旋转磁场静止。根据法拉第定律，旋转磁场和静止的转子轴之间的相对运动会导致沿着转子轴产生反电动势e_{bar}。因为转子轴在两端均被端环短接，电流i_{bar}在转子轴内流过，并且只受转子轴和端环电阻限制。根据左手定则，由于电流和旋转磁场之间的相互作用，会对转子轴施加一个作用力。产生的力对转子施加转矩使其绕着它的旋转轴转动。如果允许转子线圈自由旋转，那么转子在旋转磁场方向上承受转矩。

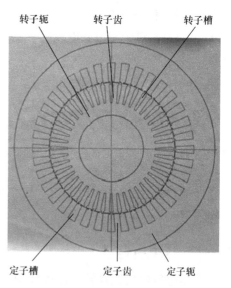

图8.14 汽车叠片的轮廓

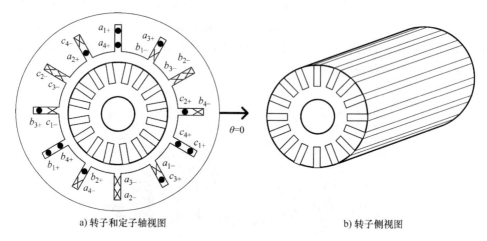

a) 转子和定子轴视图　　　　　　b) 转子侧视图

图8.15 三相两极感应电机

设旋转磁场的角速度是同步速度ω_{syn}，并设转子的角速度是ω_r。角速度中的相对偏差被称为转差，即

$$\omega_{slip} = \omega_{syn} - \omega_r \tag{8.19}$$

根据法拉第定律（在16章16.7节讨论），单一轴（$N=1$）内诱发的反电动势e_{bar}为

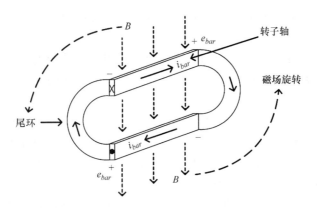

图 8.16 感应电机运转理论

$$e_{bar} = Blr\omega_{slip} \tag{8.20}$$

转子轴内流动的电流为

$$i_{bar} = \frac{e_{bar}}{R_{bar}} = \frac{Blr}{R_{bar}}\omega_{slip} \tag{8.21}$$

作用在转子轴上的转矩为

$$T_{bar} = Bi_{bar}lr = \frac{l^2 r^2}{R_{bar}}B^2\omega_{slip} \tag{8.22}$$

现在,感应电机内基本的简单转矩关系就可以确定了。

对于定磁通量密度 B 和给定的电机参数,式(8.22)的转矩与滑速直接成比例,有

$$T_{bar} \propto \omega_{slip} \tag{8.23}$$

根据式(8.22),转矩也直接与电流成比例,即

$$T_{bar} \propto i_{bar} \tag{8.24}$$

对于变化的磁通量密度,转矩与磁通量密度的平方和滑速频率的乘积相关

$$T_{bar} \propto B^2\omega_{slip} \tag{8.25}$$

典型的关系也成立——转矩与磁通量密度和电流的乘积有关

$$T_{bar} \propto Bi_{bar} \tag{8.26}$$

当讨论 IM 时,转差率 s 是一个广泛应用的项。它是转差频率和同步频率的比值,即

$$s = \frac{\omega_{slip}}{\omega_{syn}} \tag{8.27}$$

转差率常常以百分数表示。

8.3 电机模型和稳态运转

刚才描述的运行理论现在可以用来生成基于变压器的等效电路。变压器是一个

合适的可用模型,因为感应电机作为变压器运行,在转子上产生旋转的一次磁场和旋转的二次绕组。

图 8.17 所示为带有旋转转子的感应电机等效电路。这个电路代表只有一种变化的单相位变压器等效电路。不仅电压和电流发生转变,频率也发生转变,从而导致机电功率转换。

当相位电压 V_{ph} 给电机转子供电,电流 I_{ph} 流进转子绕组。相位电流的一部分使定子参照的磁化电感 L_m 励磁。这是单相位磁化电流 I_m。来自三相的磁化电流结合在一起生成旋转磁通密度,并生成单相位转子反电动势 E_r。转子电压幅值取决于转子匝数 N_r 与定子匝数 N_s 的等效匝数比以及转差率。单相电流 I_r 流入转子轴,单相转子电阻为 R_r。许多寄生组件会严重影响运转。定子铜损通过使用一个串联电阻 R_s 来模拟。来自磁通引起的铁心损耗通过在磁化电感上放置一个并联电阻 R_c 来模拟。定子漏感和转子漏感分别通过串联单元 L_{ls} 和 L_{lr} 来模拟。

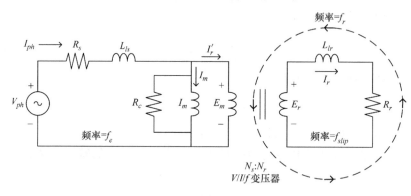

图 8.17 带有旋转转子的感应电机等效电路

定子的电频率与输入电频率 f_e 相同。转子的电频率是转差频率 f_{slip},其远远小于 f_e。

同步频率可通过电频率除以磁极对数确定,即

$$f_{syn} = \frac{f_e}{p/2} \tag{8.28}$$

转子在频率 f_r 处旋转。因此,图 8.17 所示转子为旋转二次转子。

从变压器动作(见第 16 章 16.5 节),转子电流 I_r 引起在定子内流动的反射电流 I_r'。定子和转子电流与安培环路定律相关

$$N_r I_r = N_s I_r' \tag{8.29}$$

定子和转子反电动势与法拉第定律相关

$$\frac{E_r}{N_r} = \frac{E_m}{N_s} s \tag{8.30}$$

转子电压取决于等效电机匝数比和转差率，因此必须包括转差率项。如果转差率为零且转子以与同步速度相同的速度旋转，则转子上无电压感应。如果转子被锁定或者旋转被阻止，那么电机可以简单地看作是一个滑移为 1 的静态变压器。

通过将转子的参数反映到定子上，可以简化等效电路。当转子反射到定子时，必须有相同的等效阻抗 Z_r'，定义为

$$Z_r' = \frac{E_m}{I_r'} \tag{8.31}$$

如果将式（8.29）和式（8.30）带入式（8.31），我们得到下列表达式

$$Z_r' = \frac{E_m}{I_r'} = \left(\frac{N_s}{N_r}\right)^2 \frac{E_r}{sI_r} = \left(\frac{N_s}{N_r}\right)^2 \frac{Z_r}{s} \tag{8.32}$$

转子阻抗 Z_r 由下式给出

$$Z_r = \frac{E_r}{I_r} = R_r + j\omega_{slip} L_{lr} \tag{8.33}$$

将式（8.33）代入到式（8.32）中，得到 Z_r' 的表达式为

$$Z_r' = \left(\frac{N_s}{N_r}\right)^2 \frac{R_r + j\omega_{slip} L_{lr}}{s} = \left(\frac{N_s}{N_r}\right)^2 \left(\frac{R_r}{s} + j\frac{\omega_e}{p/2} L_{lr}\right) \tag{8.34}$$

其通常被表达为

$$Z_r' = \frac{R_r'}{s} + j\omega_e L_{lr}' \tag{8.35}$$

其中反射转子参数与转子参数相关

$$R_r' = \left(\frac{N_s}{N_r}\right)^2 R_r \text{ 和 } L_{lr}' = \frac{2}{p}\left(\frac{N_s}{N_r}\right)^2 L_{lr} \tag{8.36}$$

前述等效电路可以以图 8.18 所示的标准方式表示。

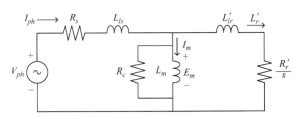

图 8.18　感应电机等效电路

此等效电路和有电阻负载的变压器等效电路相同，仅有的区别是反射转子电阻除以转差，转差当然是速度的函数。因此，电阻内消耗的电功率必须代表机械功率的某个分量。

为了得到更加详细的等效电路，转子电阻可以被分成两个部分

$$\frac{R_r'}{s} = R_r' + R_r'\left(\frac{1-s}{s}\right) \tag{8.37}$$

其中，第一个分量 R_r' 用来模拟转子铜损，$R_r'\left(\frac{1-s}{s}\right)$ 用来模拟机电功率，如图 8.19 所示。

这样一来，感应电机的功率损耗就可以与每相位等效电路模型中的功率损耗相关联。图 8.20 所示为显示功率流的感应电机等效电路。

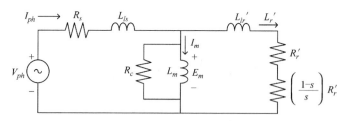

图 8.19 含有两个转子电阻分量的感应电机等效电路

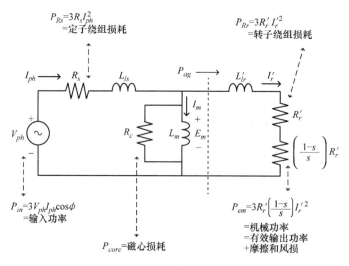

图 8.20 显示功率流的感应电机等效电路

8.3.1 三相感应电机功率

机电功率 P_{em} 是从电能到机械能的功率转换。感应电机内机电功率转换的常见电气和机械表达式为

$$P_{em} = 3R_r'\left(\frac{1-s}{s}\right)I_r'^2 = T_{em}\omega_r \tag{8.38}$$

式中，"3"表示三个相位。

转子铜损 P_{Rr} 由下式给出

$$P_{Rr} = 3R_r'I_r'^2 = T_{em}\omega_{slip} \tag{8.39}$$

我们可以注意到，转子铜损会随着转差频率增加。这可能是保持低转差频率以最小化转子铜损的动机，因为这种热损失难以从转子中去除并影响电机的尺寸和热管理。注意，转差频率也是一个控制参数。

从定子和转子之间气隙穿过的功率被称为气隙功率 P_{ag}，简化定义式为

$$P_{ag} = \frac{3R_r'I_r'^2}{s} = T_{em}\omega_{syn} \tag{8.40}$$

定子铜损 P_{Rs} 的表达式为

$$P_{Rs} = 3R_sI_{ph}^2 \tag{8.41}$$

集中磁心损耗、摩擦损耗和风损 P_{cfw} 由下式给出

$$P_{cfw} = T_{nl}\omega_r \tag{8.42}$$

总电机损失 $P_{m(loss)}$ 是磁心、摩擦和风损及定子和转子铜损之和

$$P_{m(loss)} = P_{cfw} + P_{Rs} + P_{Rr} = T_{nl}\omega_r + 3R_sI_{ph}^2 + 3R_r'I_r'^2 \tag{8.43}$$

输入功率 P_{ph} 是气隙功率、定子铜损及磁心损耗之和，可以简单表示为

$$P_{ph} = 3V_{ph}I_{ph}\cos\phi \tag{8.44}$$

8.3.2 三相感应电机转矩

有很多不同的表达式可以用于转矩和电流之间的关系。任何电机中转矩的产生都是基于磁流和电流的正交。感应电机转矩表达式为

$$T_{em} = 3\frac{p}{2}\lambda_r I_r' \tag{8.45}$$

式中，"3"是三相位；p 是磁极数；λ_r 是转子磁链（见16章16.7节）。

注意，本书中磁链 λ 被视为交流电机的有效值。在方程中使用峰值磁链是很普遍的，在这种情况下，需要将系数调整为 $\sqrt{2}$ 倍。

转子磁链 λ_r 等于定子磁链 λ_s 减去定子和转子的漏磁通。在简化项中，转子磁链等于磁通链减去转子漏磁链

$$\lambda_r = L_mI_m - L_{lr}'I_r' \tag{8.46}$$

因此，电磁转矩由下式给出

$$T_{em} = 3\frac{p}{2}(L_mI_m - L_{lr}'I_r')I_r' \tag{8.47}$$

如果将式（8.45）与式（8.38）联合，转子电流和转差频率之间的关系可以推导为

$$I_r' = \frac{p}{2R_r'}\lambda_r\omega_{slip} \tag{8.48}$$

可得出以下转矩和转差表达式

$$T_{em} = 3\frac{p^2}{4R_r'}\lambda_r^2\omega_{slip} \tag{8.49}$$

现在，在转差率、电流及转矩之间可以建立一些基本的关系。如果 λ_r 维持在一个常值，就会保持如下的关系

$$T_{em} \propto I_r' \propto \omega_{slip} \tag{8.50}$$

在感应电机中，这是一个非常重要的关系。基本上，如果转子磁链可以被维持在常数（或者大约为常数），这样已经形成的电磁转矩相对于转子电流和转子转差率是成线性比例的。忽略电频率或机械频率，或者是驱动还是发电，这个关系在四个运转象限内都成立。

转矩与转子速度和转差率的关系如图 8.21 所示。在此曲线上，转子速度通过除以同步速度进行归一化。在 $s=0$ 时，无转矩产生。当转差率从 0 增加时，转矩伴随着转差率大约成线性增加，而电机漏感对其影响不大。

随着转差率继续增加，由于漏感发挥更大的作用，转矩达到最大值。当转子电流继续增加，电压下降，定子和转子漏感的电压降增加，导致电机内的电压显著下降，从而限制了转矩产生电流。随着转差率的增加，转矩继续下降。

如果引入负转差率，电机将起到发电机的作用。因此，当电机运转在向前模式时，将产生一个负转矩。同样，转矩和负转差率之间也存在相似的关系。最初，转矩随着转差率线性增加，由于泄漏而达到最大值，然后显著下降。

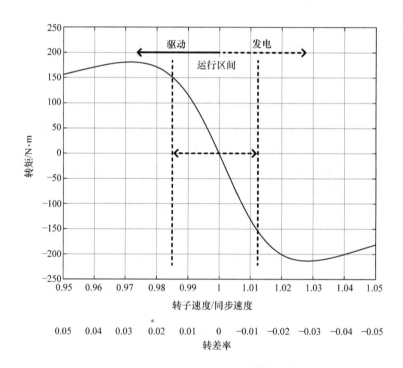

图 8.21 转矩与转子速度和转差率的关系

汽车感应电机能以极低的转差率高效运行，不像直联机工业电机，逆变器供电

的汽车电机不会运转在较高转差率的区域,此区域内转矩随着转差率而下降。

如果我们关注运行区域,如图 8.21 所示,则可以看到此电机名义上运行在 -150~150N·m 之间,转差率范围为 +1.5% ~ -1.3%。该曲线是使用定子上的恒定电压生成的。对于这种恒定电压源条件,在再生过程中磁链会更高,导致相同转矩水平下的转差率略低。

在额定条件下,归一化转子速度为同步速度的 0.985~1 倍,或者转差率范围为 0~0.015,其相关特征曲线如图 8.22 所示。转子转矩与速度的关系如图 8.22a 所示,反射转子电流、磁化电流及相位电流与速度的关系如图 8.22b 所示,电机效率和功率因子与速度的关系如图 8.22c 所示。

在零转差率时,电机运行在同步速度并产生零转矩。转子转矩和电流随着转差率成比例增加。电机被供给一个常电频率,磁化电流仍然是一个相对稳定的常值。相位电流由反射转子和磁化电流组成。

当转矩增加时,电机效率在中等转矩下增加至 90s;而在额定转矩下,效率下降至 90s。功率因子同样在中等转矩时达到峰值,在额定条件下降至 0.86 左右。

8.3.3 感应电机相量分析

应用相量分析可以很容易地描述电机稳态运转。电机运转在驱动模式下的相量图如图 8.23 所示。在该相量图中,以每相供电电压指针 $\overline{V}_{ph}$ 作为参考。由于穿过定子阻抗 $\overline{Z}_s$ 上的压降 $\overline{V}_{Zs}$,穿过磁感 $\overline{E}_m$ 的反电动势滞后于 $\overline{V}_{ph}$。定子阻抗由定子电阻和漏感组成。由于转子的漏感,转子磁链 $\overline{\lambda}_r$ 滞后于 $\overline{I}_m$,转子电流 $\overline{I}_r$ 滞后于 $\overline{\lambda}_r$ 90°。因此,反射转子电流 $\overline{I}_r'$ 领先 $\overline{\lambda}_r$ 90°。每相供电电流 $\overline{I}_{ph}$ 是 $\overline{I}_m$ 和 $\overline{I}_r'$ 的矢量和。

当作为发电机运行时,感应电机相量图如图 8.24 所示。

为了使电机在前进方向可重复地运行,随着穿过 $\overline{Z}_s$ 的电压差 $\overline{V}_{Zs}$ 降低,反电动势 $\overline{E}_m$ 必须超过供给电压 $\overline{V}_{ph}$。对于发电模式,转差率是负值,反射转子电流滞后 $\overline{\lambda}_r$ 90°,故其与 $\overline{E}_m$ 的相位差接近 -180°。

8.3.4 当供给电流源时的电机运转

用于牵引的汽车感应电机由功率电子转换器供电,功率电子转换器可以精确控制提供给电机的电压、电流及频率。本节中,我们通过方程特征化电机运转。首先,让我们简化先前的等效电路,将磁心损耗和摩擦及风损合并为 P_{cfw},如图 8.25 所示。

通过改变磁心损耗以消除离散电子磁心损耗电阻要求,并将磁心损耗建模为机电损耗,使电路更易于分析。

因此,机电功率包含有效的转子功率和磁心损耗、摩擦及风损功率,即

$$P_{em} = P_r + P_{cfw} \tag{8.51}$$

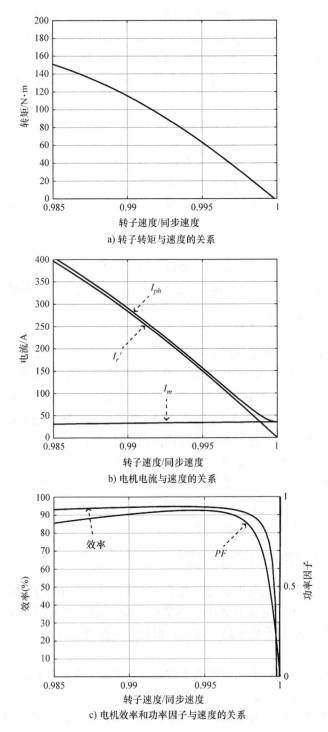

图 8.22 感应电机特征曲线

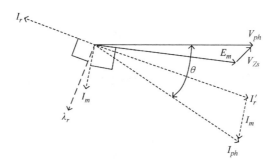

图 8.23 感应电机驱动模式下的磁心损耗图

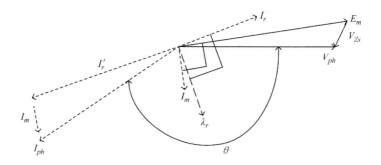

图 8.24 感应电机发电模式下的磁心损耗图

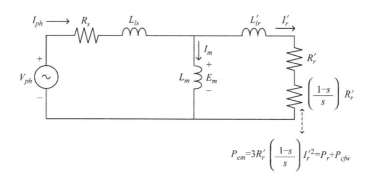

图 8.25 简化等效电路模型

对于给定的机电功率，可以计算给定转差率下的转子电流。我们可以通过修改式 (8.38) 来确定 $\bar{I}_r'$ 及 $\tilde{I}_r'$ 的均方根幅值

$$I_r' = \sqrt{\frac{sP_{em}}{3R_r'(1-s)}} \qquad (8.52)$$

通过修改式(8.39)也可得到

$$I_r' = \sqrt{\frac{T_{em}\omega_{slip}}{3R_r'}} \tag{8.53}$$

对于 I_r' 来说,以上两种形式都可以使用。

此时分析可以被简化,通过假设 $\bar{I}_r'$ 为参考相量,以使 $\bar{I}_r'$ 虚部为零,即

$$\bar{I}_r' = I_r' + j0 \tag{8.54}$$

反射转子阻抗由下式给出

$$\bar{Z}_r' = \frac{R_r'}{s} + j\omega_e L_{lr}' \tag{8.55}$$

反电动势 $\bar{E}_m$ 为

$$\bar{E}_m = \bar{I}_r' \bar{Z}_r' \tag{8.56}$$

磁感电流由下式给出

$$\bar{I}_m = \frac{\bar{E}_m}{j\omega_e L_m} \tag{8.57}$$

根据基尔霍夫电流定律,相位电流是反射转子和磁感电流的总和

$$\bar{I}_{ph} = \bar{I}_r' + \bar{I}_m \tag{8.58}$$

转子阻抗为

$$\bar{Z}_r' = R_s + j\omega_e L_{ls} \tag{8.59}$$

流过定子阻抗的压降是

$$\bar{V}_{Zs} = \bar{I}_{ph}\bar{Z}_s \tag{8.60}$$

最终,每相供电电压是

$$\bar{V}_{ph} = \bar{E}_m + \bar{V}_{Zs} \tag{8.61}$$

因此,电机可以使用基本相量分析完全特征化。一旦知道变化电流,关键的电机定义如效率和功率因子就可以被估计。

8.3.4.1 例:应用感应电机在额定转速驱动

在这个例子中,对于第 7 章中介绍的纯电动汽车,我们使用鼠笼式感应电机作为牵引电机。为了优化风阻,典型的汽车牵引电机是四极而不是八极,所以电机在额定转速输出的基本定义是 $P_{r(rated)} = 80\text{kW}$ 并且 $T_{r(rated)} = 140\text{N}\cdot\text{m}$。(为了实现作为八极电机的相同加速度,机械齿轮比可以被修改)

电机有如下的参数: $R_s = 12\text{m}\Omega$, $L_{ls} = 50\mu\text{H}$, $L_m = 2.0\text{mH}$, $L_{lr}' = 40\mu\text{H}$, $R_r' = 4.8\text{m}\Omega$, $T_{nl} = 2\text{N}\cdot\text{m}$。额定条件下的转差率是 1.5%。

计算每相输入电流、电压、频率、功率因子及电机效率。忽略磁滞和温升。

解:

额定转子速度是

$$\omega_{r(rated)} = \frac{P_{r(rated)}}{T_{r(rated)}} = \frac{8000}{140}\text{rad/s} = 571.43\,\text{rad/s}$$

转子频率是

$$f_{r(rated)} = \frac{\omega_{r(rated)}}{2\pi} = \frac{571.43}{2\pi}\text{Hz} = 90.95\text{Hz}$$

同步频率是

$$f_{syn} = \frac{f_{r(rated)}}{1-s} = \frac{90.95}{1-0.015}\text{Hz} = 92.33\text{Hz}$$

转差率频率是

$$f_{slip} = f_{syn} - f_{r(rated)} = 92.33\text{Hz} - 90.95\text{Hz} = 1.38\text{Hz}$$

电频率是

$$f_e = \frac{p}{2}f_{syn} = \frac{4}{2} \times 92.33\text{Hz} = 184.66\text{Hz}$$

空载或磁心、摩擦及风损为

$$P_{cfw} = T_{nl}\omega_r = 2 \times 571.43\text{W} = 1.143\text{kW}$$

当运转在驱动模式时，电磁转矩和功率是输出和空载值的总和

$$T_{em} = T_r + T_{nl} = 140\text{N}\cdot\text{m} + 2\text{N}\cdot\text{m} = 142\text{N}\cdot\text{m}$$

$$P_{em} = P_r + P_{cfw} = 80\text{kW} + 1.143\text{kW} = 81.143\text{kW}$$

给定转差率后，我们可以用式（8.52）来确定 I'_r

$$I'_r = \sqrt{\frac{sP_{em}}{3R'_r(1-s)}} = \sqrt{\frac{0.015 \times 81143}{3 \times 0.0048 \times (1-0.015)}}\text{A} = 292.94\text{A}$$

极坐标形式下

$$\overline{I}'_r = (292.94 + j0)\text{A} = 292.94\angle 0°\text{A}$$

反射转子阻抗为

$$\overline{Z}'_r = \frac{R'_r}{s} + j\omega_e L'_{lr} = \left(\frac{0.0048}{0.015} + j2\pi \times 184.66 \times 40 \times 10^{-6}\right)\Omega$$

$$= (0.32 + j0.0464)\Omega$$

反电动势为

$$\overline{E}_m = \overline{I}'_r \overline{Z}'_r = (292.94 + j0) \times (0.32 + j0.0464)\text{V}$$

$$= (93.74 + j13.59)\text{V} = 94.72\angle +8.25°\text{V}$$

磁化电流由下式给出

$$\overline{I}_m = \frac{\overline{E}_m}{j\omega_e L_m} = \frac{(93.74 + j13.59)}{j2\pi \times 184.66 \times 2 \times 10^{-3}}\text{A} = (5.86 - j40.39)\text{A}$$

$$= 40.81\angle -81.74°\text{A}$$

转子磁链由下式给出

$$\overline{\lambda}_r = L_m \overline{I}_m - L'_{lr}\overline{I}'_r = 2 \times 10^{-3} \times (5.86 - j40.39)\text{Wb} - 40 \times 10^{-6} \times (292.94 + j0)\text{Wb}$$

$$= (0 - j0.08078)\text{Wb} = 0.80078\angle -90°\text{Wb}$$

相位电流是反射转子和磁化电流之和

$$\overline{I}_{ph} = \overline{I}'_r + \overline{I}_m = (292.94 + j0 + 5.86 - j40.39)\text{A} = (298.8 - j40.39)\text{A}$$

极坐标形式下

$$\overline{I}_{ph} = 301.5 \angle -7.7° \text{A}$$

定子阻抗是

$$\overline{Z}_r' = R_s + j\omega_e L_{ls} = (0.012 + j2\pi \times 184.66 \times 50 \times 10^{-6})\Omega$$
$$= (0.012 + j0.058)\Omega$$

流过定子阻抗的压降是

$$\overline{V}_{Zs} = \overline{I}_{ph}\overline{Z}_s = (298.8 - j40.39)(0.012 + j0.058)\text{V}$$
$$= (5.93 + j16.85)\text{V}$$

每相供电电压是

$$\overline{V}_{ph} = \overline{E}_m + \overline{V}_{Zs} = (93.74 + j13.59 + 5.93 + j16.85)\text{V}$$
$$= (99.67 + j30.44)\text{V}$$

或者以极坐标形式表示为

$$\overline{V}_{ph} = 104.21 \angle +16.98° \text{V}$$

电机功率损失是电阻损耗、磁心和摩擦及风损之和

$$P_{m(loss)} = P_{cfw} + 3R_s I_{ph}^2 + 3R_r' I_r'^2$$
$$= 1143\text{W} + 3 \times 0.012 \times 301.5^2 \text{W} + 3 \times 0.0048 \times 292.94^2 \text{W}$$
$$= 5651\text{W}$$

电机输入功率是

$$P_{in} = P_r + P_{m(loss)} = 80\text{kW} + 5.651\text{kW} = 85.651\text{kW}$$

电机效率由下式给出

$$\eta = \frac{P_r}{P_{in}} = \frac{80\text{kW}}{85.651\text{kW}} \times 100\% = 93.4\%$$

电机功率因子为

$$PF = \frac{P_{in}}{3V_{ph}I_{ph}} = \frac{85651}{3 \times 104.21 \times 301.5} = 0.9087$$

以反射转子电流作为参考相量生成不同的电压和电流;转换相量可使电源电压成为参考相量——在这种情况下,只需从上述所有相量中减去 16.98°。

8.3.4.2 例:使用感应电机以额定转速驱动(忽略漏磁)

通过使用简化的模型可以合理地估算电机电流、电压、功率损失及效率。对于此模型,我们假设漏磁电感为零。

解:

我们已经知道

$$\overline{I}_r' = (292.94 + j0)\text{A}$$

忽略漏磁,反射转子阻抗为

$$\overline{Z}_r' = \frac{R_r'}{s} = \frac{0.0048}{0.015}\Omega = 0.32\Omega$$

反电动势为

$$\overline{E}_m = \overline{I}_r' \overline{Z}_r' = (292.94 + j0) \times 0.32\text{V} = 93.74\text{V}$$

磁化电流为

$$\overline{I}_m = \frac{\overline{E}_m}{j\omega_e L_m} = \frac{93.74}{j2\pi \times 184.66 \times 2 \times 10^{-3}}\text{A} = -j40.39\text{A}$$

相位电流是反射转子和磁化电流的总和

$$\overline{I}_{ph} = \overline{I}_r' + \overline{I}_m = (292.94 - j40.39)\text{A}$$

或者以相量形式表示为

$$\overline{I}_{ph} = 295.7\angle -7.85°\text{A}$$

忽略漏磁，定子阻抗为

$$\overline{Z}_s = R_s = 0.012\Omega$$

流过定子阻抗的压降是

$$\overline{V}_{Zs} = \overline{I}_{ph}\overline{Z}_s = (292.94 - j40.39) \times 0.012\text{V} = (3.52 - j0.48)\text{V}$$

每相供给电压是

$$\overline{V}_{ph} = \overline{E}_m + \overline{V}_{Zs} = (93.74 + 3.52 - j0.48)\text{V} = (97.26 - j0.48)\text{V}$$

或者以相量形式表示为

$$\overline{V}_{ph} = 97.26\angle +0.28°\text{V}$$

电机功率损耗是电阻损耗、磁心和摩擦及风损之和

$$P_{m(loss)} = P_{cfw} + 3R_s I_{ph}^2 + 3R_r' I_r'^2$$
$$= 1143\text{W} + 3 \times 0.012 \times 295.71^2\text{W} + 3 \times 0.0048 \times 292.94^2\text{W} = 5527\text{W}$$

电机输入功率是

$$P_{in} = P_r + P_{m(loss)} = 80\text{kW} + 5.527\text{kW} = 85.527\text{kW}$$

电机效率由下式给出

$$\eta = \frac{P_r}{P_{in}} = \frac{80\text{kW}}{85.527\text{kW}} \times 100\% = 93.54\%$$

忽略漏磁与考虑磁漏时的电流、功率损耗及效率计算值相当。

8.3.4.3 例：感应电机以额定转速发电

使用与8.3.4.1节中相同的电机，当电机在额定转速下以 -1.5% 的转差率在转子上产生 -80kW 的功率和 -140N·m 的转矩时，确定相电压和电流、功率因子及效率。忽略磁滞和温度影响。

解：

额定转子速度是

$$\omega_{r(rated)} = \frac{P_{r(rated)}}{T_{r(rated)}} = \frac{-8000}{-140}\text{rad/s} = 571.43\text{rad/s}$$

或 $f_{r(rated)} = \dfrac{f_{r(rated)}}{2\pi} = \dfrac{571.43}{2\pi}\text{Hz} = 90.95\text{Hz}$

由于负的转差率，同步频率降低

$$f_{syn} = \frac{f_{r(rated)}}{1-s} = \frac{90.95}{1+0.015}\text{Hz} = 89.6\text{Hz}$$

电频率为

$$f_e = \frac{p}{2}f_{syn} = \frac{4}{2} \times 89.6\text{Hz} = 179.2\text{Hz}$$

空载或者磁心、摩擦及风损仍然为

$$P_{cfw} = T_{nl}\omega_r = 2 \times 571.43\text{W} = 1.143\text{kW}$$

当电机运转在发电模式时，电磁转矩和功率是输出和空载值的总和

$$T_{em} = T_r + T_{nl} = -140\text{N}\cdot\text{m} + 2\text{N}\cdot\text{m} = -138\text{N}\cdot\text{m}$$

$$P_{em} = P_r + P_{cfw} = -80\text{kW} + 1.143\text{kW} = -78.857\text{kW}$$

给定转差率后，可以用式（8.25）来确定 I_r'

$$I_r' = \sqrt{\frac{sP_{em}}{3R_r'(1-s)}} = \sqrt{\frac{-0.015 \times -78857}{3 \times 0.0048 \times (1+0.015)}}\text{A} = 284.48\text{A}$$

极坐标形式下，实部是负的，虚部是零

$$\bar{I}_r' = (-288.48 + j0)\text{A}$$

反射转子阻抗为

$$\bar{Z}_r' = \frac{R_r'}{s} + j\omega_e L_{lr}' = \left(\frac{0.0048}{0.015} + j2\pi \times 179.2 \times 40 \times 10^{-6}\right)\Omega$$

$$= (-0.32 + j0.0450)\Omega$$

反电动势为

$$\bar{E}_m = \bar{I}_r'\bar{Z}_r' = (-284.48 + j0) \times (-0.32 + j0.0450)\text{V}$$

$$= (91.03 - j12.80)\text{V}$$

磁化电流由下式给出

$$\bar{I}_m = \frac{\bar{E}_m}{j\omega_e L_m} = \frac{(93.74 + j13.59)}{j2\pi \times 184.66 \times 2 \times 10^{-3}}\text{A} = (-5.86 - j40.42)\text{A}$$

相位电流是反射转子与磁化电流之和

$$\bar{I}_{ph} = \bar{I}_r' + \bar{I}_m = (-284.48 + j0 - 5.86 - j40.42)\text{A}$$

$$= (-290.16 - j40.42)\text{A}$$

或者以极坐标形式表示为

$$\bar{I}_{ph} = 292.96 \angle -172.07°\text{A}$$

定子阻抗是

$$\bar{Z}_r' = R_s + j\omega_e L_{ls} = (0.012 + j2\pi \times 179.2 \times 50 \times 10^{-6})\Omega$$

$$= (0.012 + j0.0563)\Omega$$

流过定子阻抗的压降是

$$\bar{V}_{Zs} = \bar{I}_{ph}\bar{Z}_s = (-290.16 - j40.42)(0.012 + j0.0563)\text{V}$$

$$= (-1.21 - j16.82)\text{V}$$

每相供电电压是

$$\overline{V}_{ph} = \overline{E}_m + \overline{V}_{Zs} = (91.03 - j12.8 - 1.21 - j16.82)\text{V}$$
$$= (89.82 + j29.61)\text{V}$$

或者以极坐标形式表示为

$$\overline{V}_{ph} = 94.57 \angle -18.25°\text{V}$$

电机功率损耗是电阻损耗、磁心和摩擦及风损之和

$$P_{m(loss)} = P_{cfw} + 3R_s I_{ph}^2 + 3R_r' I_r'^2$$
$$= 1143\text{W} + 3 \times 0.012 \times 292.96^2\text{W} + 3 \times 0.0048 \times 284.48^2\text{W}$$
$$= 5398\text{W}$$

电机输入功率是

$$P_{in} = P_r + P_{m(loss)} = -80\text{kW} + 5.398\text{kW} = -74.602\text{kW}$$

电机效率由下式给出

$$\eta = \frac{P_r}{P_{in}} = \frac{-74.602\text{kW}}{-80\text{kW}} \times 100\% = 93.25\%$$

电机功率因子为

$$PF = \frac{P_{in}}{3V_{ph}I_{ph}} = \frac{-74602}{3 \times 94.57 \times 292.96} = -0.8975$$

8.4 感应电机的变速运转

下一个阶段是使电机能够在转矩和速度的所有四个象限内运转（见第 6 章，图 6.11）。速度和转矩范围很宽广；从保持车辆在山上滚动的高转矩到高速爬坡的范围。

转矩和速度全范围控制可以通过输入电频率和相位电流来实现。对于给定的输入相位电流，转差率幅值决定了电流电磁和反射转子部分之间如何分配。这个可以通过参考图 8.26 所示的简化等效电路来理解，其中寄生电阻和漏磁被忽略，且电机通过转换器作为电流源来供电。转差率幅度确定并行磁化和转子分支之间的相位电流如何分配。

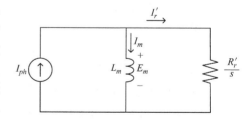

图 8.26 简化等效电路

如果我们回顾之前的转矩方程，则可以观察到必须控制的基本的关系。通过控制相位电流和转差率，磁化电流可以被间接地控制，这就意味着转子磁链可以被间接地控制。转矩方程可被重写为

$$T_{em} = 3\frac{p}{2}\lambda_r I_r' = 3\frac{p}{2}(L_m I_m - L_{lr}' I_r') I_r' \tag{8.62}$$

且

$$T_{em} = 3\frac{p^2}{4R_r'}\lambda_r^2\omega_{slip} = 3\frac{p^2}{4R_r'}\lambda_r\omega_e s \qquad (8.63)$$

在额定转速或者低于额定转速时，最大转矩可通过最大化磁链来生成。高于额定转速时，磁链必须减少，因为电机受到最大磁密度的限制。因此，在高转速时，电机运行在磁场弱化模式。

8.4.1 每Hz运转的恒定电压

通过控制磁化电流和转子电流，转子磁链可保持为常数，即

$$\lambda_r = L_m I_m - L_{lr}'I_r' = 常数 \qquad (8.64)$$

如果忽略寄生参数，那么我们可以得到转子磁链、每相供给电压及电频率之间的关系

$$\lambda_r \approx L_m I_m \approx \frac{E_m}{\omega_e} \approx \frac{V_{ph}}{\omega_e} \propto \frac{V_{ph}}{f_e} \qquad (8.65)$$

因此，供给每Hz一个恒定的电压值可提供一个合理的近似值来维持恒定的转子磁链。

例：维持每Hz常压

如果以200Hz的100V供给电压将电机控制在额定转速下，确定为了维持在一半的额定转速的每Hz常压所需的大概的供给电压和频率。

解：

对于这种简单的情况，供给电压和频率两者都降低到其额定值的一半，从而使电机在100Hz时的供给电压为50V。

8.4.2 变速运行

在较低额定转速下，$\lambda_r = L_m I_m - L_{lr}'I_r'$可以被保持在近似常值，根据式（8.62）和式（8.63）可得

$$T_{em} \propto I_r' \text{ 且 } T_{em} \propto \omega_{slip} \qquad (8.66)$$

这里需要特别注意的是，电机以高磁通量运转会引起对增加转矩需求的快速动态响应，但同样也会增加磁心损失。如果电机效率是主要的考虑因素，而不是电动汽车的动态响应，为了优化在较低转矩水平的电机效率，很有必要降低磁通量密度。

当在额定转速之上运行时，磁感电流必须与转速成反比减少以弱化磁场。

额定转速以上，$\lambda_r = L_m I_m - L_{lr}'I_r'$必须通过降低磁化电流来减小，以弱化磁场，故有

$$T_{em} \propto I_m I_r' \text{ 且 } T_{em} \propto I_m^2 \omega_{slip} \qquad (8.67)$$

如果忽略漏磁影响且让$\lambda_r \approx L_m I_m$。那么，为了维持额定转速以上的额定功率，

转矩和磁感电流与转速成反比下降，同时反射转子电流维持近似常数。相似地，对于额定转速以上的常值功率，转差频率随着频率的增加而增加，同时转差率保持常数。

8.4.2.1 例：感应电机以两倍额定转速的弱磁场驱动

对于8.3.4.1节的案例，当电机以两倍额定转速全功率运转时，计算每相输入电流、电压、频率、功率因子和电机效率。假设转差率为1.5%。

解：

当运转在两倍的额定转速下，为了维持恒定功率，转子转矩从140N·m降至70N·m。

转子速度是

$$\omega_{r(rated)} = \frac{P_{r(rated)}}{T_r} = \frac{80000}{70}\text{rad/s} = 1142.9\text{rad/s}$$

转子频率是

$$f_r = \frac{\omega_r}{2\pi} = \frac{1142.9}{2\pi}\text{Hz} = 181.89\text{Hz}$$

同步频率为

$$f_{syn} = \frac{f_r}{1-s} = \frac{181.89}{1-0.015}\text{Hz} = 184.66\text{Hz}$$

转差频率为

$$f_{slip} = f_{syn} - f_r = 184.66\text{Hz} - 181.89\text{Hz} = 2.77\text{Hz}$$

电频率是

$$f_e = \frac{p}{2}f_{syn} = \frac{4}{2} \times 184.66\text{Hz} = 369.32\text{Hz}$$

磁心、摩擦及风损总和为

$$P_{cfw} = T_{nl}\omega_r = 2 \times 1142.9\text{W} = 2286\text{kW}$$

当运转在驱动模式时，电磁转矩和功率是输出和空载转矩的总和

$$T_{em} = T_r + T_{nl} = 70\text{N}\cdot\text{m} + 2\text{N}\cdot\text{m} = 72\text{N}\cdot\text{m}$$

并且

$$P_{em} = P_r + P_{cfw} = 80\text{kW} + 2.286\text{kW} = 82.286\text{kW}$$

给定转差率后，可以用式（8.53）确定I_r'

$$I_r' = \sqrt{\frac{T_{em}\omega_{slip}}{3R_r'}} = \sqrt{\frac{72 \times 2\pi \times 2.77}{3 \times 0.0048}}\text{A} = 295.0\text{A}$$

极坐标形式下

$$\overline{I}_r' = (295 + j0)\text{A} = 295\angle 0°\text{A}$$

反射转子阻抗为

$$\overline{Z}_r' = \frac{R_r'}{s} + j\omega_e L_{lr}' = \left(\frac{0.0048}{0.015} + j2\pi \times 369.32 \times 40 \times 10^{-6}\right)\Omega$$

$$= (0.32 + j0.0928)\Omega$$

反电动势为

$$\overline{E}_m = \overline{I}_r' \overline{Z}_r' = (295+j0) \times (0.32+j0.0928) \text{V}$$
$$= (94.4+j27.38) \text{V} = 98.29 \angle +16.17° \text{V}$$

磁化电流由下式给出

$$\overline{I}_m = \frac{\overline{E}_m}{j\omega_e L_m} = \frac{(94.4+j27.38)}{j2\pi \times 369.32 \times 2 \times 10^{-3}} \text{A} = (5.90-j20.34) \text{A}$$
$$= 21.18 \angle -73.82° \text{A}$$

相位电流是反射转子电流与磁化电流之和

$$\overline{I}_{ph} = \overline{I}_r' + \overline{I}_m = (295+j0+5.90-j20.34) \text{A}$$
$$= (300.9-j20.34) \text{A} = 301.59 \angle -3.87° \text{A}$$

定子阻抗是

$$\overline{Z}_s' = R_s + j\omega_e L_{ls} = (0.012+j0.1160) \Omega$$

流过定子阻抗的压降是

$$\overline{V}_{Zs} = \overline{I}_{ph} \overline{Z}_s = (300.9-j20.34) \times (0.012+j0.1160) \text{V}$$
$$= (5.97+j34.66) \text{V}$$

每相供电电压是

$$\overline{V}_{ph} = \overline{E}_m + \overline{V}_{Zs} = (94.4+j27.38)+(5.97+j34.66) \text{V}$$
$$= (100.37+j62.04) \text{V}$$
$$= 118.0 \angle +31.72° \text{V}$$

电机功率损耗是电阻损耗、磁心和摩擦及风损之和

$$P_{m(loss)} = P_{cfw} + 3R_s I_{ph}^2 + 3R_r' I_r'^2$$
$$= 2286\text{W} + 3 \times 0.012 \times 301.59^2 \text{W} + 3 \times 0.0048 \times 295^2 \text{W}$$
$$= 6814\text{W}$$

电机输入功率是

$$P_{in} = P_r + P_{m(loss)} = 80\text{kW} + 6.814\text{kW} = 86.814\text{kW}$$

电机效率由下式给出

$$\eta = \frac{P_r}{P_{in}} = \frac{80\text{kW}}{86.814\text{kW}} \times 100\% = 92.15\%$$

电机功率因子为

$$PF = \frac{P_{in}}{3V_{ph}I_{ph}} = \frac{86814}{3 \times 118 \times 301.59} = 0.8131$$

由于高频下流过漏磁阻抗的压降增加,功率因子相对额定条件下被降级。

8.4.2.2 例:应用感应电机的失速/起动

电机在零速下可以很容易地被控制生成转矩,如在失速/起动工况。与前面的案例使用的分析方法一样。式(8.53)用来计算基于转矩需求的转子电流。对于

前面的案例，计算当运行在零速额定转矩下每相输入电流、电压、频率、功率因子及电机效率。假定转差频率为额定条件下的 1.385Hz。忽略磁心、摩擦及风损。

解：

转子速度是
$$\omega_r = 0\,\text{rad/s}$$

转子频率是
$$f_r = 0z$$

同步频率为
$$f_{syn} = f_r + f_{slip} = 0\text{Hz} + 1.385\text{Hz} = 1.385\text{Hz}$$

电频率是
$$f_e = \frac{p}{2}f_{syn} = \frac{4}{2} \times 1.385\text{Hz} = 2.77\text{Hz}$$

给定转差率，我们可以确定 I_r'。这种工况下，我们可以使用式（8.53）来计算

$$I_r' = \sqrt{\frac{T_{em}\omega_{slip}}{3R_r'}} = \sqrt{\frac{140 \times 2\pi \times 1.385}{3 \times 0.0048}}\text{A} = 290.9\text{A}$$

极坐标形式下
$$\overline{I}_r' = (290.9 + j0)\text{A} = 290.9\angle 0°\text{A}$$

反射转子阻抗为
$$\overline{Z}_r' = \frac{R_r'}{s} + j\omega_e L_{lr}' = \left(\frac{0.0048}{1} + j2\pi \times 2.77 \times 40 \times 10^{-6}\right)\Omega$$
$$= (0.0048 + j0.0007)\Omega$$

反电动势为
$$\overline{E}_m = \overline{I}_r'\overline{Z}_r' = (290.9 + j0) \times (0.0048 + j0.0007)\text{V}$$
$$= (1.4 + j0.2)\text{V} = 1.4\angle +8.25°\text{V}$$

磁化电流由下式给出
$$\overline{I}_m = \frac{\overline{E}_m}{j\omega_e L_m} = (5.82 - j40.11)\text{A} = 40.5\angle -81.75°\text{A}$$

转子磁链由下式给出
$$\lambda_r = L_m I_m - L_{lr}' I_r' = (0 - j0.0802)\text{Wb}$$
$$= 0.0802\angle -90°\text{Wb}$$

相位电流是反射转子电流与磁化电流之和
$$\overline{I}_{ph} = \overline{I}_r' + \overline{I}_m = (290.9 + 5.82 - j40.11)\text{A}$$
$$= (296.72 - j40.11)\text{A}$$
$$= 299.4\angle -7.7°\text{A}$$

定子阻抗是

$$\overline{Z}_r' = R_s + j\omega_e L_{ls} = (0.012 + j2\pi \times 2.77 \times 50 \times 10^{-6})\Omega$$
$$= (0.012 + j0.0009)\Omega$$

流过定子阻抗的压降是
$$\overline{V}_{Zs} = \overline{I}_{ph}\overline{Z}_s = (296.72 - j40.11) \times (0.012 + j0.0009)\text{V}$$
$$= (3.6 - j0.22)\text{V}$$

每相供电电压是
$$\overline{V}_{ph} = \overline{E}_m + \overline{V}_{Zs} = (1.4 + j0.2 + 3.6 - j0.22)\text{V}$$
$$= (5 - j0.02)\text{V} = 5\angle -0.23°\text{V}$$

电机功率损耗是电阻损耗、磁心和摩擦及风损之和
$$P_{m(loss)} = P_{cfw} + 3R_s I_{ph}^2 + 3R_r' I_r'^2$$
$$= 0\text{W} + 3227\text{W} + 1218\text{W}$$
$$= 4445\text{W}$$

电机效率由下式给出
$$\eta = \frac{P_r}{P_{in}} = \frac{0\text{W}}{4445\text{W}} \times 100\% = 0\%$$

电机功率因子为
$$PF = \frac{P_{in}}{3V_{ph}I_{ph}} = \frac{4445}{3 \times 5 \times 299.4} = 0.99$$

在起动或者失速模式下,由于热限制,电机电流被限制到额定值。电机可以生成全转矩,同时电流源逆变器在低电压下为电机提供额定电流。

8.4.2.3 转子热效应

在确定最优的转差率时,转子电阻值很关键。然而,根据转子功率损耗,转子可以被加热,但不容易被冷却。导体电阻 R 和温度 T 之间的一般关系准则是

$$R = R_0[1 + \alpha(T - T_0)] \tag{8.68}$$

式中,α 是温度系数,对于铜电阻来说 $\alpha = 0.004/℃$;R_0 是导体在环境温度 T_0(一般为25℃)下的导体电阻。

可以得出,随着转子温度从25℃升至150℃,转子电阻增加大约50%。因此,为了优化转差率,一些转子温度的评估常常是必须的。同样参考第7章7.11节。

8.5 电机测试

感应电机必须通过试验来确定它的参数。有很多不同的工业测试标准,例如IEEE Std 112,其被诸如电气和电子工程师协会(IEEE)、美国国家标准学会(ANSI)、国际电工委员会(IEC)及美国电气制造商协会(NEMA)的技术标准组织引入。在本节中,我们应用简单的方法去测试电机。

有三个基本的测试:直流电阻测试、锁定转子测试和空载或者自由旋转测试。

8.5.1 直流电阻测试

在这个测试中,为了确定转子绕组电阻 R_s,相位绕组电阻被测量。

星形连接电机的直流电阻测试如图 8.27 所示,R_{DC} 测试值是每相电阻的两倍,R_s 可以通过如下公式确定

$$R_s = \frac{R_{DC}}{2} \quad (8.69)$$

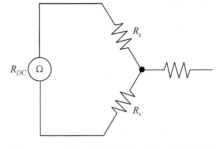

图 8.27 星形连接电机的直流电阻测试

8.5.2 锁定转子测试

这个试验与转换器的短路测试相似。在此测试中,转差率是单位值($s=1$),因为转子运动是被锁定或者阻塞的。在这个工况中,转子的分支电阻非常低,且比磁感分支低很多。因此,此时的磁感分支可以忽略掉。基于忽略磁感阻抗的假设,图 8.28a 所示的等效电路可被简化为图 8.26b 所示的锁定转子测试等效电路。

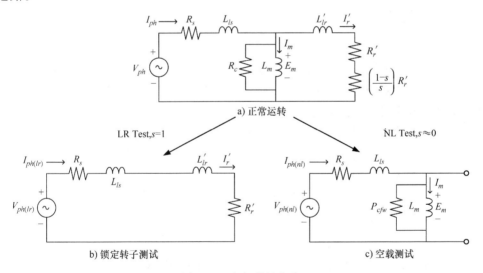

a) 正常运转

b) 锁定转子测试   c) 空载测试

图 8.28 每相等效电路

注意,电频率对本试验来说很重要。转子轴相对较厚,表面铜的趋肤深度会显著影响测量,如果电频率相对较高(见第 16 章 16.3.8 节)。在高频下测试,对于转子轴可引起显著的趋肤深度影响。较低频率的测试对于电机通过逆变器缓冲是合适的,因为逆变器控制输入电频率,且转子频率比正常运行值低很多。

对于该试验,需要以下参数中的任何三个:每相电压 $V_{ph(lr)}$,每相电流 $I_{ph(lr)}$,

三相视在功率 S_{lr}，三相实际功率 P_{lr}，三相无功功率 Q_{lr}，功率因子 PF_{lr}。

输入功率为

$$P_{lr} = 3(R_s + R'_r) I_{ph(lr)}^2 \tag{8.70}$$

鉴于 R_s 根据直流电阻测试获知，反射转子电阻可以从下式确定

$$R'_r = \frac{P_{lr}}{3 I_{ph(lr)}^2} - R_s \tag{8.71}$$

三相无功功率由下式给出

$$Q_{lr} = \sqrt{(3 V_{ph(lr)} I_{ph(lr)})^2 - P_{lr}^2} \tag{8.72}$$

忽略磁化分支

$$Q_{lr} \approx 3 \times 2\pi f_e (L_{ls} + L'_{lr}) I_{ph(lr)}^2 \tag{8.73}$$

可以获得联合漏磁电感表达式为

$$L_{ls} + L'_{lr} = \frac{Q_{lr}}{6\pi f_e I_{ph(lr)}^2} \tag{8.74}$$

基于电机类型或者基于进一步的测试确定，联合漏磁在定子和转子之间可以被分割开来。

8.5.3 空载测试

在该测试中，电机被充电并允许在转子轴上空载自由旋转。该测试与变压器的开路测试相似，如图 8.28c 所示。空载下的转差率非常低，转子分支可假设为非常高的阻抗或者相对磁化分支的开路。磁心、摩擦及风损可通过多次测试单独算出。为了简化，本书将这些损耗合并在一起。

同样，该测试需要以下任何三个参数：每相电压 $V_{ph(nl)}$，每相电流 $I_{ph(nl)}$，三相视在功率 S_{nl}，三相实际功率 P_{nl}，三相无功功率 Q_{nl}，功率因子 PF_{nl}。

磁心、摩擦及风损功率

$$P_{cfw} = P_{nl} - 3 R_s I_{ph(nl)}^2 \tag{8.75}$$

三相无功功率由下式给出

$$Q_{lr} = \sqrt{(3 V_{ph(nl)} I_{ph(nl)})^2 - P_{ln}^2} \tag{8.76}$$

如果定子漏磁电感从锁定转子测试中获知，磁化电感无功功率由下式给出

$$Q_{Lm(nl)} \approx Q_{nl} - 3 \times 2\pi f_e L_{ls} I_{ph(nl)}^2 \tag{8.77}$$

由于功率因子很容易测量或者计算，每相电流可以以极坐标形式写为

$$\bar{I}_{ph(nl)} = I_{ph(nl)} (\cos \phi_{nl} - j \sin \phi_{nl}) \tag{8.78}$$

其中

$$\phi_{nl} = \cos^{-1} PF_{nl} \tag{8.79}$$

假设输入电压是参考相量。磁化电感反电动势指针 $\bar{E}_{ph(ln)}$ 由下式给出

第8章 感应电机

$$\overline{E}_{ph(nl)} = E_{ph(nl)} \angle \phi_{E_{ph(nl)}} = \overline{V}_{ph} - \overline{Z}_s \overline{I}_{ph(nl)}$$
$$= V_{ph(nl)} - (R_s + j2\pi f_e L_{ls}) \times I_{ph(nl)} (\cos\phi_{nl} - j\sin\phi_{nl})$$
(8.80)

每相磁化电感由下式给出

$$L_m = \frac{3E_{ph(nl)}^2}{2\pi f_e Q_{Lm(nl)}}$$
(8.81)

式中，$E_{ph(ln)}$是相量的幅值。

例：电机特性

此案例使用对称、四极、三相、星形连接的80kW感应电机，其特性如下：测量的直流相间电阻为24mΩ。在5.2V（线电压）、10Hz的外加电压下进行锁定转子测试，产生的相电流为293.1A，三相功率为4.33kW。在施加电压为102.6V（线电压）、200Hz的空载测试中，相位电流为40A，三相功率为1.423kW。

估算每相等效电路参数：R_s、L_{ls}、L_m、L_{lr}'、R_r'及P_{cfw}。对于此电机，假设$\frac{L_{ls}}{L_{lr}'} = \frac{5}{4}$。

解：

1）直流电阻测试：

$$R_s = \frac{R_{DC}}{2} = \frac{24}{2}\text{m}\Omega = 12\text{m}\Omega$$

2）锁定转子测试：

定子电阻由下式给出

$$R_r' = \frac{P_{lr}}{3I_{ph(lr)}^2} - R_s = \frac{4330}{3 \times 293.1^2}\text{m}\Omega - 12\text{m}\Omega = 4.8\text{m}\Omega$$

视在功率由下式给出

$$S_{lr} = 3V_{ph(lr)}I_{ph(lr)} = 3 \times 5.2 \times 293.1 \text{V} \cdot \text{A} = 4572 \text{V} \cdot \text{A}$$

输入无功功率由下式给出

$$Q_{lr} = \sqrt{S_{lr}^2 - P_{lr}^2} = \sqrt{4572^2 - 4330^2}\text{var} = 1468\text{var}$$

联合的漏磁电感是

$$L_{ls} + L_{lr}' = \frac{Q_{lr}}{3 \times 2\pi f_e \times I_{ph(lr)}^2} = \frac{1468}{6\pi \times 10 \times 293.1^2}\text{H} = 90.7\mu\text{H}$$

在此问题中，假定漏磁划分为$L_{lr}' = \frac{5}{4}L_{ls}$，则

$$L_{ls} = \frac{5}{9} \times (L_{ls} + L_{lr}') = \frac{5}{9} \times 90.7\mu\text{H} = 50\mu\text{H}$$

且

$$L_{lr}' = \frac{4}{9} \times (L_{ls} + L_{lr}') = \frac{4}{9} \times 90.7\mu\text{H} = 40\mu\text{H}$$

3）空载测试：

视在功率由下式给出

$$S_{nl} = 3V_{ph(nl)}I_{ph(nl)} = 3 \times 102.6 \times 40 \text{V} \cdot \text{A} = 12312 \text{V} \cdot \text{A}$$

电机功率因子为

$$PF_{nl} = \frac{P_{nl}}{S_{nl}} = \frac{4445}{12312} = 0.1156$$

输入相位角为

$$\phi_{nl} = \cos^{-1} PF_{nl} = \cos^{-1} 0.1156 = 83.36°$$

输入无功功率如下式

$$Q_{nl} = \sqrt{S_{nl}^2 - P_{nl}^2} = \sqrt{12312^2 - 1423^2} \text{var} = 12229 \text{var}$$

磁心，摩擦及风损总和为

$$P_{cfw} = P_{nl} - 3R_s I_{ph(nl)}^2 = 1423\text{W} - 3 \times 0.012 \times 40^2 \text{W} = 1365\text{W}$$

提供给磁化电感的无功功率为

$$Q_{Lm(nl)} \approx Q_{nl} - 3 \times 2\pi f_e L_{ls} I_{ph(nl)}^2 = 12229\text{var} - 6\pi \times 200 \times 50 \times 10^{-6} \times 40^2 \text{var}$$
$$= 11927 \text{var}$$

将输入电压作为参考，每相输入电流是

$$\overline{I}_{ph(nl)} = I_{ph(nl)}(\cos\phi_{nl} - j\sin\phi_{nl}) = 40(\cos 83.36° - j\sin 83.36°)\text{A}$$
$$= (4.62 - j39.73)\text{A}$$

每相反电动势为

$$\overline{E}_{ph(nl)} = V_{ph(nl)} - (R_s + j2\pi f_e L_{ls}) \times I_{ph(nl)}(\cos\phi_{nl} - j\sin\phi_{nl})$$
$$= 102.6\text{V} - (0.012 + j2\pi \times 200 \times 50 \times 10^{-6}) \times (4.62 - j39.73)\text{V}$$
$$= (100 + j0.2)\text{V} = 100\angle 0.11°\text{V}$$

磁化电感由下式给出

$$L_m = \frac{3E_{ph(nl)}^2}{2\pi f_e Q_{Lm(nl)}} = \frac{3 \times 100^2}{2\pi \times 200 \times 11927}\text{mH} = 2\text{mH}$$

参 考 文 献

1 N. Cawthorne, *Tesla vs. Edison: The Life-Long Feud That Electrified the World*, Chartwell Books, 2016.

扩 展 阅 读

1 N. Mohan, *Electric Machines and Drives: A First Course*, John Wiley & Sons, Inc., 2012, ISBN 978-1-118-07481-7.

2 A. E. Fitzgerald, C. Kingsley, and S. D. Umans, *Electric Machinery*, McGraw-Hill, 6th edition, 2002, ISBN 9780073660097.

3 P. Krause, O. Wasynczuk, S. D. Sudhoff, and S. Pekarek, *Analysis of Electrical Machinery and Drive Systems*, Wiley-IEEE Press, 3rd edition, 2013, ISBN: 978-1-118-02429-4.

4 T. A. Lipo, *Introduction to AC Machine Design*, University of Wisconsin, 3rd edition, 2007, ISBN 0-9745470-2-6.

第8章 感应电机

问 题

8.1 四极电机有如下定义：$P_{r(rated)} = 100\text{kW}$ 且 $T_{r(rated)} = 150\text{N}\cdot\text{m}$。

对于电机使用如下的参数：$R_s = 8.8\text{m}\Omega$，$L_{ls} = 47\mu\text{H}$，$L_m = 2.1\text{mH}$，$L'_{lr} = 40\mu\text{H}$，$R'_r = 3.4\text{m}\Omega$，$T_{nl} = 2\text{N}\cdot\text{m}$。

额定条件下的转差率为 1.4%，计算输入电频率、每相反射转子和输入电流、输入电压、功率因子及电机效率。

[答案：215.22Hz，375.6A，384.11A，106.34V，0.87，93.75%]

8.2 使用前面问题的参数，重新计算当电机在额定转速及 0.7% 转差率条件下，产生 75N·m 输出转矩时的输入电频率、每相反射转子和输入电流、输入电压、功率因子及电机效率。

[答案：213.7Hz，188.35A，194.66A，97.7V，0.923，94.88%]

8.3 对于问题 8.1，忽略漏磁的影响重新计算输入电流、电压及效率。

[答案：377A，94.5V，93.9%]

8.4 问题 8.1 的电机在额定转速下，在转子上重新生成 -100kW 功率。对于 -1.4% 的转差率，计算电输入频率、每相反射转子和输入电流、输入电压、功率因子及电机效率。

[答案：209.28Hz，365.5A，373.8A，97.25V，-0.858，93.62%]

8.5 忽略漏磁影响，重新计算 8.4 问题的输入电流、电压及效率。

[答案：366.86A，85.5V，93.75%]

8.6 使用问题 8.1 中的参数，在转差率为 1.4% 的两倍基本转速条件下，重新计算额定功率下的输入电频率、每相反射转子和输入电流、输入电压、功率因子及电机效率。

[答案：430.44Hz，378.0A，385.6A，132.34V，92.55%，0.706]

8.7 使用问题 8.1 中的参数，重新计算当失速运转在额定转矩时的每相输入电流、电压、频率、功率因子及电机功率损耗。假定转差频率与额定条件下相同。忽略磁心、摩擦及风损。

[答案：3.02Hz，373.58A，381.9A，4.66V，5275W，0.9877]

8.8 某对称、四极、三相、星形连接 100kW 感应电机的特性如下：直流相间电阻测量为 17.6mΩ。在每相电压为 5.21V、10Hz 的情况下进行锁定转子测试，产生 289.5A 的相电流及 5552W 的三相功率。空载测试在每相电压为 97.2V、220Hz 的情况下进行，产生 33.2A 的相电流和 1686W 的三相功率。

估算每相等效电路参数：R_s，L_{ls}，L_m，L'_{lr}，R'_r 及 P_{cfw}。对于此电机，假设 $\dfrac{L_{ls}}{L'_{lr}} = \dfrac{4.7}{4}$。

[答案：$R_s = 8.8\text{m}\Omega$，$L_{ls} = 47\mu\text{H}$，$L_m = 2.1\text{mH}$，$L'_{lr} = 40\mu\text{H}$，$R'_r = 3.4\text{m}\Omega$，

$P_{cfw} = 1657 \text{W}$]

8.9 某对称、四极、三相、星形连接 50kW 感应电机的特性如下：直流相间电阻测量为 38mΩ。锁定转子测试施加的每相电压为 5.57V、10Hz，产生 164A 的相电流及 2584W 三相功率。空载测试施加的每相电压为 99.2V、220Hz，产生 33.2A 的相电流和 1459W 的三相功率。

估算每相等效电路参数：R_s、L_{ls}、L_m、L'_{lr}、R'_r 及 P_{cfw}。对于此电机，假设 $\dfrac{L_{ls}}{L'_{lr}} = \dfrac{5}{4}$。

[答案：$R_s = 19 \text{m}\Omega$，$L_{ls} = 100 \mu\text{H}$，$L_m = 2.3 \text{mH}$，$L'_{lr} = 80 \mu\text{H}$，$R'_r = 13 \text{m}\Omega$，$P_{cfw} = 1396 \text{W}$]

MATLAB 代码示例

```
% Induction Machine Torque-speed characterization (John Hayes)
%Initialisation section
clear variables;
close all;
clc;
format short g;
format compact;
% Vehicle Parameters needed
Prmax       = 80000;         % Maximum output rotor power
Trmax       = 140;           % Maximum motor positive torque range [Nm]
p           = 4;             % Number of poles

wrbase      = Prmax/Trmax;   % assume base angular speed
Nrbase      = wrbase*60/(2*pi); % base speed in [rpm] Used for field
                                  weakening
frbase      = wrbase/(2*pi); % rotor frequency in Hz

Vb          = 300;           % Battery voltage

Rs          = 12e-3;         % Stator resistance
Rr          = 4.8e-3;        % reflected rotor resistance
Lls         = 50e-6;         % stator leakage
Llr         = 40e-6;         % rotor leakage
Lm          = 2e-3;          % magnetizing inductance
Tnl         = 2;             % no-load torque

N           = 10000;               %number of steps
s           = linspace(-1,+1,N);   %array of values for wr
fe          = 220;           % electrical frequecy
fsyn        = fe*2/p;        % synchronous frequency
fr          = fsyn*(1-s);    % rotor frequency
wr          = 2*pi*fr;       % rotor angular frequency
```

```
Vph          = Vb/(2*sqrt(2)) % max phase voltage for sinusoidal
               modulation - see Chapter 13
%Vph         = Vb/sqrt(6) % max phase voltage for SVM - see Chapter 13

Zr           = Rr./s+1i*2*pi*fe*Llr;
ZLm          = 1i*2*pi*fe*Lm;
Zpar         = Zr.*ZLm./(Zr+ZLm);
Zph          = Rs+1i*2*pi*fe*Lls+Zpar;
Iph          = Vph./Zph;
Iphmag       = sqrt(real(Iph).^2+imag(Iph).^2);
Em           = Vph-Iph.*(Rs+1i*2*pi*fe*Lls);
Ir           = Em./Zr;
Irmag        = sqrt(real(Ir).^2+imag(Ir).^2);
Im           = Em./(1i*2*pi*fe*Lm);
Immag        = sqrt(real(Im).^2+imag(Im).^2);
Lambdar      = Lm.*Im-Llr.*Ir;
Lambdarmag   = sqrt(real(Lambdar).^2+imag(Lambdar).^2);
Pem          = (3*Rr*Irmag.^2).*(1-s)./s;
Tem          = Pem./wr;
Tr           = Tem-Tnl;
Temd         = 3*p/2.*Lambdarmag.*Irmag;
Pr           = Tr.*wr;
Ploss        = 3*Rs*Iphmag.^2+3*Rr*Irmag.^2+Tnl.*wr;
Pin          = Pr+Ploss;
Eff          = 100.*Pr./Pin;
PF           = Pin./(3.*Vph.*Iphmag);

  figure(1);
    plot(1-s,Tr,'k'); hold on;
    %plot(1-s,Temd,'r'); hold on;
    title('Rotor torque vs. slip');

    axis([0,+2,-250,+250])
    xlabel('Rotor speed/Synchronous speed');
    ylabel('Torque (Nm)');
    %legend('Motor','Regen','Location','northeast');
    grid on;
  figure(2);
    plot(1-s,Tr,'k'); hold on;
    %plot(1-s,Temd,'r'); hold on;
    title('Rotor torque vs. slip');
    axis([0.95,1.05,-250,+250])
    xlabel('Rotor speed/Synchronous speed');
    ylabel('Torque (Nm)');
    grid on;
  figure(3);
    plot(1-s,Tr,'k'); hold on;
```

```
    title('Rotor torque vs. speed');
    axis([0.985,1,0,+200])
    xlabel('Rotor speed/Synchronous speed');
    ylabel('Torque (Nm)');
    grid on;
figure(4);
    plot(1-s,Iphmag,'k'); hold on;
    plot(1-s,Irmag,'k'); hold on;
    plot(1-s,Immag,'k'); hold on;
    title('Machine currents vs. slip');
    axis([0.985,1,0,+400])
    xlabel('Rotor speed/Synchronous speed');
    ylabel('Current (A)');
%   legend('Phase','Rotor','Magnetizing','Location','
     northeast');
    grid on;
figure(5);
[ax,hline1,hline2] = plotyy(1-s,Eff,1-s,PF);
title('Machine efficiency and power factor vs. Speed');
xlabel('Rotor speed/Synchronous speed');
ylabel(ax(1),'Efficiency (%)');
ylabel(ax(2),'Power Factor');
set(ax(1),'YLim',[0 100])
set(ax(2),'YLim',[0 1])
set(ax(1),'XLim',[0.985 1])
set(ax(2),'XLim',[0.985 1])
set(gca,'YTick',[10 20 30 40 50 60 70 80 90 100]);
grid on;
```

第9章 面置式永磁交流电机

"泰勒斯说磁铁有灵魂,因为它可以移动铁。"亚里士多德(公元前384—322)在他的书中写道,俗称拉丁语中的 De Anima(英语中翻译为在灵魂上)。

在本章中,我们研究了面置式永磁(SPM)交流电机。在前面章节中介绍的理论,可用于推导 SPM 交流电机的速度与电压以及转矩与电流之间的关系。虽然 SPM 电机广泛用于工业应用,但它的兄弟,内置式永磁(IPM)电机是电动动力系统的首选电机。本章为第10章中 IPM 电机的研究提供了必要背景。

现代永磁电机基于钕-铁-硼(Nd-Fe-B)磁铁,由美国通用汽车公司和日本住友公司于20世纪80年代开发。由于其高能量密度,Nd-Fe-B 磁铁取代了铁氧体和钐钴等其他材料用于高功率密度工业和汽车行业的电机。由于担心稀土材料的成本和可用性,铁氧体磁铁在大功率汽车电机中仍然发挥着重要作用。

作者发现参考文献 [1] 是该领域特别有参考价值的文献。

9.1 SPM 电机基本运转

在对 SPM 电机的初步研究中,我们考虑了旋转磁铁和固定导体之间的关系。

9.1.1 单线圈的反电动势

基本的单线圈电机如图 9.1 所示。考虑一个单匝线圈组 a,其由两个导体 a_{1+} 和 a_{1-} 组成,并且位于定子上。线圈组通过由位于转子外部的南北永磁体产生的旋

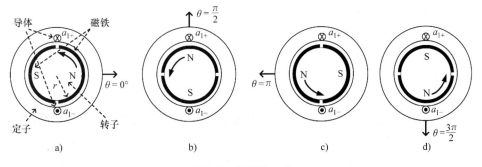

图 9.1 单线圈电机

转磁场连接。转子的半径为 r。转子位置 θ 沿磁轴对齐,如图 9.1 所示。当转子沿实心箭头方向旋转时,磁铁旋转,转子位置改变。

当磁铁位于在第一个位置即 $\theta=0°$ 时,线圈连接磁极的总磁通量,如图 9.1a 所示。当磁体旋转超过 $\theta=0°$ 时,导体 a_{1+} 由于北极而经历正磁场,导体 a_{1-} 由于南极而经历负磁场,如图 9.1b 所示。根据法拉第定律,由于转子上旋转磁场的存在,在线圈 a_1 上感应出电压。在线圈 e_{a1} 上感应的合成反电动势的曲线如图 9.2 所示。当北极和南极分别通过导体 a_{1+} 和 a_{1-} 旋转时,线圈电压为正;当磁极旋转时,电压为负,使得北极和南极分别通过导体 a_{1-} 和 a_{1+} 旋转,如图 9.1b 所示。转子校准由图 9.2 中底部所示的箭头表示。可以看出,引入线圈 $e_{a1}(\theta)$ 的反电动势具有方波形状。

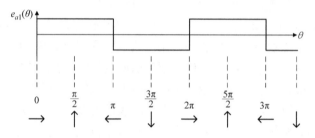

图 9.2 线圈中产生的反电动势

9.1.2 单相反电动势

相线圈通常分布在定子中的多个槽中。现在,我们向 a 相绕组添加第二个线圈 a_2,由两个导体组成(a_{2+} 和 a_{2-}),并将该线圈相对于 a_1 偏移 30°,如图 9.3 所示。

由于磁铁旋转,在第二个线圈上也感应出方波电压波形。两个线圈电压 e_{a1} 和 e_{a2} 的波形以及得到的每相电压 e_{aa} 如图 9.4 所示。假设两个线圈串联连接,合成相电压是两个线圈电压的总和

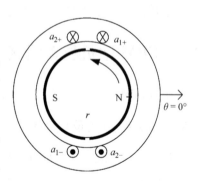

图 9.3 两线圈电机

$$e_{aa}(\theta)=e_{a1}(\theta)+e_{a2}(\theta) \tag{9.1}$$

接下来,让我们添加另外两个相位,即 b 相和 c 相。每个相位都有两个线圈,以此构成基本的三相电机,如图 9.5 所示。

由旋转磁铁引起的三相电压如图 9.6a ~ 图 9.6c 所示。然而,三相通常耦合在电机内,因此产生的相 - 中性电压是给定相位感应的反电动势和由于其他两相的相互耦合而产生的反电动势的总和。

反电动势有两个来源:①旋转磁铁引起的反电动势;②相电流引起的反电动势。

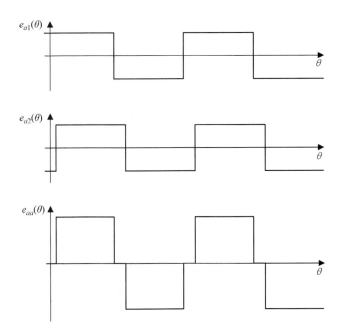

图9.4 相位 a 的线圈电压和相电压

负载下的相电压反电动势可以通过将旋转磁铁产生的反电动势和三相电流引起的反电动势简单地相加来确定。

空载情况下，相位 a 的反电动势 e_{an} 以及线性反电动势 e_{ab} 如下

$$e_{an}(\theta) = e_{aa}(\theta) \quad (9.2)$$

和 $\quad e_{ab}(\theta) = e_{aa}(\theta) - e_{bb}(\theta)$

$$(9.3)$$

依据上述公式求得的线圈电压的和，重新生成线性反电动势 e_{ab}，如图9.6d 所示。e_{bc} 和 e_{ca} 的线性反电动势如图9.6e 和图9.6f 所示。线性电压 e_{bc} 和 e_{ca} 相对于 e_{ab} 分别延迟 120°和 240°。

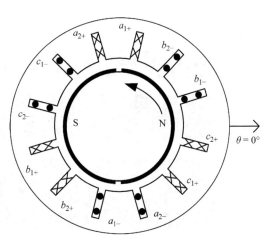

图9.5 简单的三相两极电机

9.1.2.1 反电动势试验

2004 款丰田普锐斯牵引电机的每相反电动势的试验波形如图9.7 所示。该电机有 48 个定子槽和 8 个转子极。因此，每极有 6 个定子槽，导致三相电机每极每相有两个槽——类似于刚才讨论的基本电机。故而，试验的线性反电动势具有与图9.6d ~图9.6f 的理论波形类似的波形，不同之处在于普锐斯的磁极弧度为 120°，

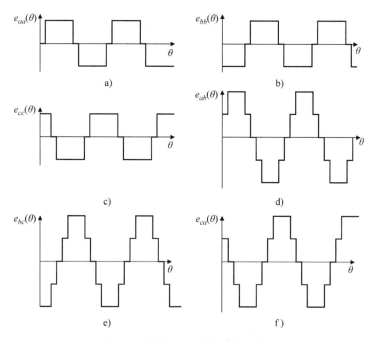

图 9.6 线圈反电动势和线性电压

其他基础电机为 180°。

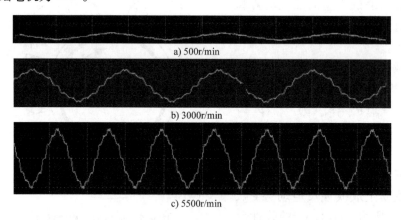

图 9.7 2004 款丰田普锐斯 THS II 牵引电机反电动势的试验波形
注：由美国能源部橡树岭国家实验室提供。

9.1.2.2 分布式绕组

理想情况下，交流电机将具有谐波很少或没有谐波的正弦波形失真。图 9.7 所示的波形是具有正弦基波分量和显著谐波失真的交流波形。可以通过使用多种设计方法来改善波形，例如以正弦方式分布绕组，改变磁铁形状，使绕组倾斜以及采用部分节距绕组。正弦分布绕组的可能布线方案如图 9.8 所示。在该方案中，根据电机内正弦的位置确定每个定子槽的匝数。相对 a 相，b 相和 c 相分别偏移 120°和 240°。

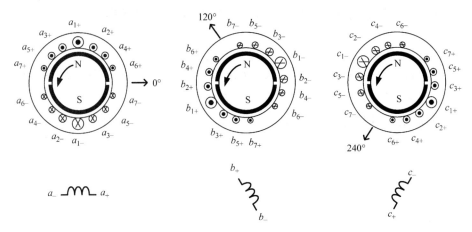

图 9.8　正弦分布绕组的布线方案

伺服驱动工业电机可能具有正弦分布的绕组，这种电机的试验波形如图 9.9 所示。该图所示的试验电压失真比集中绕组的丰田普锐斯要小得多。然而，集中绕组的制造成本较低，并且每安培具有较高的转矩，因此非常适合汽车应用。

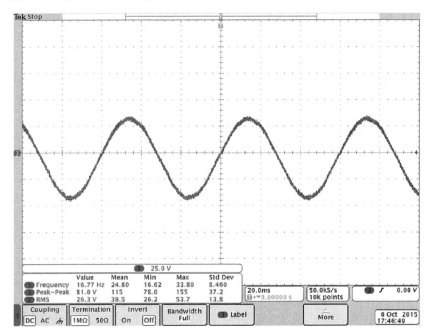

图 9.9　正弦分布式电机的反电动势的试验波形

9.1.2.3 SPM 电机方程

基本三相电机的电机方程类似于第 7 章的直流电机和第 16 章的基本电机。

每相反电动势的均方根值与磁链 λ 和角速度 ω_r 的乘积有关

$$E_{ph} = \frac{p}{2}\lambda\omega_r \tag{9.4}$$

注意，在本书中将磁链 λ 视为交流电机的均方根值。在方程中使用峰值磁链非常常见，在这种情况下，需要 $\sqrt{2}$ 倍的调整因子。

与直流电机类似，通常使用电机常数 k 来表达反电动势 E_{ph} 和角速度 ω_r 之间的关系

$$E_{ph} = k\omega_r \tag{9.5}$$

其中 k 由下式给出

$$k = \frac{p}{2}\lambda \tag{9.6}$$

注意，k 通常也表示为线间电压而不是相电压的函数。在这种情况下，系数为 $\sqrt{3}$。

如果相位电流 I_{ph} 被矢量控制为与反电动势同相，那么提供给电机的电磁功率由下式给出

$$P_{em} = 3E_{ph}I_{ph} = T_{em}\omega_r \tag{9.7}$$

因此，通过组合式 (9.7) 和式 (9.4)，电磁转矩电机方程由下式给出

$$T_{em} = 3\frac{p}{2}\lambda I_{ph} \tag{9.8}$$

转矩可以简单地用电机常数表示为

$$T_{em} = 3kI_{ph} \tag{9.9}$$

例：SPM 电机的相电压

经过试验测量，2004 款丰田普锐斯八极牵引电机在 $N_r = 6000\text{r/min}$ 时有一个反电动势 $E_{ph} = 315\text{Vrms}$，确定该电机的电机常数和磁链。

解：

这种条件下的转子频率是

$$f_r = \frac{N_r}{60} = \frac{6000}{60}\text{Hz} = 100\text{Hz}$$

角频率是

$$\omega_r = 2\pi f_r = 2\pi \times 100\text{rad/s} = 628.3\text{rad/s}$$

电机常数是

$$k = \frac{E_{ph}}{\omega_r} = \frac{315}{628.3}\frac{\text{V}}{\text{rad/s}} = 0.50\frac{\text{V}}{\text{rad/s}}$$

磁链是

$$\lambda = \frac{2}{p}k = \frac{2}{8} \times 0.5\text{Wb} = 0.125\text{Wb}$$

9.2 SPM 电机的单相分析

通常，通过创建等效单相模型来简化三相电机的分析。然后将单相模型的结果缩放到三相上。

正如第 16 章所述的电磁铁，三相电机的单相自感 L_{self} 可以简单地导出为

$$L_{self} = \mu_0 \frac{N^2 A_{pole}}{2l_g} = \mu_0 \frac{N^2 \pi r l}{2l_g} \tag{9.10}$$

式中，A_{pole} 是磁极的面积；l_g 是气隙的长度；N 是每相定子的匝数；l 是转子长度；r 是转子半径。

在三相电机中，由于相位之间存在相互耦合，三相的绕组重叠。每相磁化电感的磁链是该相的自感磁链和其他两相相互耦合的磁链的总和。在三相电机中，绕组相对于彼此偏置 120°。因此

$$L_m i_a(t) = L_{self} i_a(t) + L_{self}\cos(120°)i_b(t) + L_{self}\cos(240°)i_c(t) \tag{9.11}$$

此方程可以简化为

$$L_m i_a(t) = L_{self} i_a(t) - \frac{1}{2}L_{self}[i_b(t) + i_c(t)] \tag{9.12}$$

在平衡的三相电机中（例如 SPM 电机），三相电流总和为零，即

$$i_a(t) + i_b(t) + i_c(t) = 0 \tag{9.13}$$

将式（9.13）代入式（9.12）并进行简化，可以得到单相磁化电感与单相自感之间的简单关系为

$$L_m = \frac{3}{2}L_{self} \tag{9.14}$$

9.2.1 SPM 电机的单相等效电路模型

SPM 电机的单相等效电路模型如图 9.10 所示。单相模型中有两个电感：漏感 L_l 和磁化电感 L_m，如图 9.10a 所示。这两个电感的组合被称为同步电感 L_s。常用的等效电路如图 9.10b 所示。

在电动模式下正常运行时，SPM 电机中的相电流 I_{ph} 被控制为与单相反电动势 E_{ph} 同相。可以将磁心损耗引入电路模型，如图 9.10c 所示。在本章中，对于磁心损耗我们采用与前面的章节中相同的简化方法，将磁心损耗与摩擦和风阻损耗相结合。

9.2.2 SPM 电机的相量分析

使用基尔霍夫电压定律，图 9.10b 所示的单相电路电压可以以相量形式总结

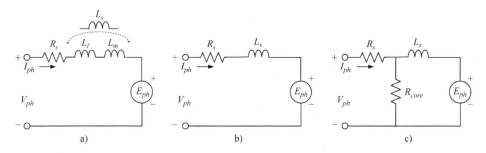

图 9.10 SPM 电机的单相等效电路模型

如下

$$\bar{V}_{ph} = \bar{E}_{ph} + R_s \bar{I}_{ph} + j\omega_e L_s \bar{I}_{ph} \tag{9.15}$$

式中，$\bar{V}_{ph}$、$\bar{E}_{ph}$ 和 $\bar{I}_{ph}$ 分别是单相电源电压、单相反电动势和单相电源电流相量；$j(=\sqrt{-1})$ 是复数运算符；ω_e 是电频率（rad/s）。

有许多方法可以用来绘制相量图，这些方法主要围绕参考相量的选择。在本文 PM 电机的讨论中，以转子永磁体的磁轴作为参考相量。该轴被称为直轴或 d 轴，沿参考轴水平对齐为 0°。垂直轴被称为正交轴或 q 轴，如图 9.11 所示。

单相电流 $\bar{I}_{ph}$ 被分解为正交电流 $I_{ph,q}$ 和直接分量 $I_{ph,d}$ 两个分量，即

$$\bar{I}_{ph} = I_{ph,d} + jI_{ph,q} \tag{9.16}$$

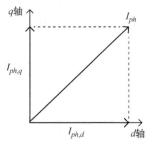

图 9.11 相量图的 d 轴和 q 轴

当 SPM 电机正在驱动时，正交电流与反电动势同相，并且是电流的转矩产生分量。直接分量或磁场分量与永磁体对齐，并且比正交分量滞后 90°。

以矩形或笛卡尔格式表示电压为

$$\bar{V}_{ph} = V_{ph,d} + jV_{ph,q} \tag{9.17}$$

和

$$\bar{E}_{ph} = E_{ph,d} + jE_{ph,q} \tag{9.18}$$

在该分析中，假设反电动势 E_{ph} 仅可由正交分量表示以简化分析。故有

$$\bar{E}_{ph} = jE_{ph,q} = jk\omega_r \tag{9.19}$$

图 9.12a ~ 图 9.12d 所示为正向和反向运行的驱动和发电模式的代表性相量图。相电流和反电动势仅由它们的正交分量表示。在低于额定速度的低速模式中，相电流 $I_{ph,q}$ 和反电动势 $E_{ph,q}$ 同相位时用于驱动；相位差为 180°时用于发电。

电源电压 $V_{ph,q}$ 的正交分量等于反电动势 $E_{ph,q}$ 加上通过定子电阻 R_s 上的欧姆电压压降 $R_s I_{ph,q}$。电源电压的直接分量 $V_{ph,d} = -\omega_e L_s I_{ph,q}$ 通过同步电感 L_s 下降。

对于 SPM 电机来说，在低于额定速度运行时，直接或磁化分量 $I_{ph,d}$ 为零。

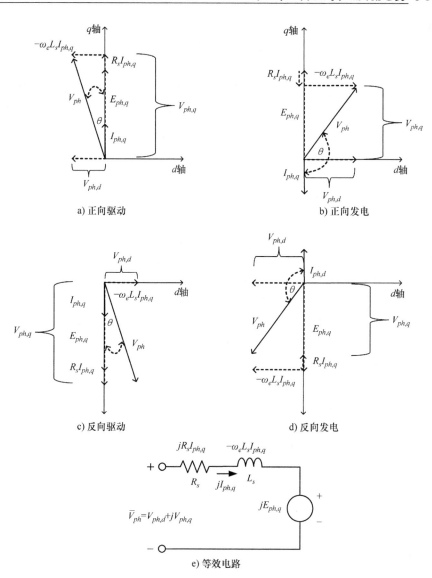

图 9.12 SPM 电机的相量图和等效电路

则有

$$\overline{I}_{ph} = jI_{ph,q} = j\frac{T_{em}}{3k} \tag{9.20}$$

因此，式 (9.15) 可以改写为

$$\begin{aligned}
\overline{V}_{ph} &= V_{ph,d} + jV_{ph,q} = \overline{E}_{ph} + (R_s + j\omega_e L_s)\overline{I}_{ph} \\
&= jE_{ph,q} + (R_s + j\omega_e L_s)jI_{ph,q} \\
&= -\omega_e L_s I_{ph,q} + j(E_{ph,q} + R_s I_{ph,q})
\end{aligned} \tag{9.21}$$

鉴于 $j^2 = -1$，有

$$V_{ph,d} = -\omega_e L_s I_{ph,q} \tag{9.22}$$

$$V_{ph,q} = E_{ph,q} + R_s I_{ph,q} \tag{9.23}$$

然后可以构造如图 9.12 所示的相量图。供给电机的视在功率由下式给出

$$\overline{S} = 3\overline{V}_{ph}\overline{I}_{ph}^* = P + jQ \tag{9.24}$$

式中，P 和 Q 分别是实际功率和无功功率；$\overline{I}_{ph}^*$ 是 $\overline{I}_{ph}$ 的复共轭。

$$\overline{I}_{ph} = I_{ph,d} + jI_{ph,q} \tag{9.25}$$

$$\overline{I}_{ph}^* = I_{ph,d} - jI_{ph,q} \tag{9.26}$$

因此，视在功率的通用方程是

$$\overline{S} = 3(V_{ph,d} + jV_{ph,q})(I_{ph,d} - jI_{ph,q}) \tag{9.27}$$

$$= 3(V_{ph,d}I_{ph,d} + V_{ph,q}I_{ph,q}) + j3(V_{ph,q}I_{ph,d} - V_{ph,d}I_{ph,q})$$

对于没有 d 轴电流的 SPM 电机，视在功率由下式给出

$$\overline{S} = 3(V_{ph,d} + jV_{ph,q})(-jI_{ph,q}) = 3V_{ph,q}I_{ph,q} - j3V_{ph,d}I_{ph,q} \tag{9.28}$$

提供给电机的实际功率和无功功率由下式给出

$$P = 3V_{ph,q}I_{ph,q} = 3E_{ph,q}I_{ph,q} + 3R_s I_{ph,q}^2 \tag{9.29}$$

$$Q = -3V_{ph,d}I_{ph,q} = 3\omega_e L_s I_{ph,q}^2 \tag{9.30}$$

定子铜功率损耗由下式给出

$$P_{R_s} = 3R_s I_{ph,q}^2 \tag{9.31}$$

提供给电机的电磁功率由下式给出

$$P_{em} = 3E_{ph,q}I_{ph,q} \tag{9.32}$$

如果空载转矩为 T_{nl}，则输出转子功率由下式给出

$$P_r = 3E_{ph,q}I_{ph,q} - T_{nl}\omega_r \tag{9.33}$$

电磁转矩和转子转矩方程分别为

$$T_{em} = 3kI_{ph,q} \tag{9.34}$$

$$T_r = 3kI_{ph,q} - T_{nl} \tag{9.35}$$

电机功率损耗和效率由下式给出

$$P_{m(loss)} = 3R_s I_{ph}^2 + T_{nl}\omega_r \tag{9.36}$$

$$\eta = \frac{P_r}{P} \times 100\% \tag{9.37}$$

电机功率因子由下式给出

$$PF = \frac{P}{|\overline{S}|}$$

通过这些基本分析，我们现在可以分析一些例子。

例：使用 SPM 电机进行驱动

某电动驱动配有八极 SPM 电机，具有以下参数：单相定子电阻 $R_s = 20\mathrm{m}\Omega$，电机常数 $k = 0.3\mathrm{V/(rad/s)}$，同步电感 $L_s = 0.2\mathrm{mH}$，空载转矩 $T_{nl} = 2\mathrm{N \cdot m}$。额定条件

为 80kW 和 280N·m。

忽略磁饱和度,确定以下工况点所对应的单相电压、电流、电机效率和功率。

1) 在额定条件下驱动。
2) 在额定条件下发电。
3) 以一半的额定速度在 70N·m 下进行驱动。

解:

1) 转子速度为

$$\omega_r = \frac{P_{r(rated)}}{T_{r(rated)}} = \frac{80000}{280} \text{rad/s} = 285.71 \text{rad/s}$$

转子频率为

$$f_r = \frac{\omega_r}{2\pi} = \frac{285.71}{2\pi} \text{Hz} = 45.47 \text{Hz}$$

极数 $p=8$ 时,电流输入频率为

$$f_e = \frac{p}{2} f_r = \frac{8}{2} \times 45.47 \text{Hz} = 181.88 \text{Hz}$$

并且

$$\omega_e = \frac{p}{2} \omega_r = \frac{8}{2} \times 285.71 \text{rad/s} = 1142.8 \text{rad/s}$$

在电动模式下运行时,电磁转矩是其转子输出转矩和空载转矩之和

$$T_{em} = T_r + T_{nl} = 280\text{N}\cdot\text{m} + 2\text{N}\cdot\text{m} = 282\text{N}\cdot\text{m}$$

单相电流由下式给出

$$I_{ph,q} = \frac{T_{em}}{3k} = \frac{282}{3 \times 0.3} \text{A} = 313.33 \text{A}$$

反电动势由下式给出

$$E_{ph,q} = k\omega_r = 0.3 \times 285.71 \text{V} = 85.71 \text{V}$$

电源电压的正交分量是

$$V_{ph,q} = E_{ph,q} + R_s I_{ph,q} = 85.71 \text{V} + 0.020 \times 313.33 \text{V} = 91.98 \text{V}$$

电源电压的直接分量是

$$V_{ph,d} = -\omega_e L_s I_{ph,q} = -1142.8 \times 0.2 \times 10^{-3} \times 313.33 \text{V} = -71.62 \text{V}$$

提供的单相电压如下

$$|\overline{V}_{ph}| = \sqrt{V_{ph,d}^2 + V_{ph,q}^2} = \sqrt{(-71.62)^2 + 91.98^2} \text{V} = 116.6 \text{V}$$

电机功率损耗是

$$P_{m(loss)} = T_{nl}\omega_r + 3R_s I_{ph,q}^2 = 2 \times 285.71 \text{W} + 3 \times 0.020 \times 313.33^2 \text{W}$$
$$= 6.462 \text{kW}$$

电机的输入功率是

$$p = p_r + P_{m(loss)} = 80 \text{kW} + 6.462 \text{kW} = 86.462 \text{kW}$$

电机效率是

$$\eta = \frac{P_r}{P} = \frac{80}{86.462} \times 100\% = 92.53\%$$

电机的视在功率是

$$|\bar{S}| = 3V_{ph}I_{ph} = 3 \times 116.6 \times 313.33 \text{V} \cdot \text{A} = 109.6 \text{kV} \cdot \text{A}$$

功率因子是

$$PF = \frac{P}{|\bar{S}|} = \frac{86.462}{109.6} = 0.7889，滞后$$

2）在发电或制动模式下运行时，电磁转矩为有效输入转矩减去空载转矩。

电磁转矩是

$$T_{em} = T_r + T_{nl} = -280 \text{N} \cdot \text{m} + 2\text{N} \cdot \text{m} = -278 \text{N} \cdot \text{m}$$

以 Hz 和 rad/s 为单位的频率和转子速度与之前一样。

单相电流由下式给出

$$I_{ph,q} = \frac{T_{em}}{3k} = \frac{-278}{3 \times 0.3}\text{A} = -308.89 \text{A}$$

电源电压是

$$V_{ph,q} = E_{ph,q} + R_s I_{ph,q} = 85.71\text{V} + 0.020 \times (-308.89)\text{V} = 79.53\text{V}$$

$$V_{ph,d} = -\omega_e L_s I_{ph,q} = -1142.8 \times 0.2 \times 10^{-3} \times (-308.89)\text{V} = 70.6\text{V}$$

并且

$$|\bar{V}_{ph}| = \sqrt{V_{ph,d}^2 + V_{ph,q}^2} = \sqrt{70.6^2 + 79.53^2}\text{V} = 106.35\text{V}$$

电机功率损耗是

$$P_{m(loss)} = T_{nl}\omega_r + 3R_s I_{ph,q}^2 = 2 \times 285.71\text{W} + 3 \times 0.020 \times (-308.89)^2 \text{W}$$
$$= 6.296 \text{kW}$$

电机的再生功率是

$$p = p_r + P_{m(loss)} = -80 \text{kW} + 6.296 \text{kW} = -73.704 \text{kW}$$

电机效率由下式给出

$$\eta = \frac{P}{P_r} = \frac{-73.704}{-80} \times 100\% = 92.13\%$$

电机的视在功率是

$$|\bar{S}| = 3V_{ph}I_{ph} = 3 \times 106.35 \times 308.89 \text{VA} = 98.551 \text{kV} \cdot \text{A}$$

功率因子是

$$PF = \frac{P}{|\bar{S}|} = \frac{-73.704}{98.551} = -0.7479，提前$$

3）当以额定速度的一半输出转矩为 70N·m 时的部分负荷条件。

电磁转矩是

$$T_{em} = T_r + T_{nl} = 70\text{N}\cdot\text{m} + 2\text{N}\cdot\text{m} = 72\text{N}\cdot\text{m}$$

电流是

$$I_{ph,q} = \frac{T_{em}}{3k} = \frac{72}{3\times 0.3}\text{A} = 80\text{A}$$

转子频率和电频率是额定条件下的一半

$$\omega_r = \frac{\omega_{r(rated)}}{2} = \frac{285.71}{2}\text{rad/s} = 142.86\text{rad/s}$$

$$\omega_e = \frac{\omega_{e(rated)}}{2} = \frac{1142.84}{2}\text{rad/s} = 571.42\text{rad/s}$$

反电动势是

$$E_{ph,q} = k\omega_r = 0.3\times 142.86\text{V} = 42.86\text{V}$$

电源电压为

$$V_{ph,q} = E_{ph,q} + R_s I_{ph,q} = 42.86\text{V} + 0.020\times 80\text{V} = 44.46\text{V}$$

$$V_{ph,d} = -\omega_e L_s I_{ph,q} = -571.42\times 0.2\times 10^{-3}\times 80\text{V} = -9.14\text{V}$$

$$|\overline{V}_{ph}| = \sqrt{V_{ph,d}^2 + V_{ph,q}^2} = \sqrt{(-9.14)^2 + 44.46^2}\text{V} = 45.39\text{V}$$

电机功率损耗是电阻损耗和空载损耗之和

$$P_{m(loss)} = T_{nl}\omega_r + 3R_s I_{ph,q}^2 = 2\times 142.86\text{W} + 3\times 0.020\times 80^2\text{W}$$
$$= 670\text{W}$$

输入到电机的功率是

$$p = T_r\omega_r + P_{m(loss)} = 70\times 142.86\text{W} + 670\text{W} = 10.67\text{kW}$$

电机效率是

$$\eta = \frac{P_r}{P} = \frac{10}{10.67}\times 100\% = 93.72\%$$

电机视在功率是

$$|\overline{S}| = 3V_{ph}I_{ph} = 3\times 45.39\times 80\text{V}\cdot\text{A} = 10.89\text{kV}\cdot\text{A}$$

功率因子是

$$PF = \frac{P}{|\overline{S}|} = \frac{10.67}{10.89} = 0.9798,\text{滞后}$$

9.2.3 电机磁饱和

第 7 章中关于有刷直流电机的磁饱和的讨论也适用于 SPM 电机。下面的例子说明了磁饱和的影响。我们看到磁饱和的影响之一是产生转矩所需的电流显著增加，导致电机功率损耗增加。

例：使用 SPM 电机驱动

假设机器常数 k 和同步电感 L_s 由于电机在额定转矩下磁饱和而下降25%，重新计算 9.2.2 节中的示例。

解：

由于磁饱和，参数 k 和 L_s 分别按比例减小到 $0.225\text{N}\cdot\text{m/A}$ 和 0.15mH。

单相电流是

$$I_{ph,q} = \frac{T_{em}}{3k} = \frac{282}{3\times 0.225}\text{A} = 417.78\text{A}$$

反电动势是

$$E_{ph,q} = k\omega_r = 0.225 \times 285.71\text{V} = 64.28\text{V}$$

电源电压值是

$$V_{ph,q} = E_{ph,q} + R_s I_{ph,q} = 64.28\text{V} + 0.020 \times 417.78\text{V} = 72.64\text{V}$$

$$V_{ph,d} = -\omega_e L_s I_{ph,q} = -1142.8 \times 0.15 \times 10^{-3} \times 417.78\text{V} = -71.62\text{V}$$

$$|\overline{V}_{ph}| = \sqrt{V_{ph,d}^2 + V_{ph,q}^2} = \sqrt{(-71.62)^2 + 72.64^2}\text{V} = 102\text{V}$$

电机功率损耗是

$$P_{m(loss)} = T_{nl}\omega_r + 3R_s I_{ph,q}^2 = 2 \times 285.71\text{W} + 3 \times 0.020 \times 417.78\text{W}$$
$$= 11.044\text{kW}$$

输入到电机的功率是

$$p = p_r + P_{m(loss)} = 80\text{kW} + 11.044\text{kW} = 91.044\text{kW}$$

电机效率是

$$\eta = \frac{P_r}{P} = \frac{80}{91.044} \times 100\% = 87.87\%$$

电机视在功率是

$$|\overline{S}| = 3V_{ph}I_{ph} = 3 \times 102 \times 417.78\text{V}\cdot\text{A} = 127.84\text{kV}\cdot\text{A}$$

功率因子是

$$PF = \frac{P}{|\overline{S}|} = \frac{91.044}{127.84} = 0.7122,\text{滞后}$$

9.2.4 SPM 电机转矩 – 速度特性

SPM 电机的转矩 – 速度特性可以通过修改早期的方程式很容易地得出。根据式

(9.21)，单相电压大小由下式给出

$$V_{ph} = \sqrt{(\omega_e L_s I_{ph,q})^2 + (E_{ph,q} + R_s I_{ph,q})^2} \qquad (9.38)$$

电机方程为

$$\omega_r = \frac{2}{p}\omega_e, I_{ph,q} = \frac{T_{em}}{3k}, 且 E_{ph,q} = k\omega_r$$

带入式（9.38）得到二次方程

$$V_{ph}^2 = \left(\frac{p}{2}\omega_r L_s \frac{T_{em}}{3k}\right)^2 + \left(k\omega_r + R_s \frac{T_{em}}{3k}\right)^2 \qquad (9.39)$$

重新排列后如下

$$\left[\left(\frac{p}{2}L_s \frac{T_{em}}{3k}\right)^2 + k^2\right]\omega_r^2 + \left(2R_s \frac{T_{em}}{3}\right)\omega_r + \left(R_s \frac{T_{em}}{3k}\right)^2 - V_{ph}^2 = 0 \qquad (9.40)$$

可以求解该二次方程以确定最大频率，在最大频率下我们可以实现额定转矩。给定电源电压的最大空载速度 $\omega_{r(nl)}$ 也可以很容易地算出。如果假设 R_s 和 T_{nl} 都小到可以忽略不计，就像汽车牵引机那样，那么我们得到

$$\omega_{r(nl)} \approx \frac{V_{ph}}{k} \qquad (9.41)$$

例：确定空载转速

当单相电源电压为 122.5V（基于 300V 电池的最大相电压，根据第 13 章 13.2 节得出）时，确定第 9.2.2 节中电机的空载速度。忽略电池和转换器损耗。

解：

如上所述，空载速度可以相对准确地计算得出

$$\omega_{r(nl)} = \frac{V_{ph}}{k} = \frac{122.5}{0.3} \text{rad/s} = 408.3 \text{rad/s} (3899 \text{r/min})$$

前面示例中使用的 280N·m、80kW 电机的转矩 - 速度特性如图 9.13 所示，电源电压恒定为 122.5V。输出转矩限制在额定最大值 280N·m，然后从额定速度 2728r/min 时的额定值 280N·m 下降到 3899r/min 时的零，如同刚才计算的。

电机在整个速度范围内产生 280N·m 的全转矩，直至在 2728r/min 时达到 80kW 的全功率点为止。在 2728r/min 后，由于增加电流，反电动势和同步电抗增加，电机进入功率下降模式，由此产生的转矩和功率随着速度迅速下降。

在下一节中将介绍弱磁场，以便电机可以在非常高的速度下以全功率运行。

9.2.5 超过额定转速的 SPM 电机的高速运行

对于所有电机，高速运行是常见的和理想的。我们已经研究了第 7 章中的绕组式直流电机和第 8 章中的感应电机的磁场弱化操作。本节将要研究磁场弱化模式的 SPM 电机的高速运行。超过额定速度时，必须引入新的电流分量，以便削弱永磁体产生的磁场。

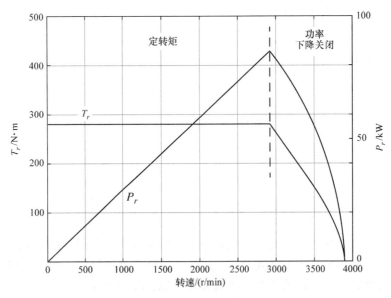

图9.13 有转矩限制的恒定电源电压的转子转矩和功率与速度的关系曲线

考虑前面的单线圈示例。如图9.14a所示,线圈用 a_{1+q} 和 a_{1-q} 负载正交电流 $I_{ph,q}$ 并通过与永磁体相互作用产生三相电机的电磁转矩 $3kI_{ph,q}$。根据左手定则,电流和磁体之间的相互作用在导体上产生顺时针转矩,但由于定子导体是固定的,因此逆时针转矩作用在转子磁体上使转子旋转。

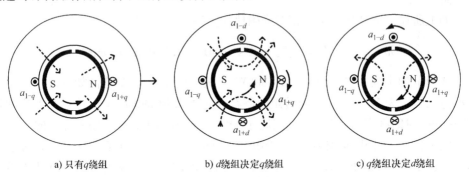

a) 只有q绕组　　　　b) d绕组决定q绕组　　　　c) q绕组决定d绕组

图9.14 SPM电机转矩生成

接下来,我们将在相对于第一个绕组90°位置放置一个虚拟的第二绕组或直流绕组。当在第10章中从 dq 角度分析电机时,更容易理解第二个绕组的基本原理。简单地说,第二个绕组带有直流电流 $I_{ph,d}$,其模拟引入相对正交电流 $I_{ph,q}$ 90°的直流分量 $I_{ph,d}$ 的效果。

因此,具有匝数 a_{1+d} 和 a_{1-d} 并且承载电流 $I_{ph,d}$ 的第二绕组被置于相对正交绕组90°的位置。第二个线圈和电流 $I_{ph,d}$ 的作用是产生一个磁场,以加强(或削弱)

永磁体产生的磁场,如图 9.14b 所示。因此,将 90°的直接或励磁绕组引入正交绕组或转矩产生绕组的效果是将一些新的转矩产生部件引入电机中。

对于 SPM 交流电机来说,这些新的转矩抵消了,但正如我们将在第 10 章中看到的那样,对于 IPM 交流电机来说,它们不会抵消,从而对总的电机转矩产生重大影响。

首先,考虑由于电流 $I_{ph,d}$ 而施加在线圈 $a_{1+q} - a_{1-q}$ 上的转矩。从右手规则来看,由于 $I_{ph,d}$ 的磁场可以看作是增加了永磁体的磁场,从而在与线圈 $a_{1+q} - a_{1-q}$ 内的电流 $I_{ph,q}$ 相互作用时产生额外的电机转矩。对于三相电机,这会将 $+3p/2L_sI_{ph,d}I_{ph,q}$ 项增加到通常的转矩分量 $3kI_{ph,q}$ 上。

其次,考虑由于电流 $I_{ph,q}$ 而施加在线圈 $a_{1+q} - a_{1-q}$ 上的转矩。再次应用左手定则,可以看出线圈 $a_{1+q} - a_{1-q}$ 随电流 $I_{ph,q}$ 而变化产生的转矩是逆时针方向的,实际上产生了 $-3p/2L_sI_{ph,d}I_{ph,q}$ 项。因此,由于两个电流之间的相互作用,SPM 交流电机中没有净转矩。

因此,电磁转矩由下式给出

$$T_{em} = 3kI_{ph,q} + 3\frac{p}{2}L_sI_{ph,d}I_{ph,q} - 3\frac{p}{2}L_sI_{ph,d}I_{ph,q} \tag{9.42}$$

前面的转矩表达式变为

$$T_{em} = 3kI_{ph,q} \tag{9.43}$$

正 $I_{ph,d}$ 强化磁场,而负 $I_{ph,d}$ 弱化磁场。

让

$$\bar{I}_{ph} = I_{ph,d} + jI_{ph,q} \tag{9.44}$$

鉴于

$$\bar{V}_{ph} = \bar{E}_{ph} + R_s\bar{I}_{ph} + j\omega_eL_s\bar{I}_{ph} \tag{9.45}$$

我们得到

$$\bar{V}_{ph} = jE_{ph,q} + R_s(I_{ph,d} + jI_{ph,q}) + j\omega_eL_s(I_{ph,d} + jI_{ph,q}) \tag{9.46}$$

$$\Rightarrow \bar{V}_{ph} = V_{ph,d} + jV_{ph,q}$$

$$= +R_sI_{ph,d} - \omega_eL_sI_{ph,q} + j(E_{ph,q} + R_sI_{ph,q} + \omega_eL_sI_{ph,d}) \tag{9.47}$$

因此

$$V_{ph,q} = E_{ph,q} + R_sI_{ph,q} + \omega_eL_sI_{ph,d} \tag{9.48}$$

并且

$$V_{ph,d} = +R_sI_{ph,d} - \omega_eL_sI_{ph,q} \tag{9.49}$$

现在使用图 9.15 所示的相量图来说明 SPM 电机的磁场弱化过程。圆形限制表示单相最大有效供电电压 V_{ph}。当我们在额定速度以上运行时,反电动势增加,使得电源电压小于反电动势 $E_{ph,q}$。然而,通过引入弱磁场,我们在同步电感上产生电压降,抵消了反电动势的一部分,使逆变器能够提供所需的电压和电流。

由永磁体产生的等效磁化电流为 $I_{ph,m}$,即由如下方程定义

$$E_{ph,q} = k\omega_r = \frac{p}{2}L_s I_{ph,m}\omega_r \qquad (9.50)$$

因此，表示磁体的等效交流电流源由下式给出

$$I_{ph,m} = \frac{2k}{pL_s} \qquad (9.51)$$

该等效磁化电流是本章节中用于分析的参考相量。

在高于额定速度的高速下运转电机会导致反电动势 $E_{ph,q}$ 大于电源电压 V_{ph}。引入负磁场或直轴电流可以有效地在同步电感上产生反电动势，从而抵消过多的反电动势。因此，为了衡量磁场弱化模式下的磁场弱化电流 $I_{ph,d}$，我们可以使用以下方法：

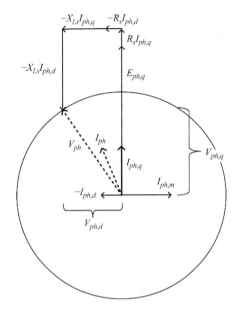

图 9.15 磁场弱化过程中的驱动相量图

当低于额定速度时，使

$$E_{ph,q} = k\omega_r \qquad (9.52)$$

并且

$$I_{ph,d} = 0 \qquad (9.53)$$

当高于额定速度时，弱磁场的磁场电流被控制使得额定速度下的反电动势等于运行速度下的反电动势，即

$$E_{ph,q(rated)} = k\omega_{r(rated)} = k\omega_r + \frac{p}{2}\omega_r L_s I_{ph,d} \qquad (9.54)$$

因此，所需的磁场电流由下式给出

$$I_{ph,d} = \frac{2k}{pL_s}\left(\frac{\omega_{r(rated)}}{\omega_r} - 1\right) = I_{ph,m}\left(\frac{\omega_{r(rated)}}{\omega_r} - 1\right) \qquad (9.55)$$

磁场弱化的 SPM 电机的转矩 - 速度特性可以很容易通过修改式（9.47）得到

$$V_{ph}^2 = (R_s I_{ph,d} - \omega_e L_s I_{ph,q})^2 + (E_{ph,q} + R_s I_{ph,q} + \omega_e L_s I_{ph,d})^2 \qquad (9.56)$$

重新排列该等式可以很容易地得到二次表达式求解电流。忽略通过单相电阻的电压降可以得出更简单的求解，这种情况下式（9.56）可简化为

$$V_{ph}^2 = (\omega_e L_s I_{ph,q})^2 + (E_{ph,q} + \omega_e L_s I_{ph,d})^2 \qquad (9.57)$$

因此，对于给定的电源电压和速度，V_{ph}、$E_{ph,q}$ 和 $I_{ph,d}$ 都被定义，并且 $I_{ph,q}$ 可以由下式确定

$$I_{ph,q} = \frac{\sqrt{V_{ph}^2 - (E_{ph,q} + \omega_e L_s I_{ph,d})^2}}{\omega_e L_s} \qquad (9.58)$$

例:在弱化磁场中使用 SPM 电机进行驱动

使用前面示例的电机,确定所施加的单相电流、单相电压、电机效率和功率因数,以满足在磁场弱化的情况下以额定速度的 3.75 倍进行全功率运行。

通过在估计 d 轴电流和电源电压时忽略电阻元件来简化分析。

忽略磁饱和。

解:

额定条件为 $+280\mathrm{N\cdot m}$、$80\mathrm{kW}$ 和 $285.71\mathrm{rad/s}$。新的频率是

$$\omega_r = 3.75\omega_{r(rated)} = 3.75 \times 285.71\mathrm{rad/s} = 1071.41\mathrm{rad/s}$$

$$\omega_e = 3.75\omega_{e(rated)} = 3.75 \times 1142.8\mathrm{rad/s} = 4285.5\mathrm{rad/s}$$

在恒功率模式下,所需的转子转矩与额定转矩相关

$$T_r = \frac{P_r}{\omega_r} = \frac{80000}{1071.41}\mathrm{N\cdot m} = 74.67\mathrm{N\cdot m}$$

电磁转矩是

$$T_{em} = T_r + T_{nl} = 74.67\mathrm{N\cdot m} + 2\mathrm{N\cdot m} = 76.67\mathrm{N\cdot m}$$

单相电流由下式给出

$$I_{ph,q} = \frac{T_{em}}{3k} = \frac{76.67}{3\times 0.3}\mathrm{A} = 85.19\mathrm{A}$$

反电动势由下式给出

$$E_{ph,q} = k\omega_r = 0.3 \times 1071.41\mathrm{V} = 321.42\mathrm{V}$$

代表磁铁的等效交流电流源是

$$I_{ph,m} = \frac{2k}{pL_s} = \frac{2 \times 0.3}{8 \times 0.2 \times 10^{-3}}\mathrm{A} = 375\mathrm{A}$$

磁场电流由下式给出

$$I_{ph,d} = I_{ph,m}\left(\frac{\omega_{r(rated)}}{\omega_r} - 1\right) = 375 \times \left(\frac{1}{3.75} - 1\right)\mathrm{A} = -275\mathrm{A}$$

电源电压部分是

$$V_{ph,d} = +R_s I_{ph,d} - \omega_e L_s I_{ph,q}$$
$$= 0.020 \times (-275)\mathrm{V} - 4285.5 \times 0.2 \times 10^{-3} \times 85.19\mathrm{V}$$
$$= -78.52\mathrm{V}$$

$$V_{ph,q} = E_{ph,q} + R_s I_{ph,q} + \omega_e L_s I_{ph,d}$$
$$= 321.42\mathrm{V} + 0.020 \times 85.19\mathrm{V} + 4285.5 \times 0.2 \times 10^{-3} \times (-275)\mathrm{V}$$
$$= 87.41\mathrm{V}$$

并且

$$V_{ph} = \sqrt{V_{ph,d}^2 + V_{ph,q}^2} = \sqrt{(-78.52)^2 + 87.41^2}\mathrm{V} = 117.5\mathrm{V}$$

提供的单相电流是

$$I_{ph} = \sqrt{I_{ph,d}^2 + I_{ph,q}^2} = \sqrt{(-78.52)^2 + 87.41^2}\mathrm{A} = 117.5\mathrm{A} \qquad (9.59)$$

电机的有效输出功率是

$$P_r = T_r\omega_r = 80\text{kW} \qquad (9.60)$$

电机功率损耗是电阻损耗和空载损耗的总和

$$P_{m(loss)} = T_{nl}\omega_r + 3R_s I_{ph}^2 = 2 \times 1071.41\text{W} + 3 \times 0.020 \times 287.9^2 \text{W}$$
$$= 7.116\text{kW} \qquad (9.61)$$

输入到电机的功率是

$$p = p_r + P_{m(loss)} = 80\text{kW} + 7.116\text{kW} = 87.116\text{kW} \qquad (9.62)$$

电机效率是

$$\eta = \frac{P_r}{P} = \frac{80}{87.116} \times 100\% = 91.83\% \qquad (9.63)$$

电机视在功率是

$$|\bar{S}| = 3V_{ph}I_{ph} = 3 \times 117.5 \times 287.9 \text{V} \cdot \text{A} = 101.48\text{kV} \cdot \text{A} \qquad (9.64)$$

功率因子是

$$PF = \frac{P}{|\bar{S}|} = \frac{87.116}{101.48} = 0.8585,\text{滞后} \qquad (9.65)$$

9.2.6 磁场弱化运行的电机特性

在本节中，建立9.2.2节示例中的SPM电机模型，用作纯电动汽车牵引电机。转矩、电压和电流特性如图9.16所示。图9.16a所示为最大转矩和功率与转速的关系曲线，图9.16b所示为达到所需最大转矩或功率需要的电流，而图9.16c所示为当模型中忽略磁饱和时电机的各种电压分量。可以看出，超过额定转速时，反电动势显著增加；但是通过引入直轴弱化磁场电流可以使电机保持在全功率模式。这里不考虑磁饱和，但可以修改模型来考虑相应效果。

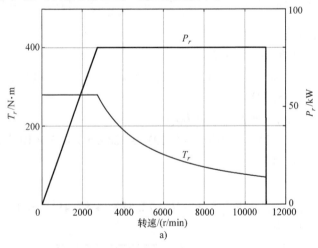

图9.16 没有磁饱和的磁场弱化SPM电机的特性图

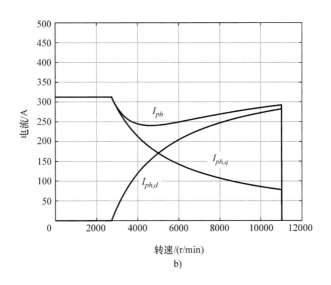

b)

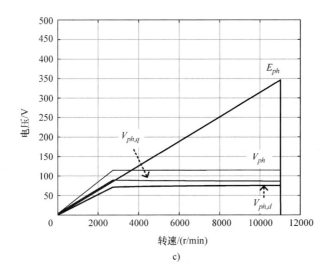

c)

图 9.16　没有磁饱和的磁场弱化 SPM 电机的特性图（续）

最后，为磁场弱化 SPM 电机生成效率图（图 9.17）。在本章最后提供了列出参数的 MATLAB 代码。虽然模型很简单，但图 9.17 的效率图显示了对于第 6 章图 6.13 的试验效率图的普遍相关性。根据需要，效率图显示了峰值效率位于转矩和速度的中间范围 – 大多数驱动发生的地方。

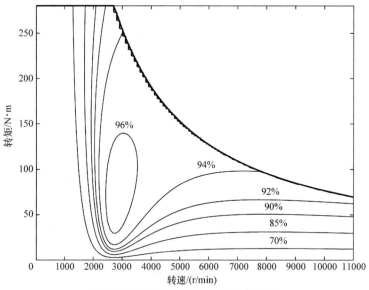

图 9.17 磁场弱化 SPM 电机效率图

参 考 文 献

1 J. R. Hendershot Jr and T. J. E. Miller, *Design of Brushless Permanent-Magnet Motors*, Oxford Magna Physics, 1994, ISBN 978-1-881855.03.3.
2 R. H. Staunton, C. W. Ayers, L. D. Marlino, J. N. Chiasson, and T. A. Burress, *Evaluation of 2004 Toyota Prius Hybrid Electric Drive System*, Oak Ridge National Laboratory report, May 2006.
3 J. Bermingham, G. O'Donovan, R. Walsh, M. Egan. G. Lightbody, and J. G. Hayes, "Optimized control of high-performance servo-motor drives in the field-weakening region," *IEEE Applied Power Electronics Conference*, March 2016, pp. 2794–2800.

扩 展 阅 读

1 T. A. Lipo, *Introduction to AC Machine Design*, 3rd edition, University of Wisconsin, 2007, ISBN 0-9745470-2-6.
2 N. Mohan, *Advanced Electric Drives Analysis Control and Modelling using MATLAB/Simulink®*, John Wiley & Sons, 2014.
3 P. Krause, O. Wasynczuk, S. D. Sudhoff, and S. Pekarek, *Analysis of Electrical Machinery and Drive Systems*, 3rd edition, Wiley-IEEE Press, 2013, ISBN: 978-1-118-02429-4.

问 题

9.1 某电动驱动配有四极 SPM 电机，具有以下参数：单相定子电阻 $R_s = 10\mathrm{m}\Omega$，电机常数 $k = 0.2\mathrm{V/(rad/s)}$，同步电感 $L_s = 50\mathrm{\mu H}$，空载转矩 $T_{nl} = 3\mathrm{N\cdot m}$。电机额定条件为 600N·m 和 310kW。确定额定工作点所施加的单相电压和电流、

电机效率及功率因子。

[答案：124.7V，1005A，90.68%，0.9092]

9.2 对于问题9.1的电机，在完全发电额定转速下，确定额定工作点施加的单相电压和电流、电机效率及功率因子。

[答案：106.6V，995A，89.92%，-0.8760]

9.3 对于问题9.1的电机，确定以一半的额定速度运转且转子转矩为100N·m时施加的单相电压和电流、电机效率及功率因子。

[答案：53.6V，171.7A，93.97%，0.9966]

9.4 对于问题9.1的电机，如果电机常数和电感因磁饱和而下降30%，那么请确定额定工作点施加的单相电压和电流、电机效率及功率因子。

[答案：101V，1435.7A，83.02%，0.858]

9.5 对于问题9.1的电机，确定两倍于额定速度的额定功率下，施加的单相电压和电流、电机效率及功率因子。

[答案：125V，1120A，88.38%，0.835]

9.6 对于9.2.5节示例中的电机，确定1.5倍额定速度、25%额定功率驱动下，施加的单相电压和电流、电机效率及功率因子。

[答案：89.3V，136.2A，91.03%，0.6021]

9.7 对于9.2.5节示例中的电机，确定1.5倍额定速度、再生25%额定功率时，施加的单相电压和电流、电机效率及功率因子。

[答案：86V，134.5A，90.3%，-0.521]

MATLAB 代码示例

```
% This program generates an efficiency map for a SPM based on
nominal BEV parameters
% Kevin Davis and John Hayes

close all;clear all; clc;

vmax       = 160/3.6;      % max speed in m/s
r          = 0.315;        % radius
ng         = 8.19;         % gear ratio
waxlemax   = vmax/r;            %max axle angular speed
wrmax      = waxlemax*ng;       %max rotor angular speed
Nrmax      = wrmax*60/(2*pi);   % Maximum speed in rpm

Trrated = 280;              % Rated torque (Nm)
Prrated = 80000;            % Rated power (W)
wrrated = Prrated/Trrated;  % Rated speed (rad/s)
Nrrated = wrrated/2/pi*60   % Rated speed (Rpm)
p = 8;                      % Number of poles
```

```
k       = 0.3;            % machine constant (Nm/A)
Rs      = 0.02;           % stator resistance (ohm)
Ls      = 0.2*10^-3;      % phase inductance (H)
Iphm    = 2*k/p/Ls        % Equivalent magnetizing current
Tnl     = 1;              % no-load torque
%------------------------------------------------------------
%Make out a range of torque-speed values to be used for
efficiency map
tr = [0:1:Trrated]; % list of torque values in increments of 1Nm
Nr = [0:100:Nrmax]; % specifies range of speed values in increment
                  100rpm
%------------------------------------------------------------
[X,Y] =meshgrid(Nr,tr); % defines x and y axis of torque-speed plot
Pr    =X*pi/30.*Y;       % Calculating the motor output or rotor
                         power based on P=Tw
Pr(Pr>Prrated)=0;         % limiting power to 80kW

Iphd =-Iphm*(1-Nrrated./X); % field-weakening current above
                              rated speed
Iphd(Nr>Nrrated)=0;       % and zero below rated speed
Pin=Pr+3*Rs*((Y./k/3).^2)+(Tnl.*X.*(pi/30))+3*Rs*((Iphd).^2);
                         % motor input power
Eff=Pr./Pin;              % efficiency map based on the torque-speed
                          ranges given
Tlim=Prrated./(Nr.*(pi/30)); % setting a torque limited curve
                              based on max power and speed
Tlim(Tlim>Trrated)=Trrated;  % max torque value set
%------------------------------------------------------------

%Plotting outputs
[C,h]=contour(X,Y,Eff,[0.7 0.85 0.9 0.92, 0.94, 0.96],'k');%
using this command as I want to display values using the next
command
% no number in above command so only 10 contour levels displayed
clabel(C,h,'manual') ;% this displays the contour values
%l=colorbar;% adds a colorbar to the right of the plot
%set(l,'ylim',[0.7 0.96]);% limits range of colorbar to
values shown
hold on
plot(X,Tlim,'LineWidth',3,'color','k');
    xlabel('Speed (rpm)');
    ylabel('Torque (Nm)');
%xlabel('Speed (rpm)');ylabel('Torque (Nm)');zlabel
('Efficiency (%)');
%title ('BEV Motor Efficiency Map');
```

第10章 内置式永磁交流电机

内置式永磁（IPM）电机是许多汽车制造商的首选电机。该电机与它的同类电机——表面永磁电机（SPM）类似，具有生成磁转矩的特性，但也可以产生可观的磁阻转矩，这可以明显增加电机转矩密度。文献 [1-5] 中对各种 IPM 的试验特征有详细介绍。请注意，第 9 章是必不可少的阅读内容。

10.1 电机结构和转矩方程

首先介绍一下凸极 SPM 交流电机的工作过程。如图 10.1a 所示，a_{1+q} 线圈和 a_{1-q} 线圈携带电流 $I_{ph,q}$，并与永磁体相互作用产生三相电机的电磁转矩 $3kI_{ph,q}$。从左手定则来看，电流和磁铁之间的相互作用会在导体上产生一个顺时针的转矩，但由于导体是静止的，因此磁铁上的逆时针转矩是相反的。该转矩分量被称为同步永磁转矩或磁转矩 T_{pm}，并在三相电机中表示为

$$T_{pm} = 3kI_{ph,q} \tag{10.1}$$

接下来，将第二个线圈置于 a_{1+d} 和 a_{1-d} 之间，其电流 $I_{ph,d}$ 相对第一个线圈偏置 90°。第二个线圈和电流 $I_{ph,d}$ 的作用是产生一个磁场，以此来增强或减弱由永磁体产生的磁场，如图 10.1b 所示。

首先，考虑施加在线圈 $a_{1+q} - a_{1-q}$ 上的转矩，它携带电流 $I_{ph,q}$，来自于电流 $I_{ph,d}$。根据右手定则，由电流 $I_{ph,d}$ 引起的磁场可以看作是来自于永磁体增加的部分，从而在与线圈 $a_{1+q} - a_{1-q}$ 中的电流 $I_{ph,q}$ 相互作用时产生额外的电机转矩。对于三相电机，在通常的转矩分量 $3kI_{ph,q}$ 以外，又增加了 $+3\frac{p}{2}L_{md}I_{ph,d}I_{ph,q}$，与第 7 章和第 16 章中的电机类似。

简而言之，额外的磁场会产生一系列的磁力线，这些磁力线产生的转矩以逆时针或顺时针方向作用在转子上。电感 L_{md} 是沿轴线方向的磁化电感。

接下来，考虑施加在线圈 $a_{1+d} - a_{1-d}$ 上的转矩，它携带电流 $I_{ph,d}$，来自于电流 $I_{ph,q}$。再次应用左手定则，可以看出带有电流 $I_{ph,q}$ 的线圈 $a_{1+q} - a_{1-q}$ 产生的转子转矩是顺时针方向的，实际上可以用术语 $-3\frac{p}{2}L_{md}I_{ph,d}I_{ph,q}$ 描述。电感 L_{md} 是沿正

交轴方向的磁化电感。

该合成转矩被称为同步磁阻转矩或磁阻转矩 T_{sr}，并由下式给出

$$T_{sr} = 3\frac{p}{2}L_{md}I_{ph,d}I_{ph,q} - 3\frac{p}{2}L_{mq}I_{ph,d}I_{ph,q}$$

$$= 3\frac{p}{2}(L_{md} - L_{mq})I_{ph,d}I_{ph,q} \tag{10.2}$$

在 IPM 电机中，电磁转矩是磁转矩和磁阻转矩的总和，即

$$T_{em} = T_{pm} + T_{sr} \tag{10.3}$$

$$\Rightarrow T_{em} = 3kI_{ph,q} + 3\frac{p}{2}(L_{md} - L_{mq})I_{ph,d}I_{ph,q} \tag{10.4}$$

式中，电流是每相有效值。

从凸极结构也可以清楚地看到，来自 d 和 q 绕组电流所表示的磁路是不同的。由带有电流 $I_{ph,d}$ 的线圈 $a_{1+d} - a_{1-d}$ 产生的磁通通过磁铁、电机转子铁心和小气隙。而带有电流 $I_{ph,q}$ 的线圈 $a_{1+q} - a_{1-q}$ 产生的磁通通过磁铁、转子铁心和大气隙。d 轴和 q 轴电流的磁化电感路径分别用电感 L_{md} 和 L_{mq} 表示。

图 10.1a~图 10.1c 所示为第一种凸极结构，由于 q 轴的气隙较大，因此，L_{md} 大于 L_{mq}。图 10.1d~图 10.1f 所示为第二种凸极结构，这种结构更接近汽车 IPM 电机。由于沿 q 轴没有大的气隙，因此，q 轴电感 L_{mq} 明显大于 d 轴电感 L_{md}。

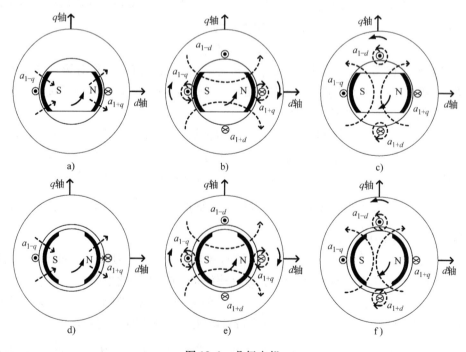

图 10.1 凸极电机

从转矩方程中可以看出，磁阻转矩是转子凸极效应的函数，它表征了 d 轴和 q 轴磁化电感之间的差异。凸极效应是电机中常用的一个术语，用于描述磁轴在物理上和磁性上如何突出或彼此分开。SPM 电机几乎没有凸极效应，但 IPM 电机显然具有高度的凸极效应。

典型的 IPM 电机具有与图 10.2 所示的基本电机类似的结构。如前所述，磁场与 q 轴电流分量相互作用以产生磁转矩，而两个电流分量相互作用产生磁阻转矩。

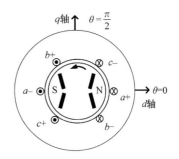

图 10.2　基本双极三相 IPM 电机

与 SPM 电机相比，IPM 电机具有以下关键优势：

1) 通过将磁体嵌入转子来消除磁体与 SPM 转子粘合的问题，这使得转子能够以更高的速度旋转。

2) 通过减小磁铁的跨度和产生的磁转矩，同时用磁阻转矩补偿这种减幅，从而缓解了高速时高电压的担忧。这也可以增加电机的总转矩密度。

10.2　d 轴和 q 轴电感

进一步研究 IPM 的工作过程，不同的磁通分布如图 10.3 所示。磁体和 q 轴电流之间的相互作用产生磁转矩，如图 10.3a 所示。图 10.3b 所示为由 d 轴电流产生的磁通分布。可以看出，磁铁位于磁通路径的重要部分。q 轴电流的磁通分布如图 10.3c 所示。q 轴电流的磁通路径倾向于绕过磁体，而不是与 d 轴电流的磁通一样通过它们。

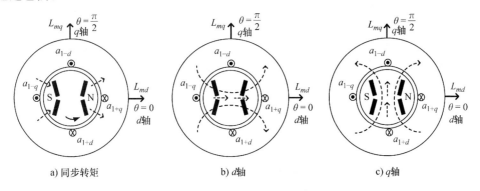

图 10.3　IPM 电机磁通分布

现在考虑一下实际电机中的磁通模式，2004 款丰田普锐斯牵引电机就是一个典型案例，其定子和转子叠片如图 10.4 所示。

图 10.4　2004 款丰田普锐斯牵引电机的定子和转子叠片

八个磁铁对应转子上的八个 V 形槽。电机有八个磁体,因此有四个南北极对。在一个电力循环中,靠机械结构完成四分之一旋转。因此,该电机是四分之一对称的。可利用有限元方法对电机内的磁通分布进行建模,以确定电机电感和转矩的产生。有许多软件包可用于模拟电机。图 10.5 所示为使用 FEMM 软件包生成的二维磁通分布。

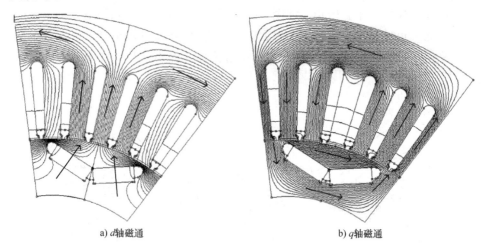

a) d 轴磁通　　　　　　　　　　　　b) q 轴磁通

图 10.5　二维磁通分布

图 10.5a 和图 10.5b 分别显示了 d 轴和 q 轴电流引起的磁通分布。由 d 轴电流产生的磁通穿过磁体,而由 q 轴电流产生的磁通沿着磁体周围,不穿过磁体。在这两种情况下,都存在明显的局部饱和。使用 FEMM 软件生成的 d 轴和 q 轴电感如图

10.6a 所示。可以看出，当电流增加时，q 轴电感经历了明显的饱和。由于磁体的低磁导率，d 轴电感也饱和，但数量远低于前者。图 10.6b 所示为 FEMM 生成的磁链（λ_{md} 和 λ_{mq}），它们描绘了各自磁路的磁化曲线。

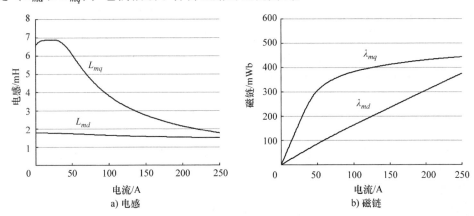

图 10.6 2004 丰田普锐斯电机 FEMM 仿真结果

虽然有限元分析可以表征一台电机，但通过一个简单的计算来估算电感是十分有用的。在这些计算中，简单地假定电极的长度是转子的半个周长，q 轴通量必须穿过气隙，d 轴通量必须穿过气隙和磁铁。假定铁的磁导率与空气的磁导率相比无限大。如第 16 章第 16.4 节所述，永磁体的磁导率接近于空气。

d 轴的磁化电感 L_{md} 和 q 轴的磁化电感 L_{mq} 可以近似地表示为

$$L_{md} \approx \frac{3}{2} \times \frac{\mu_0 N^2 \pi r l}{2(l_{pm} + l_g)} \tag{10.5}$$

$$L_{mq} \approx \frac{3}{2} \times \frac{\mu_0 N^2 \pi r l}{2 l_g} \tag{10.6}$$

式中，N 是每相定子匝数；l 是转子长度；r 是转子半径；l_{pm} 和 l_g 分别是永磁体的厚度和气隙的长度。

例：2004 款丰田普锐斯电机 d 轴和 q 轴电感估算

根据参考文献［2］，电机参数如下：$p = 8$，$N = 18$，$l_{mp} = 6.5 \text{mm}$，$l_g = 0.73 \text{mm}$，$l = 8.36 \text{cm}$，$r = 8.03 \text{cm}$。估算 d 轴和 q 轴电感。

解：

两个电感的估值如下

$$L_{md} \approx \frac{3}{2} \times \frac{\mu_0 N^2 \pi r l}{2(l_{pm} + l_g)} = \frac{3}{2} \times \frac{4\pi \times 10^{-7} \times 18^2 \times \pi \times 0.0803 \times 0.0836}{2 \times (6.5 + 0.73) \times 10^{-3}} = 0.9 \text{mH}$$

$$L_{mq} \approx \frac{3}{2} \times \frac{\mu_0 N^2 \pi r l}{2 l_g} = \frac{3}{2} \times \frac{4\pi \times 10^{-7} \times 18^2 \times \pi \times 0.0803 \times 0.0836}{2 \times 0.73 \times 10^{-3}} = 9 \text{mH}$$

这两个值在图 10.6 中电感值的一般范围内。

10.3　内置式永磁电机测试

测功机用于将负载电机转矩加载到驱动设备上，并用速度和功率表征设备的运行情况。负载电机用作正在测试的电机的制动器。术语"制动功率"指的是在测功机上测试驱动电机，并用制动器或负载电机对其进行制动以确定电机的转矩和功率。图10.7所示为橡树岭国家实验室测功机的一个例子。

图10.7　用于电机测试的测功机

注：由美国能源部橡树岭国家实验室提供。

10.3.1　空载旋转测试

负载电机可用于驱动电机并确定相电压和速度的关系。图10.8所示为2004款丰田普锐斯电机的结果。该电机在6000r/min时产生大约315V_{rms}的相电压。电机常数可以按照下式确定

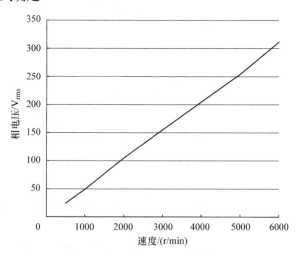

图10.8　2004款丰田普锐斯牵引电机的有效相电压与速度的关系

$$k = \frac{E_{ph}}{\omega_r} = \frac{315}{2\pi \times \frac{6000}{60}} \frac{\text{V}}{\text{rad/s}} = 0.50 \frac{\text{V}}{\text{rad/s}} \tag{10.7}$$

10.3.2 直流转矩测试

SPM 和 IPM 电机相对于感应电机的一个明显优点是同步电机可以在零速时由直流电流激励。如图 10.9 所示，2004 款丰田普锐斯电机的转矩采用直流电流励磁测量。直流电流流入 a 相并分成两半，通过 b 相和 c 相返回。

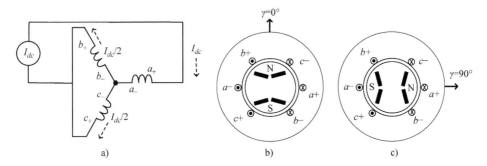

图 10.9 IPM 转矩和直流测试装置

电机以直流电流激励，转子对齐角度为 γ。γ 称为电角，与物理角度和极对数的乘积相关。在直流测试中，转子在每次测试中旋转一定的度数，实际上产生电流的 d 轴和 q 轴分量，以及相关的磁转矩和磁阻转矩分量。电流和电角的关系如图 10.10a 所示，转矩和电角的关系如图 10.10b 所示。

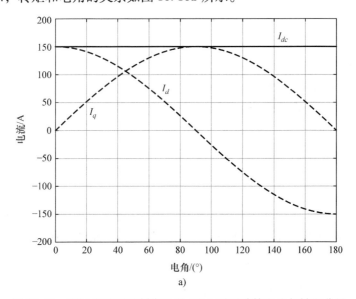

图 10.10 2004 款丰田普锐斯电机 150A 时的计算电流与转矩分量

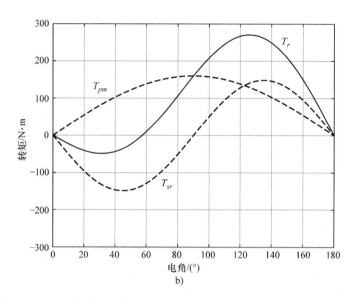

图 10.10 2004 款丰田普锐斯电机 150A 时的计算电流与转矩分量（续）

可以很容易地看出，直流测试产生的转矩为

$$T_r = T_{pm} + T_{sr} = 3k\frac{I_q}{\sqrt{2}} + 3\frac{p}{2}(L_{md} - L_{mq})\frac{I_d}{\sqrt{2}}\frac{I_q}{\sqrt{2}} \tag{10.8}$$

式中，I_d 和 I_q 是直流输入电流的直接分量和正交分量。

输入直流电流与交流励磁的每相电流的峰值相关。

电流由下式给出

$$I_d = I_{dc}\cos\gamma \tag{10.9}$$

$$I_q = I_{dc}\sin\gamma \tag{10.10}$$

当 $\gamma = 0°$ 时，由于 I_q 等于零，因此不会产生转矩。当 $\gamma = 90°$ 时，因为 I_d 等于零，只有磁转矩，所以没有产生磁阻转矩。当 $\gamma = 135°$ 时，磁阻转矩峰值为正值。如果转矩的两个分量在其峰值处大致相等，则由电机产生的总转矩在 $\gamma = 120°$ 左右时趋于峰值。

基于参考文献 [1] 的试验结果如图 10.11a 所示。使用 FEMM 软件对转矩与电流特性进行模拟，结果如图 10.11b 所示。试验和 FEMM 模拟结果显示了高度的一致性。

从 $\gamma = 0°$ 开始，不会产生磁转矩或磁阻转矩。随着转子转移到 $\gamma = 90°$，产生转子转矩 T_r。在此角度下，磁体与定子电流对齐，从而产生最大的磁转矩，但不产生磁阻转矩。因此，在 90°电角时有

$$T_{sr}(90°) = 0, \quad T_{pm}(90°) = T_r(90°) = 3k\frac{I_{dc}}{\sqrt{2}} \tag{10.11}$$

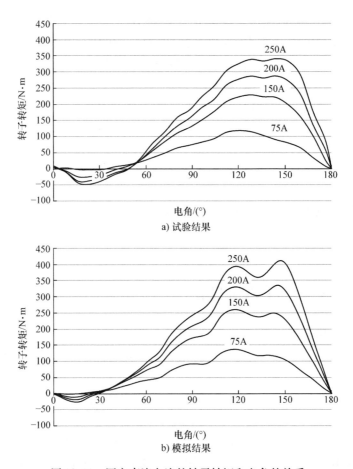

图 10.11 固定直流电流的转子转矩和电角的关系

电机常数 k 可以利用下式计算

$$k = \frac{\sqrt{2}T_r(90°)}{3I_{dc}} \quad (10.12)$$

通过转矩测试预测的 $k = 0.36 \sim 0.47$ 与之前使用反电动势和速度计算的 $k = 0.5$ 很接近。显然，当电机在较高电流下饱和时，电机常数随电流而下降。2004 款丰田普锐斯电机直流测试结果汇总见表 10.1。

表 10.1 2004 款丰田普锐斯电机直流测试结果汇总

I_{dc} /A	$T_r(90°)$ /N·m	k /(N·m/A)	$T_r(120°)$ /N·m	$T_{pm}(120°)$ /N·m	$I_q(120°)$ /A	$T_{sr}(120°)$ /N·m	$I_d(120°)$ /A	$L_{md} - L_{mq}$ /mH
75	75	0.47	118	65	65	53	-37.5	-3.6
150	136	0.43	223	118	130	105	-75	-1.8
200	162	0.38	277	140	173	137	-100	-1.3
250	191	0.36	324	165	217	159	-125	-1.0

总转矩在 $\gamma = 120°$ 时最大，结果记录在表 10.1 中。磁转矩的贡献仍然很高，并且磁转矩和正交电流分量是 $\gamma = 90°$ 时峰值的 $\cos 30°$ 倍。电流和转矩贡献如下

$$I_q(120°) = I_{dc} \times \sin 120° \tag{10.13}$$

$$I_d(120°) = I_{dc} \times \cos 120° \tag{10.14}$$

$$T_{pm}(120°) = T_{pm}(90°) \times \cos 30° \tag{10.15}$$

$$T_{sr}(120°) = T_r(120°) - T_{pm}(120°) \tag{10.16}$$

因为有

$$T_{sr} = 3\frac{p}{2}(L_{md} - L_{mq})\frac{I_d}{\sqrt{2}}\frac{I_q}{\sqrt{2}} \tag{10.17}$$

可以得到在该工作条件下电感差的表达式为

$$(L_{md} - L_{mq}) = \frac{4T_{sr}}{3pI_dI_q} \tag{10.18}$$

10.4 低转速运转和基础理论

等效电路方程类似于式（9.47），为

$$\overline{V}_{ph} = V_{ph,d} + jV_{ph,q} = +R_sI_{ph,d} - \omega_eL_{mq}I_{ph,q} + j(E_{ph,q} + R_sI_{ph,q} + \omega_eL_{md}I_{ph,d}) \tag{10.19}$$

$$V_{ph,q} = E_{ph,q} + R_sI_{ph,q} + \omega_eL_{md}I_{ph,d} \tag{10.20}$$

$$V_{ph,d} = +R_sI_{ph,d} - \omega_eL_{mq}I_{ph,q} \tag{10.21}$$

IPM 的单相等效电路如图 10.12 所示。对该电路进行分解，以分别显示直流和正交电压作为其各种部件函数的。解耦电路是必要的，因为直接和正交电路具有不同的电感。

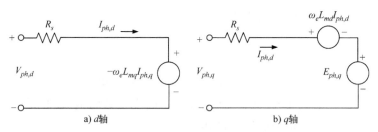

图 10.12 IPM 交流电机的单相等效电路

通过图 10.13 所示的相量图可以更好地理解单相等效电路。相量图与磁场弱化的 SPM 类似。明显的区别在于，在 IPM 的全速范围内都可以使用 d 轴电流，而不像 SPM 那样只能在基础速度以上使用。较大的 q 轴电感会导致较大的电压降，这可能是 IPM 在高速下最重要的组件。

输入功率可以用下式表示

第10章 内置式永磁交流电机

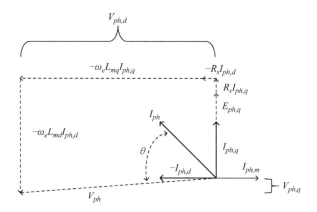

图 10.13 带负电流 $I_{ph,d}$ 的 IPM 交流电机在驱动模式下的相量图

$$P = 3(V_{ph,q}I_{ph,q} + V_{ph,d}I_{ph,d}) \quad (10.22)$$

或

$$P = 3[(E_{ph,q} + R_sI_{ph,q} + \omega_e L_{md}I_{ph,d})I_{ph,q} + (R_sI_{ph,d} - \omega_e L_{mq}I_{ph,q})I_{ph,d}] \quad (10.23)$$

根据设备的电阻损耗和机电功率重新排列为

$$P = 3R_s(I_{ph,q}{}^2 + I_{ph,d}{}^2) + 3E_{ph,q}I_{ph,q} + 3\omega_e(L_{md} - L_{mq})I_{ph,d}I_{ph,q} \quad (10.24)$$

电磁功率可以由下式给出

$$P_{em} = 3E_{ph,q}I_{ph,q} + 3\omega_e(L_{md} - L_{mq})I_{ph,d}I_{ph,q} \quad (10.25)$$

10.4.1 例：额定条件下驱动

用于混合动力汽车（HEV）的八极电机工作在前进驱动模式，并在 1500r/min 时产生 +324N·m 的转子转矩。

使用表 10.1 最后一行中的参数。

根据最后一行数据，将磁转矩和磁阻转矩分开，分别为 165N·m、159N·m。

令单相定子电阻 $R_s = 69\text{m}\Omega$，并使空载转矩 T_{nl} 等于零（为了简化计算）。

在上述条件下，令电感为 $L_{md} = 1.6\text{mH}$ 和 $L_{mq} = 2.6\text{mH}$。

计算所用的单相电压和电流，以及电机效率和该工作点的功率因数。

解：

以 Hz 和 rad/s 为单位表达的转子速度由下式给出

$$\omega_r = 2\pi \frac{N_r}{60} = 2\pi \frac{1500}{60} \text{rad/s} = 157.08 \text{rad/s}$$

$$f_r = \frac{\omega_r}{2\pi} = \frac{157.08}{2\pi} \text{Hz} = 25\text{Hz}$$

电气输入频率为

$$\omega_e = \frac{p}{2}\omega_r = \frac{8}{2} \times 157.08 = 628.3 \text{rad/s}$$

$$f_e = \frac{\omega_e}{2\pi} = \frac{628.3}{2\pi}\text{Hz} = 100\text{Hz}$$

电磁转矩为

$$T_{em} = T_r + T_{nl} = 324\text{N}\cdot\text{m} + 0\text{N}\cdot\text{m} = 324\text{N}\cdot\text{m}$$

磁转矩和磁阻转矩分别为

$$T_{pm} = 165\text{N}\cdot\text{m}$$

$$T_{sr} = 159\text{N}\cdot\text{m}$$

单相正交电流由下式给出

$$I_{ph,q} = \frac{T_{pm}}{3k} = \frac{165}{3 \times 0.36}\text{A} = 152.8\text{A}$$

由图 10.6 可知，在这种情况下，d 轴电感约为 1.6mH。从表 10.1 可以看出，电感差值为 1.0mH，这意味着 q 轴电感是 2.6mH。单相直流电流由下式给出

$$I_{ph,d} = \frac{2T_{sr}}{3p(L_{md} - L_{mq})I_{ph,q}} = \frac{2 \times 159}{3 \times 8 \times (1.6 \times 10^{-3} - 2.6 \times 10^{-3}) \times 152.8}\text{A}$$

$$= -86.7\text{A}$$

电源的单相电流为

$$|\bar{I}_{ph}| = \sqrt{I_{ph,d}^2 + I_{ph,q}^2} = \sqrt{(-86.7)^2 + 152.8^2}\text{A} = 175.7\text{A}$$

反电动势为

$$E_{ph,q} = k\omega_r = 0.36 \times 157.08\text{V} = 56.55\text{V}$$

电源电压的正交分量为

$$V_{ph,q} = E_{ph,q} + R_s I_{ph,q} + \omega_e L_{md} I_{ph,d}$$

$$= 56.55\text{V} + 0.069 \times 152.8\text{V} + 628.3 \times 1.6 \times 10^{-3} \times (-86.7)\text{V}$$

$$= -20.1\text{V}$$

电源电压的直接分量为

$$V_{ph,d} = R_s I_{ph,d} - \omega_e L_{mq} \cdot I_{ph,q} = 0.069 \times (-86.7)\text{V} - 628.3 \times 2.6 \times 10^{-3} \times 152.8\text{V}$$

$$= -255.6\text{V}$$

电源单相电压为

$$|\bar{V}_{ph}| = \sqrt{V_{ph,d}^2 + V_{ph,q}^2} = \sqrt{(-20.1)^2 + (-255.6)^2}\text{V} = 256.4\text{V}$$

电机的有效输出功率为

$$P_r = T_r \omega_r = 324 \times 157.08\text{W} = 50.89\text{kW}$$

电机功率损耗是电阻损耗和空载损耗的总和

$$P_{m(loss)} = T_{nl}\omega_r + 3R_sI_{ph}^2 = 0 \times 157.08\text{W} + 3 \times 0.069 \times 175.7^2\text{W} = 6.39\text{kW}$$

这样的话，电机的输入功率为

$$P = P_r + P_{m(loss)} = 50.89\text{kW} + 6.39\text{kW} = 57.28\text{kW}$$

电机的效率为

$$\eta_m = \frac{P_r}{P} = \frac{50.89}{57.28} \times 100\% = 88.84\%$$

电机的视在功率由下式给出

$$|\overline{S}| = 3V_{ph}I_{ph} = 3 \times 256.4 \times 175.7\text{V} \cdot \text{A} = 135.1\text{kV} \cdot \text{A}$$

功率因数为

$$PF = \frac{P}{|\overline{S}|} = \frac{57.28}{135.1} = 0.424,\text{滞后}$$

虽然在示例中已经生成了所需的电机转矩，但相电流很高，导致功率因数较低。对 IPM 电机在不同的电流下进行测试，以确定给定转矩和速度下的最佳工作条件。

请注意，本例中计算出的电流的单相值等于表 10.1 中最后一行所示的直流电流除以 $\sqrt{2}$，如预期的那样。

有两种主要的操作模式能够产生最佳工作状态。

10.4.2 单位电流最大转矩（MTPA）

在 MTPA 模式下，IPM 受到控制，以便对给定的每相电流产生最大转矩。

10.4.3 单位电压最大转矩（MTPV）或单位磁通最大转矩（MTPF）

在 MTPV 模式下，IPM 被控制，以便对给定的每相电压产生最大转矩。这对于电机在恒定功率模式下并接近限制电压运行时尤为重要。

10.5 内置式电机高速运转

IPM 电机可以以非常高的速度运行——通常达到额定速度的 4~5 倍。电机在额定速度以上的运行类似于等于或低于额定速度的运行，因为需要较大的 d 轴电流来弱化磁场并提供磁阻转矩。

在高速时，由于电压是限制因素，所以通常在 MTPV 模式运行。为了产生最佳的电源电压和电流，对该电机进行了试验研究。

例：使用内置式电机高速驱动

上一个例子中的电机工作在前进驱动模式下，在 6000r/min 时产生 +81N·m 的转子转矩。

计算所用的单相电压和电流，以及电机效率和该工况下的功率因数。

为了简单起见，保持上一个例子中 k、L_{md} 和 $I_{ph,d}$ 的估算值，由于 $I_{ph,q}$ 在这种情况下相对较低，使用表 10.1 中 75A 所在行的 $L_{md} - L_{mq} = -3.6\text{mH}$ 来确定 L_{mq}。因此，$L_{mq} = 5.2\text{mH}$。设 $T_{nl} = 0\text{N}\cdot\text{m}$。

解：

以 Hz 和 rad/s 为单位表达的转子速度由下式给出

$$\omega_r = 2\pi\frac{N_r}{60} = 2\pi\frac{6000}{60}\text{rad/s} = 628.3\text{rad/s}$$

$$f_r = \frac{\omega_r}{2\pi} = \frac{628.3}{2\pi}\text{Hz} = 100\text{Hz}$$

电气输入频率为

$$\omega_e = \frac{p}{2}\omega_r = \left(\frac{8}{2}\times 628.3\right)\text{rad/s} = 2513\text{rad/s}$$

$$f_e = \frac{\omega_e}{2\pi} = \frac{2513}{2\pi}\text{Hz} = 400\text{Hz}$$

电磁转矩为

$$T_{em} = T_r + T_{nl} = 81\text{N}\cdot\text{m} + 0\text{N}\cdot\text{m} = 81\text{N}\cdot\text{m}$$

单相直流电流同上一个例子相同

$$I_{ph,d} = -86.7\text{A}$$

单相正交电流由式（10.4）给出

$$I_{ph,q} = \frac{T_r}{3k + 3\frac{p}{2}(L_{md} - L_{mq})I_{ph,d}}$$

$$= \frac{81}{3\times 0.36 + 3\times\frac{8}{2}\times(1.6\times 10^{-3} - 5.2\times 10^{-3})\times(-86.7)}\text{A} = 16.8\text{A}$$

电源单相电压为

$$|\bar{I}_{ph}| = \sqrt{I_{ph,d}^2 + I_{ph,q}^2} = \sqrt{(-86.7)^2 + 16.8^2}\text{A} = 88.3\text{A}$$

反电动势为

$$E_{ph,q} = k\omega_r = 0.36\times 628.3\text{V} = 226.2\text{V}$$

磁转矩和磁阻转矩为

$$T_{pm} = 3kI_{ph,q} = 3\times 0.36\times 16.8\text{N}\cdot\text{m} = 18.1\text{N}\cdot\text{m}$$

$$T_{sr} = 3\frac{p}{2}(L_{md} - L_{mq})I_{ph,q}I_{ph,d}$$

$$= 3\times\frac{8}{2}\times(0.0016 - 0.0052)\times 16.8\times(-86.7)\text{N}\cdot\text{m} = 62.9\text{N}\cdot\text{m}$$

在 MTPV 条件下，磁转矩和磁阻转矩按照 22:78 比例分配。

各种电压分量为

$$V_{ph,q} = E_{ph,q} + R_s I_{ph,q} + \omega_e L_{md} I_{ph,d}$$
$$= 226.2\text{V} + 0.069 \times 16.8\text{V} + 2513 \times 1.6 \times 10^{-3} \times (-86.7)\text{V} = -121.2\text{V}$$
$$V_{ph,d} = R_s I_{ph,d} - \omega_e L_{mq} \cdot I_{ph,q} = 0.069 \times (-86.7)\text{V} - 2513 \times 5.2 \times 10^{-3} \times 16.8\text{V}$$
$$= -225.5\text{V}$$
$$|\overline{V}_{ph}| = \sqrt{V_{ph,d}^2 + V_{ph,q}^2} = \sqrt{(-225.5)^2 + (-121.2)^2}\ \text{V} = 256\text{V}$$

电机的功率损耗为

$$P_{m(loss)} = T_{nl}\omega_r + 3R_s I_{ph}^2 = 0 \times 628.3\text{W} + 3 \times 0.069 \times 88.3^2\text{W} = 1.61\text{kW}$$

因此，电机的输入功率为

$$P = P_r + P_{m(loss)} = 81 \times 628.3\text{W} + 1.61\text{kW} = 50.89\text{kW} + 1.61\text{kW} = 52.5\text{kW}$$

电机效率为

$$\eta_m = \frac{P_r}{P} = \frac{50.89}{52.5} \times 100\% = 96.9\%$$

电机的视在功率为

$$|\overline{S}| = 3V_{ph} I_{ph} = 3 \times 256 \times 88.3\text{V} \cdot \text{A} = 67.81\text{kV} \cdot \text{A}$$

功率因数为

$$PF = \frac{P}{|\overline{S}|} = \frac{52.5}{67.81} = 0.774,\text{滞后}$$

10.6 电机 *dq* 模型

在前面的几章中，我们分析了一些电机。与较简单的直流电机相比，三相交流电机从控制角度看似更复杂。在所有这些电机中，我们可以看到转矩与电源电流直接相关。

通过识别所提供的电流具有共同的频率并导致旋转磁场这一特性，可以简化交流电机的控制。在第 8 章 8.1 节中介绍了空间矢量电流的概念。空间矢量电流以同步频率旋转并且包括来自三相电流的贡献。尽管相电流的大小随时间变化，但空间矢量电流具有恒定的幅度并且以同步频率旋转。在本节中，空间矢量电流由其直接和正交电流分量表示，它们也可以以同步频率旋转，如图 10.14a 所示。因此，交流电机可以仿照单独由电流控制的直流电机建模。当轴旋转时，它们可以参考固定的 *a* 相轴，如图 10.14b 所示。

对于 SPM 和 IPM 电机，定子直接 *d* 轴与永磁体的轴线对齐，而正交 *q* 轴与 *d* 轴成 90°，与之前的单相模型类似。

对于如何将空间矢量电流转换为 *d* 轴和 *q* 轴电流，我们有许多方法。两种常用的方法是恒定电流变换和恒定功率变换。

这些变换通常被称为 Clarke – Park 变换。二十世纪二十年代罗伯特·帕克

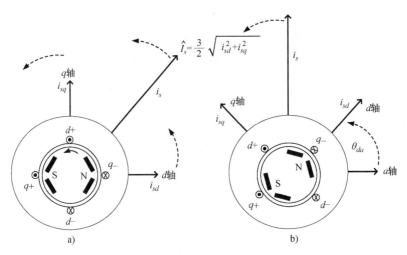

图 10.14 d 轴和 q 轴

（1902—1994）为该理论做出了重要贡献。伊迪丝·克拉克（1883—1959）为电力系统分析做出了巨大贡献，同时也开创了女性工程师的先河。她于 1947 年成为美国第一位女性电气工程教授。

10.6.1 恒定电流变换

d 轴和 q 轴电流分量可以与时变单相电流具有相关性。之前的空间矢量电流公式（8.1）可以改写成如下的指数形式

$$\vec{i}_s^a(t) = i_a(t)e^{j0°} + i_b(t)e^{j120°} + i_c(t)e^{j240°} \qquad (10.26)$$

这个 $\vec{i}_s(t)$ 的表达式参照固定 a 轴。设 θ_{da} 为旋转 d 轴和固定 a 轴之间的夹角。因此，参考 d 轴的空间矢量电流如下

$$\vec{i}_s(t) = \vec{i}_s^a(t)e^{-j\theta_{da}} \qquad (10.27)$$

这样的话

$$\vec{i}_s(t) = i_a(t)e^{-j\theta_{da}} + i_b(t)e^{-j(\theta_{da}-120°)} + i_c(t)e^{-j(\theta_{da}-240°)} \qquad (10.28)$$

对于这种变换，空间矢量峰值电流是 d 轴和 q 轴电流矢量和的 3/2 倍。

因此，相对于 d 轴的空间矢量电流可以简化为

$$\vec{i}_s(t) = \frac{3}{2}(i_{sd} + ji_{sq}) \qquad (10.29)$$

在稳定状态下，定子 d 轴电流 i_{sd} 和定子 q 轴电流 i_{sq} 等于之前的单相直流和正交电流的峰值

$$i_{sd} = \sqrt{2}I_{ph,d} \qquad (10.30)$$

$$i_{sq} = \sqrt{2}I_{ph,q} \qquad (10.31)$$

旋转空间矢量电流 $\hat{I}_s$ 幅值为

$$\hat{I}_s = \frac{3}{2}\sqrt{i_{sd}^2 + i_{sq}^2} = \frac{3}{2}\sqrt{2}I_{ph} \quad (10.32)$$

我们可以用单相电流来表示 d 轴和 q 轴电流，反之亦然

$$i_{sd} + ji_{sq} = \frac{2}{3}[i_a(t)e^{-j\theta_{da}} + i_b(t)e^{-j(\theta_{da}-120°)} + i_c(t)e^{-j(\theta_{da}-240°)}] \quad (10.33)$$

矩阵形式为

$$\begin{bmatrix} i_{sd} \\ i_{sq} \end{bmatrix} = \frac{2}{3}\begin{bmatrix} \cos(\theta_{da}) & \cos(\theta_{da}-120°) & \cos(\theta_{da}-240°) \\ -\sin(\theta_{da}) & -\sin(\theta_{da}-120°) & -\sin(\theta_{da}-240°) \end{bmatrix}\begin{bmatrix} i_a(t) \\ i_b(t) \\ i_c(t) \end{bmatrix}$$

$$(10.34)$$

也可以用下式表达

$$\begin{bmatrix} i_a(t) \\ i_b(t) \\ i_c(t) \end{bmatrix} = \begin{bmatrix} \cos(\theta_{da}) & -\sin(\theta_{da}) \\ \cos(\theta_{da}-120°) & -\sin(\theta_{da}-120°) \\ \cos(\theta_{da}-240°) & -\sin(\theta_{da}-240°) \end{bmatrix}\begin{bmatrix} i_{sd} \\ i_{sq} \end{bmatrix} \quad (10.35)$$

式（10.4）相对于每相分量的转矩表达为

$$T_{em} = 3kI_{ph,q} + 3\frac{p}{2}(L_{md} - L_{mq})I_{ph,d}I_{ph,q}$$

可以改写为相对于 d 轴和 q 轴分量的形式

$$T_{em} = 3\frac{k}{\sqrt{2}}i_{sq} + \frac{3}{2}\frac{p}{2}(L_{md} - L_{mq})i_{sd}i_{sq} \quad (10.36)$$

已知

$$k = \frac{p}{2}\lambda \quad (10.37)$$

式中，λ 是由永磁体引起的磁通。

我们在这里再次注意到，交流电机的磁通 λ 在本书中被视为有效值。使用峰值磁通十分常见，在这种情况下，需要 $\sqrt{2}$ 倍的调整系数。

因此，电机转矩可以用以下的常用形式表示

$$T_{em} = \frac{3}{2}\frac{p}{\sqrt{2}}\lambda i_{sq} + \frac{3}{2}\frac{p}{2}(L_{md} - L_{mq})i_{sd}i_{sq} \quad (10.38)$$

还可以改写为如下形式

$$T_{em} = \frac{3}{2}\frac{p}{2}(\sqrt{2}\lambda + L_{md}i_{sd})i_{sq} - \frac{3}{2}\frac{p}{2}L_{mq}i_{sq}i_{sd} \quad (10.39)$$

转矩可以用磁通和电流来表示

$$T_{em} = \frac{3}{2}\frac{p}{2}(\lambda_{sd}i_{sq} - \lambda_{sq}i_{sd}) \quad (10.40)$$

式中

$$\lambda_{sd} = \sqrt{2}\lambda + L_{md}i_{sd}, \quad \lambda_{sq} = L_{mq}i_{sq} \tag{10.41}$$

对于 SPM 电机来说，$L_{md} = L_{mq}$，因此，可以得到如下的简化形式

$$T_{em} = \frac{3}{2}\frac{p}{\sqrt{2}}\lambda i_{sq} \tag{10.42}$$

在稳定状态下，d 轴和 q 轴电压与单相分量相关

$$v_{sd} = \sqrt{2}V_{ph,d} \tag{10.43}$$

$$v_{sq} = \sqrt{2}V_{ph,q} \tag{10.44}$$

根据式（10.22），电机单相功率可以表示为

$$P = 3(V_{ph,q}I_{ph,q} + V_{ph,d}I_{ph,d})$$

这个功率表达式可以用下面的 d 和 q 分量来重写，因为 d 和 q 分量等于单相分量的峰值

$$P = \frac{3}{2}(v_{sq}i_{sq} + v_{sd}i_{sd}) \tag{10.45}$$

10.6.2 恒定功率变换

这种变换是常用的，因此在这里进行简要介绍。对于该变换，峰值空间矢量电流等于 d 轴和 q 轴电流矢量和的 $\sqrt{\frac{3}{2}}$ 倍，即

$$\vec{i}_s(t) = \sqrt{\frac{3}{2}}(i_{sd} + ji_{sq}) \tag{10.46}$$

在稳定状态下，可以根据之前的单相直接和正交电流计算 d 轴和 q 轴电流

$$i_{sd} = \sqrt{3}I_{ph,d} \tag{10.47}$$

$$i_{sq} = \sqrt{3}I_{ph,q} \tag{10.48}$$

旋转空间矢量电流幅值 $\hat{I}_s$ 为

$$\hat{I}_s = \sqrt{\frac{3}{2}}\sqrt{i_{sd}^2 + i_{sq}^2} = \sqrt{\frac{3}{2}}\sqrt{3}I_{ph} \tag{10.49}$$

类似地，d 轴和 q 轴电压与单相分量相关

$$v_{sd} = \sqrt{3}V_{ph,d} \tag{10.50}$$

$$v_{sq} = \sqrt{3}V_{ph,q} \tag{10.51}$$

转矩可以由下式给出

$$T_{em} = \sqrt{3}ki_{sq} + \frac{p}{2}(L_{md} - L_{mq})i_{sd}i_{sq} \tag{10.52}$$

或者

$$T_{em} = \frac{p}{2}(\lambda_{sd}i_{sq} - \lambda_{sq}i_{sd}) \tag{10.53}$$

在这种情况下,由于 d 和 q 分量等于相关单相分量的有效值的 $\sqrt{3}$ 倍,所以功率为

$$P = v_{sq}i_{sq} + v_{sd}i_{sd} \tag{10.54}$$

参 考 文 献

1. R. H. Staunton, C. W. Ayers, L. D. Marlino, J. N. Chiasson, and T. A. Burress, *Evaluation of 2004 Toyota Prius Hybrid Electric Drive System*, Oak Ridge National Laboratory report, May 2006.
2. T. A. Burress, C. L. Coomer, S. L. Campbell, L. E. Seiber, L. D. Marlino, R. H. Staunton, J. P. Cunningham, and H. T. Lin, *Evaluation of the 2007 Toyota Camry Hybrid Synergy Electric Drive System*, Oak Ridge National Laboratory report, 2008.
3. T. A. Burress, S. L. Campbell, C. L. Coomer, C. W. Ayers, A. A. Wereszczak, J. P. Cunningham, L. D. Marlino, L. E. Seiber, and H. T. Lin, *Evaluation of the 2010 Toyota Prius Hybrid Synergy Drive System*, Oak Ridge National Laboratory report, 2011.
4. J. S. Hsu, C. W. Ayers, C. L. Coomer, R. H. Wiles, S. L. Campbell, K. T. Lowe, and R. T. Michelhaugh, *Report on Toyota/Prius Motor Torque Capability, Torque Property, No-load Back Emf, and Mechanical Losses*, Oak Ridge National Laboratory report, 2004.
5. C. W. Ayers, J. S. Hsu, C. W. Miller, G. W. Ott, Jr., and C. B. Oland, *Evaluation of 2004 Toyota Prius Hybrid Electric Drive System Interim Report*, Oak Ridge National Laboratory report, 2004.
6. *Finite Element Method Magnetics*, a free software by David Meeker: www.femm.info.
7. K. Davis, Y. Lishchynskyy, O. Melon, and J. G. Hayes, *FEMM Modelling of an IPM AC Machine*, University College Cork, 2017 (files available on Wiley book web site).
8. D. W. Novotny and T. A. Lipo, *Vector Control and Dynamics of AC Drives*, Oxford Science Publications, 1996.
9. N. Mohan, *Advanced Electric Drives Analysis Control and Modelling using MATLAB/Simulink®*, John Wiley & Sons, 2014.

扩 展 阅 读

1. T. Nakada, S. Ishikawa, and S. Oki, "Development of an electric motor for a newly developed electric vehicle," SAE Technical Paper 2014-01-1879.
2. D. G. Dorrell, A. M. Knight, and M. Popescu, "Performance improvement in high-performance brushless rare-earth magnet motors for hybrid vehicles by use of high flux-density steel," *IEEE Transactions on Magnetics*, 47 (10), pp. 3016–3019, October 2011.
3. S. T. Lee, T. A. Burress, and L. M. Tolbert, "Power-factor and torque calculation with consideration of cross saturation of the interior permanent magnet synchronous motor with brushless field excitation," *IEEE Electric Machines and Drives*, 2009.
4. G. Choi and T. M. Jahns, "Design of electric machines for electric vehicles based on driving schedules," *IEEE Electric Machines and Drives*, 2013.
5. M. Meyer and J. Bocker, "Optimum control for interior permanent magnet synchronous motors (IPMSM) in constant torque and flux weakening range," *Power Electronics and Motion Control Conference*, 2006.

6 D. Hu, Y. M. Alsmadi and L. Xu, "High fidelity nonlinear IPM modeling based on measured stator winding flux linkage," *IEEE Transactions on Industrial Applications*, 51 (4), pp. 3012–3019, July–August 2015.

7 K. M. Rahman and S. Hiti, "Identification of machine parameters of a synchronous machine," *IEEE Transactions on Industrial Applications*, 41, pp. 557–565, April 2005.

8 B. A. Welchko, T. M. Jahns, W. L. Soong, and J. M. Nagashima, "IPM synchronous machine drive response to symmetrical and asymmetrical short-circuit faults," *IEEE Transactions on Energy Conversion*, 18, pp. 291–298, June 2003.

问　题

10.1　2007款丰田凯美瑞8极牵引电机的特性如图10.15所示，测试结果见表10.2。

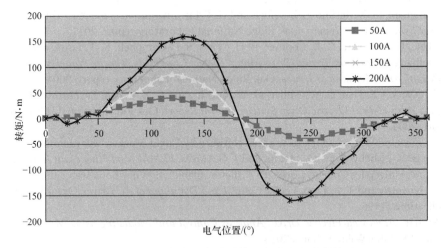

图10.15　2007款丰田凯美瑞转矩与直流电流的关系

注：由美国能源部橡树岭国家实验室提供。

表10.2　2007款丰田凯美瑞直流电流测试结果汇总

I_{dc} /A	$T_r(90°)$ /N·m	k /(N·m/A)	$T_r(120°)$ /N·m	$T_{pm}(120°)$ /N·m	$I_q(120°)$ /A	$T_{sr}(120°)$ /N·m	$I_d(120°)$ /A	$L_{md}-L_{mq}$ /mH
50	30	**0.28**	45	**26**	43	19	−25	−2.9
100	55	0.26	85	48	87	37	−50	−1.9
150	76	0.24	122	66	130	56	−75	−1.0
200	95	0.22	160	82	173	78	−100	−0.75

验证电机参数，如表中粗体所示。

10.2　2007款丰田凯美瑞的HEV电机以前进模式运行，并在60kW功率下产生+160N·m的输出转子转矩。

计算所用的单相电压和电流，以及电机效率和功率因数。

以50:50的比例分配磁转矩和磁阻转矩。

使用表10.2中200A所在行的参数。

设单相定子电阻 $R_s = 22\text{m}\Omega$，空载转矩 $T_{nl} = 2\text{N} \cdot \text{m}$。

在上述条件下，令 d 轴电感 $L_{md} = 0.7\text{mH}$。

[答案：268.6V，142.9A，96.62%，0.539]

10.3 重新计算上一个问题，这次考虑 25:75 的磁转矩和磁阻转矩分配比例。

使用表 10.2 中 100A 所在行的参数。

[答案：173.2V，148.7A，96.45%，0.805]

10.4 上一个问题的 HEV 电机高速运转在前进档，在额定功率为 60kW 时输出转矩 80N·m。

以 20:80 的比例分配磁转矩和磁阻转矩。

计算电源的单相电压和电流，以及电机效率和功率因数。

使用表 10.2 中 50A 所在行的参数。

[答案：212.8V，98.6A，96.55%，0.987]

10.5 2010 款丰田普锐斯 8 极牵引电机的特性见表 10.3。

表 10.3　2010 款丰田普锐斯 8 极牵引电机的特性

I_{dc} /A	$T_r(90°)$ /N·m	k /(N·m/A)	$T_r(120°)$ /N·m	$T_{pm}(120°)$ /N·m	$l_q(120°)$ /A	$T_{sr}(120°)$ /N·m	$I_d(120°)$ /A	$L_{md} - L_{mq}$ /mH
50	32	0.3	54	28	43	26	-25	-4.0
100	65	0.3	105	56	87	49	-50	-1.9
150	80	0.25	145	69	130	76	-75	-1.3

验证表中粗体所示的电机参数。

当转子在 60kW 额定功率产生 +150N·m 的转矩时，计算电源的单相电压和电流，以及电机效率和功率因数。

以 1:2 的比例分配磁转矩和磁阻转矩。

使用表 10.3 中 150A 所在行的参数。

令单相定子电阻 $R_s = 77\text{m}\Omega$，并使空载转矩 $T_{nl} = 2\text{N} \cdot \text{m}$。

在此条件下，设 d 轴电感 $L_{md} = 1.0\text{mH}$。

[答案：260.8V，117.5A，93.77%，0.696]

10.6 前一个问题的 HEV 电机以正转模式运行，功率为 60kW，输出转矩为 50N·m。

计算电源的单相电压和电流，以及电机效率和功率因数。

使用表 10.3 中 50A 所在行的参数。设 d 轴电感 $L_{md} = 1.0\text{mH}$。以 20:80 的比例分配磁转矩和磁阻转矩。

[答案：284.2V，75.6A，94.16%，0.988]

作　　业

下载 FEMM 软件，并为 IPM 电机建模。请参阅参考资料中的各种电机参数。

第 3 部分　功率电子

第11章 DC-DC 变换器

威廉·肖克利在1939年说："我发现使用半导体放大器代替真空放大器，在原则上是可行的。"肖克利、布拉顿、巴丁均来自贝尔实验室，在1956年由于发明了半导体晶体管而获得了诺贝尔物理学奖。

本章将向读者介绍电力电子变换器，并对常用的降压和升压拓扑结构对连续、边界和不连续运行模式（分别对应 CCM、BCM 和 DCM）进行了分析；简要介绍了功率半导体，并估算了绝缘栅双极晶体管（IGBT）和二极管的功率损耗；所讨论的主题中还包括无源元件的选型和叠片交错的优势，并对基于 HEV 和 FCEV 的 DC-DC 变换器进行了实例评估。有效值（rms）和直流量是学习各种变换器的关键概念，因而对这些内容进行了重温。

11.1 简介

汽车动力总成发展过程中的巨大进步应该归功于电力电子和功率半导体的出现。利用电力电子变换器，给定大小和频率的电压可以转换成任意幅值和频率的电压。因此，电力电子的主要功能之一是对机电设备、能源和电力负载提供可实现最大功能的电力转换。驱动电力电子的第二个特征是效率。高效的电力转换通常会减少材料、冷却、功率需求并降低成本，同时提高许多电子产品（如便携式计算机和智能手机）的可靠性。

电力电子变换器通过周期性地切换可用电源、进出电路来实现电力变换。这些变换器使用半导体元件充当开关，并具有能量存储装置，例如电感器和电容器，用于存储能量并过滤快速切换产生的尖锐波形。除电压和电流的转换外，变压器还用于隔离和安全。这些变换器称为开关模式电力变换器。快速切换会产生显著的电噪声，即电磁干扰（EMI）。EMI 会影响其他电子电气设备的运行，由世界各地的相关机构监管，如美国的联邦通信委员会（FCC）。

电力变换可以分为两类，即交流电流（AC）和直流电流（DC）。因此，有四种可能的电力变换类型：AC-DC、DC-DC、DC-AC 和 AC-AC。

电路通常需要直流电压电源才能起作用。交流电压用于大量发电、输电和本地配电。因此，AC-DC 变换器用于交流电网和直流电池的连接。

DC – DC 变换器是将直流电压转换为另一种不同的直流电压电平的电力电路。例如，燃料电池的电压会随着电力需求的增加而显著下降，这就需要一个 DC – DC 变换器来提升燃料电池的电压以使动力系统更有效。

现代电力动力系统中使用的牵引电机需要交流电，而不是电池的直流电。DC – AC 逆变器是一种将直流电转换为交流电的电力电子电路，将在第 13 章中介绍。

AC – DC 整流器是将交流转换为直流的电力电子电路，将在第 14 章深入讨论。

AC – AC 电力变换器通常用于电机和高电压负载，通常不应用于汽车上。

2010 款丰田普锐斯动力系统电路图如图 11.1 所示。车辆使用 DC – DC 变换器将电池电压从约 200V 升高至 200~650V 之间的水平，以使动力总成高效运作。DC – AC 逆变器用于将高压直流链路连接到电动机和发电机。DC – DC 变换器和 DC – AC 逆变器实现了电力的双向流动。因此，DC – DC 变换器可以在电机运行时从电池获得电力，也可以通过回收制动能量，由起动机或牵引电机为电池充电。

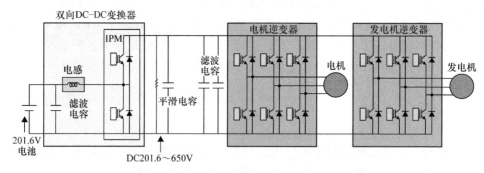

图 11.1 2010 款丰田普锐斯动力系统电路图

注：由美国能源部橡树岭国家实验室提供。

2010 款丰田普锐斯的电力电子变换器和控制器被集成到一个动力控制单元（PCU）中。PCU 如图 11.2 所示。PCU 壳体由铝金属材料制成，并配有集成式散热器。电力变换器会因功率损耗而产生大量的热，因此必须配备冷却系统。

DC – DC 变换器和两个 DC – AC 逆变器的功率半导体如图 11.3a 所示。半导体集成到一个安装在 PCU 散热器上的模块中。图 11.3b 所示为半导体的侧视图，我们可以看到从连接器到硅模块和单个硅模块之间的多个细连接线。

最早几代的电力变换器是基于真空管技术的，这项技术在 20 世纪 50 年代早期，由于威廉·肖克利和贝尔实验室的其他人发明了半导体而被废弃。第一个功率半导体元件是一个二极管，之后是双极晶体管（BJT）和可控硅整流器（SCR），也称为晶闸管。功率二极管和晶闸管在电力变换中发挥了重要作用。二极管应用范围广泛，而晶闸管通常用于 AC – DC 和 AC – AC 电力变换。20 世纪 70 年代，现代开关模式电力变换器在首次商业化时使用 BJT 作为主开关设备。20 世纪 70 年代后

第 11 章 DC–DC 变换器

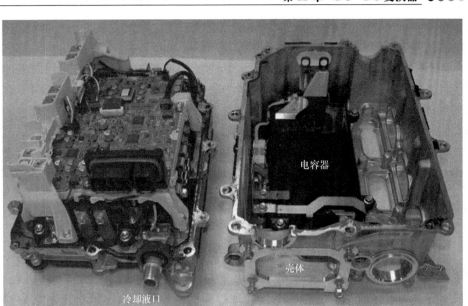

图 11.2　2010 款丰田普锐斯动力控制单元

注：由美国能源部橡树岭国家实验室提供。

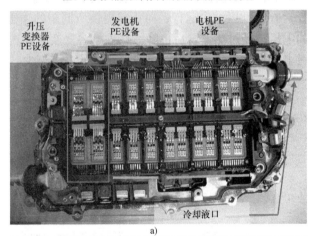

a)

b)

图 11.3　2010 款丰田普锐斯升压器和逆变器

注：由美国能源部橡树岭国家实验室提供。

期，金属-氧化物-半导体场效应晶体管（MOSFET）取代了 BJT，但是半导体开关仍然是许多应用的首选，特别是当工作电压低于 400V 时。

MOSFET 比 BJT 的应用范围更广泛，因为它更高效，更易于控制。IGBT 的发明使得半导体在更高电压下具有更高的效率。由于其效率和短路能力，IGBT 在高功率汽车电力变换器领域占据了主导地位。宽带隙半导体技术正在从电力变换的小众应用转变为主流，它的优势在于氮化镓和碳化硅所带来的更高的效率。

为了估算半导体功率损耗，本章中将 IGBT 与硅二极管放在一起讨论。而在第 14 章中的功率因子校正升压阶段，则是将 MOSFET 与碳化硅二极管放在一起讨论。

11.2 电力变换的基本原则

相比线性技术，开关模式技术具有显著的优势。考虑汽车电力变换的一个简单例子，将交流发电机的相对较高的 14V 电压变换为较低的 5V 电压，以使车辆上的负载运行。为了保证车辆上各种电压处理过程的一致性，高、低电压电平分别用 V_{HV}、V_{LV} 表示，如图 11.4a 所示。如果使用线性电力变换器，则电路的形式如图 11.4b 所示。对于线性电力变换器，双极晶体管（此处显示为 NPN 晶体管，但通常为达林顿晶体管）在线性区域中运行，向负载提供所期望的输出电压 V_{LV}，并且源极和负载之间的电压差经过晶体管后下降。这种电力变换的方法较为简单，有极高的动态性能，对电压或负载变化的响应迅速，产生的电噪声少。

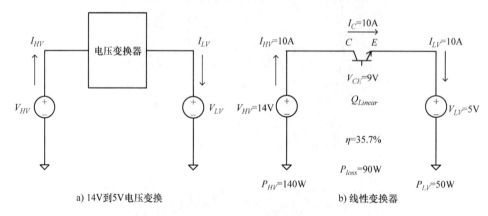

a) 14V 到 5V 电压变换　　　　　　　　　b) 线性变换器

图 11.4　电压变换原理

线性电力变换器的缺点是功率损耗大、效率差，因此需要大的物理尺寸和重量以消散晶体管在线性区域运行时产生的大量热量。举个简单的例子，假设负载 I_{LV} 的电流为 10A；因此，负载功耗 P_{LV} 是 5V 乘以 10A，等于 50W。在线性变换器中，从源 I_{HV} 流出的电流同时也是晶体管集电极电流 I_C 及负载电流。因此，从高压源产生的功率 P_{HV} 是 14V 乘以 10A，等于 140W，源功率和负载功率之间 90W 的功率差

异从线性晶体管以热量的形式散掉。转换器的效率 η 是负载功率与源功率之比，由下式给出

$$\eta = \frac{P_{LV}}{P_{HV}} = \frac{50}{140} \times 100\% = 35.7\%$$

开关模式电力变换器的工作方式是以极高频率向负载提供脉冲能量，如图 11.5 所示。类似于线性电力变换器，开关模式电力变换器也使用半导体元件。然而，在开关模式变换器中，开关不是在线性区域中工作，而是以非常有效的传导模式运行，使开关在元件两端的电压降最小时完全开启。开关模式变换器提供电压变换的效率预计在 90% 以上，与上述例子中 35.7% 的效率形成鲜明对比。

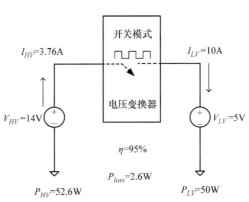

图 11.5 开关模式电力变换器

再次，让我们考虑输出为 50W 时从 14V 到 5V 的电压变换。如果开关模式变换器的效率为 95%，那么变换器仅使用 3.76A 源电流，与线性变换器的情况相比显著降低。变换器的功耗仅为 2.6W，与线性变换器相比，开关模式变换器的尺寸和重量显著降低。

尽管开关电力变换器比线性电力变换器更高效、更紧凑，但开关电力变换器更复杂，带宽更低，而且会产生不必要的电磁干扰。

11.2.1 基本拓扑关系

接下来了解一下开关模式电力变换器。有三种基本的变换器，每一种都包含一个开关 Q、一个二极管 D 和一个电感器 L，元件参数各不相同。它们分别是降压变换器、升压变换器，以及降压-升压变换器，如图 11.6 所示。

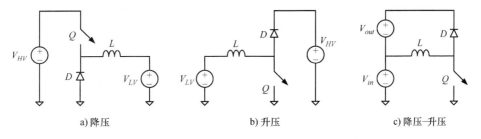

图 11.6 降压、升压及降-升压变换器

降压变换器将来自高压源的电力变换为较低的电压。升压变换器将来自低压源的电力变换为更高的电压。降压-升压变换器将来自输入电源的电力变换为升压或

降压后的输出电压。

首先分析降压变换器,然后将该方法应用于升压变换器。在本章末尾的附录中将简要介绍降压-升压变换器。

11.2.2 半桥降压-升压型双向变换器

降压和升压变换器可集成在一起以创建双向降压-升压变换器。该变换器通常用于混合动力电动汽车,因为它可以在驾驶过程中使用升压模式,从而使低电压电池释放高电压,同时使用降压变换器从高压电路向低压电池充电。降压变换器和升压变换器的这种集成通常被称为半桥式变换器,如图11.7所示。半桥式可以解释如下,图11.7a所示的升压变换器可以重新绘制成图11.7b所示的形式,然后将图11.7c所示的降压变换器的开关和二极管与图11.7b所示的升压元件集成在一起,形成图11.7d所示的降压-升压半桥型。下标 U 和 L 用于指定上下开关和二极管。

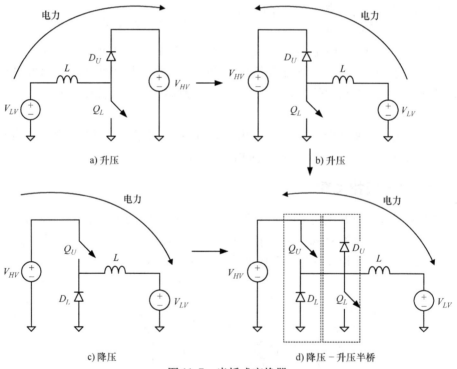

图11.7 半桥式变换器

11.3 降压变换器

降压变换器产生比输入电压 V_{HV} 更低的平均输出电压 V_{LV}。该变换器有三个基本电子元件来执行电压变换。首先，由图 11.8 所示的受控电力半导体开关 Q 以高频脉冲开启和关闭，以便将能量从源 V_{HV} 传输到负载 V_{LV}。来自开关的输出是受控开关频率 f_s 或开关周期 T_s 的受控脉冲序列，以及在该周期 DT_s 内的受控导通时间，其中 D 被称为开关的占空比，或者交换正在进行的时间段。输出电压称为极输出电压 v_p，如图 11.8a 所示。极电压波形 $v_p(t)$ 如图 11.8b 所示。可以看出，极电压在 0V 和源电压 V_{HV} 之间波动。

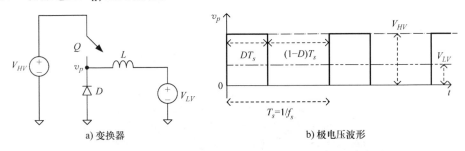

a) 变换器　　　　　　　　　　b) 极电压波形

图 11.8　降压变换器

注意，开关频率 f_s 为时间 T_s 的倒数

$$f_s = \frac{1}{T_s} \tag{11.1}$$

负载需要直流或恒定电压，因此需要第二个元件，即电感 L 来消除极电压的交流分量。电感通过存储能量在电路中发挥作用。电感内部储存的能量不能立即从源流向负载。当开关 Q 脉冲开启和关闭时，必须通过电感维持电流传导。

第三个元件称为反向二极管，作为一个不受控制的开关，当开关 Q 不导通时为电感电流提供导电路径。

请注意，D 在本文中用作描述二极管和作为描述工作周期的变量标签。这些术语显然是不可互换的，从上下文可以清楚了解它的含义。

一般来说，从功率角度来看，直流 - 直流变换器需要额外的滤波元件。通常，车载电源（例如电池、燃料电池或发电机）建立的模型包括电源本身和电源的内部电感以及所需的电缆。此外，电池或燃料电池等元件应进行过滤，使其仅供应直流电，因为交流元件会产生电噪声和额外的热量，从而降低这些关键元件的使用寿命。降压变换器的三个基本元件包括两个电压链路上的离散滤波电容以及直流链路和电源之间的内部电感或附加电感，如图 11.9 所示。因此，高压源 $V_{S(HV)}$ 具有内部电感 L_{HV} 和直流链路电容 C_{HV}，而低压源 $V_{S(LV)}$ 具有内部电感 L_{LV} 和直流链路电容 C_{LV}。

额外的元件具有显著的物理尺寸和重量。汽车 DC - DC 变换器如图 11.10 所示，图中标出了各种元件的大致区域。

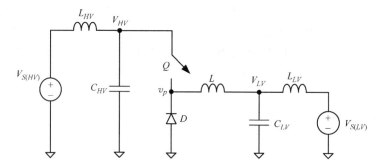

图 11.9 带电源和负载过滤器的降压变换器

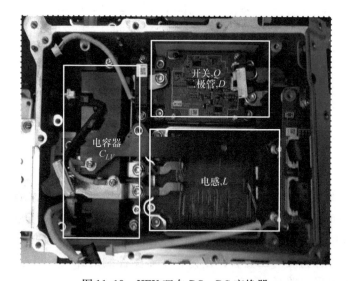

图 11.10 HEV 双向 DC – DC 变换器

11.3.1 CCM 模式降压变换器电压增益分析

在 CCM 模式中,降压变换器的电感总是传导电流。这种模式的运行相对容易分析。首先,必须确定变换器电压增益和占空比的关系。

忽略寄生效应,在降压变换器中,直流或平均输出电压等于极电压的平均值。如果我们忽略开关和二极管电压降,那么极电压从直流回路或 0V 脉动到高压直流母线电压 V_{HV},如图 11.8b 所示,图 11.11a 也再次显示了这一特性。极点在时间段 DT_s 内的电压值为 V_{HV},在时间段 $(1-D)T_s$ 内的电压值为 0V。两种工作模式的电路如图 11.11b 和图 11.11c 所示。

直流输出电压可以由下式给出

$$V_{LV} = \frac{1}{T_s}[V_{HV}DT_s + 0 \times (1-D)T_s] = DV_{HV} \tag{11.2}$$

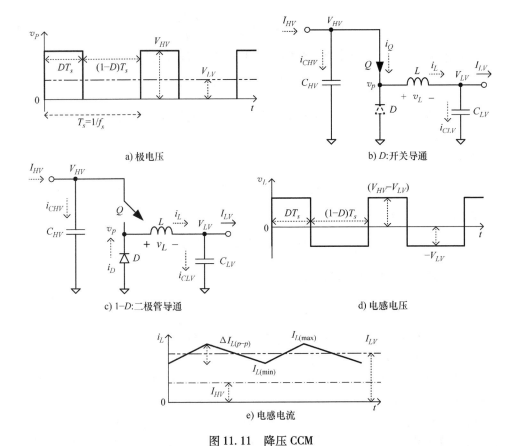

图 11.11 降压 CCM

这样的话，降压变换器的占空比就代表了降压变换器的电压增益，可以表示为

$$D = \frac{V_{LV}}{V_{HV}} \tag{11.3}$$

需要注意的是，这里没有考虑各种无源和有源元件的寄生电压降。这对于高压 DC-DC 变换器来说是合理的，但是应该扩大占空比的推导范围，以考虑低压变换器的寄生效应。

上述关系也可以用下面的积分形式表达

$$V_{LV} = \frac{1}{T_s}\int_0^{T_s} v_p(t)\,dt = \frac{1}{T_s}\int_0^{DT_s} V_{HV}\,dt + \frac{1}{T_s}\int_{DT_s}^{T_s} 0\,dt = DV_{HV} \tag{11.4}$$

通过考虑电感电压和电流来推导电压关系也很有成效。电感电压和电流如图 11.11d 和图 11.11e 所示。因为电感上的电压为 ($V_{HV} - V_{LV}$)，所以电感电流在 DT_s 期间开关关闭时线性增加。而当开关打开时，二极管电感电流在 $(1-D)T_s$ 期间导通，由于电感上存在负电压 $-V_{LV}$，电感电流线性减小。

应用法拉第定律来确定电感上的反电动势

$$v_L(t) = v_p(t) - V_{LV} = L\frac{\mathrm{d}i_L(t)}{\mathrm{d}t} \tag{11.5}$$

根据电感电流 $i_L(t)$ 的变化重新排列上述等式,可以得到

$$\mathrm{d}i_L(t) = \frac{1}{L}[v_p(t) - V_{LV}]\mathrm{d}t \tag{11.6}$$

假设电感电流在稳态运行中线性变化,电感电流从峰值到峰值的变化可以用 $\Delta I_{L(p-p)}$ 来表示。

在 DT_s 期间

$$\Delta I_{L(p-p)} = \frac{1}{L}(V_{HV} - V_{LV})DT_s = \frac{1}{f_sL}(V_{HV} - V_{LV})D \tag{11.7}$$

在 $(1-D)T_s$ 期间

$$\Delta I_{L(p-p)} = \frac{V_{LV}(1-D)T_s}{L} = \frac{V_{LV}(1-D)}{f_sL} \tag{11.8}$$

将上述两个等式联立起来,可以得到

$$\Delta I_{L(p-p)} = \frac{1}{f_sL}(V_{HV} - V_{LV})D = \frac{V_{LV}(1-D)}{f_sL} \tag{11.9}$$

重新排列上述等式,即可得到之前的电压增益表达式(11.3)。

11.3.1.1 CCM 降压变换器分析

有必要知道每个元件电流的平均值、有效值、最小值和最大值,以便设计和指定降压变换器的元件。

电感电流(图 11.12a)可以视为两个电流分量:①直流或恒定电流,或流入负载的平均分量;②由于电容器低交流阻抗的存在,通过低压电容器从负载分流的交流或时变周期成分。直流电流为 I_{LV},交流电流用 $I_{L(\min)}$ 和 $I_{L(\max)}$ 之间的周期性三角波摆动表示,其总振幅在 $\Delta I_{L(p-p)}$ 循环之间。

在 D 期间,开关传导的电感电流为 i_Q,如图 11.12b 所示。$(1-D)$ 期间由二极管传导的电感电流表示为 i_D,如图 11.12c 所示。

高压和低压电容器电流可以简单地从开关和电感电流中减去相应的直流电流加以确定,如图 11.12d 和图 11.12e 所示。

11.3.1.2 确定低压电容器的有效电流

低压电容器电流的有效值分量 $I_{CLV(rms)}$ 是三角波形的均方根,因此最初受到了广泛关注。有效值由下式给出

$$I_{CLV(rms)} = \sqrt{\frac{1}{T_s}\int_0^{T_s}i_{CLV}(t)^2\mathrm{d}t} \tag{11.10}$$

从图 11.12e 的电流波形中可以很容易地看出低压电容器电流 i_{CLV} 具有以下两个直线段。

在 DT_s 期间

第 11 章 DC–DC 变换器

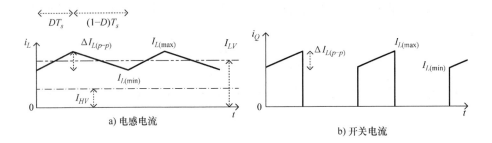

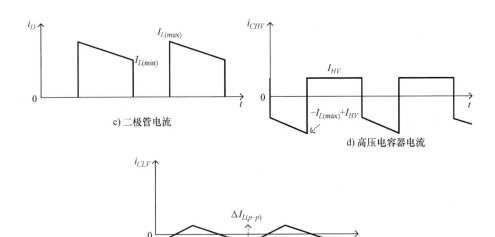

e) 低压电容器电流

图 11.12 电流

$$i_{CLV}(t) = \frac{\Delta I_{L(p-p)}}{DT_s}t - \frac{\Delta I_{L(p-p)}}{2} \tag{11.11}$$

在 $(1-D)T_s$ 期间

$$i_{CLV}(t) = -\frac{\Delta I_{L(p-p)}}{(1-D)T_s}t + \frac{\Delta I_{L(p-p)}}{2}\frac{(1+D)}{(1-D)} \tag{11.12}$$

将式 (11.11) 和式 (11.12) 代入式 (11.10)

$$I_{CLV(rms)} = \sqrt{\frac{1}{T_s}\int_0^{T_s} i_{CLV}(t)^2 \mathrm{d}t}$$

$$= \sqrt{\frac{1}{T_s}\left[\int_0^{DT_s}\left(\frac{\Delta I_{L(p-p)}}{DT_s}t - \frac{\Delta I_{L(p-p)}}{2}\right)^2 \mathrm{d}t + \int_{DT_s}^{T_s}\left(-\frac{\Delta I_{L(p-p)}}{(1-D)T_s}t + \frac{\Delta I_{L(p-p)}}{2}\frac{(1+D)}{(1-D)}\right)^2\right]\mathrm{d}t}$$

$$\tag{11.13}$$

虽然这个方程很复杂，但它可以简化为没有平均分量的三角波形有效值的简单表达式

$$I_{CLV(rms)} = \frac{\Delta I_{L(p-p)}}{\sqrt{12}} \tag{11.14}$$

如果知道了直流电流和电容器电流的有效值，可以近似得到传导电流的有效值 $I_{L(rms)}$

$$I_{L(rms)} = \sqrt{I_{L(dc)}^2 + I_{CLV(rms)}^2} = \sqrt{I_{LV}^2 + \frac{\Delta I_{L(p-p)}^2}{12}} \tag{11.15}$$

式中，$I_{L(dc)}$ 是电感流向低压端的输出直流电流，$I_{L(dc)} = I_{LV}$。

在设计或指定电感时，最大电流也很重要。电感峰值电流可以由下式简单地给出

$$I_{L(max)} = I_{LV} + \frac{\Delta I_{L(p-p)}}{2} \tag{11.16}$$

开关和二极管平均电流分别为 $I_{Q(dc)}$ 和 $I_{D(dc)}$，可以由下式给出

$$I_{Q(dc)} = DI_{LV} \tag{11.17}$$

$$I_{D(dc)} = (1-D)I_{LV} \tag{11.18}$$

开关和二极管的电流有效值分别为 $I_{Q(rms)}$ 和 $I_{D(rms)}$，可以通过分析来确定，并且很容易求解。

$$I_{Q(rms)} = \sqrt{D}I_{L(rms)} \tag{11.19}$$

$$I_{D(rms)} = \sqrt{(1-D)}I_{L(rms)} \tag{11.20}$$

除直流和电流有效值外，我们关注的还有开关和二极管中瞬时导通和切断时的电流

$$I_{Q(off)} = I_{D(on)} = I_{L(max)} = I_{LV} + \frac{\Delta I_{L(p-p)}}{2} \tag{11.21}$$

$$I_{Q(on)} = I_{D(off)} = I_{L(min)} = I_{LV} - \frac{\Delta I_{L(p-p)}}{2} \tag{11.22}$$

式中，$I_{Q(on)}$、$I_{Q(off)}$、$I_{D(on)}$、$I_{D(off)}$ 分别是开关和二极管中导通和切断时的电流；$I_{L(min)}$ 是所给周期内的电感最小电流。

高压电路电容中的电流有效值可以由下式确定

$$I_{CHV(rms)} = \sqrt{I_{Q(rms)}^2 - I_{HV}^2} \tag{11.23}$$

式中，$I_{Q(rms)}$ 是来自于开关的电流有效值；$I_{CHV(rms)}$ 是高压电源电流有效值。

请注意，术语电流纹波率 r_i（通常为一个百分比值）的定义为

$$r_i = \frac{\Delta I_{L(p-p)}}{I_{L(dc)}} \tag{11.24}$$

11.3.1.3 电容器电压

直流电容器上的电压纹波也很重要。根据高斯电力定律，电容器电荷 Q 等于

电容 C 和电容器电压 V_C 的乘积，即

$$Q = CV_C \tag{11.25}$$

随着电容器充电和放电，电容器电压在开关周期内出现变化，而此时电容器上的峰峰值电压纹波 $\Delta V_{C(p-p)}$ 直接与存储电荷的变化 ΔQ 成正比。从而有

$$\Delta V_{C(p-p)} = \frac{\Delta Q}{C} \tag{11.26}$$

由于各种元件电流已经确定，所以很容易确定 ΔQ，因为它仅仅是由电容器电流引起的电荷变化。

高压和低压电容器的电压和电流如图 11.13 所示。

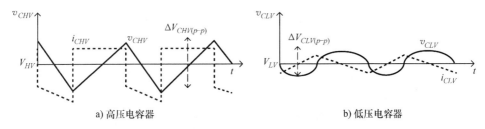

a) 高压电容器　　　　　　　　　b) 低压电容器

图 11.13　电容器电压（实线）和电流（虚线）

参考图 11.13a，高压电容器上的峰峰值电压纹波 $\Delta V_{CHV(p-p)}$ 通过计算基于负电流或正电流的电荷变化 ΔQ_{CHV} 来确定。通过电流和二极管导通时间的乘积，可以给出以下答案

$$\Delta V_{CHV(p-p)} = \frac{\Delta Q_{CHV}}{C_{HV}} = \frac{I_{HV}(1-D)T_s}{C_{HV}} = \frac{I_{HV}(1-D)}{f_s C_{HV}} \tag{11.27}$$

类似地，低压电容器的峰峰值电压纹波 $\Delta V_{CLV(p-p)}$ 是通过基于负或正电流电荷变化 ΔQ_{CLV} 来估算的。在这种情况下，电流 – 时间面积乘积基于简单的三角形电流波形，结果如下

$$\Delta V_{CLV(p-p)} = \frac{\Delta Q_{CLV}}{C_{LV}} = \frac{1}{2} \frac{\Delta I_{L(p-p)}}{2} \frac{T_s}{2} \frac{1}{C_{LV}} = \frac{\Delta I_{L(p-p)} T_s}{8 C_{LV}} = \frac{\Delta I_{L(p-p)}}{8 f_s C_{LV}} \tag{11.28}$$

至此，已经确定了所有的电流和电压，就可以分析给定的设计方案，或者根据一组规格要求来设计变换器，后面将介绍两个例子。

我们通常还使用术语电压纹波比 r_v，其定义如下

$$r_v = \frac{\Delta V_{C(p-p)}}{V} \tag{11.29}$$

它通常为一个百分比值。

11.3.1.4　例：CCM 运行时的降压变换器设计

混合动力汽车需要一个 20kW 的双向变换器，从 200V 镍氢电池产生 500V 直流

链路电压。开关频率是 10kHz。

计算使电感上的电流纹波比为 28%，高、低压电容器上电压纹波比为 0.5% 所需要的元件参数。

假设为理想元件，并忽略功率损耗。

解：

占空比为

$$D = \frac{V_{LV}}{V_{HV}} = \frac{200\text{V}}{500\text{V}} = 0.4$$

平均电感电流等于输出负载电流，由下式给出

$$I_{LV} = I_{L(dc)} = \frac{P}{V_{LV}} = \frac{20000}{200}\text{A} = 100\text{A}$$

电感波纹电流为

$$\Delta I_{L(p-p)} = r_i I_{L(dc)} = 0.28 \times 100\text{A} = 28\text{A}$$

需要的电感为

$$L = \frac{(V_{HV} - V_{LV})D}{f_s \Delta I_{L(p-p)}} = \frac{(500-200)0.4}{10000 \times 28}\text{H} = 428.5\mu\text{H}$$

低压电容器的电流有效值为

$$I_{CLV(rms)} = \frac{\Delta I_{L(p-p)}}{\sqrt{12}} = \frac{28}{\sqrt{12}}\text{A} = 8.083\text{A}$$

电感电流有效值为

$$I_{L(rms)} = \sqrt{I_{L(dc)}^2 + I_{CLV(rms)}^2} = \sqrt{100^2 + 8.083^2}\text{A} = 100.3\text{A}$$

电感、开关和二极管最大和最小电流为

$$I_{L(\max)} = I_{Q(off)} = I_{D(on)} = I_{L(dc)} + \frac{\Delta I_{L(p-p)}}{2} = 114\text{A}$$

$$I_{L(\min)} = I_{Q(on)} = I_{D(off)} = I_{L(dc)} - \frac{\Delta I_{L(p-p)}}{2} = 86\text{A}$$

开关电流有效值和平均值为

$$I_{Q(rms)} = \sqrt{D} I_{L(rms)} = 63.44\text{A}$$

$$I_{Q(dc)} = D I_{L(dc)} = 40\text{A}$$

二极管电流有效值和平均值为

$$I_{D(rms)} = \sqrt{1-D} I_{L(rms)} = 77.69\text{A}$$

$$I_{D(dc)} = (1-D) I_{L(dc)} = 60\text{A}$$

平均高压输入电流为

$$I_{HV} = \frac{P}{V_{HV}} = \frac{20000}{500}\text{A} = 40\text{A}$$

高压电路电容的电流有效值为

$$I_{CHV(rms)} = \sqrt{I_{Q(rms)}^2 - I_{HV}^2} = \sqrt{63.44^2 - 40^2}\text{A} = 49.24\text{A}$$

最后,通过重新整理式(11.27)和式(11.28),可以得到电容的值为

$$C_{HV} = \frac{I_{HV}(1-D)}{f_s \Delta V_{CHV(p-p)}} = \frac{I_{HV}(1-D)}{f_s r_v V_{HV}} = \frac{40 \times (1-0.4)}{10000 \times 0.005 \times 500}\text{F} = 960\mu\text{F}$$

$$C_{LV} = \frac{\Delta I_{L(p-p)}}{8 f_s \Delta V_{CLV(p-p)}} = \frac{\Delta I_{L(p-p)}}{8 f_s r_v V_{LV}} = \frac{28}{8 \times 10000 \times 0.005 \times 200}\text{F} = 350\mu\text{F}$$

11.3.2 降压变换器 BCM 运行

对于给定的输入和输出电压,降压变换器中的负载电流和功率下降,相同的分析可应用于部分负载条件,直到最小电感电流下降到零。电流下降到零的 CCM 状态被称为 BCM。这是许多电力变换器的常见工作模式,即使在满载情况下也是如此,因为它在零电流时关闭,并能够消除硅二极管中的反向恢复损耗,与二极管 CCM 相比具有明显的优势。

降压 BCM 电感电流波形如图 11.14 所示。完整的降压 BCM 电压和电流波形如图 11.15 所示。

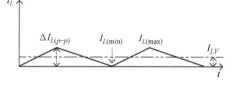

图 11.14 降压 BCM 电感电流波形

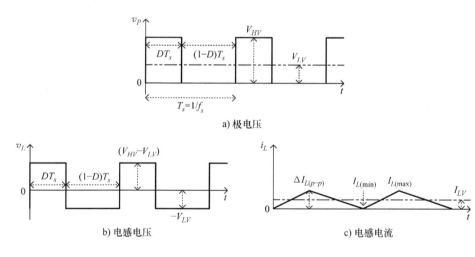

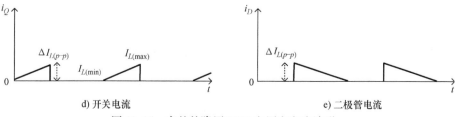

图 11.15 完整的降压 BCM 电压和电流波形

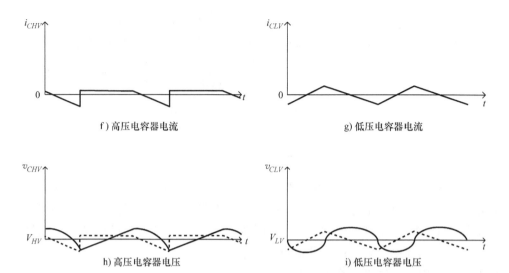

图 11.15 完整的降压 BCM 电压和电流波形（续）

可以看出，开关在零电流时开启，而二极管在零电流时关闭。有趣的是，电感纹波电流和低电压电容纹波电流没有变化，因为这些电流在 BCM 和 CCM 状态时不是负载的函数——假设电感值与负载保持不变，如第 16 章所讨论的，这不一定正确。电感、开关、二极管以及输入电容器的电流平均值和有效值是负载的函数，并且与早期的 CCM 波形相比有显著变化。

当最小电感电流等于 0A 时，变换器进入 BCM 状态。在这种情况下，流经电感器和进入负载的直流电流等于峰峰值电感电流的一半。因此，变换器进入 BCM 时的负载电流由下式给定

$$I_{LV} = \frac{\Delta I_{L(p-p)}}{2} = \frac{V_{LV}(1-D)}{2f_s L} \tag{11.30}$$

知道了 BCM 水平，各种分量电流可以使用为 CCM 分析而开发的等式进行求解。

例：BCM 降压案例
当变换器在前例 11.3.1.4 中所使用的电压下进入 BCM 模式时，计算功率级。
解：
如前所述，占空比为 0.4，电感纹波电流保持在

$$\Delta I_{L(p-p)} = 28A$$

从式（11.30）可知，BCM 状态下的平均电感电流为

$$I_{LV} = I_{L(dc)} = \frac{\Delta I_{L(p-p)}}{2} = 14A$$

发生上述情况的功率为

$$P = V_{LV}I_{LV} = 200 \times 14\text{W} = 2.8\text{kW}$$

低电压电容器电流有效值保持在

$$I_{CLV(rms)} = \frac{\Delta I_{L(p-p)}}{\sqrt{12}} = 8.083\text{A}$$

电感电流有效值减少至

$$I_{L(rms)} = \sqrt{I_{LV}^2 + I_{CLV(rms)}^2} = \sqrt{14^2 + 8.083^2}\text{A} = 16.17\text{A}$$

电感、开关、二极管最大和最小电流为

$$I_{L(\max)} = I_{Q(off)} = I_{D(on)} = I_{L(dc)} + \frac{\Delta I_{L(p-p)}}{2} = 28\text{A}$$

$$I_{L(\min)} = I_{Q(on)} = I_{D(off)} = I_{L(dc)} - \frac{\Delta I_{L(p-p)}}{2} = 0\text{A}$$

电流有效值和平均值为

$$I_{Q(rms)} = \sqrt{D}I_{L(rms)} = \sqrt{0.4} \times 16.17\text{A} = 10.22\text{A}$$

$$I_{Q(dc)} = DI_{L(dc)} = 0.4 \times 14\text{A} = 5.6\text{A}$$

二极管电流有效值和平均值为

$$I_{D(rms)} = \sqrt{1-D}I_{L(rms)} = \sqrt{(1-0.4)} \times 16.17\text{A} = 12.53\text{A}$$

$$I_{D(dc)} = (1-D)I_{L(dc)} = (1-0.4) \times 14\text{A} = 8.4\text{A}$$

平均高压输入电流为

$$I_{HV} = \frac{P}{V_{HV}} = \frac{2800}{500}\text{A} = 5.6\text{A}$$

高压电容器电流有效值为

$$I_{CHV(rms)} = \sqrt{I_{Q(rms)}^2 - I_{HV}^2} = \sqrt{10.22^2 - 5.6^2}\text{A} = 8.55\text{A}$$

11.3.3 降压变换器 DCM 运行

随着负载电流的减小，电感电流的值减小并呈现不连续性。电感电流不再在 CCM 或 BCM 模式下运行，而是在 DCM 状态下工作。这种模式通常在轻载时发生，并具有开关和二极管在零电流时导通和切断的优点，因此在轻载时具有相当高的效率。

DCM 模式的极电压、电感电压和电感电流波形如图 11.16a ~图 11.16c 所示。

在切换期内有三个时段。在第一个时段 DT_s 内，开关闭合，并且在电感两端施加正电压，导致电流增加，如图 11.16d 所示。在时段 $D_{DCM1}T_s$ 内，开关打开，二极管导通，导致电感两端产生负电压，电感电流减小到零，如图 11.16e 所示。在时段 $D_{DCM2}T_s$ 内，开关和二极管均不导通，电感电流为零，负载电流由低压电容器提供，如图 11.16f 所示。注意在 $D_{DCM2}T_s$ 期间，电感器的电压和电流都是零，极电压等于输出电压。

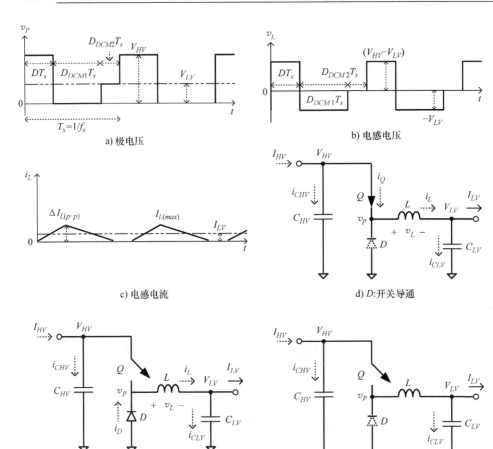

图 11.16 降压 DCM 模式下电压和电流波形及导通模式

各种波形的有效值和平均值很容易确定,因为临界电流是不连续的。

首先,确定在 DCM 期间直流输出电流 I_{LV} 和占空比之间的关系。三个时段中的两个对平均电流有贡献。

$$I_{LV} = I_{L(dc)} = \frac{1}{T_s}\int_0^{T_s} i_L(t)\,dt$$

$$= \frac{1}{T_s}\Big[\int_0^{DT_s} i_L(t)\,dt + \int_{DT_s}^{DT_s+D_{DCM1}T_s} i_L(t)\,dt + \int_{DT_s+D_{DCM1}T_s}^{T_s} i_L(t)\,dt\Big]$$

$$= \frac{1}{T_s}\Big[\frac{1}{2}\Delta I_{L(p\text{-}p)}DT_s + \frac{1}{2}\Delta I_{L(p\text{-}p)}D_{DCM1}T_s + 0 \times D_{DCM2}T_s\Big]$$

$$= \frac{\Delta I_{L(p\text{-}p)}}{2}(D + D_{DCM1}) \tag{11.31}$$

开关 D 与二极管 D_{DCM1} 占空比之间的关系很容易确定。在稳态时，电感电流在 DT_s 期间增加，在 $D_{DCM1}T_s$ 期间减少，变化幅值均为 $\Delta I_{L(p-p)}$。

这样的话，假定电流变化为线性，可以得到

$$\Delta I_{L(p-p)} = \frac{(V_{HV} - V_{LV})DT_s}{L} = \frac{V_{LV}D_{DCM1}T_s}{L} \tag{11.32}$$

上式可以重写为以下形式

$$D_{DCM1} = \frac{(V_{HV} - V_{LV})}{V_{LV}}D \tag{11.33}$$

三个占空比总和为 1，即

$$D + D_{DCM1} + D_{DCM2} = 1 \tag{11.34}$$

这样一来，第三个时间周期很容易确定，可以简化为

$$D_{DCM2} = 1 - D - D_{DCM1} = 1 - D - \frac{(V_{HV} - V_{LV})}{V_{LV}}D$$

$$= 1 - \frac{V_{HV}}{V_{LV}}D \tag{11.35}$$

通过重新组合式（11.31），可以确定直流输入和输出水平的占空比表达式为

$$D + D_{DCM1} = \frac{2I_{LV}}{\Delta I_{L(p-p)}} \tag{11.36}$$

代入式（11.32）和式（11.33），可得到

$$D + \frac{(V_{HV} - V_{LV})}{V_{LV}}D = \frac{2LI_{LV}}{(V_{HV} - V_{LV})DT_s} \tag{11.37}$$

通过改写式（11.37），可以给出 D 的表达式为

$$D = \sqrt{\frac{2V_{LV}}{V_{HV}(V_{HV} - V_{LV})}f_sLI_{LV}} \tag{11.38}$$

一旦知道了各种占空比，就可以很容易地确定相对于负载的电流值。

图 11.17 所示为降压 DCM 运行时的电压和电流波形。

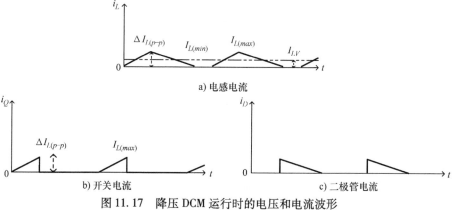

图 11.17　降压 DCM 运行时的电压和电流波形

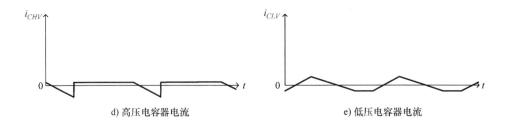

d) 高压电容器电流　　　　　　　　　　e) 低压电容器电流

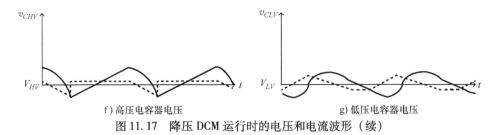

f) 高压电容器电压　　　　　　　　　　g) 低压电容器电压

图 11.17　降压 DCM 运行时的电压和电流波形（续）

注意，各种电流波形的峰值、平均值和有效值之间的关系是有用的。可以简单地对各种波形进行解构，以确定有效值和平均分量。

图 11.18 再次显示了图 11.17 中的开关电流。开关中的电流是斜坡形状的，可以用下式描述

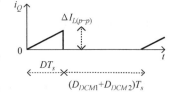

$$i_Q(t) = \frac{\Delta I_{L(p-p)}}{DT_s} t \quad (11.39)$$

图 11.18　DCM 状态下的开关电流

开关电流的有效值可以由下式给出

$$I_{Q(rms)} = \sqrt{\frac{1}{T_s}\int_0^{T_s} i_Q(t)^2 \mathrm{d}t}$$

$$= \sqrt{\frac{1}{T_s}\int_0^{DT_s}\left(\frac{\Delta I_{L(p-p)}}{DT_s}t\right)^2 \mathrm{d}t + \int_{DT_s}^{T_s} 0^2 \mathrm{d}t}$$

$$= \Delta I_{L(p-p)} \times \sqrt{\frac{1}{D^2 T_s^3}\left[\frac{t^3}{3}\right]_0^{DT_s}}$$

$$= \sqrt{\frac{D}{3}} \Delta I_{L(p-p)} \quad (11.40)$$

二极管电流的有效值可以由下式给出

$$I_{D(rms)} = \sqrt{\frac{1}{T_s}\int_0^{T_s} i_D(t)^2 \mathrm{d}t} = \sqrt{\frac{D_{DCM1}}{3}} \Delta I_{L(p-p)} \quad (11.41)$$

电感电流的有效值可以由下式给出

$$I_{L(rms)} = \sqrt{\frac{1}{T_s}\int_0^{T_s} i_L(t)^2 \mathrm{d}t} = \sqrt{\frac{(D+D_{DCM1})}{3}}\Delta I_{L(p-p)} \tag{11.42}$$

低压电容器电流的有效值可以由下式给出

$$I_{CLV(rms)} = \sqrt{\frac{1}{T_s}\int_0^{T_s} i_{CLV}(t)^2 \mathrm{d}t} = \sqrt{I_{L(rms)}^2 - I_{LV}^2} \tag{11.43}$$

高压电容器电流的有效值由下式给出

$$I_{CHV(rms)} = \sqrt{\frac{1}{T_s}\int_0^{T_s} i_{CHV}(t)^2 \mathrm{d}t} = \sqrt{I_{Q(rms)}^2 - I_{HV}^2} \tag{11.44}$$

类似地，开关和二极管平均电流为

$$I_{Q(dc)} = \frac{1}{T_s}\int_0^{T_s} i_Q(t)\mathrm{d}t = \frac{1}{T_s}\int_0^{DT_s}\left(\frac{\Delta I_{L(p-p)}}{DT_s}t\right)\mathrm{d}t + \int_{DT_s}^{T_s} 0\mathrm{d}t = \frac{D}{2}\Delta I_{L(p-p)} \tag{11.45}$$

$$I_{D(dc)} = \frac{1}{T_s}\int_0^{T_s} i_D(t)\mathrm{d}t = \frac{D_{DCM1}}{2}\Delta I_{L(p-p)} \tag{11.46}$$

例：DCM 运转下的降压变换器

从前面的例子可知，在给定的电压条件下，变换器在低于 2.8kW 的 DCM 模式下工作时，计算在 2kW 的 DCM 模式下各种变换器的电流。

解：

低电压电路的直流电流为

$$I_{LV} = \frac{P}{V_{LV}} = \frac{2000}{200}\mathrm{A} = 10\mathrm{A}$$

平均高压输入电流为

$$I_{HV} = \frac{P}{V_{HV}} = \frac{2000}{500}\mathrm{A} = 4\mathrm{A}$$

该条件下的占空比为

$$D = \sqrt{\frac{2V_{LV}}{V_{HV}(V_{HV}-V_{LV})} \times f_s L I_{LV}}$$

$$= \sqrt{\frac{2\times 200}{500\times(500-200)} \times 10000 \times 428.5 \times 10^{-6} \times 10} = 0.338$$

$$D_{DCM1} = \frac{(V_{HV}-V_{LV})}{V_{LV}}D = \frac{(500-200)}{200}\times 0.338 = 0.507$$

电感波纹电流为

$$\Delta I_{L(p-p)} = \frac{(V_{HV}-V_{LV})D}{f_s L} = \frac{(500-200)\times 0.338}{10000 \times 428.5 \times 10^{-6}}\mathrm{A} = 23.66\mathrm{A}$$

各种电流有效值为

$$I_{Q(rms)} = \sqrt{\frac{D}{3}}\Delta I_{L(p-p)} = \sqrt{\frac{0.338}{3}} \times 23.66\text{A} = 7.94\text{A}$$

$$I_{D(rms)} = \sqrt{\frac{D_{DCM1}}{3}}\Delta I_{L(p-p)} = \sqrt{\frac{0.507}{3}} \times 23.66\text{A} = 9.73\text{A}$$

$$I_{L(rms)} = \sqrt{\frac{(D + D_{DCM1})}{3}}\Delta I_{L(p-p)} = \sqrt{\frac{(0.338 + 0.507)}{3}} \times 23.66\text{A} = 12.56\text{A}$$

$$I_{CLV(rms)} = \sqrt{I_{L(rms)}^2 - I_{LV}^2} = \sqrt{12.56^2 - 10^2}\text{A} = 7.6\text{A}$$

$$I_{CHV(rms)} = \sqrt{I_{Q(rms)}^2 - I_{HV}^2} = \sqrt{7.94^2 - 4^2}\text{A} = 6.86\text{A}$$

各种直流电流为

$$I_{Q(dc)} = \frac{D}{2}\Delta I_{L(p-p)} = \frac{0.338}{2} \times 23.66\text{A} = 4\text{A}(= I_{HV}, 与预期值相同)$$

$$I_{D(dc)} = \frac{D_{DCM1}}{2}\Delta I_{L(p-p)} = \frac{0.509}{2} \times 23.66\text{A} = 6\text{A}$$

$$I_{L(dc)} = \frac{D + D_{DCM1}}{2}\Delta I_{L(p-p)} = \frac{0.338 + 0.509}{2} \times 23.66\text{A}$$

$$= 10\text{A}(= I_{Q(dc)} + I_{D(dc)}, 与预期值相同)$$

11.4 升压变换器

升压变换器产生比输入电压 V_{LV} 更高的平均输出电压 V_{HV}。与降压变换器一样，升压变换器有三个基本电子元件来执行电压转换。首先，受控功率半导体开关（图 11.19a 中的 Q）以高频脉冲开启和关闭，以便将能量从源 V_{LV} 传输至负载 V_{HV}。开关的输出是受控开关频率 f_s 或开关周期 T_s 的受控脉冲序列，以及在周期 DT_s 内的受控导通时间，其中 D 被称为开关的占空比或开关比例导通时间。极电压波形 $v_p(t)$ 如图 11.19b 所示。可以看出，极电压在 $0V$ 和 V_{HV} 之间波动。输入电压 V_{LV} 是极电压的平均值。

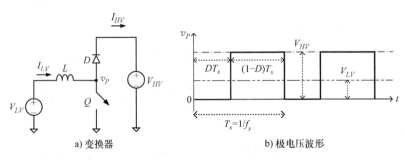

图 11.19 升压变换器

与降压变换器一样,两个电压链路在直流链路和源之间都具有内部电感或者附加电感,如图 11.20 所示。因此,高压源 $V_{S(HV)}$ 具有内部电感 L_{HV} 和直流链路电容 C_{HV},而低压源 $V_{S(LV)}$ 具有内部电感 L_{LV} 和直流链路电容 C_{LV}。

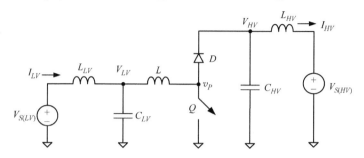

图 11.20 带有源和负载过滤元件的升压变换器

11.4.1 CCM 模式下升压变换器电压增益分析

在 CCM 模式下,升压变换器的电感器始终传导电流。首先,确定变换器的电压增益与占空比之间的关系。忽视寄生电容,在升压变换器中,直流或平均输入电压等于极电压的平均值。忽略开关和二极管电压降,极电压脉冲从直流返回或从 0V 到高压直流链路电压 V_{HV}。极电压在时间段 $(1-D)T_s$ 时为 V_{HV},在时间段 DT_s 为 0V。因此,直流输出电压由下式给出

$$V_{LV} = \frac{1}{T_s}\int_0^{T_s} v_p(t)\mathrm{d}t = \frac{1}{T_s}\int_0^{DT_s} 0\mathrm{d}t + \frac{1}{T_s}\int_{DT_s}^{T_s} V_{HV}\mathrm{d}t = (1-D)V_{HV} \qquad (11.47)$$

这样的话,升压变换器的占空比为

$$D = 1 - \frac{V_{LV}}{V_{HV}} \qquad (11.48)$$

变换器电压增益可以表达为

$$V_{HV}/V_{LV} = \frac{1}{1-D} \qquad (11.49)$$

通过考虑电感电流来推导电压关系也很有成效。如图 11.21 所示,电感电流在 DT_s 期间随开关的切断而增加,电感器上出现电压 V_{LV}。在 $(1-D)T_s$ 期间,开关和二极管导通,因为电感上有负电压 $(V_{LV}-V_{HV})$,电感电流降低。

在时间段 DT_s

$$\Delta I_{L(p-p)} = \frac{V_{LV}}{L}DT_s \qquad (11.50)$$

在时间段 $(1-D)T_s$

$$\Delta I_{L(p-p)} = \frac{-(V_{LV}-V_{HV})(1-D)T_s}{L} \qquad (11.51)$$

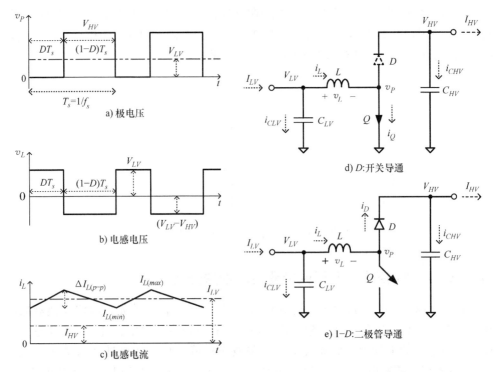

图 11.21 升压变换器 CCM 模式下电压和电流波形及导通模式

求解这两个方程式,就可以得到电压增益表达式,即(11.48)。

11.4.1.1 CCM 模式下升压变换器分析

为了设计和指定升压变换器的元件,有必要知道每个元件的平均电流、电流有效值、最小电流、最大电流和电压值其波形如图 11.22 所示。电感电流 $i_L(t)$ 具有直流分量,$I_{L(dc)} = I_{LV}$,从源和交流分量流入到低电压电容器的电流为 $i_{CLV}(t)$,如图 11.22e 所示。

与之前的 CCM 降压变换器一样,电容器的有效值分量为三角形电流,由下式给出

$$I_{CLV(rms)} = \frac{\Delta I_{L(p-p)}}{\sqrt{12}} \tag{11.52}$$

如果知道了直流输入电流和电容有效值电流,那么电感电流有效值 $I_{L(rms)}$ 为

$$I_{L(rms)} = \sqrt{I_{L(dc)}^2 + I_{CLV(rms)}^2} = \sqrt{I_{LV}^2 + \frac{\Delta I_{L(p-p)}^2}{12}} \tag{11.53}$$

电感峰值电流可以简单地给出

$$I_{L(max)} = I_{LV} + \frac{\Delta I_{L(p-p)}}{2} \tag{11.54}$$

开关和二极管的平均电流为

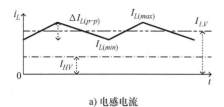

a) 电感电流

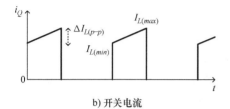

b) 开关电流

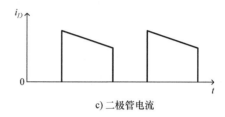

c) 二极管电流

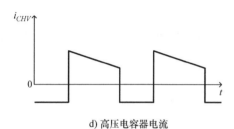

d) 高压电容器电流

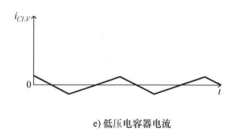

e) 低压电容器电流

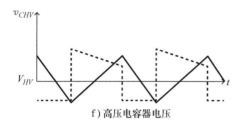

f) 高压电容器电压

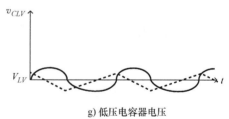

g) 低压电容器电压

图 11.22　CCM 模式下升压变换器电压和电流波形

$$I_{Q(dc)} = DI_{LV} \tag{11.55}$$

$$I_{D(dc)} = (1-D)I_{LV} \tag{11.56}$$

求得的电流有效值为

$$I_{Q(rms)} = \sqrt{D}I_{L(rms)} \tag{11.57}$$

$$I_{D(rms)} = \sqrt{(1-D)}I_{L(rms)} \tag{11.58}$$

开关和二极管瞬时导通和切断时的电流为

$$I_{Q(off)} = I_{D(on)} = I_{L(max)} = I_{LV} + \frac{\Delta I_{L(p-p)}}{2} \tag{11.59}$$

$$I_{Q(on)} = I_{D(off)} = I_{L(min)} = I_{LV} - \frac{\Delta I_{L(p-p)}}{2} \tag{11.60}$$

高压链路电容器中的电流有效值 $I_{CHV(rms)}$ 可从二极管电流有效值中减去直流电流 I_{HV} 得到

$$I_{CHV(rms)} = \sqrt{I_{D(rms)}^2 - I_{HV}^2} \tag{11.61}$$

参考图 11.22d 和图 11.22f，高压电容器的峰峰值电压纹波 $\Delta V_{CHV(p-p)}$ 基于正或负电流计算电荷来确定。利用负电流和二极管导通时间的面积乘积，可得

$$\Delta V_{CHV(p-p)} = \frac{\Delta Q_{CHV}}{C_{HV}} = \frac{I_{HV} D T_s}{C_{HV}} \tag{11.62}$$

类似地，低压电容器的峰峰值电压纹波 $\Delta L_{CLV(p-p)}$ 通过基于负或正电流计算电荷来估计。在这种情况下，电流–时间面积乘积等于 1/2、1/2 倍峰峰值电感波纹电流、1/2 倍时间周期这三者的乘积，结果如下所示

$$\Delta V_{CLV(p-p)} = \frac{\Delta Q_{CLV}}{C_{LV}} = \frac{1}{2} \frac{\Delta I_{L(p-p)}}{2} \frac{T_s}{2} \frac{1}{C_{LV}} = \frac{\Delta I_{L(p-p)} T_s}{8 C_{LV}} \tag{11.63}$$

至此，已经确定了所有的电流和电压，就可以分析给定的设计方案，或者根据一组规格要求来设计变换器。

11.4.1.2 例：CCM 模式增压分析

仍然使用前面降压例子中的车辆，以驾驶模式运行，双向变换器需要在全功率下起到升压作用。

假设为理想的元件，计算各种元件中的电流。

解：

升压变换器的占空比为

$$D = 1 - \frac{V_{LV}}{V_{HV}} = 1 - \frac{200V}{500V} = 0.6$$

平均电感电流等于输入电流

$$I_{LV} = I_{L(dc)} = \frac{P}{V_{LV}} = \frac{20000}{200}A = 100A$$

电感纹波电流为

$$\Delta I_{L(p-p)} = \frac{V_{LV} D}{f_s L} = \frac{200 \times 0.6}{10000 \times 428.5}A = 28A$$

低压电容器中的电流有效值为

$$I_{CLV(rms)} = \frac{\Delta I_{L(p-p)}}{\sqrt{12}} = 8.083A$$

电感电流有效值为

$$I_{L(rms)} = \sqrt{I_{L(dc)}^2 + I_{CLV(rms)}^2} = \sqrt{100^2 + 8.083^2}A = 100.3A$$

电感、开关和二极管的最大和最小电流为

$$I_{L(max)} = I_{Q(off)} = I_{D(on)} = I_{L(dc)} + \frac{\Delta I_{L(p-p)}}{2} = 114\text{A}$$

$$I_{L(min)} = I_{Q(on)} = I_{D(off)} = I_{L(dc)} - \frac{\Delta I_{L(p-p)}}{2} = 86\text{A}$$

开关电流的有效值和平均值为

$$I_{Q(rms)} = \sqrt{D} I_{L(rms)} = 77.69\text{A}$$

$$I_{Q(dc)} = D I_{L(dc)} = 60\text{A}$$

二极管电流的有效值和平均值为

$$I_{D(rms)} = \sqrt{1-D} I_{L(rms)} = 63.44\text{A}$$

$$I_{D(dc)} = (1-D) I_{L(dc)} = 40\text{A}$$

可以看出，降压和升压例子中的许多电流是相同的，并且开关和二极管的电流值交换为相同的功率级和电压电平。

11.4.2 升压变换器 BCM 运行

由于在给定输入和输出电压下，升压变换器的负载电流和功率下降，当 CCM 电感电流下降到零时，变换器会进入 BCM 模式。许多升压变换器在这种模式下工作，因为它可以形成紧凑型电感器和较低的半导体功率损耗。被设计成在 BCM 模式下运行的功率较低的功率因子校正升压变换器，能够消除硅二极管的反向恢复。

BCM 模式下升压变换器电压和电流波形如图 11.23 所示。可以看出，开关在零电流时开启，二极管在零电流时关闭。当最小电感电流等于 0A 时，变换器进入 BCM 工作模式。在这种情况下，流过电感的直流电流等于电感电流峰峰值的 1/2。因此，变换器进入 BCM 状态时的负载电流由下式给出

$$I_{LV} = \frac{\Delta I_{L(p-p)}}{2} = \frac{V_{LV} D}{2 f_s L} \tag{11.64}$$

在 BCM 状态下，各种元件的电流可以用为 CCM 分析而开发的等式来确定。

例：BCM 模式下升压变换器分析

使用前面例子中的电压，计算升压变换器进入 BCM 状态时的功率级。

解：

如前所述，占空比为

$$D = 1 - \frac{V_{LV}}{V_{HV}} = 1 - \frac{200}{500} = 0.6$$

电感纹波电流为

$$\Delta I_{L(p-p)} = 28\text{A}$$

BCM 状态下电感平均电流为

$$I_{LV} = \frac{\Delta I_{L(p-p)}}{2} = 14\text{A}$$

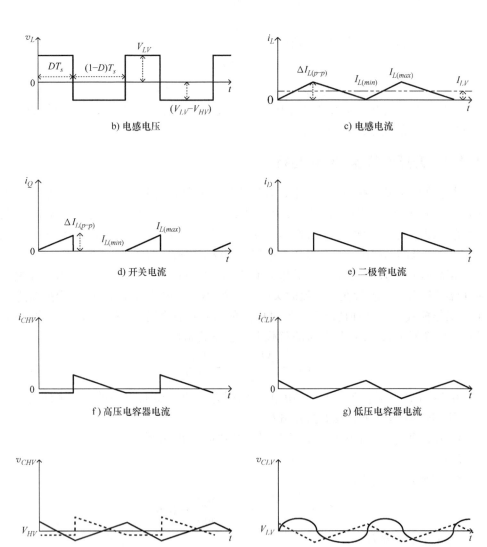

图 11.23 BCM 模式下升压变换器电压和电流波形

发生上述情况的功率为

$$P = V_{LV}I_{LV} = 200 \times 14\text{W} = 2.8\text{kW}$$

同样,这些电流和功率值与降压变换器相同。

11.4.3 升压变换器 DCM 运行

随着负载电流的减小,电感电流的值减小并呈现不连续性。电感电流不再在 CCM 或 BCM 模式下运行,而是在 DCM 模式下工作。这种模式通常在轻载时发生,并具有开关和二极管在零电流时导通和切断的优点,因此在轻载时具有相当高的效率。

DCM 模式下升压变换器电压和电流波形及导通模式如图 11.24 所示。在转换期内有三个时段。在第一个时间段 DT_s 内,开关闭合,并且在电感器两端施加正电压,导致电流线性增加。在 $D_{DCM1}T_s$ 期间,开关断开,二极管导通,导致电感两端产生负电压,并使电感电流线性减小至零。在时间段 $D_{DCM2}T_s$ 内,电感电流为零,并且负载电流由高压电容器提供。

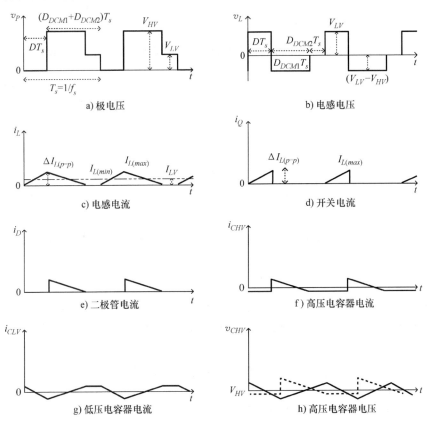

图 11.24 DCM 模式下升压变换器电压和电流波形及导通模式

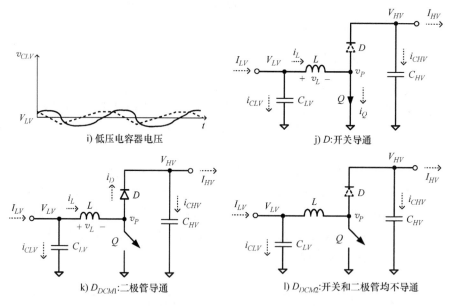

i) 低压电容器电压

j) D:开关导通

k) D_{DCM1}:二极管导通

l) D_{DCM2}:开关和二极管均不导通

图 11.24 DCM 模式下升压变换器电压和电流波形及导通模式（续）

因为一些电流是不连续的，所以各种电流波形的有效值和平均值很容易得到。首先，DCM 期间升压变换器直流输入电流与占空比之间的关系如下

$$\begin{aligned} I_{L(dc)} &= I_{LV} = \frac{1}{T_s}\int_0^{T_s} i_L(t)\,\mathrm{d}t \\ &= \frac{1}{T_s}\Big[\int_0^{DT_s} i_L(t)\,\mathrm{d}t + \int_{DT_s}^{DT_s+D_{DCM1}T_s} i_L(t)\,\mathrm{d}t + \int_{DT_s+D_{DCM1}T_s}^{T_s} i_L(t)\,\mathrm{d}t\Big] \\ &= \frac{1}{T}\Big[\frac{1}{2}\Delta I_{L(p-p)}DT + \frac{1}{2}\Delta I_{L(p-p)}D_{DCM1}T + 0\times D_{DCM2}T\Big] \\ &= \frac{\Delta I_{L(p-p)}}{2}(D + D_{DCM1}) \end{aligned} \quad (11.65)$$

开关 D 与二极管 D_{DCM1} 占空比之间的关系很容易确定。在稳态时，电感电流在 DT_s 期间增加，在 $D_{DCM1}T_s$ 期间减少，变化幅值均为 $\Delta I_{L(p-p)}$。这样的话，有如下关系式

$$\Delta I_{L(p-p)} = \frac{V_{LV}DT_s}{L} = \frac{(V_{HV}-V_{LV})D_{DCM1}T_s}{L} \quad (11.66)$$

在三个占空比之间有如下的关系

$$D_{DCM1} = \frac{V_{LV}}{(V_{HV}-V_{LV})}D \quad (11.67)$$

$$D_{DCM2} = 1 - \frac{V_{HV}}{V_{HV} - V_{LV}}D \tag{11.68}$$

综合上述两个方程式，在 DCM 状态下，占空比 D 可以由下式确定

$$D = \sqrt{\frac{(V_{HV} - V_{LV})}{V_{HV}V_{LV}}2f_sLI_{LV}} \tag{11.69}$$

一旦各种占空比已知，就可以很容易地确定当前负载条件下的电流值。各种电流可以按照第 11.3.3 节导出。

变换器中的电流仅仅显示为一个斜坡，可以按照下式描述

$$i_Q(t) = \frac{\Delta I_{L(p-p)}}{DT_s}t \tag{11.70}$$

这样的话，开关电流的有效值可以简单地表示为

$$I_{Q(rms)} = \sqrt{\frac{1}{T_s}\int_0^{T_s}i_Q(t)^2\mathrm{d}t} = \sqrt{\frac{1}{T_s}\left[\int_0^{DT_s}\left(\frac{\Delta I_{L(p-p)}}{DT_s}t\right)^2\mathrm{d}t + \int_{DT_s}^{T_s}0^2\mathrm{d}t\right]} = \sqrt{\frac{D}{3}}\Delta I_{L(p-p)}$$

$$\tag{11.71}$$

二极管电流的有效值可以类似地表示为

$$I_{D(rms)} = \sqrt{\frac{1}{T_s}\int_0^{T_s}i_D(t)^2\mathrm{d}t} = \sqrt{\frac{D_{DCM1}}{3}}\Delta I_{L(p-p)} \tag{11.72}$$

电感电流有效值为

$$I_{L(rms)} = \sqrt{\frac{1}{T_s}\int_0^{T_s}i_L(t)^2\mathrm{d}t} = \sqrt{\frac{(D + D_{DCM1})}{3}}\Delta I_{L(p-p)} \tag{11.73}$$

低压电容器电流的有效值为

$$I_{CLV(rms)} = \sqrt{\frac{1}{T_s}\int_0^{T_s}i_{CLV}(t)^2\mathrm{d}t} = \sqrt{I_{L(rms)}^2 - I_{LV}^2} \tag{11.74}$$

高压电容器电流的有效值为

$$I_{CHV(rms)} = \sqrt{\frac{1}{T_s}\int_0^{T_s}i_{CHV}(t)^2\mathrm{d}t} = \sqrt{I_{D(rms)}^2 - I_{HV}^2} \tag{11.75}$$

类似地，开关、二极管和电感的平均电流值为

$$I_{Q(dc)} = \frac{1}{T_s}\int_0^{T_s}i_Q(t)\mathrm{d}t = \frac{1}{T_s}\left[\int_0^{DT_s}\left(\frac{\Delta I_{L(p-p)}}{DT_s}t\right)\mathrm{d}t + \int_{DT_s}^{T_s}0\mathrm{d}t\right] = \frac{D}{2}\Delta I_{L(p-p)} \tag{11.76}$$

$$I_{D(dc)} = \frac{1}{T_s}\int_0^{T_s}i_D(t)\mathrm{d}t = \frac{D_{DCM1}}{2}\Delta I_{L(p-p)} \tag{11.77}$$

$$I_{L(dc)} = \frac{1}{T_s}\int_0^{T_s} i_L(t)\,dt = \frac{D + D_{DCM1}}{2}\Delta I_{L(p-p)} = I_{LV} \qquad (11.78)$$

例：DCM 模式下升压变换器

从前面的例子可知，对于给定的电压条件下，变换器在 2.8 kW 的 DCM 模式下工作，计算在 2kW 的 DCM 模式下各种变换器的占空比和电流。

解：

低压直流电路中的直流电流为

$$I_{LV} = \frac{P}{V_{LV}} = \frac{2000}{200}A = 10A$$

平均高压输入电流为

$$I_{HV} = \frac{P}{V_{HV}} = \frac{2000}{500}A = 4A$$

在该条件下的占空比为

$$D = \sqrt{\frac{(V_{HV} - V_{LV})}{V_{LV}V_{HV}}2f_s L I_{LV}} = \sqrt{\frac{(500 - 200)}{200 \times 500} \times 2 \times 10000 \times 428.5 \times 10^{-6} \times 10}$$
$$= 0.507$$

$$D_{DCM1} = \frac{V_{LV}}{(V_{HV} - V_{LV})}D = \frac{200}{(500 - 200)} \times 0.507 = 0.338$$

作为练习，读者可以计算各种电流，并注意它们与前面例子中在 DCM 模式下运行时降压变换器上的值类似。

11.5 功率半导体

半导体技术是现代电力变换器的关键推动因素。数百万晶体管可以集成在一块硅上作为一个单一的电源开关，或者可以集成为数字控制器。受益于信号水平的进步和功率半导体的许多变型，功率半导体具有巨大的优势。新的类金刚石半导体材料，如氮化镓（GaN）、碳化硅（SiC）都在与传统的硅材料竞争，以实现高效率的电力变换。

现代汽车动力系统电力变换器是基于 IGBT 的。IGBT 与 MOSFET 密切相关。实际上，与 MOSFET 相比，IGBT 有一个额外的硅附加层。附加层的作用是使 IGBT 看起来像是 MOSFET 和 BJT 之间的混合体。IGBT 的低功耗及其短路能力使其成为高压变频器和逆变器的首选。

从半导体的角度来看，IGBT 是少数载流子器件，类似于 BJT、晶闸管和 PN 二极管，而 MOSFET 是多数载流子器件，类似于结型场效应晶体管（JFET）和肖特基二极管。少数载流子器件的特点是在关闭时可能会产生显著的额外功率损耗。这种现象表现为 IGBT 中的尾电流和功率二极管中的反向恢复。少数载流子器件是一种半导体,在其内部,可移动的空穴或电子,或少数载流子流过的区域对于相反极性的载流子,即多数载流子具有良好的导电性。多数载流子器件也是一种半导体,其中可移动的空穴或电子,或多数载流子流过的区域对多数载流子具有良好的导电性。

IGBT 的符号如图 11.25a 所示。IGBT 有三个端子:用于控制的门极(G)、用于供电的集电极(C)和发射极(E)。IGBT 必须与一个单独的离散反向二极管配对使用,以便在典型的电力变换器下发挥功能。垂直扩散功率 MOSFET,符号如图 11.25b 所示,实际上带有一个自由反向二极管作为其基本结构的一部分。

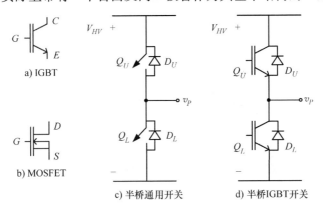

图 11.25 功率半导体

功率器件的技术规格非常详细。典型规格参数是额定集电极-发射极电压和连续直流电流。例如,一个 600V、200A 的 IGBT 在关断时可承受从集电极到发射极的 600V 电压,导通时可以连续地从集电极到发射极 200A 的电流。当然,IGBT 会产生很大的功率损耗,使得设备温度上升。例如,传导 200A 的电流时,半导体连接处的 IGBT 的最高温度可能达到 175℃,而模块外壳则能达到 80℃。80℃ 显然是一个较高的温度,热量很容易传递到发动机舱内的其他设备上。通过在门极和发射极之间施加门控信号来开启和关闭器件。可以施加的最大栅极电压非常低,典型数值为 20V,以避免栅极介电层产生过电压。由于温度升高导致设备可靠性降低以及故障率增加,所以保持半导体连接热点处于相对较低的温度非常重要。

两个开关和两个二极管通常作为半桥布置在模块中,如图 11.25c 和图 11.25d 所示。这种半桥模块可用于大功率整流器、变换器和逆变器。

11.5.1 功率半导体功率损耗

功率半导体元件上有两个主要的功率损耗器件。传导损耗是由于器件传导电流时其内部电压降引起的功率损耗。开关损耗是器件开启和关闭时其内部的功率损耗。第三种损耗机制,称为泄漏损耗,是由于器件两端施加的电压引起的,与其他两种损耗机制相比往往相对较小。有关半导体损耗的详细内容,请参见参考文献[3-5]。

11.5.1.1 IGBT 和二极管传递损耗

IGBT 的输出特性与二极管或 BJT 类似。典型的 600V、200A 的 IGBT 集电极-发射极的特性如图 11.26a 所示。而器件实际在达到门极阈值电压时开始导通,典型值约为 4~5V,门极-发射极电压必须增加到阈值以上,通常为 15V,以使集电极-发射极电压降和相关的传导损耗最小。

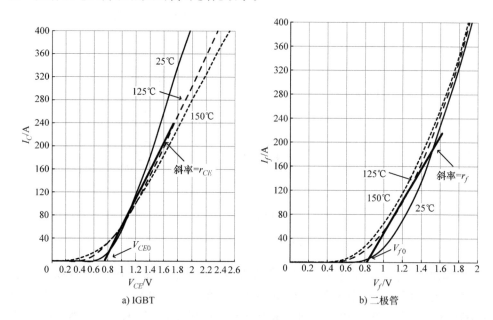

图 11.26 600V、200A 器件的输出特性

IGBT 的输出特性是集电极电流 I_C 相对于集电极-发射极电压 V_{CE} 的曲线,并且可以用直线近似地建模如下

$$V_{CE} = V_{CE0} + r_{CE}I_C \tag{11.79}$$

式中,V_{CE0} 是拐点电压;r_{CE} 是等效电阻。

请注意,在开关或二极管导通时,直线应该与电流平均值相切。因此,电流水平参数可能会有变化。

IGBT 的导通功率损耗 $P_{Q(cond)}$ 可以简单地表示如下

$$P_{Q(cond)} = V_{CE0}I_{Q(dc)} + r_{CE}I_{Q(rms)}^2 \tag{11.80}$$

硅功率二极管的输出特性如图 11.26b 所示,也可以用与电流相切的直线建模。由于其也是少数载流子元件,所以二极管正向压降 V_f 可以表示为二极管电流和功率损耗 $P_{D(cond)}$ 的函数

$$V_f = V_{f0} + r_f I_f \tag{11.81}$$

$$P_{D(cond)} = V_{f0}I_{D(dc)} + r_f I_{D(rms)}^2 \tag{11.82}$$

式中，V_{f0} 是拐点电压；r_f 是二极管的等效电阻。

11.5.1.2 例：升压 IGBT 传递损耗

根据图 11.26，计算第 11.4.1.2 节 CCM 升压时 IGBT 和二极管的导通损耗。IGBT 和二极管具有以下特性参数：$V_{CE0} = 0.75\text{V}$，$r_{CE} = 4.6\text{m}\Omega$，$V_{f0} = 0.85\text{V}$，$r_f = 3.6\text{m}\Omega$。

解：

IGBT 和二极管的导通损耗可以简单地利用下式求解

$$P_{Q(cond)} = V_{CE0}I_{Q(dc)} + r_{CE}I_{Q(rms)}^2 = 0.75 \times 60\text{W} + 0.0046 \times 77.69^2\text{W} = 73\text{W}$$

$$P_{D(cond)} = V_{f0}I_{D(dc)} + r_f I_{D(rms)}^2 = 0.85 \times 40\text{W} + 0.0036 \times 63.44^2\text{W} = 48\text{W}$$

11.5.1.3 IGBT 和二极管的开关损耗

每一个案例中，电流从开关转换到二极管都会有能量损耗，并导致功耗和温度上升，反之亦然。IGBT 和二极管关闭时均出现尾电流和反向恢复损耗。二极管的导通损耗可以忽略不计，而开关的导通损耗可能很大，特别是二极管关闭时的反向恢复也会影响导通时的开关。

这些损耗通常是针对 IGBT 和二极管的。图 11.27 所示为 IGBT 和二极管的代表性能量损耗。开启和关闭的速度以及由此造成的能量损耗取决于栅极电压和栅极驱动电阻。因此，这些值通常在测试的数据表中显示。E_{on} 和 E_{off} 是 IGBT 开启和关闭的能量，而 E_{rec} 是二极管反向恢复时的关闭能量。值得注意的是，低电感连接对功率损耗至关重要。过度的寄生电感会导致功率损耗和电压尖峰增加。

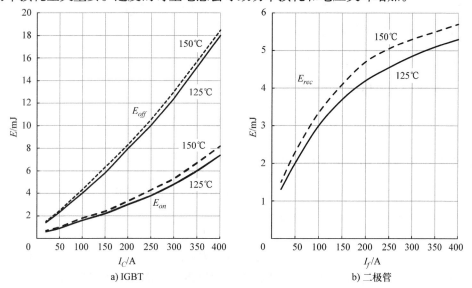

图 11.27 在 300V 测试电压下的开关损耗

将各种能量损耗简单叠加起来并乘以开关频率就可以计算出功率损耗。另外需要注意的是，测试电压还需要在测试过程中进行调整。例如，图 11.27 中的测试电压 V_{test} 等于 300V。如果在不同的电压下测试，一个合理的假设是简单地按照电压线性缩放能量损耗（或者按参考文献 [5] 中的非线性），那么 IGBT 的开关功率损耗 $P_{Q(sw)}$ 就等于电压调节导通和关断的总损耗乘以开关频率

$$P_{Q(sw)} = f_s(E_{on} + E_{off})\frac{V_{HV}}{V_{test}} \quad (11.83)$$

类似地，二极管开关损耗 $P_{D(sw)}$ 可以定义为

$$P_{D(sw)} = f_s E_{rec}\frac{V_{HV}}{V_{test}} \quad (11.84)$$

11.5.1.4 例：IGBT 模块传递损耗

根据上一节内容确定 IGBT 和二极管的开关损耗。有关参数见图 11.27，假设结温为 125℃。

解：

能量损耗值可以简单地从图中确定，并代入损耗公式。之前的电流值是

$$I_{L(\max)} = I_{Q(off)} = I_{D(on)} = 114A$$
$$I_{L(\min)} = I_{Q(on)} = I_{D(off)} = 86A$$

通过上述数值得到的近似损耗如下

$$E_{on}(I_{Q(on)}) = E_{on}(86A) \approx 1.6mJ$$
$$E_{off}(I_{Q(off)}) = E_{off}(114A) \approx 4.7mJ$$
$$E_{rec}(I_{D(off)}) = E_{rec}(86A) \approx 2.8mJ$$

这样的话，功率损耗为

$$P_{Q(sw)} = f_s(E_{on} + E_{off})\frac{V_{HV}}{V_{test}} = 10^4 \times (1.6 + 4.7) \times 10^{-3} \times \frac{500}{300}W = 105W$$

二极管的开关损耗为

$$P_{D(sw)} = f_s E_{rec}\frac{V_{HV}}{V_{test}} = 10^4 \times 2.8 \times 10^{-3} \times \frac{500}{300}W = 47W$$

11.5.2 半导体功率总损耗和结温

总的半导体功率损耗是开关损耗和功率损耗的总和。因此，总的 IGBT 功率损耗 P_Q 和二极管功率损耗 P_D 分别为

$$P_Q = P_{Q(cond)} + P_{Q(sw)} \quad (11.85)$$
$$P_D = P_{D(cond)} + P_{D(sw)} \quad (11.86)$$

最后，半导体的关键参数是结点温度。温度过高可能导致半导体故障。尽管规定了半导体的最高温度，但为了提高半导体器件的可靠性和寿命，通常要保证其工作温度远低于最高温度。

IGBT 和二极管的结温 T_{JQ} 和 T_{JD} 分别由下式给出

$$T_{JQ} = T_{HS} + R_{JQ-HS} P_Q \qquad (11.87)$$

$$T_{JD} = T_{HS} + R_{JD-HS} P_D \qquad (11.88)$$

式中,T_{HS} 是半导体散热片表面的温度;R_{JQ-HS} 和 R_{JD-HS} 分别是 IGBT 和二极管从散热片表面到半导体结点的热阻(℃/W)。

请注意,IGBT 的热阻通常小于二极管的热阻,是因为与二极管相比,IGBT 的模片更大。

上述温度关系可以用一个简单的电路来模拟,如图 11.28 所示。

例:IGBT 模块总损耗和模片温度

计算 IGBT 和二极管功率损耗及其各自的结点温度,假设散热片保持在 70℃,IGBT 和二极管的热阻分别为 0.25℃/W 和 0.48℃/W。

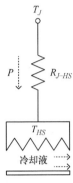

图 11.28　结点到散热器的热流动回路模型

解:

总的损耗为

$$P_Q = P_{Q(cond)} + P_{Q(sw)} = 73W + 105W = 178W$$

$$P_D = P_{D(cond)} + P_{D(sw)} = 48W + 47W = 95W$$

结点温度为

$$T_{JQ} = T_{HS} + R_{JQ-HS} \times P_Q = 70℃ + 0.25 \times 178℃ = 114℃$$

$$T_{JD} = T_{HS} + R_{JD-HS} \times P_D = 70℃ + 0.48 \times 95℃ = 116℃$$

11.6　电力变换器无源元件

电感器和电容器可能是影响 DC – DC 变换器成本和尺寸的重要部分。第 16 章将介绍这些元件的大小。

11.6.1　电感选型

通过例 11.3.1.4 的降压变换器确定以下电感参数:面积乘积、核心面积和绕组匝数。使用面积乘积方法,并假设核心面积等于窗口面积($A_c = A_w$)。

令铜填充系数 $k = 0.5$,电流密度 $J_{cu} = 6A/mm^2$,最大磁通密度 $B_{max} = 1.3T$。

解:

从第 16 章第 16.3.7 节内容可知,面积乘积 AP 可以由下式给出:

$$AP = A_c A_w = \frac{L I_{L(rms)} I_{L(max)}}{k_{cu} J_{cu} B_{max}} = \frac{428.5 \times 10^{-6} \times 100.3 \times 114}{0.5 \times 6 \times 10^6 \times 1.3} m^4$$

$$= 1.256 \times 10^{-6} m^4 = 125.6 cm^4$$

面积为

$$A_c = A_w = \sqrt{AP} = 1.12 \times 10^{-3} \text{m}^2 = 11.2 \text{cm}^2$$

匝数为

$$N = \frac{L I_{L(\max)}}{B_{\max} A_c} = \frac{428.5 \times 10^{-6} \times 114}{1.3 \times 1.12 \times 10^{-3}} = 34$$

11.6.2 电容选型

电容器的规格取决于许多因素。薄膜电容器的物理规格参数估值可以基于一些简单的计算和假设来进行，参考第 16 章第 16.6.1 节。

计算例 11.3.1.4 中降压变换器所用的 500V、960μF 电容器箔片的长度和体积，箔片规格参数为：电介质强度 $DS = 150\text{V}/\mu\text{m}$，相对介电常数 $\varepsilon_r = 2.2$，箔片宽 $w = 5\text{cm}$。允许电容上的电压过冲 $V_{OS} = 100\text{V}$。

解：

电介质的厚度为

$$d = \frac{V_{HV} + V_{OS}}{DS} = \frac{500\text{V} + 100\text{V}}{150\text{V}/\mu\text{m}} = 4\mu\text{m}$$

由于宽度已经给出，因此，长度 l 为

$$l = \frac{Cd}{\varepsilon_r \varepsilon_0 w} = \frac{960 \times 10^{-6} \times 4 \times 10^{-6}}{2.2 \times 8.84 \times 10^{-12} \times 0.05}\text{m} = 3949\text{m}$$

高压电容箔片容积 V 为

$$V = lwd = 3949 \times 0.05 \times 4 \times 10^{-6} \text{m}^3 = 0.632 \times 10^{-3} \text{m}^3 = 790 \text{cm}^3$$

11.7 交错

从前面的例子可以了解到，电力变换器的无源部件可能需要一定的重量和体积。DC-DC 变换器与燃料电池直接连接，需要与所有的燃料电池单元交换数据，因此，燃料电池汽车所需要的高功率系统可能会占用较大的空间。对于许多应用，可以通过构建多个并行阶段和交错阶段的运行使电力变换器的尺寸最小化。图 11.29 所示为两相交错式升压变换器。

两相交错式变换器的主要波形如图 11.30 所示。相位 2 的导通相对于相位 1 延迟 180°，如图 11.30a 和图 11.30b 所示。这样会导致两相电流出现异相，如图 11.30c 和图 11.30d 所示。双相电流综合在一起形成了输入电流，如图 11.30e 所示。

分析显示，两相交错式升压变换器输入电流峰峰值 $\Delta I_{int(p-p)}$ 可以用下面的公式表示，它取决于占空比是大于 0.5 还是小于 0.5

$$0 \leq D \leq 0.5, \quad \Delta I_{int(p-p)} = \frac{V_{LV}}{fL} \frac{(1-2D)}{(1-D)} D \quad (11.89)$$

第11章 DC-DC变换器

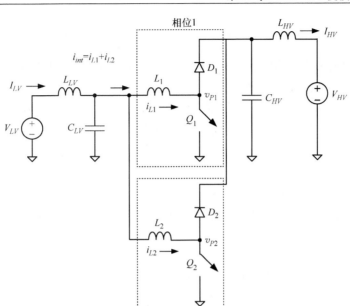

图11.29 两相交错式升压变换器

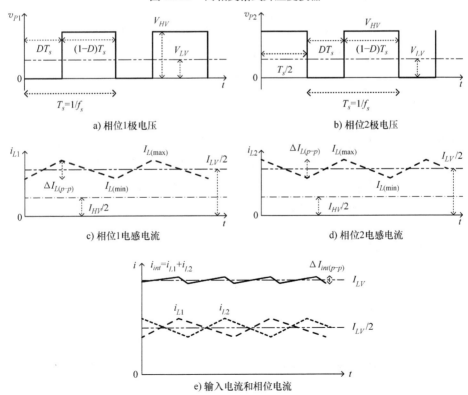

图11.30 两相交错式变换器波形

$$0.5 \leq D \leq 1.0, \quad \Delta I_{int(p-p)} = \frac{V_{LV}}{fL}(2D-1) \tag{11.90}$$

我们可以通过观察占空比为 0.5 时输入纹波电流为零这一特征来鉴别交错。

例：两相交错升压变换器

燃料电池汽车配置有两个交错式 20kW 升压变换器，可提供 40kW 的总输出功率。通过变换器交错可以减少来自源的纹波电流。当燃料电池在全功率状态下降到 200V 时，车辆产生 500V 的直流链路电压。使用之前升压器例子的功率级：$L = L_1 = L_2 = 428.5 \mu H$。

1）计算输入电流的峰峰值纹波。

2）如果是具有相同低输入纹波电流的单相变换器，计算所需的电感器和面积乘积。

解：

1）如前面所述，对于单相升压器而言

$$D = 1 - \frac{V_{LV}}{V_{HV}} = 1 - \frac{200}{500} = 0.6$$

每相电流纹波保持为

$$\Delta I_{L(p-p)} = \frac{V_{LV} D}{f_s L} = \frac{200 \times 0.6}{10000 \times 428.5} A = 28A$$

交错变换器的输入电流纹波减少到

$$\Delta I_{int(p-p)} = \frac{V_{LV}}{f_s L}(2D-1) = \frac{200}{10^4 \times 428.5 \times 10^{-6}}(2 \times 0.6 - 1) A = 9.33A$$

$$(11.91)$$

因此，9.33A 时的输入电流纹波是每相电流纹波的 1/3，并且输入电容可以相应减小。两个交错相位的面积乘积仅为单相位值 $125.6 cm^4$ 的两倍，即 $251.2 cm^4$。

2）对于问题的第二部分，变换器设计为单一相位，具有与交错式两相相同的 9.33A 的低输入纹波电流。因此，与两相设计相比，单相变换器电感必须增加 3 倍。

电感器尺寸增加到

$$L = 428.5 \mu H \times \frac{28}{9.33} = 1286 \mu H$$

单相电感直流电流为

$$I_{LV} = I_{L(dc)} = \frac{P}{V_{LV}} = \frac{40000}{200} A = 200A$$

低电压电容器的电流有效值为

$$I_{CLV(rms)} = \frac{\Delta I_{L(p-p)}}{\sqrt{12}} = \frac{9.33}{\sqrt{12}} A = 2.69A$$

电感电流有效值为

$$I_{L(rms)} = \sqrt{I_{L(dc)}^2 + I_{CLV(rms)}^2} = \sqrt{200^2 + 2.69^2}\text{A} = 200.0\text{A}$$

电感最大电流值为

$$I_{L(\max)} = I_{L(dc)} + \frac{\Delta I_{L(p-p)}}{2} = 204.7\text{A}$$

单相变换器面积乘积的修正值为

$$AP = \frac{LI_{L(rms)}I_{L(\max)}}{k_{cu}J_{cu}B_{\max}} = \frac{1286 \times 10^{-6} \times 200 \times 204.7}{0.5 \times 6 \times 10^6 \times 1.3}\text{m}^4 = 1125\text{cm}^4$$

电感器面积乘积增加到 1125cm⁴，超过两相交错式设计的两个电感组合值 251.2cm⁴ 的 4 倍。

参 考 文 献

1 T. A. Burress, S. L. Campbell, C. L. Coomer, C. W. Ayers, A. A. Wereszczak, J. P. Cunningham, L. D. Marlino, L. E. Seiber, and H. T. Lin, *Evaluation of the 2010 Toyota Prius Hybrid Electric Drive System*, Oak Ridge National Laboratory report, 2011.
2 D. Schneider, "How B. Jayant Baliga transformed power semiconductors," *IEEE Spectrum Magazine*, pp. 44–48, April 2014.
3 N. Mohan, T. M. Undeland, and W. P. Robbins, *Power Electronics Converters, Applications and Design*, 3rd edition, John Wiley & Sons, 2003.
4 D. Graovac and M. Purschel, "IGBT power losses calculation using the data sheet parameters," Infineon application note, 2009.
5 A. Wintrich, U. Nicolai, W. Tursky, and T. Reimann, *Application Manual Power Semiconductors*, SEMIKRON International Gmbh, 2015.

扩 展 阅 读

1 N. Mohan, *Power Electronics A First Course*, John Wiley & Sons, 2012.
2 R. W. Erickson, *Fundamentals of Power Electronics*, Kluwer Academic Publishers, 2000.
3 B. C. Barry, J. G. Hayes, and M. S. Ryłko, "CCM and DCM operation of the interleaved two-phase boost converter with discrete and coupled inductors," *IEEE Transactions on Power Electronics*, 30, pp. 6551–6567, December 2015.

问 题

11.1 混合动力汽车使用 30kW 双向变换器，由 288V 镍氢电池产生 650V 直流电压。双向变换器电感为 245μH，开关频率为 10kHz。车辆运行在发电模式，双向变换器需要充分发挥降压作用。忽略元件损耗。

1）计算低压电容器和电感器中的电流有效值。
2）计算 IGBT 和二极管的最大值、最小值、有效值和平均电流值。
3）计算高压电容器中的电流有效值。
4）如果峰峰电压纹波为 0.5%，计算低压和高压电容值电压。

[答案: 1) $I_{CLV(rms)}$ = 18.9A, $I_{L(rms)}$ = 105.87A。2) $I_{L(max)}$ = 136.9A, $I_{L(min)}$ = 71.44A, $I_{QU(rms)}$ = 70.47A, $I_{QU(dc)}$ = 46.15A, $I_{DL(rms)}$ = 79.0A, $I_{DL(dc)}$ = 58.01A。3) $I_{CHV(rms)}$ = 53.26A。4) C_{HV} = 791μF, C_{LV} = 568μF]

11.2 前一个问题中的变换器在直流链路上电压为650V时,以多大功率能到达BCM模式?重新计算各种电流。

[答案: 9.43kW。$I_{CLV(rms)}$ = 18.9A, $I_{L(rms)}$ = 37.8A, $I_{L(max)}$ = 65.46A, $I_{L(min)}$ = 0A, $I_{QU(rms)}$ = 25.16A, $I_{QU(dc)}$ = 14.5A, $I_{DL(rms)}$ = 28.21A, $I_{DL(dc)}$ = 18.23A, $I_{CHV(rms)}$ = 20.56A]

11.3 假设上述电力变换器在5kW时处于DCM模式,重新计算各种电源电流。

[答案: $I_{CLV(rms)}$ = 15.82A, $I_{L(rms)}$ = 23.49A, $I_{L(max)}$ = 47.68A, $I_{L(min)}$ = 0A, $I_{QU(rms)}$ = 15.64A, $I_{QU(dc)}$ = 7.69A, $I_{DL(rms)}$ = 17.53A, $I_{DL(dc)}$ = 9.67A, $I_{CHV(rms)}$ = 13.62A]

11.4 假设问题11.1中的变换器在30kW时处于升压模式,重新计算各种电流。

[答案: $I_{CLV(rms)}$ = 18.9A, $I_{L(rms)}$ = 105.87A, $I_{L(max)}$ = 136.9A, $I_{L(min)}$ = 71.44A, $I_{QL(rms)}$ = 79.0A, $I_{QL(dc)}$ = 58.01A, $I_{DU(rms)}$ = 70.47A, $I_{DU(dc)}$ = 46.15A, $I_{CHV(rms)}$ = 53.26A]

11.5 假设上述升压变换器在5kW时处于DCM模式,请重新计算各种电流。

[答案: $I_{CLV(rms)}$ = 15.82A, $I_{L(rms)}$ = 23.49A, $I_{L(max)}$ = 47.68A, $I_{L(min)}$ = 0A, $I_{QL(rms)}$ = 17.53A, $I_{QL(dc)}$ = 9.67A, $I_{DU(rms)}$ = 15.64A, $I_{DU(dc)}$ = 7.69A, $I_{CHV(rms)}$ = 13.62A]

11.6 对于问题11.1中的变换器:

1) 计算由于传导导致的典型功率损耗和结温,使用1200V、300A的半桥模块,在全功率条件下接通IGBT和二极管。设 V_{CE0} = 0.75V, r_{CE} = 4.4mΩ, V_{f0} = 0.7V, r_f = 3.8mΩ。使用图11.31的损耗曲线。热水槽保持在80℃,IGBT和二极管的热阻分别为0.125℃/W和0.202℃/W。

2) 计算以下电感参数:面积乘积、核心面积和匝数。使用面积乘积方法,并假设核心面积等于窗口面积 ($A_c = A_w$)。令铜填充系数 k = 0.5,电流密度 J_{cu} = 6A/mm², 最大磁通密度 B_{max} = 1.3T。

3) 假定为聚丙烯薄膜,计算高压电容器的体积。设绝缘强度为150V/μm,相对介电常数为2.2,箔片宽度为5cm。允许电容器上有100V的过冲设计。

[答案: 1) P_Q = 300.3W, P_D = 172.6W, T_{JQ} = 117.5℃, T_{JD} = 114.9℃; 2) AP = 91cm⁴, A = 9.5cm², N = 27; 3) V_{CHV} = 1017cm³]

11.7 燃料电池汽车配置有两个交错式升压变换器,可提供72kW的总输出功率。通过变换器交错可以减少来自源的纹波电流。当燃料电池在全功率状态下降到

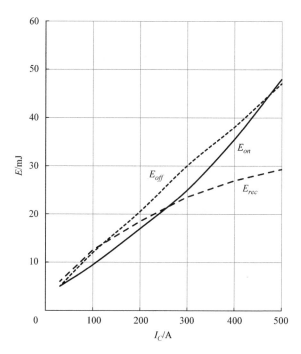

图 11.31 1200V、300A 的 IGBT 在 600V、125℃试验条件下的能耗

180V 时，车辆产生 360V 直流链路电压。每个变换器都有一个 45μH 的电感，开关频率为 16kHz。

1）计算每相电感中的有效值和峰值电流。

2）计算燃料电池输入电容器的纹波电流峰峰值。

3）如果两个相位是同步的而不是交错的，计算燃料电池输入到电容器的电流峰峰值。

［答案：1）$I_{L1(rms)} = I_{L2(rms)} = 203.2A$，$I_{L1(max)} = I_{L2(rms)} = 262.5A$；2）$\Delta L_{int(p-p)} = 0A$。3）$\Delta L_{int(p-p)} = 250A$］

11.8 当由 200V 镍氢电池供电时，HEV 的半桥 DC-DC 变换器的电感为 428.5μH，开关频率为 10kHz。直流链路上的电压随电机功率成比例减小，直流链路电压在 10 kW 时降至 350V。

1）计算此 CCM 发电/降压条件的开关有效值和直流电流。

2）计算 125℃时的典型功率损耗和结温，使用第 11.5.1 节半桥模块在部分负载条件下接通 IGBT 和二极管。

设 $V_{CE0} = 0.65V$，$r_{CE} = 5.9mΩ$，$V_{f0} = 0.7V$。

使用图 11.27 来估算模块的开关损耗。

［答案：1）$I_{Q(rms)} = 38.04A$，$I_{Q(dc)} = 28.57A$；2）$P_Q = 69W$，$T_{JQ} = 97.3C$］

作　业

11.1 鼓励学生尝试电路仿真软件。常见的仿真软件有：①Simetrix；②PSpice 9.1；③Matlab/Simulink Simscape Power Systems；④PSIM。

11.2 利用模拟方法验证本章例子和问题的波形和答案。

附录 I

图 11.32 所示为用简单的 Simulink 原理图模拟了降压 CCM 案例。使用电阻负载而不是电池来简化电路。电阻设置为 2Ω，这是带动 100A、200V 电池的等效电阻负载。仿真波形如图 11.33 所示。

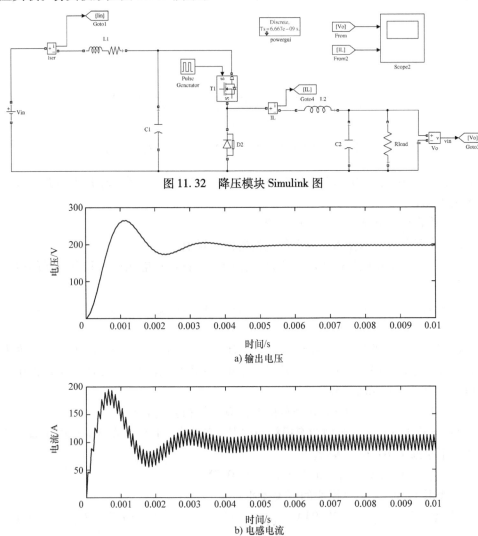

图 11.32　降压模块 Simulink 图

a) 输出电压

b) 电感电流

图 11.33　降压变换器的仿真波形

附录Ⅱ：降压－升压变换器

降压－升压变换器与降压和升压变换器密切相关，并且是第 12 章附录Ⅱ中所述隔离反激式变换器的基础。通过应用升压变换器上已经得到的关系可以很容易地确定降压－升压变换器的电压和占空比之间的关系。降压－升压变换器如图 11.34a 所示。

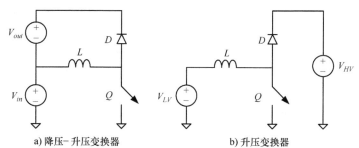

a) 降压－升压变换器　　　　b) 升压变换器

图 11.34　降压－升压变换器和升压变换器

升压变换器的电压增益已经推导出来，为

$$\frac{V_{HV}}{V_{LV}} = \frac{1}{1-D}$$

如果用 V_{in} 代替 V_{LV}，用 $(V_{in} + V_{out})$ 代替 V_{HV}，降压变换器的电压增益很容易推导出来

$$\frac{V_{HV}}{V_{LV}} = \frac{V_{in} + V_{out}}{V_{in}} = \frac{1}{1-D} \quad (A11.Ⅱ.1)$$

通过重新组合上述等式，降压－升压变换器的占空比为

$$D = \frac{V_{out}}{V_{in} + V_{out}} \quad (A11.Ⅱ.2)$$

电压增益可以表示为

$$\frac{V_{out}}{V_{in}} = \frac{D}{1-D} \quad (A11.Ⅱ.3)$$

降压－升压变换器电路图如图 11.35 所示。

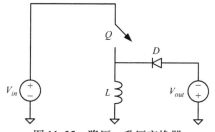

图 11.35　降压－升压变换器

第12章 隔离型DC – DC变换器

本章将为读者介绍一款隔离型DC – DC电力变换器，它使电力转变更加安全和高效，并在电池充电以及给负载提供动力中发挥关键的EV作用。本章介绍的隔离型正激变换器是一种基于变压的降压变换器，同时还介绍了全桥电力变换器，它主要用作车载隔离型电力变换器。谐振变换器在电源变换中起着重要作用，尤其在感应式充电和无线充电中，因此，提出了谐振式LCLC全桥电力变换器。最后，在本章后面的附录Ⅱ中简要介绍了基于降压 – 升压拓扑关系并广泛应用于低功率电平的逆变器。

12.1 引言

本章介绍和分析了隔离型电力变换器，从这些隔离型变换器派生出的基本非隔离型电力变换器的拓扑结构已在第11章中讨论过。

12.1.1 隔离型电力变换器的优点

由于以下非常根本的原因，在应用中需要隔离变压式变换器。

1. 安全

电气系统会给消费者带来安全隐患，电压越高则风险越大。一般来说，低于40~60V的电压被认为是安全的，但其水平可以根据实际条件降低。电动汽车一般都有约400V的高压电池组，因此，在车辆动力架构中必须设置必要的保护装置，以确保车辆安全运行。确保高压和低压之间的物理和电气屏障的主要方法是利用变压器提供电流隔离。

2. 效率

当需要有效的电压变换时，如从400V的高压变换为车载附件负载所需的12V电压，必须使用变压器，以优化设计和选定实用的开关模式电力变换器。基于变压器的电路可以降低峰值、平均值和有效电流，从而提高效率、改善控制、降低电压强度并减少电磁干扰。

3. 多路输出

车辆上有许多不同的低压负载，它们需要不同的电压水平，如风窗玻璃除霜需

42V、辅助电池需12V。同样，在智能手机或电脑中也可使用多个电压。多电压输出的最简单的方法是使用具有多个二次绕组的变压器。

12.1.2 电力变换器类型

常用的隔离型电力变换器主要有三种类型，即降压变换器、升降压变换器和谐振变换器。

降压类变换器常用于中低功率（功率范围为50~200W）的正激变换器，以及高功率（功率范围大约从200W到几千瓦）的全桥变换器。正激变换器和全桥变换器有许多变型。例如，正激变换器有单开关和双开关。常用的全桥变换器有硬开关和相移变型，这两种类型的全桥变换器都在车辆上发挥了重要作用。本章主要介绍基本的硬开关变换器，因为它相对简单。其他密切相关的变型是推拉式和半桥式变换器。基于教学目的，本章介绍了正激变换器，而正激变换器是基于降压变换器，并将降压变换器和全桥变换器连接起来。

图12.1所示为福特汽车全桥辅助电力变换器的一个示例，其中符号Q表示电源开关，X表示变压器，L表示输出电感。高压输入端和低压输出端分别标记为HVIP和LVOP。电磁干扰（EMI）级也作了适当标记，并具有两个共模滤波电感（L_{CM}）和几个电容（cap）。

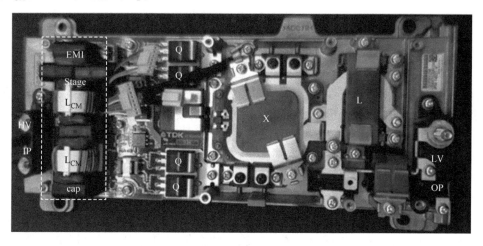

图12.1 福特汽车全桥辅助电力变换器

隔离变压型升压变换器被称为反激变换器。反激变换器在现代生活中无处不在，通常是电力变换器的首选变换器，且功率从几毫瓦到几百瓦不等。同样，反激变换器有很多变型，最优拓扑结构取决于应用条件。由于反激变换器不用于高功率电路，因此本章不做重点讨论，但在本章附录Ⅱ中对其进行了简要介绍。

在过去的几十年中，谐振变换器在隔离型电力变换中扮演了重要的角色。在20世纪90年代中期，谐振变换器的首次重要应用是为通用EV1电动汽车开发的感应充式电力变换级。感应式电力变换器是为电动汽车充电开发的，功率范围为 1.5~130kW。谐振变换器具有特定的属性，使其非常适合电力无线传输。与此同时，一类被称为 LLC 的谐振变换器已被广泛应用于商业和工业电力变换。

12.2 正激变换器

图 12.2a 所示为重新绘制的降压变换器结构，以显示电阻负载 R_O，并且对各种组件的符号进行了修改。正激变换器来自降压变换器，基本拓扑结构如图 12.2b 所示。

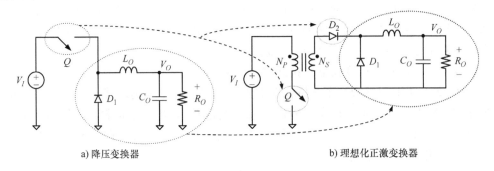

a) 降压变换器　　　　　　　　　　　　b) 理想化正激变换器

图 12.2 变换器结构

具有分量 R_O、L_O、C_O 和 D_1 的正激变换器的输出级与重新绘制的降压相同。

将变压器引入到电路中，形成正激变换器。从电源和开关的角度看，开关 Q 是否放置在变压器的正极端子与输入电压源之间或负极端子与直流回路之间并不重要。然而，将开关置于负极端子和直流回路之间可使开关的控制更容易实现，因此开关位置通常如图中所示。

变压器的引入需要额外的二极管 D_2，以确保变压器仅在一次侧开关 Q 导通时进行传导。

正激变换器会引发一些问题，如图 12.2b 所示。变压器必须被磁化才能作为变压器工作，这将在第 16 章第 16.5 节中讨论。磁化通常由一次侧磁化电感来表示。然而，当一次侧开关不导通时，磁化电感必须在每个周期中去磁，以避免磁心饱和。正激变换器中的退磁是通过增加第三绕组（通常称为三次绕组 N_T）和二极管 D_3 来实现的，这样当开关停止导通时变压器就会消磁，如图 12.3 所示。变压器去磁要求一次侧开关的占空比 D 的实际最大限制。通常，第三绕组具有与一次绕组相同的匝数，并且在双线圈绕组中与一次绕组紧密耦合。当一次绕组和第三绕组匝数相等时，最大占空比通常为 0.5。

输入源电压 V_S 也显示为具有内部电感 L_S。在本章中，为了简单起见，忽略了源电感和滤波电容 C_I，并将输入简单地模拟为电压源 V_I。第 11 章的步骤可用于确

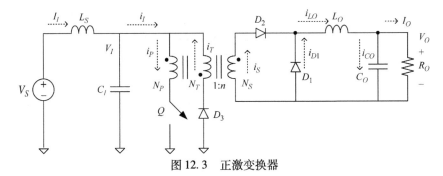

图 12.3 正激变换器

定输入电容器电流和电压纹波。

正激变换器的工作过程值得研究，以便更详细地说明变压器动作。在连续导通模式（CCM）下运行时，有三种工作模式。当开关 Q 在第一模式中闭合时，如图 12.4a 所示，磁化电流 i_m 在磁化电感 L_m 中累积，并且由二次电流引起的反射二次电流通过变压器动作流动。当开关闭合时，没有电流在第三绕组中流动，并且二极管 D_1 在该模式下不导通，因为它是反向偏置的。

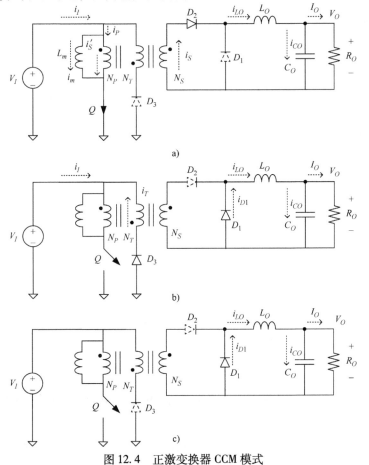

图 12.4 正激变换器 CCM 模式

在第二种模式中，如图 12.4b 所示，当开关 Q 断开，一次绕组不再传导电流。然而，存在于磁化电感中的能量通过耦合电感变压器动作迫使第三磁化电流 i_T 在第三绕组中流动，直到变压器退磁。由于反向偏置 D_2，没有二次电流，并且输出电流由 L_O 到 D_1 中存储的能量提供。

在第三种模式中，如图 12.4c 所示，任何变压器绕组中都没有电流。电感电流继续流过 D_1。

12.2.1 正激变换器中的 CCM 电流

CCM 降压变换器的占空比等于输出电压与输入电压之比，在第 11 章已讨论过。变压器的存在导致正激变换器的占空比是输出或二次电压/匝数与输入或一次电压/匝数之比，即

$$D = \frac{V_O/N_S}{V_I/N_P} = \frac{1}{n}\frac{V_O}{V_I} \tag{12.1}$$

式中，n 是变压器匝数比，$n = N_S/N_P$。

CCM 正激变换器的输出电感波形如图 12.5 所示。波形的分析方法与降压变换器类似，正如早期的变换器一样，电流峰值到峰值的变化可为变换器分析提供基础。为了简化分析，忽略了所有器件的寄生效应。

假设电感电流在稳态工作中线性变化，则电流从峰值到峰值的变化可以用 $\Delta I_{Lo(p-p)}$ 来描述。

在时间 DT_S 中，T_S 是周期，有

$$\Delta I_{Lo(p-p)} = \frac{1}{L_O}(nV_I - V_O)DT_S \tag{12.2}$$

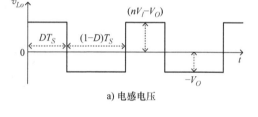

a) 电感电压

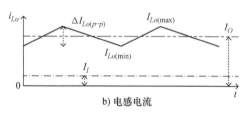

b) 电感电流

图 12.5 CCM 正激变换器的输出电感波形

在时间 $(1-D)T_S$ 期间内，有

$$\Delta I_{Lo(p-p)} = \frac{V_O(1-D)T_S}{L_O} \tag{12.3}$$

将当前 $\Delta I_{Lo(p-p)}$ 的两个表达式等价，可以得到

$$\Delta I_{Lo(p-p)} = \frac{1}{L_O}(nV_I - V_O)DT_S = \frac{V_O(1-D)T_S}{L_O} \tag{12.4}$$

再次求解这两个方程会产生式（12.1）中占空比和电压增益之间关系的表达式。

各个组件中的电流如图 12.6 所示，其确定方式如下。当开关导通时，二极管

D_2 导通，而 D_2 中的电流为二次电流 i_S。在整个循环中，电流从最小值 $I_{S(\min)}$ 变为最大值 $I_{S(\max)}$，并且这些值由下式给出

$$I_{Lo(\min)} = I_{S(\min)} = I_O - \frac{\Delta I_{Lo(p-p)}}{2} \qquad (12.5)$$

$$I_{Lo(\max)} = I_{S(\max)} = I_O + \frac{\Delta I_{Lo(p-p)}}{2} \qquad (12.6)$$

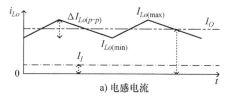
a) 电感电流

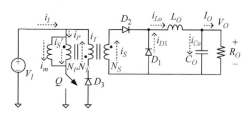

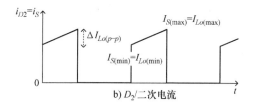
b) D_2/二次电流

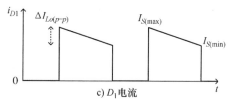
c) D_1 电流

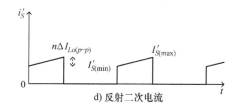
d) 反射二次电流

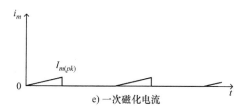
e) 一次磁化电流

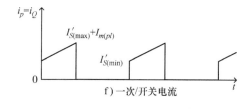
f) 一次/开关电流

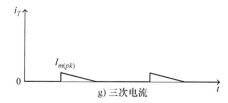
g) 三次电流

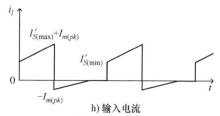
h) 输入电流

图 12.6 正激变换器 CCM 波形

使用变压器匝数比将二次电流反射到一次电流

$$i'_S = ni_S \tag{12.7}$$

因此,最小和最大反射二次电流 $I'_{S(\min)}$ 和 $I'_{S(\max)}$ 由下式给出

$$I'_{S(\min)} = nI_{S(\min)} \tag{12.8}$$

$$I'_{S(\max)} = nI_{S(\max)} \tag{12.9}$$

当开关闭合时,磁化电流增大,如图12.4a所示。开关导通 DT_S,电感两端的电压为 V_I。因此,磁化电感 v_{Lm} 两端的电压为

$$v_{Lm} = L_m \frac{di_m}{dt} \quad 或 \quad V_I = L_m \frac{I_{m(pk)}}{DT_S} = f_S L_m \frac{I_{m(pk)}}{D} \tag{12.10}$$

磁化电流从零增加到磁化电流的峰值 $I_{m(pk)}$,由下式给出

$$I_{m(pk)} = \frac{DV_I}{f_S L_m} \tag{12.11}$$

最小和最大一次电流和晶体管电流是磁化电流和反射二次电流之和,由下式给出

$$I_{p(\min)} = I'_{S(\min)} \tag{12.12}$$

$$I_{p(\max)} = I'_{S(\max)} + I_{m(pk)} \tag{12.13}$$

知道所有这些电流,可以确定变换器中所有元件的有效值和平均值(见附录Ⅰ)。图12.6b~图12.6h所示的所有波形都是周期性不连续斜坡波形。

例:中功率正激变换器的电流额定值

单开关正激变换器设计参数如下(典型的功率级实用值):输入电压为200V,输出电压为12V,输出功率为180W,开关频率为100kHz,磁化电感为2mH。

1)调整输出电感的大小,使其在满载时达到峰峰值电流纹波 $r_i = 10\%$。

2)确定各个元件电流。

假设一次绕组和第三绕组之间的单位匝数比和200V时的最大占空比为50%。忽略所有损耗、元件压降及泄漏的影响。

答案:

1)通过假设变换器在最小输入电压200V时以50%的最大占空比工作来确定二次侧与一次侧的匝数比。因此,从式(12.1)可得

$$n = \frac{V_O}{DV_I} = \frac{12}{0.5 \times 200} = 0.12$$

直流输出电流是输出功率除以输出电压

$$I_O = \frac{P_O}{V_O} = \frac{180}{12}\text{A} = 15\text{A}$$

峰峰值输出电感纹波电流是

$$\Delta I_{Lo(p-p)} = r_i I_O = 0.1 \times 15\text{A} = 1.5\text{A}$$

通过重新整理式(12.3)得到输出电感为

$$L_O = \frac{V_O(1-D)}{f_S \Delta I_{Lo(p-p)}} = \frac{12 \times (1-0.5)}{100 \times 10^3 \times 1.5}\text{H} = 40\mu\text{H}$$

2) 最小和最大二次电流由下式给出

$$I_{S(\min)} = I_{Lo(\min)} = I_O - \frac{\Delta I_{Lo(p-p)}}{2} = 15\text{A} - \frac{1.5}{2}\text{A} = 14.25\text{A}$$

$$I_{S(\max)} = I_{Lo(\max)} = I_O + \frac{\Delta I_{Lo(p-p)}}{2} = 15\text{A} + \frac{1.5}{2}\text{A} = 15.75\text{A}$$

电感中的有效电流可以使用式（11.15）确定如下

$$I_{Lo(rms)} = \sqrt{I_O^2 + \frac{\Delta I_{Lo(p-p)}^2}{12}} = \sqrt{15^2 + \frac{1.5^2}{12}}\text{A} = 15.01\text{A}$$

二极管 D_2 中的有效电流和平均电流为

$$I_{D2(rms)} = I_{s(rms)} = \sqrt{\frac{D}{3}(I_{S(\min)}^2 + I_{S(\min)}I_{S(\max)} + I_{S(\max)}^2)}$$

$$= \sqrt{\frac{0.5}{3}(14.25^2 + 14.25 \times 15.75 + 15.75^2)}\text{A} = 10.61\text{A}$$

$$I_{D2(dc)} = D\left(\frac{I_{S(\min)} + I_{S(\max)}}{2}\right) = 0.5\left(\frac{14.25 + 15.75}{2}\right)\text{A} = 7.5\text{A}$$

二极管 D_1 中的有效电流和平均电流为

$$I_{D1(rms)} = \sqrt{\frac{(1-D)}{3}(I_{S(\min)}^2 + I_{S(\min)}I_{S(\max)} + I_{S(\max)}^2)}$$

$$= \sqrt{\frac{(1-0.5)}{3}(14.25^2 + 14.25 \times 15.75 + 15.75^2)}\text{A} = 10.61\text{A}$$

$$I_{D1(dc)} = (1-D) \times \left(\frac{I_{S(\min)} + I_{S(\max)}}{2}\right) = (1-0.5) \times \left(\frac{14.25 + 15.75}{2}\right)\text{A} = 7.5\text{A}$$

磁化电流的峰值由式（12.11）给出：

$$I_{m(pk)} = \frac{DV_I}{f_S L_m} = \frac{0.5 \times 200}{100 \times 10^3 \times 2 \times 10^{-3}}\text{A} = 0.50\text{A}$$

因此，反射的二次晶体管电流是

$$I'_{S(\min)} = nI_{S(\min)} = 0.12 \times 14.25\text{A} = 1.71\text{A}$$

$$I'_{S(\max)} = nI_{S(\max)} = 0.12 \times 15.75\text{A} = 1.89\text{A}$$

一次电流和晶体管电流是反射的二次电流和磁化电流的总和

$$I_{p(\min)} = I'_{S(\min)} = 1.71\text{A}$$

$$I_{p(\max)} = I'_{S(\max)} + I_{m(pk)} = 1.89\text{A} + 0.5\text{A} = 2.39\text{A}$$

开关 Q 中的有效电流和平均电流为

$$I_{Q(rms)} = I_{p(rms)} = \sqrt{\frac{D}{3}(I_{p(\min)}^2 + I_{p(\min)}I_{p(\max)} + I_{p(\max)}^2)}$$

$$= \sqrt{\frac{0.5}{3}(1.71^2 + 1.71 \times 2.39 + 2.39^2)}\text{A} = 1.456\text{A}$$

$$I_{Q(dc)} = D \times \left(\frac{I_{p(\min)} + I_{p(\max)}}{2}\right) = 0.5 \times \left(\frac{1.71 + 2.39}{2}\right)\text{A} = 1.025\text{A}$$

最后，第三绕组中的有效电流和平均电流为

$$I_{T(rms)} = \sqrt{\frac{D}{3}}I_{m(pk)} = \sqrt{\frac{0.5}{3}} \times 0.5\text{A} = 0.204\text{A}$$

$$T_{T(dc)} = D \times \left(\frac{0 + I_{m(pk)}}{2}\right) = 0.5 \times \left(\frac{0 + 0.5}{2}\right)\text{A} = 0.125\text{A}$$

假设一次绕组和第三绕组之间的匝数比为 1，导致第三绕组在开关闭合时磁化电流累积，并在相同时间间隔 DT_S 内消磁。

12.2.2 正激变换器中的 CCM 电压

单开关正激变换器的重要限制因素是各种半导体元件上的相对高的电压。各部件的电压如图 12.7 所示。如图 12.7(i) - (iii)所示，重复图 12.4 的电路。

如图 12.7a 所示，输出电感 v_L 两端的电压是反射输入电压和输出电压之间的差值。

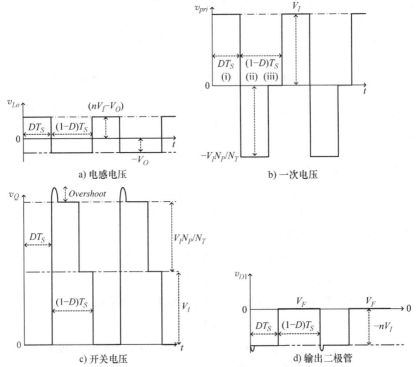

图 12.7 正激变换器电压波形

如图12.7b所示，当开关闭合时，变压器一次绕组两端的电压 v_{pri} 等于输入电压，如图12.4a所示。开关两端的电压如图12.7c所示。当开关导通电流时，电压非常低；但当开关停止导通时，电压增加到 $V_{Q(\max)}$，并且第三绕组导通。如图12.4b所示，一次绕组电压是第三绕组导通电流和去磁时反射的三次电压。这些工作模式导致变压器绕组和半导体上的电压显著下降。因此，当开关关闭时，有三个电压在开关上叠加，即输入电压本身 V_I、反射的三次电压 $\frac{N_P}{N_T}V_1$ 以及由于电路和变压器的漏电感引起的开关 $V_{Q(OS)}$ 中的附加过冲。

开关 $V_{Q(\max)}$ 上的最大电压为

$$V_{Q(\max)} = V_I\left(1 + \frac{N_P}{N_T}\right) + V_{Q(OS)} \tag{12.14}$$

必须降低半导体器件的额定值以便安全地运行器件。合理的降额是使器件工作在额定电压的80%下。因此，开关的额定电压 $V_{Q(rated)}$ 可以由下式确定

$$V_{Q(\max)} = 80\% V_{Q(rated)} \text{ 或 } V_{Q(rated)} = 1.25 V_{Q(\max)} \tag{12.15}$$

其他半导体器件也经受相对高的电压。输出二极管 D_1 两端的电压如图12.7d所示。二极管上的最大电压 $V_{D1(\max)}$ 为

$$V_{D1(\max)} = nV_I + V_{D1(OS)} \tag{12.16}$$

式中，$V_{D1(OS)}$ 是 D_1 上的过冲电压。

例：中功率正激变换器中的电压额定值

前一个例子中的正激变换器的输入电压范围为200~400V。

在前面的示例中，假设开关上的过冲电压为100V，正激变换器上的二次二极管过冲电压为10V。

计算设备上的最大电压。

这些半导体器件的合理额定电压是多少？

答案：

开关两端的最大电压出现在最大输入电压400V时

$$V_{Q(\max)} = V_I\left(1 + \frac{N_P}{N_T}\right) + V_{Q(OS)} = 400\text{V}\left(1 + \frac{1}{1}\right) + 100\text{V} = 900\text{V}$$

假定一次绕组-第三绕组匝数比为1。

该装置的最小额定电压为

$$V_{Q(rated)} \geqslant 1.25 V_{Q(\max)} = 1.25 \times 900\text{V} = 1125\text{V}$$

因此，当四舍五入到最接近的100V时，额定电压为1200V，适用于降额时的开关。

二次二极管经受的最大电压为

$$V_{D1(\max)} = nV_I + V_{D1(OS)} = 0.12 \times 400\text{V} + 10\text{V} = 58\text{V}$$

二极管的最小额定电压为

$$V_{D(rated)} \geq 1.25 V_{D(max)} = 1.25 \times 58V = 72.5V$$

因此，当四舍五入到最接近的 10V 时，额定电压为 80V，适用于降额时的开关。

12.2.3 变压器选型

如第 16 章第 16.5.3 节所述，由供电变压器的占空比控制电源供电的变压器的面积乘积（AP）是

$$AP = \frac{DV_I\left(I_{p(rms)} + \frac{N_T}{N_P}I_{T(rms)} + \frac{N_S}{N_P}I_{S(rms)}\right)}{2f_S B_{max} k_{cu} J_{cu}} \tag{12.17}$$

式中，B_{max} 是最大磁通密度；k_{cu} 是铜填充系数；J_{cu} 是电流密度。

例：正激变换变压器的 AP

变压器具有以下参数：铜填充系数 $k_{cu} = 0.5$，电流密度 $J_{cu} = 6A/mm^2$，最大磁心磁通密度 $B_{max} = 20mT$。最大磁心磁通密度明显低于第 11 章示例中使用的值，因为高频变压器的磁心损耗可能会受到限制。

计算上一个示例中的变压器的 AP。

答案：

AP 由下式给定

$$AP = \frac{DV_I\left(I_{p(rms)} + \frac{N_T}{N_P}I_{T(rms)} + \frac{N_S}{N_P}I_{S(rms)}\right)}{2f_S B_{max} k_{cu} J_{cu}} \tag{12.18}$$

$$= \frac{0.5 \times 200 \times (1.456 + 1 \times 0.204 + 0.12 \times 10.61)}{2 \times 100 \times 10^3 \times 20 \times 10^{-3} \times 0.5 \times 6 \times 10^6} m^4 = 2.444 cm^4$$

12.3 全桥变换器

隔离式全桥变换器是中到高功率的首选拓扑结构，通常是车辆采用最多的拓扑结构形式，可以为高压电池充电并且为低压辅助负载提供动力。全桥变换器的相对电压和电流强度低于正激变换器的相对电压和电流强度，但代价是需要额外的器件且更具复杂性。其优点是在相同的额定电流下，全桥的功率是原来的两倍，开关电压是原来的一半，纹波频率是原来的两倍；缺点是全桥具有更多的半导体，并且需要隔离的栅极驱动器，具有击穿的危险。

基本电路拓扑结构如图 12.8 所示。全桥具有四个半导体开关，每个开关都配有一个反向二极管。全桥具有两个极（A 和 B）、上（U）开关和下（L）开关以及二极管。全桥切换使得交流变压器的一次侧出现交流方波电压。对于低压应用，变压器有两个二次绕组，中心抽头连接到输出端，如图 12.8a 所示。这保证了输出电

流一次仅通过一个二极管传导,从而提高了效率。对于高压输出应用,二极管压降对效率的相对影响并不显著,并且具有单个二次的标准变压器,可以连接到全桥二极管整流器,如图12.8b所示。中心抽头整流器通常采用低导通压降肖特基二极管,适用于输出12V的辅助电源变换器,而全桥整流器适用于输出功率为数百伏的高压电池充电器。注意,同步整流器经常用于低压输出。同步整流器使用诸如MOSFET的受控开关来代替输出二极管。与硅或肖特基二极管相比,低压MOSFET的导通压降要低得多。

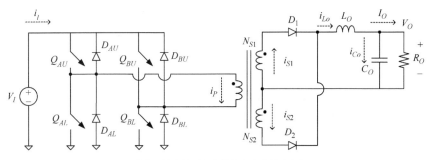

a) 带中心抽头变压器和整流器的全桥变换器

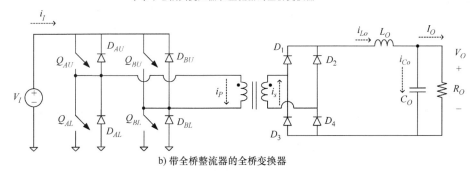

b) 带全桥整流器的全桥变换器

图12.8 基本电路拓扑结构

对于这两种类型的变换器,电感器电流由输出电容器滤波,以便从变换器输出直流波形。负载通常由电阻表示,但可以是电池组或车辆上的各种辅助负载。

根据应用条件,可以使用许多全桥控制方案。在本章中,我们考虑了基本的硬开关全桥。相移全桥是常用的,但更复杂。

12.3.1 硬开关全桥变换器的运行模式

有四种主要的运行模式,在图12.9、图12.10和图12.11中标记为Ⅰ~Ⅳ。根据图12.9所示的模式打开和关闭开关。A极上下开关Q_{AU}和Q_{AL}交替接通和断开,两者的占空比均为50%。通过控制B极上下开关Q_{BU}和Q_{BL}的占空比以调节输出电压。

模式Ⅰ和Ⅱ发生在切换周期的前半部分。在模式Ⅰ中,门控信号被发送到开关Q_{AU}和Q_{BL},如图12.9a和图12.9c所示。这导致变压器一次绕组通过正电压,如

图 12.9e 所示。当 Q_{BL} 在模式 Ⅱ 中关闭时，二极管 D_{BU} 变为正向偏置并保持一次磁化电流。值得注意的是，如图 12.9f 所示，当在一次电压上施加净电压时，变压器中的磁化电流上下波动；但当没有施加电压时，磁化电流保持恒定——正如法拉第定律所预期的那样。模式 Ⅲ 和 Ⅳ 发生在切换周期的后半部分。在模式 Ⅲ 中，门控信号被发送到开关 Q_{AL} 和 Q_{BU}，如图 12.9b 和图 12.9d 所示。这导致变压器一次绕组通过负电压。当 Q_{BU} 在模式 Ⅳ 中关闭时，二极管 D_{BL} 变为正向偏置并保持初级电流。各种模式下的开关和二极管状态见表 12.1。

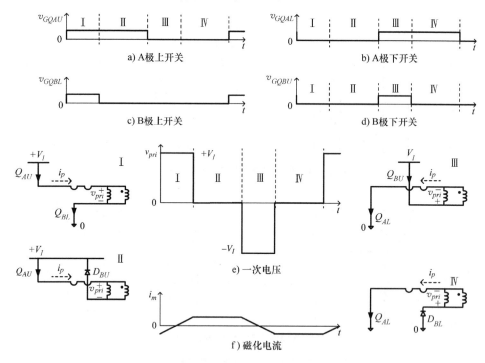

图 12.9 栅极电压、开关配置、一次电压和磁化电流波形

表 12.1 开关和二极管状态

模式	A 极	B 极
Ⅰ	Q_{AU}	Q_{BL}
Ⅱ		D_{BU}
Ⅲ	Q_{AL}	Q_{BU}
Ⅳ		D_{BL}

完整的电流波形如图 12.10 所示。

在模式 Ⅰ 和 Ⅲ 期间，输出电感在一次绕组产生一个反射的正电压，导致输出电感中的电流积聚，如图 12.10a 所示。

第 12 章 隔离型 DC–DC 变换器

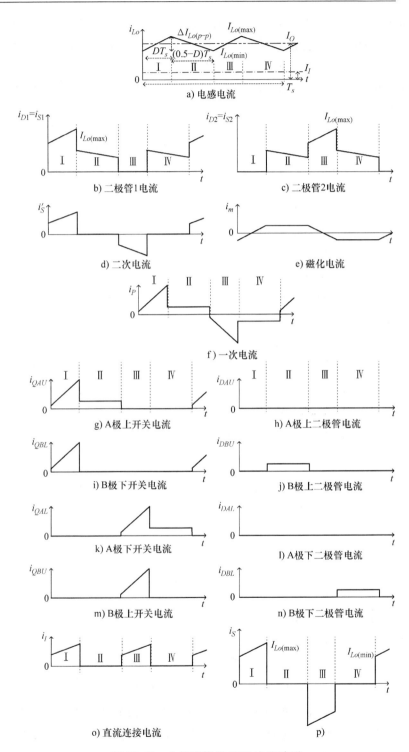

图 12.10 全桥变换器 CCM 电流波形

在模式Ⅰ中，在中心抽头变换器的情况下，次级绕组 S_1 两端的正电压正向偏置输出二极管 D_1。在全桥整流器的情况下，输出二极管 D_1 和 D_4 都是正向偏置和导通的。有关模式Ⅰ电路，如图12.11a所示。

在模式Ⅱ中，当 Q_{AU} 保持接通时，门控信号从 Q_{BL} 中移除。有关模式Ⅱ电路，如图12.11b所示。流过 Q_{BL} 的电流现在流过 D_{BU}，变压器一次绕组的净电压为零。由于一次绕组上没有净电压，磁化电流保持不变。因为在门控关闭时有电流流过开关，开关 Q_{BL} 经历硬关断。二次绕组上的动作非常有意义。对于这两种类型的变换器，电感电流保持流动并向前偏置两组输出二极管，使得每个绕组中流过相等的电流，并且变压器二次绕组或一次绕组没有净电压。由于电流流向负载，电感器的存储能量减小，电感电流减小。电感器反电动势相应为负。

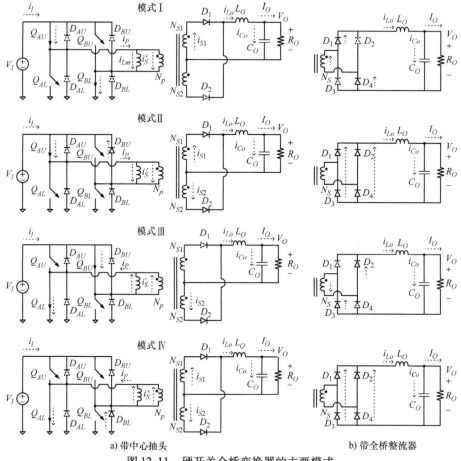

a) 带中心抽头　　　　b) 带全桥整流器

图12.11　硬开关全桥变换器的主要模式

模式Ⅲ类似于模式Ⅰ，但其他两个开关被激活，以便变压器去磁，并且为中心抽头变换器正向偏置输出二极管 D_2，为全桥正向偏置输出二极管 D_2 和 D_3。Q_{BU} 的转换经历了一个硬关断。

模式Ⅳ类似于模式Ⅱ，区别在于变压器一次绕组连接到输入的返回。所有输出二极管再次导通。

12.3.2 全桥变换器中的 CCM 电流

请注意本章附录Ⅰ中介绍的不连续斜坡和阶跃波形的有效和平均公式。

占空比可以基于电感电流导出。假设电感电流在稳态运行中线性变化，则电流从峰值到峰值的变化可以用 $\Delta I_{Lo(p-p)}$ 来描述。值得注意的是，开关周期涵盖了四种模式的持续时间，如图 12.10a 所示。

电流在 DT_S 期间的增加量为

$$\Delta I_{Lo(p-p)} = \frac{1}{L_O}(nV_I - V_O)DT_S \tag{12.19}$$

在 $(0.5 - D)T_S$ 期间的减小量为

$$\Delta I_{Lo(p-p)} = \frac{V_O(0.5 - D)T_S}{L_O} \tag{12.20}$$

令当前 $\Delta I_{Lo(p-p)}$ 的两个表达式相等

$$\Delta I_{Lo(p-p)} = \frac{1}{L_O}(nV_I - V_O)DT_S = \frac{V_O(0.5 - D)T_S}{L_O} \tag{12.21}$$

求解这两个方程，得出占空比与电压增益之间的关系为

$$D = \frac{1}{2n}\frac{V_O}{V_I} \tag{12.22}$$

式中，n 是变压器的匝数比，若为中心抽头变压器，$n = N_{S1}/N_P = N_{S2}/N_P$；若为全桥整流器，$n = N_S/N_P$。

全桥变换器的电流波形如图 12.10 所示。波形可以用类似于正激变换器的方式进行分析。类似于早期的变换器，电流峰峰值的变化可为变换器分析提供基础。如式（12.21）所述，电感电流峰峰值的变化是容易确定的。

电感电流在半个周期内从最小值变为最大值，这些值由下式给出

$$I_{Lo(min)} = I_O - \frac{\Delta I_{Lo(p-p)}}{2} \tag{12.23}$$

$$I_{Lo(max)} = I_O + \frac{\Delta I_{Lo(p-p)}}{2} \tag{12.24}$$

电感中的有效电流是

$$I_{Lo(rms)} = \sqrt{I_O^2 + \frac{\Delta I_{Lo(p-p)}^2}{12}} \tag{12.25}$$

最小和最大二次电流由下式给出

$$I_{S(min)} = I_{Lo(min)} \tag{12.26}$$

$$I_{S(max)} = I_{Lo(max)} \tag{12.27}$$

令 D_O 代表整流器类型的输出二极管。

输出二极管电流在该周期内具有三个导电段，模式 Ⅰ、Ⅱ 和 Ⅳ 或模式 Ⅱ、Ⅲ 和 Ⅳ。给出二极管电流 $I_{Do(rms)}$ 的相关有效值如下

$$I_{Do(rms)} = \sqrt{\frac{D}{3}(I_{S(\min)}^2 + I_{S(\min)}I_{S(\max)} + I_{S(\max)}^2) + 2 \times \frac{(0.5-D)}{3}\left[\left(\frac{I_{S(\min)}}{2}\right)^2 + \frac{I_{S(\min)}}{2} \times \frac{I_{S(\max)}}{2} + \left(\frac{I_{S(\max)}}{2}\right)^2\right]} \quad (12.28)$$

上式可简化为

$$I_{Do(rms)} = \sqrt{\left(\frac{1+2D}{12}\right)(I_{S(\min)}^2 + I_{S(\min)}I_{S(\max)} + I_{S(\max)}^2)} \quad (12.29)$$

二极管电流 $I_{Do(dc)}$ 的平均值为

$$I_{Do(dc)} = D\left(\frac{I_{S(\min)} + I_{S(\max)}}{2}\right) + (1-2D)\left(\frac{I_{S(\min)} + I_{S(\max)}}{4}\right) = \frac{I_{S(\min)} + I_{S(\max)}}{4} \quad (12.30)$$

这是一个有意义的表达式，说明每个二极管的平均电流等于平均电感电流的一半。

注意，在中心抽头变换器中，一个绕组中的二次有效电流与输出二极管电流相同，即

$$I_{S(rms)} = I_{Do(rms)} \quad (12.31)$$

然而，在全桥整流器中，二次电流仅在模式 Ⅰ 和 Ⅲ 期间流动，如图 12.10p 所示的波形。

因此，对于全桥整流器

$$I_{S(rms)} = \sqrt{\frac{2D}{3}(I_{S(\min)}^2 + I_{S(\min)}I_{S(\max)} + I_{S(\max)}^2)} \quad (12.32)$$

最小和最大反射二次电流由下式给出

$$I_{S(\min)}' = nI_{S(\min)} \quad (12.33)$$

$$I_{S(\max)}' = nI_{S(\max)} \quad (12.34)$$

磁化电流的峰值是峰峰值的一半，并由下式给出

$$I_{m(pk)} = \frac{DV_I}{2f_s L_m} \quad (12.35)$$

因此，最小和最大一次电流由下式给出

$$I_{p(\min)} = I_{S(\min)}' - I_{m(pk)} \quad (12.36)$$

$$I_{p(\max)} = I_{S(\max)}' + I_{m(pk)} \quad (12.37)$$

一次电流波形有效地考虑了 Ⅰ~Ⅳ 四种传导模式

$$I_{p(rms)} = \sqrt{2 \times \frac{D}{3}(I_{p(\min)}^2 + I_{p(\min)}I_{p(\max)} + I_{p(\max)}^2) + (1-2D)I_{m(pk)}^2}$$

$$(12.38)$$

A极开关中的有效电流由导通模式Ⅰ和Ⅱ引起

$$I_{QAU(rms)} = I_{QAL(rms)} = \sqrt{\frac{D}{3}(I_{p(\min)}^2 + I_{p(\min)}I_{p(\max)} + I_{p(\max)}^2) + (0.5-D)I_{m(pk)}^2}$$

(12.39)

B极开关中的有效电流仅由导通模式Ⅰ引起

$$I_{QBU(rms)} = I_{QBL(rms)} = \sqrt{\frac{D}{3}(I_{p(\min)}^2 + I_{p(\min)}I_{p(\max)} + I_{p(\max)}^2)}$$ (12.40)

A极开关的平均电流为

$$I_{QAU(dc)} = I_{QAL(dc)} = D\left(\frac{I_{p(\min)} + I_{p(\max)}}{2}\right) + (0.5-D)I_{m(pk)}$$ (12.41)

B极开关的平均电流为

$$I_{QBU(dc)} = I_{QBL(dc)} = D\left(\frac{I_{p(\min)} + I_{p(\max)}}{2}\right)$$ (12.42)

B极二极管中的有效电流是由传导模式Ⅱ或Ⅳ引起的

$$I_{DBU(rms)} = I_{DBL(rms)} = \sqrt{(0.5-D)}I_{m(pk)}$$ (12.43)

B极二极管中的平均电流为

$$I_{DBU(dc)} = I_{DBL(dc)} = (0.5-D)I_{m(pk)}$$ (12.44)

对于这种CCM模式，A极二极管中的有效电流和平均电流均为零。

例：中功率全桥变换器中的电流额定值

具有高压全桥整流器的全桥变换器按以下规格设计：输入电压380V，输出电压400V，输出功率6kW，开关频率100kHz，磁化电感0.5mH。

1）定义输出电感器参数，以确保满载时电流峰峰值纹波 $r_i = 10\%$。

2）确定各种器件电流。

3）用以下参数确定变压器的 AP：铜填充系数 $k_{cu} = 0.5$，电流密度 $J_{cu} = 6A/mm^2$，最大磁心磁通密度 $B_{\max} = 20mT$。

假设400V输出时的最大占空比为0.45。

忽略所有的损耗、器件压降以及泄漏影响。

答案：

1）匝数比为

$$n = \frac{V_O}{2DV_I} = \frac{400}{2 \times 0.45 \times 380} = 1.17$$

直流输出电流是输出功率除以输出电压

$$I_O = \frac{P_O}{V_O} = \frac{6000}{400}A = 15A$$

输出电感峰峰值纹波电流为

$$\Delta I_{LO(p-p)} = r_i I_O = 0.1 \times 15A = 1.5A$$

输出电感通过重新排列式（12.21）给出

$$L_O = \frac{V_O(0.5-D)}{f_S \Delta I_{LO(p-p)}} = \frac{400 \times (0.5-0.45)}{100 \times 10^3 \times 1.5} \mu H = 133.3 \mu H$$

2)电感电流为

$$I_{Lo(\min)} = I_O - \frac{\Delta I_{LO(p-p)}}{2} = 15A - \frac{1.5}{2}A = 14.25A$$

$$I_{Lo(\max)} = I_O + \frac{\Delta I_{LO(p-p)}}{2} = 15A + \frac{1.5}{2}A = 15.75A$$

$$I_{Lo(rms)} = \sqrt{I_O^2 + \frac{\Delta I_{LO(p-p)}^2}{12}} = \sqrt{15^2 + \frac{1.5^2}{12}}A = 15.01A$$

最小和最大二次电流由下式给出

$$I_{S(\min)} = I_{Lo(\min)} = 14.25A$$

$$I_{S(\max)} = I_{Lo(\max)} = 15.75A$$

对于全桥整流器,二次电流由下式给出

$$I_{S(rms)} = \sqrt{\frac{2D}{3}(I_{S(\min)}^2 + I_{S(\min)}I_{S(\max)} + I_{S(\max)}^2)}$$

$$= \sqrt{\left(\frac{2 \times 0.45}{3}\right)(14.25^2 + 14.25 \times 15.75 + 15.75^2)}A = 14.24A$$

输出二极管电流为

$$I_{Do(rms)} = \sqrt{\left(\frac{1+2D}{12}\right)(I_{S(\min)}^2 + I_{S(\min)}I_{S(\max)} + I_{S(\max)}^2)}$$

$$= \sqrt{\left(\frac{1+2 \times 0.45}{12}\right)(14.25^2 + 14.25 \times 15.75 + 15.75^2)}A = 10.34A$$

$$I_{Do(dc)} = \frac{I_{S(\min)} + I_{S(\max)}}{4} = \frac{14.25 + 15.75}{4}A = 7.5A$$

最小和最大反射二次电流由下式给出

$$I_{S(\min)}' = nI_{S(\min)} = 1.17 \times 14.25A = 16.67A$$

$$I_{S(\max)}' = nI_{S(\max)} = 1.17 \times 15.75A = 18.43A$$

磁化电流幅值的峰值是

$$I_{m(pk)} = \frac{DV_I}{2f_S L_m} = \frac{0.45 \times 380}{2 \times 100 \times 10^3 \times 500 \times 10^{-6}}A = 1.71A$$

因此,最小和最大一次电流由下式给出

$$I_{p(\min)} = I_{S(\min)}' - I_{m(pk)} = 16.67A - 1.71A = 14.96A$$

$$I_{p(\max)} = I_{S(\max)}' + I_{m(pk)} = 18.43A + 1.71A = 20.14A$$

一次电流的有效为

$$I_{p(rms)} = \sqrt{2 \times \frac{D}{3}(I_{p(\min)}^2 + I_{p(\min)}I_{p(\max)} + I_{p(\max)}^2) + (1-2D)I_{m(pk)}^2}$$

$$= \sqrt{2 \times \frac{0.45}{3}(14.96^2 + 14.96 \times 20.14 + 20.14^2) + (1-2 \times 0.45) \times 1.71^2} \text{A} = 16.72\text{A}$$

A 极开关中的电流是

$$I_{QAU(rms)} = I_{QAL(rms)} = \sqrt{\frac{D}{3}(I_{p(\min)}^2 + I_{p(\min)}I_{p(\max)} + I_{p(\max)}^2) + (0.5-D)I_{m(pk)}^2}$$

$$= \sqrt{\frac{0.45}{3}(14.96^2 + 14.96 \times 20.14 + 20.14^2) + (0.5-0.45) \times 1.71^2} \text{A} = 11.82\text{A}$$

$$I_{QAU(dc)} = I_{QAL(dc)} = D\left(\frac{I_{p(\min)} + I_{p(\max)}}{2}\right) + (0.5-D)I_{m(pk)}$$

$$= 0.45 \times \left(\frac{14.96 + 20.14}{2}\right)\text{A} + (0.5-0.45) \times 1.71\text{A} = 7.98\text{A}$$

B 极开关中的电流是

$$I_{QBU(rms)} = I_{QBL(rms)} = \sqrt{\frac{D}{3}(I_{p(\min)}^2 + I_{p(\min)}I_{p(\max)} + I_{p(\max)}^2)}$$

$$= \sqrt{\frac{0.45}{3}(14.96^2 + 14.96 \times 20.14 + 20.14^2)} \text{A} = 11.82\text{A}$$

$$I_{QBU(dc)} = I_{QBL(dc)} = D\left(\frac{I_{p(\min)} + I_{p(\max)}}{2}\right)$$

$$= 0.45 \times \left(\frac{14.96 + 20.14}{2}\right)\text{A} = 7.90\text{A}$$

B 极二极管中的电流是

$$I_{DBU(rms)} = I_{DBL(rms)} = \sqrt{(0.5-D)}I_{m(pk)} = \sqrt{(0.5-0.45)} \times 1.71\text{A} = 0.38\text{A}$$

$$I_{DBU(dc)} = I_{DBL(dc)} = (0.5-D)I_{m(pk)} = (0.5-0.45) \times 1.71\text{A} = 0.09\text{A}$$

我们可以通过以下内容来校核这个计算：平均输入电流应该等于 A 极和 B 极开关中的平均电流之和减去 B 极二极管平均电流。输入电流由下式给出

$$I_I = \frac{P_O}{V_I} = \frac{6000}{380}\text{A} = 15.79\text{A}$$

或者，

$$I_I = I_{QAU(dc)} + I_{QBU(dc)} - I_{DBU(dc)} = 7.98\text{A} + 7.90\text{A} - 0.09\text{A} = 15.79\text{A}$$

这就证实了结果。

3) 变压器 AP 由下式给出

$$AP = \frac{DV(I_{p(rms)} + nI_{S(rms)})}{2fB_{\max}k_{cu}J_{cu}} = \frac{0.45 \times 380(16.72 + 1.17 \times 14.24)}{2 \times 100 \times 10^3 \times 20 \times 10^{-3} \times 0.5 \times 6 \times 10^6}\text{m}^4 = 47.55\text{cm}^4$$

用于全桥整流变换器。

12.3.3 全桥变换器中的 CCM 电压

正激单开关的重要约束因素是半导体器件上相对较高的电压。全桥变换器中的一次侧开关和二极管仅限于输入电压加上任何过冲。

在等式中，开关 $V_{Q(\max)}$ 上的最大电压为

$$V_{Q(\max)} = V_I + V_{Q(OS)}$$

式中，$V_{Q(OS)}$ 是过冲。

同样，必须降低半导体器件的额定值以便安全地运行元件。运行元件合理的降额是以达到额定电压的 80% 运行器件。

输出二极管两端的电压应考虑反射的一次电压。二次二极管 $V_{D(\max)}$ 上的最大电压为

$$V_{D(\max)} = nV_I + V_{D(OS)}$$

式中，$V_{D(OS)}$ 是二极管过冲。

例：全桥变换器中的电压额定值

前一个示例，全桥变换器的输入电压为 380V。

1）确定设备的最大电压。假设开关上的过冲为 100V，次级二极管上的过冲为 100V。

2）这些半导体元件的合理额定电压是多少？

答案：

1）开关两端的最大电压为

$$V_{Q(\max)} = V_I + V_{Q(OS)} = 380V + 100V = 480V$$

二次二极管的最大电压为

$$V_{D(\max)} = nV_I + V_{D(OS)} = 1.17 \times 380V + 100V = 545V$$

2）开关上的最小额定电压是

$$V_{Q(rated)} \geq 1.25 V_{Q(\max)} = 1.25 \times 480V = 600V$$

额定电压为 600V 适用于主要设备。

二极管的最小额定电压是

$$V_{D(rated)} \geq 1.25 V_{D(\max)} = 1.25 \times 545V = 681V$$

因此，当降额时，四舍五入到最接近的 100V，额定电压为 700V，适合于二极管。

12.4 谐振电力变换器

谐振和软开关电力变换器通常用于电力变换。在电力变换器中使用软开关，可以使半导体的开关损耗显著降低，但其代价是电路复杂性和传导损耗的增加。谐振变换器为一类开关型电力变换器，它通过使用诸如电感器和电容器的无源器件来实

现软开关,以在电源电路内产生准正弦电流和电压。到目前为止,我们已经在本章研究的正激变换器和全桥变换器中了解到这一点,与硬开关准线性波形相比,准正弦波形通常具有较低的高频成分,谐波减少。

谐振电力变换器在电感和无线充电的发展中发挥了重要作用。谐振变换器的特殊适用性有许多基本原因:

1)变压器本质上是松散耦合的,因为一次绕组和二次绕组之间可能发生明显的位移,导致非常高的漏电感和非常低的磁化电感。另外,由于车辆上的二次绕组和车外一次绕组的对准,这些电感在运行期间可能表现出显著的变化。长电缆会产生额外的漏电感。

2)电源电路的运行应该具有尽可能高的频率,以便最小化无源元件的尺寸和质量,尤其是松耦合变压器。

3)电路波形应尽可能为正弦波,以尽量减少可能导致显著发热和过度 EMI 的高频效应。EMI 可能是一个特别难以解决的问题,并且在选择用于无线充电的电路拓扑时是一个重要的考虑因素。

硬开关变换器需要低泄漏变压器才能运行。具有串联谐振 LC 电路的谐振变换器可以处理高泄漏和低磁化电感。电容器可以与低磁化电感并联以抵消低电感的影响并且为变换器提供谐振增压。并联电容器增加了谐振电流,这有利于在整个工作区域内实现软开关。当谐振电流增加时,高增益变压器和电容器升压有助于减少电缆和一次电流以及相关的铜损耗。

12.4.1 LCLC 串联 – 并联谐振变换器

LCLC 串联 – 并联谐振变换器是 20 世纪 90 年代开发的感应充电系统的首选技术(另见第 14 章),简化的电路图如图 12.12 所示。

全桥变换器是早期硬开关拓扑的变型。谐振全桥变换器具有额外的分离电容器 C_{AU}、C_{AL}、C_{BU} 和 C_{BL},它们被添加到开关之间并且是实现开关的零电压断开所必需的。

串联谐振槽组件是 L_{os} 和 C_s,这些组件在图 12.12 中显示为两个系列集。为简单起见,假设电缆电感是串联谐振储能电感的组成部分(如图所示拆分串联回路,每个输出极提供相同的阻抗,有助于降低共模 EMI。)

变压器具有明确的一次和二次漏电感 L_{lp} 和 L_{ls},磁化电感 L_m 和变压器匝数比 n。

离散电容器 C_p 放置在变压器二次侧,以与变压器的磁化电感产生谐振。

输出整流器也是带有二极管 $D_1 \sim D_4$ 的全桥,输出使用电容滤波器进行滤波。

12.4.2 用于感应充电的理想变换器特性

以下列出了通用的感应充电变换器的理想特性:

1)统一变压器匝数比。对于单相输入,交流实用电压值为 230V。对升压调节

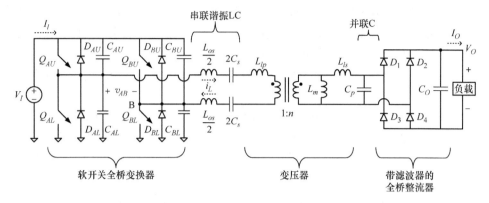

图 12.12 感应充电谐振拓扑

的 PFC 级,直流回路电压通常在 380~400V 的范围内。所需的电池充电电压通常在 200~450V 的范围内。因此,理想中的变压器匝数比为 1,以使一次和二次侧电压和电流应力最小化。

2)降压/升压电压增益和电流源能力。根据第 1 条特性,当变压比为 1 时,需要降压/升压运行,以便在整个输入和输出电压范围内进行调节。变换器的一个理想特性是它应该作为受控电流源工作。

3)电容输出滤波器。车辆充电口应具有电容性而非电感性输出滤波器,以降低车载成本和重量,并且还能确保变换器对工作频率和功率级不敏感。

4)在宽负载范围内的单调电力传输曲线。对于电池电压范围,需要宽负载运行。输出电力应与负载范围内的控制变量具有单调关系。

5)节流能力直至空载。所有的电池技术都需要宽的充电电流范围,从额定功率充电到电池均衡的连续补充充电,特别是在高电压下。

6)高频运行。高频运行需要减小车辆充电口重量和成本以及无源器件的一般尺寸。

7)变频控制的最小频率满载运行。在负载范围内的变压器最佳运行表明全负载运行发生在低频时。

8)窄频范围。由于两个主要原因,充电器应在尽可能窄的频率范围内工作。首先,针对给定范围优化无源组件;其次,避免对 AM 无线电频带的运行,必须更严格地控制该区域中的电磁辐射。

9)软开关。需要软转换的变换器以最小化半导体开关高频运行的损耗。具有慢速积分二极管的功率 MOSFET 的零电压开关可以带来高效率和成本优势。类似地,输出整流器的软恢复导致功率损耗降低和 EMI 降低。

10)高效率。动力传递必须是高效的,以使热损失最小化,并使电动汽车充电和驾驶循环的整体燃料经济性最大化。

11)二次 dv/dt 控制。电缆和二次绕组上的相对较慢的 dv/dt 导致电缆和二次绕组中的高频谐波减少和寄生振铃减少,从而最大限度地减少电磁辐射。

12) CCM 准正弦电流波形。负载范围内的准正弦电流波形可降低高频谐波,减少电缆和二次绕组中的寄生振铃,从而最大限度地减少电磁辐射。

12.4.2.1 基本变换器运行

全桥作为方波电压发生器 v_{AB} 运行,如图 12.13a 所示。准正弦电流 i_{ser} 从全桥流入串联器件。电流的一般形式如图 12.13a 所示。

对于开关和二极管,各种全桥器件的导通分别如图 12.13b 和图 12.13c 所示。可以看出,开关在零电流时导通,而二极管在零电流时断开——避免二极管反向恢复损耗。开关闭合,二极管以有限电流导通。然而,开关不会出现断开损耗,因为额外的离散电容会吸收电感电流并使开关的低损耗断开成为可能。

零电压开关(ZVS)断开的顺序如图 12.14 所示。最初,上部开关 Q_U 导通,如图 12.14a 所示。开关快速闭合,电感器电流迅速转换到两个电容器上,因此在闭合时,保持开关低电压。电容器 C_U 和 C_L 分别充电和放电,直到下部二极管 D_L 正向偏置并传导电感电流。

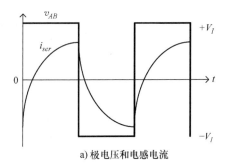

a) 极电压和电感电流

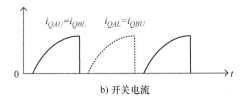

b) 开关电流

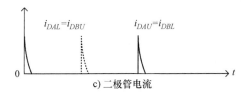

c) 二极管电流

图 12.13 全桥器件的导通波形

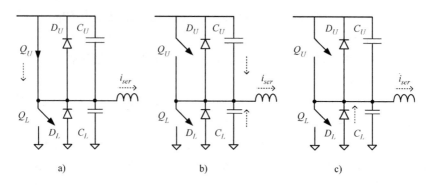

图 12.14 ZVS 开关闭合

电感电流流入电缆并进入耦合变压器的一次绕组。一部分电流对并联电容器充电和放电,当二极管导通时,电流平衡流入输出滤波电容器。

图 12.12 的谐振变换器可以简化为图 12.15 所示的更基本的等效电路,其中反相全桥由简单的方波表示。二次侧组件反映到一次侧组件上。变量 i_R 和 v_R 分别表示整流器中的电流和电压。

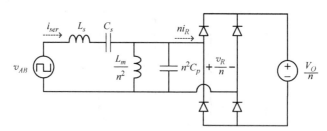

图 12.15 简化的等效电路

在该电路中,等效串联电感 L_s 由下式给出

$$L_s = L_{os} + L_{lp} + \frac{L_{ls}}{n^2} \tag{12.45}$$

12.4.2.2 设计考虑因素

在选择各种组件时有许多设计考虑因素。
串联谐振槽的固有频率由下式给出

$$f_{ser} = \frac{1}{2\pi \sqrt{L_s C_s}} \tag{12.46}$$

并联谐振槽的固有频率由下式给出

$$f_{par} = \frac{1}{2\pi \sqrt{L_m C_p}} \tag{12.47}$$

考虑以下两个适用的注意事项:
1) 并联谐振槽的固有频率应小于最小开关频率 $f_{s(\min)}$,以确保电力变换器的

电压增益。

2）等效串联谐振槽的固有频率应小于最小开关频率且小于并联谐振槽的固有频率，以确保开关的零电流接通。

因此

$$f_{ser} < f_{par} < f_{S(\min)} \tag{12.48}$$

12.4.3 基本模式分析和电流源运行

LCLC 变换器的分析相当复杂。一种简化的分析，众所周知的基模分析，可用于探索电路在开关或基频下的工作。该分析基于相量而非时域分析。在相量方面，使串联和并联槽的阻抗为

$$Z_{ser} = j\omega L_s + \frac{1}{j\omega C_s} = j\left(\omega L_s - \frac{1}{\omega C_s}\right) \tag{12.49}$$

和

$$Z_{par} = \frac{1}{\frac{1}{j\omega L_m/n^2} + \frac{1}{1/j\omega n^2 C_p}} = \frac{1}{j\omega n^2 C_p + \frac{n^2}{j\omega L_m}} = \frac{1}{jn^2\left(\omega C_p - \frac{1}{\omega L_m}\right)} \tag{12.50}$$

式中，ω 是开关频率；j 是虚部算子。

串联 - 并联谐振变换器的关键特性是电流源运行。可以使用本节中的分析来解释电流源运行。首先，重新绘制图 12.15，将整流器和输出表示为等效电压源 v_R，如图 12.16 所示。

然后可以重新绘制电路，如图 12.17 所示的简单电路。粗体的使用强调变量是具有幅度和相位的相量。

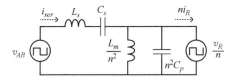

图 12.16 简化的等效电路

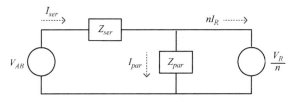

图 12.17 基频的等效电路

从基尔霍夫电压定律可得

$$V_{AB} = Z_{ser}I_{ser} + \frac{V_R}{n} \tag{12.51}$$

可以用并联和整流电流表示

$$V_{AB} = Z_{ser}(nI_R + I_{par}) + \frac{V_R}{n} \qquad (12.52)$$

因为

$$I_{ser} = nI_R + I_{par} \qquad (12.53)$$

但是

$$I_{par} = \frac{V_R}{nZ_{par}} \qquad (12.54)$$

将式（12.54）代入式（12.52）中

$$V_{AB} = Z_{ser}nI_R + Z_{ser}\frac{V_R}{nZ_{par}} + \frac{V_R}{n} \qquad (12.55)$$

$$= nZ_{ser}I_R + \frac{V_R}{n}\left(1 + \frac{Z_{ser}}{Z_{par}}\right)$$

在电流源频率 ω_{cs} 时，以下条件成立

$$\frac{Z_{ser}}{Z_{par}} = -1 \qquad (12.56)$$

在此频率下，整流器电流仅是输入电压和串联电抗阻抗的函数

$$I_R = \frac{V_{AB}}{nZ_{ser}} \qquad (12.57)$$

并且与输出电压的大小无关。因此，该电路用作电流源。

电流源频率的求解定义

$$\frac{Z_{ser}}{Z_{par}} = \frac{j\left(\omega_{cs}L_s - \dfrac{1}{\omega_{cs}C_s}\right)}{\dfrac{1}{jn^2\left(\omega_{cs}C_p - \dfrac{1}{\omega_{cs}L_m}\right)}} = -1 \qquad (12.58)$$

这是二次方程的解。

然而，我们现在采用捷径并通过假设串联电感和并联电容是电流源频率的重要分量来近似估计电流源频率。从而有

$$Z_{ser} \approx j\omega_{cs}L_s \text{ 和 } Z_{par} \approx \frac{1}{j\omega_{cs}n^2C_p} \qquad (12.59)$$

这导致以下简单的电流源频率答案

$$\omega_{cs} \approx \frac{1}{n\sqrt{L_sC_p}} \qquad (12.60)$$

$$f_{cs} \approx \frac{1}{2\pi n\sqrt{L_sC_p}} \qquad (12.61)$$

可以通过进一步简化假设来估计在电流源频率下的输出电流。

首先，假设全桥逆变器电压 v_{AB} 可以用幅度为 V_I 的方波的基频的有效值表示，如图 12.18a 所示。

使用傅里叶分析，可以证明基本电压 $V_{AB(rms)}$ 的有效值与方波幅度 V_I 之间的关系由下式给出

$$V_{AB(rms)} = \frac{2\sqrt{2}}{\pi} V_I \tag{12.62}$$

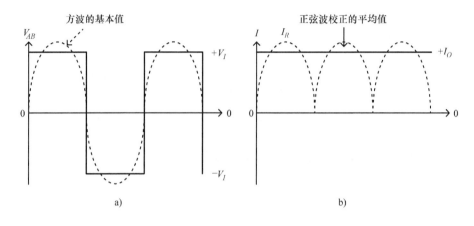

图 12.18　简化的逆变器和整流器波形

其次，假设输出电流 I_O 的值是整流正弦波有效值 $I_{R(rms)}$ 的平均值，如图 12.18b 所示，二者的关系可以简单地表示为

$$I_O = \frac{2\sqrt{2}}{\pi} I_{R(rms)} \tag{12.63}$$

将式（12.62）和式（12.63）代入式（12.57），可以导出直流输入电压和电流源频率下的直流输出电流之间的关系为

$$I_{R(rms)} = \frac{V_{AB(rms)}}{nZ_{ser}(\omega_{cs})} = \frac{\frac{2\sqrt{2}}{\pi} V_I}{nZ_{ser}(\omega_{cs})} = \frac{\pi}{2\sqrt{2}} I_O \tag{12.64}$$

从而有

$$I_O = \frac{8}{\pi^2} \frac{V_I}{nZ_{ser}(\omega_{cs})} \tag{12.65}$$

注意，特定频率下的串联阻抗的幅值由下式给出

$$Z_{ser}(\omega) = \left| \omega L_s - \frac{1}{\omega C_s} \right|$$

示例

以下规格是 SAE J1773 感应充电标准的代表值：$L_m = 45\mu H$，$C_p = 40 nF$，$L_{os} = 17\mu H$，$L_{lp} = L_{ls} = 1\mu H$，$C_s = 0.33\mu F$，$n = 1$。

当 $V_I = 380V$ 且 $V_O = 400V$ 时，确定电流源频率下的近似输出电流和输出功率。

答案：

等效串联电感是

$$L_s = L_{os} + L_{lp} + \frac{L_{ls}}{n^2} = 17\mu H + 1\mu H + \frac{1}{1^2}1\mu H = 19\mu H$$

$$f_{ser} = \frac{1}{2\pi\sqrt{L_s C_s}} = \frac{1}{2\pi\sqrt{19\times 10^{-6} \times 0.33 \times 10^{-6}}} Hz = 63.6 kHz$$

$$f_{par} = \frac{1}{2\pi\sqrt{L_m C_p}} = \frac{1}{2\pi\sqrt{45\times 10^{-6} \times 40 \times 10^{-9}}} Hz = 118.6 kHz$$

$$f_{cs} \approx \frac{1}{2\pi n\sqrt{L_s C_p}} = \frac{1}{2\pi\sqrt{19\times 10^{-6} \times 40 \times 10^{-9}}} Hz = 182.6 kHz$$

电流源频率下的串联阻抗的幅值由下式给出

$$Z_{ser}(\omega_{cs}) = \left|\omega_{cs}L_s - \frac{1}{\omega_{cs}C_s}\right|$$

$$= \left|2\pi \times 182.6 \times 10^3 \times 19 \times 10^{-6} - \frac{1}{2\pi \times 182.6 \times 10^3 \times 0.33 \times 10^{-6}}\right|\Omega$$

$$= 19.14\Omega$$

因此，直流输出电流是

$$I_O = \frac{8}{\pi^2}\frac{nV_I}{Z_{ser}(\omega_{cs})} = \frac{8}{\pi^2}\frac{1\times 380}{19.14}A = 16.09 A$$

输出功率是

$$P_O = V_O I_O = 400 \times 16.09 W = 6.436 kW$$

12.4.4 模拟

LCLC 拓扑的分析建模很复杂。变换器可以使用任何电路仿真器建模。简化的仿真电路模型如图 12.19 所示。

输入和整流器电压以及串联槽电流的电路波形如图 12.20 所示。

模拟电路的直流回路电压为 380V，两个输出电压分别为 200V 和 400V，仿真结果与频率的关系如图 12.21 所示。输出电流和产生的功率可以通过增加或减小开关频率来控制。即使输出电流较低，串联电感电流仍然很高。为了确保开关的 ZVS，必须保持串联回路电流处于高电流。

第12章 隔离型DC-DC变换器

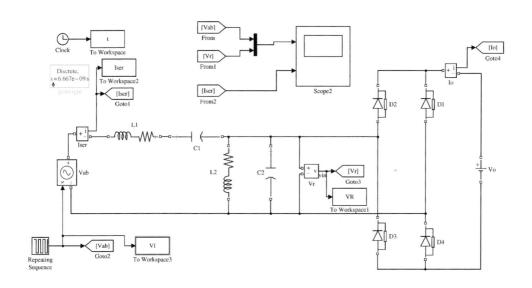

图12.19 简化的仿真电路模型

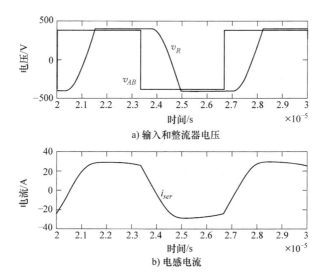

a) 输入和整流器电压

b) 电感电流

图12.20 简化LCLC电路模型波形

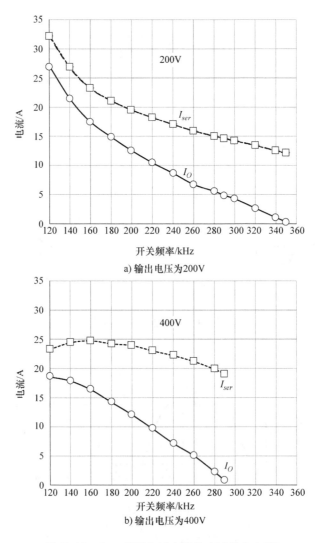

图 12.21 Rms 系列电感电流和直流输出电流

参 考 文 献

1 J. G. Hayes, *Resonant Power Conversion Topologies for Inductive Charging of Electric Vehicle Batteries*, PhD Thesis, University College Cork, 1998.
2 R. Severns, E. Yeow, G. Woody, J. Hall, and J. G. Hayes, "An ultra-compact transformer for a 100 W to 120 kW inductive coupler for electric vehicle battery charging," *IEEE Applied Power Electronics Conference*, pp. 32–38, 1996.
3 J. M. Leisten, "LLC design for UCC29950," Texas Instruments application note, 2015.
4 TI staff, "Phase-shifted full bridge dc/dc power converter design guide," Texas Instruments application note, 2014.

5 J. G. Hayes, N. O'Donovan, and M. G. Egan, "Inductance characterization of high-leakage transformers," *IEEE Applied Power Electronics Conference*, pp. 1150–1156, 2003.

6 J. G. Hayes, M. G. Egan, J. M. D. Murphy, S. E. Schulz, and J. T. Hall, "Wide load resonant converter supplying the SAE J-1773 electric vehicle inductive charging interface," *IEEE Transactions on Industry Applications*, pp. 884–895, July–August 1999.

7 J. G. Hayes and M. G. Egan, "Rectifier-compensated fundamental mode approximation analysis of the series-parallel LCLC family of resonant converters with capacitive output filter and voltage-source load," *IEEE Power Electronics Specialists Conference*, pp. 1030–1036, 1999.

扩 展 阅 读

1 N. Mohan, T. M. Undeland, and W. P. Robbins, *Power Electronics Converters, Applications and Design*, 3rd edition, John Wiley & Sons, 2003.

2 N. Mohan, *Power Electronics: A First Course*, John Wiley & Sons, 2012.

3 R. W. Erickson, *Fundamentals of Power Electronics*, Kluwer Academic Publishers, 2000.

4 R. E. Tarter, *Principles of Solid-State Power Conversion*, SAMS, 1985.

5 J. G. Hayes and M. G. Egan, "A comparative study of phase-shift, frequency, and hybrid control of the series resonant converter supplying the electric vehicle inductive charging interface," *IEEE Applied Power Electronics Conference*, pp. 450–457, 1999.

6 M. G. Egan, D. O'Sullivan, J. G. Hayes, M. Willers, and C. P. Henze, "Power-factor-corrected single-stage inductive charger for electric-vehicle batteries," *IEEE Transactions on Industrial Electronics*, 54 (2), pp. 1217–1226, April 2007.

7 R. Radys, J. Hall, J. Hayes, and G. Skutt, "Optimizing AC and DC winding losses in ultra-compact high-frequency power transformers," *IEEE Applied Power Electronics Conference*, pp. 1188–1195, 1999.

问 题

12.1 当输入电压增加到400V时，确定12.2.1节示例中各种电流的有效分量。

[答案：$I_{Lo(rms)} = 15.01A$，$I_{s(rms)} = I_{D2(rms)} = 7.51A$，$I_{D1(rms)} = 13A$，$I_{p(rms)} = I_{Q(rms)} = 1.031A$，$I_{T(rms)} = 0.144A$]

12.2 单开关正激变换器的设计规则如下：输入电压为42V，输出电压为12V，输出功率为240W，开关频率为200kHz，磁化电感为500μH。

1）调整输出电感的大小，使满载时的峰峰值电流纹波为10%。

2）确定满载时各种器件的电流。

3）如果输入电压高达60V，则确定开关和输出二极管的合理额定电压，四舍五入到最接近的10V。允许开关和二极管上的过冲为10V。

4）确定变压器的 AP。设铜填充系数 $k = 0.5$，电流密度 $J_{cu} = 6A/mm^2$，最大磁心磁通密度 $B_{max} = 20mT$。

假设一次绕组和第三绕组之间的匝数比为1，并且在42V时最大占空比为50%。

忽略所有损耗、器件压降和泄漏影响。

[答案：$I_{o(dc)} = 20A$，$I_{Lo(rms)} = 20.01A$，$I_{s(rms)} = I_{D2(rms)} = 14.15A$，$I_{D2(dc)} =$

10A, $I_{D1(rms)}$ = 14.15A, $I_{D1(dc)}$ = 10A, $I_{p(rms)}$ = $I_{Q(rms)}$ = 8.16A, $I_{T(rms)}$ = 0.086A, 170V, 60V, AP = 1.42cm^4]

12.3 当电池电压降至200V时，确定12.3.2节示例的全桥变换器的各种一次侧电流。

[答案: $I_{p(rms)}$ = 23.58A, $I_{QA(rms)}$ = 16.68A, $I_{QA(dc)}$ = 8.13A, $I_{QB(rms)}$ = 16.67A, $I_{QB(dc)}$ = 7.89A, $I_{DB(dc)}$ = 0.24A]

12.4 重新计算12.3.2节示例的全桥变换器的各种电流，通过假设磁化电流是可忽略不计的来简化分析。

[答案: $I_{o(dc)}$ = 15A, $I_{Lo(rms)}$ = 15.01A, $I_{Do(rms)}$ = 10.34A, $I_{Do(dc)}$ = 7.5A, $I_{p(rms)}$ = 16.65A, $I_{QA(rms)}$ = 11.77A, $I_{QA(dc)}$ = 7.89A, $I_{QB(rms)}$ = 11.77A, $I_{QB(dc)}$ = 7.89A, $I_{DB(dc)}$ = 0A]

12.5 带中心抽头整流器的全桥变换器按以下规格设计：输入电压380V，输出电压15V，输出功率2.4kW，开关频率100kHz，磁化电感1mH。

1）调整输出电感的大小，使满载时的峰峰值电流纹波为10%。

2）确定满载时的一次绕组和二次绕组的有效电流。

3）确定变压器的AP。设铜填充系数k = 0.5，电流密度J_{cu} = 6A/mm^2，最大磁心磁通密度B_{max} = 20mT。

假设在15V输出时，最大占空比为0.45。

忽略所有损耗、器件压降和泄漏影响。

请注意，由于存在两个相同的二次侧，因此AP由下式给出

$$AP = \frac{DV_I(I_p + nI_s \times 2)}{2f_s B_{max} k_{cu} J_{cu}}$$

[答案: L_o = 0.4688μH, $I_{s(rms)}$ = 110.3A, $I_{p(rms)}$ = 6.7A, AP = 23.3cm^4]

12.6 当输出电压降至12V时，确定上述问题的电流。

[答案: $I_{s(rms)}$ = 131.3A, $I_{p(rms)}$ = 7.49A]

12.7 对于第12.4.3.1节的LCLC变换器，当输入电压为200V且输出电压为400V时，确定电流源频率下的近似输出电流和输出功率。

[答案: 8.47A, 3.39kW]

作　　业

使用您选择的电路仿真器验证各种示例和问题的波形和答案。

附录Ⅰ：斜坡和阶梯波形的 RMS 值和平均值

周期性不连续斜坡波形的有效值和平均值由下式给出

$$I_{rms}(\text{ramp}) = \sqrt{\frac{D_{\text{ramp}}}{3}(I_{\min}^2 + I_{\min}I_{\max} + I_{\max}^2)} \quad (A12\text{-}Ⅰ.1)$$

$$I_{dc} = D_{\text{ramp}}\left(\frac{I_{\min} + I_{\max}}{2}\right) \quad (A12\text{-}Ⅰ.2)$$

式中，I_{min} 和 I_{max} 分别是最小和最大电流；D_{ramp} 是斜坡的占空比。

这些方程可应用于图 12.6b ~ 图 12.6g 中的所有电流波形。

类似地，周期性不连续阶梯波形的有效和平均值由下式给出

$$I_{rms}(\text{step}) = \sqrt{D_{step}}I_{step} \quad (A12-\text{I}.3)$$

$$I_{dc}(\text{step}) = D_{step}I_{step} \quad (A12-\text{I}.4)$$

式中，I_{step} 是阶跃电流的幅度；D_{step} 是阶跃电流的占空比。

如果波形具有不连续周期性斜坡的组合，如图 12.10b 和图 12.10c 所示，则波形的有效和平均值为

$$I_{rms}(\text{ramp}_1 + \text{ramp}_2)$$
$$= \sqrt{\frac{D_{ramp1}}{3}(I_{min1}^2 + I_{min1}I_{max1} + I_{max1}^2) + \frac{D_{ramp2}}{3}(I_{min2}^2 + I_{min2}I_{max2} + I_{max2}^2)}$$
$$(A12-\text{I}.5)$$

$$I_{dc}(\text{ramp}_1 + \text{ramp}_2) = D_{ramp1}\left(\frac{I_{min1} + I_{max1}}{2}\right) + D_{ramp2}\left(\frac{I_{min2} + I_{max2}}{2}\right)$$
$$(A12-\text{I}.6)$$

如果波形具有不连续周期性斜坡和阶跃波形的组合，如图 12.10f、图 12.10g 和图 12.10k 所示，则波形的有效和平均值为

$$I_{rms}(\text{ramp} + \text{step}) = \sqrt{\frac{D_{ramp}}{3}(I_{min}^2 + I_{min}I_{max} + I_{max}^2) + D_{step}I_{step}^2}$$
$$(A12-\text{I}.7)$$

$$I_{dc}(\text{ramp} + \text{step}) = D_{ramp}\left(\frac{I_{min} + I_{max}}{2}\right) + D_{step}I_{step} \quad (A12-\text{I}.8)$$

附录 II：反激变换器

变压器耦合降压 – 升压变换器也被称为反激变换器，是常用于低功耗应用的开关模式电源变换器。简化的反激变换器如图 12.22 所示。变压器用于在一次绕组中存储能量，然后将能量释放到二次绕组。请注意，当一次电源通电时，没有二次电流，反之亦然。感应运行可视为表示耦合电感器动作而非变压器动作。

图 12.22 简化的反激变换器

降压 – 升压变换器的 CCM 占空比由下式给出

$$D = \frac{V_{out}}{nV_{in} + V_{out}} \quad (A12-\text{II}.1)$$

电压增益由下式给出

$$\frac{V_{out}}{V_{in}} = n\frac{D}{1-D} \quad (A12-\text{II}.2)$$

第13章 牵引驱动器和三相逆变器

本章介绍并分析了三相逆变器。逆变器的功能是将直流母线、电池或燃料电池提供的直流电压和电流变换为交流电机所需的交流电压和电流。正如前面关于交流感应电机和永磁电机的章节所讨论的那样,逆变器提供给设备的交流波形需要可变的电压、电流和频率,才能更好地驱动设备。

本章首先研究基本的正弦脉宽调制(SPWM)逆变器。由 SPWM 逆变器提供的电压和电流在工作的基本频率下为正弦波。可以将基频的三次谐波叠加到控制波形中,以增加逆变器可实现的电压,并在给定功率级下降低电流。现代功率逆变器采用空间矢量调制(SVM)技术进行数字调制和控制,其结果类似于三次谐波叠加。

首先通过公式得出逆变器开关和二极管中电流的有效值和直流值,然后计算开关和二极管的导通和开关损耗,从而估算逆变器效率和半导体热点温度。基于前面几章中设备的电压、电流和功率因素,给出了相关的例子和问题。

13.1 三相逆变器

三相逆变器包括六个开关(Q_{UA}、Q_{UB}、Q_{UC}、Q_{LA}、Q_{LB}、Q_{LC})与六个二极管(D_{UA}、D_{UB}、D_{UC}、D_{LA}、D_{LB}、D_{LC}),如图 13.1 所示。下标 U 和 L 分别代表"上"和"下"。下标 A、B 和 C 以及 a、b 和 c 分别代表各自的相位。

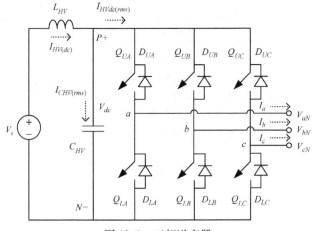

图 13.1 三相逆变器

2010 款丰田普锐斯升压器和逆变器硅开关如图 11.3 所示。对于这款车辆，功率半导体全部封装在一个模块中。每个电机极都有用于每个 IGBT 和二极管的两个并联半导体芯片，如图 11.3 所示，而每个发电机极配置有用于每个 IGBT 和二极管的一个芯片。图中显示了将硅裸片连接到主连接器母线的键合线。

该设备配有正弦波电压，能够产生显著的谐波含量和失真。简单的没有失真的正弦波形如图 13.2 所示。电压的幅值受电池组、燃料电池或电源变换器的可用直流电压限制。

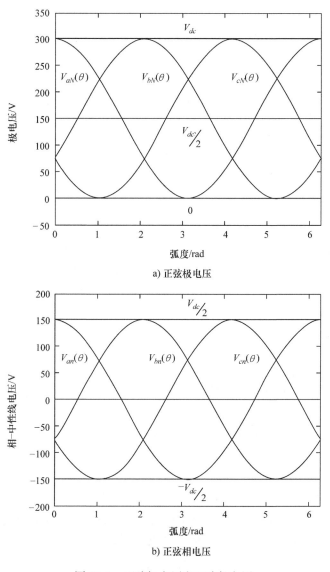

a) 正弦极电压

b) 正弦相电压

图 13.2　正弦极电压和正弦相电压

在现代驱动中,设备以准正弦电压波形驱动输出电流控制电压源逆变器,如图 13.3a 所示。

极点是用于表示逆变器单个支路的术语。逆变器极点的输出电压范围可以从 0V 到直流母线电压 V_{dc}。所需的正弦电压可以在如图 13.2a 所示的限制条件下产生。来自极点的输出电压具有直流母线电压一半的直流偏置,即 $V_{dc}/2$。三极电压 v_{aN}、v_{bN} 和 v_{cN} 与负直流母线（N）有关。当在三相电机上施加三极电压时,最终效果是极电压的直流偏置被抵消,并且提供给电机的线电压或相电压仅在没有直流偏置的情况下为交流电,如图 13.2b 所示。三相电压 v_{an}、v_{bn} 和 v_{cn} 与电机中性点（n）有关。

图 13.3b 所示为等效三相电路,其中电动机由三个平衡负载阻抗 Z 表示。

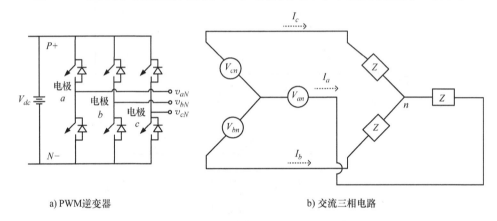

a) PWM 逆变器　　　　　　　　b) 交流三相电路

图 13.3　PWM 逆变器和交流三相电路

13.2　调制方案

逆变器共有四种基本的调制方案来提供交流电压,分别是:①正弦调制;②SVM,一种常用的高级数字方法;③具有三次谐波叠加的正弦调制,与 SVM 的结果相似;④过调制,其中极限波形是方波,而不是正弦曲线。

我们将简要介绍上述逆变器方案可以输出的最大交流电压。

13.2.1　正弦调制

极点输出电压是正弦曲线,直流电平等于直流母线电压的一半,如图 13.2a 所示。在其最小值和最大值处,极电压在 0V 的直流负极和 $+V_{dc}$ 的直流正极之间以正弦波振荡。因此,极点 a、b 和 c 的极点电压分别为

$$v_{aN}(\theta) = \frac{V_{dc}}{2} + \sqrt{2} V_{ph} \cos(\theta) \tag{13.1}$$

$$v_{bN}(\theta) = \frac{V_{dc}}{2} + \sqrt{2}V_{ph}\cos\left(\theta - \frac{2}{3}\pi\right) \qquad (13.2)$$

$$v_{cN}(\theta) = \frac{V_{dc}}{2} + \sqrt{2}V_{ph}\cos\left(\theta - \frac{4}{3}\pi\right) \qquad (13.3)$$

式中，V_{ph} 是相电压的有效值；θ 是角度，$\theta = \omega t$。

在一个平衡的三相系统中，设备的中性线电压是直流母线电压的 1/2。因此，中性线电压是

$$V_{nN} = \frac{V_{dc}}{2} \qquad (13.4)$$

相 - 中性线电压（图 13.2b）就是极电压和中性线电压之间的差值

$$v_{an}(\theta) = v_{aN}(\theta) - V_{nN} = \sqrt{2}V_{ph}\cos(\theta) \qquad (13.5)$$

$$v_{bn}(\theta) = v_{bN}(\theta) - V_{nN} = \sqrt{2}V_{ph}\cos\left(\theta - \frac{2}{3}\pi\right) \qquad (13.6)$$

$$v_{cn}(\theta) = v_{cN}(\theta) - V_{nN} = \sqrt{2}V_{ph}\cos\left(\theta - \frac{4}{3}\pi\right) \qquad (13.7)$$

相电压的峰值等于 $\sqrt{2}V_{ph}$，因此被限制为直流母线电压的一半

$$\sqrt{2}V_{ph} = \frac{V_{dc}}{2} \qquad (13.8)$$

当使用基本正弦调制时，相电压 V_{ph} 的最大有效值由下式给出

$$V_{ph}(\text{maximum rms}) = \frac{V_{dc}}{2\sqrt{2}} = 0.354V_{dc} \qquad (13.9)$$

线路电压可以使用基本相量分析来确定。以相电压 a 为参考电压，三个线路电压 v_{ab}、v_{bc} 和 v_{ca} 通过将相电压乘以 $\sqrt{3}$ 并进行移相得到

$$v_{ab}(\theta) = \sqrt{6}V_{ph}\cos\left(\theta + \frac{\pi}{6}\right) \qquad (13.10)$$

$$v_{bc}(\theta) = \sqrt{6}V_{ph}\cos\left(\theta - \frac{\pi}{2}\right) \qquad (13.11)$$

$$v_{ca}(\theta) = \sqrt{6}V_{ph}\cos\left(\theta - \frac{5\pi}{6}\right) \qquad (13.12)$$

各种相电压和线电压可以用极坐标表示如下

$$\overline{V}_{an} = V_{ph}\angle 0°, \overline{V}_{bn} = V_{ph}\angle -120°, \overline{V}_{cn} = V_{ph}\angle -240° \qquad (13.13)$$

$$\overline{V}_{ab} = \sqrt{3}V_{ph}\angle 30°, \overline{V}_{bc} = \sqrt{3}V_{ph}\angle -90°, \overline{V}_{ca} = \sqrt{3}V_{ph}\angle -210° \qquad (13.14)$$

平衡三相系统的相量图如图 13.4 所示。在一个平衡的三相系统内，各相和线电压和电流在幅值上是相等的，相位相差 120°。

13.2.2 三次谐波的正弦调制

逆变器的最大输出电压可以通过增加三次谐波来提升，输出的仍然是正弦相电

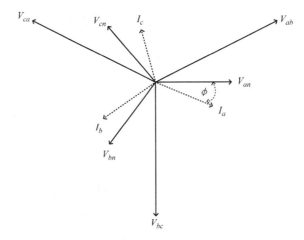

图 13.4　相电压和线电压的相量图

压。SVM 是一种广泛使用的数字调制技术，可实现类似的电压电平。使用常规正弦调制将三次谐波添加到极电压，将最大输出相电压增加到 $1/\cos 30° = 1/0.866 =$ 最大值的 1.1547 倍。图 13.5a 所示为极点电压和已经添加到每个极点的三次谐波 v_{3H}。

极电压由下式给出

$$v_{aN}(\theta) = \frac{V_{dc}}{2} + \frac{1}{\cos 30°}\frac{V_{dc}}{2}\cos(\theta) - \left(\frac{1}{\cos 30°} - 1\right)\frac{V_{dc}}{2}\cos(3\theta) \quad (13.15)$$

极电压的峰值保持为 V_{dc}。从图 13.5a 可以看出，增加三次谐波有效地增加了有效值波形；与图 13.2a 相比，同时还保持了相同的最大和最小直流电平。

由于每个极点添加了相同的三次谐波，因此，中性线也具有相同的三次谐波。中性线的电压等于直流母线的 1/2 减去三次谐波分量

$$v_{nN}(\theta) = \frac{V_{dc}}{2} - \left(\frac{1}{\cos 30°} - 1\right)\frac{V_{dc}}{2}\cos(3\theta) \quad (13.16)$$

相电压等于极电压与中性线电压之差

$$v_{an}(\theta) = v_{aN}(\theta) - v_{nN}(\theta) = \frac{1}{\cos 30°}\frac{V_{dc}}{2}\cos(\theta) \quad (13.17)$$

将三次谐波添加到相电压会增加 $1/\cos 30°$ 或 15.47% 的最大输出电压，因此从逆变器可获得的最大每相电压为

$$V_{ph}(\text{maximum rms}) = \frac{V_{dc}}{2\sqrt{2}\cos 30°} = \frac{V_{dc}}{2\sqrt{2}\times\frac{\sqrt{3}}{2}} = \frac{V_{dc}}{\sqrt{6}} = 0.408 V_{dc} \quad (13.18)$$

13.2.3　过调制和方波

输出方波而不是正弦波可以使设备的相电压最大化。傅里叶分析显示方波基波

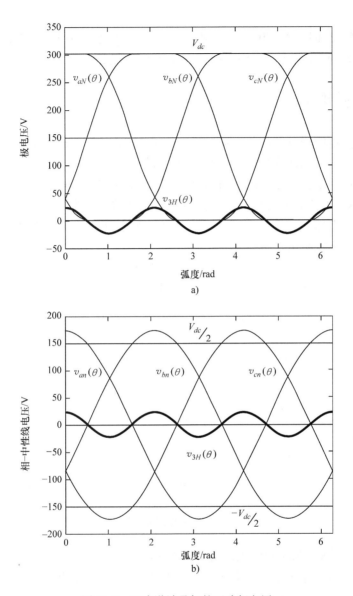

图 13.5 三次谐波叠加的正弦相电压

分量的最大有效值由下式给出

$$V_{ph}(\text{maximum rms}) = \frac{\sqrt{2}}{\pi}V_{dc} = 0.45V_{dc} \tag{13.19}$$

例：直流母线可用交流电压

假设电池电压为300V，逆变器提供的驱动牵引电机的最大有效相电压是多少？考虑各种调制方案。

解：

直流母线电压V_{dc}为300V。根据本节的内容，逆变器的最大有效相电压分别为106.2V、122.4V和135V，分别用于正弦、空间矢量和方波调制。

13.3 正弦调制

三相逆变器的调制和相关占空比可基于第11章中降压和升压变换器的占空比的推导而导出。三相逆变器的每一极实质上是半桥变换器，包括降压和升压变换器，可实现往返于直流母线的双向电流和功率流，如图13.6所示。

从之前第11章的分析可知，极点电压取决于降压操作时上部开关的占空比，或升压运行时上部二极管的占空比。令$d(\theta)$为上开关或上二极管的占空比。因此，占空比由下式给出

$$d(\theta) = \frac{v_{pole}(\theta)}{V_{dc}} \tag{13.20}$$

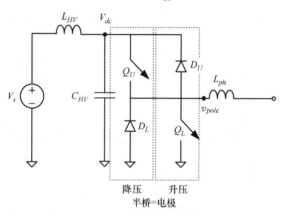

图13.6 三相单极逆变器

请注意，$d(\theta)$随时间变化，因此使用d而不是D。

用式（13.1）中的期望极电压的表达式替换此值，可以得到

$$d(\theta) = \frac{v_{pole}(\theta)}{V_{dc}} = \frac{1}{V_{dc}}\left\{\frac{V_{dc}}{2} + \sqrt{2}V_{ph}\cos(\theta)\right\} = \frac{1}{2} + \frac{\sqrt{2}V_{ph}}{V_{dc}}\cos(\theta) \tag{13.21}$$

这样的话，三个占空比a、b和c分别为

$$d_a(\theta) = \frac{1}{2} + \frac{\sqrt{2}V_{ph}}{V_{dc}}\cos(\theta) \tag{13.22}$$

$$d_b(\theta) = \frac{1}{2} + \frac{\sqrt{2}V_{ph}}{V_{dc}}\cos\left(\theta - \frac{2}{3}\pi\right) \tag{13.23}$$

$$d_c(\theta) = \frac{1}{2} + \frac{\sqrt{2}V_{ph}}{V_{dc}}\cos\left(\theta - \frac{4}{3}\pi\right) \qquad (13.24)$$

可以通过将参考值与三角波相交来确定各种占空比,三个占空比如图 13.7 所示。Simulink 仿真电路在本章最后显示。

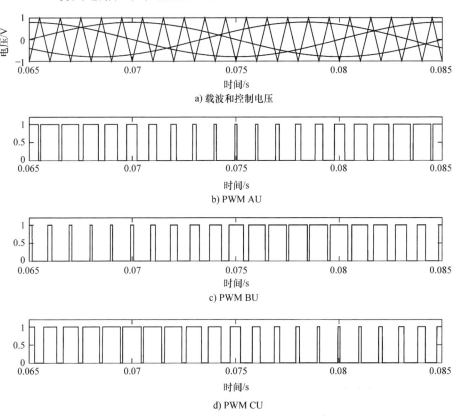

图 13.7 三相正弦 PWM 模式占空比

由此产生的电压具有脉冲流,如图 13.8a ~ 图 13.8c 所示。顶端波形是三个极点电压中的两个,而第三个波形是极点或线电压。这些电压波形的低频平均值合成基频处的正弦电压。流入三相负载或电机的最终电流为正弦曲线,并具有变化的 PWM 纹波,如图 13.8d 所示。

13.3.1 调制指数 m

调制指数是一个常用术语,定义为峰值相电压与直流电压一半的比

$$m = \frac{\sqrt{2}V_{ph}}{\frac{V_{dc}}{2}} = \frac{2\sqrt{2}V_{ph}}{V_{dc}} \qquad (13.25)$$

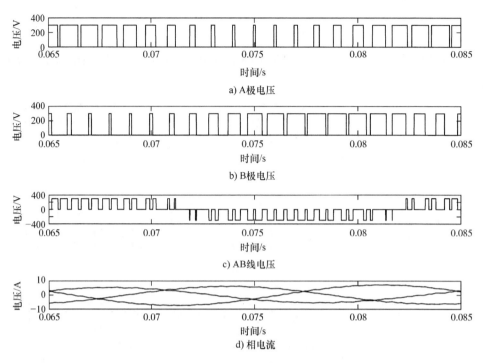

图 13.8 三相正弦 PWM 模式电压和电流波形

指数 m 小于 1 时为正弦调制，大于 1 时为过调制。

13.3.2 逆变器电流

极点输出电流馈入星形连接电机的相绕组。

假设每相电压为具有以下时域等式的参考相量

$$v_{ph}(\theta) = \sqrt{2} V_{ph} \cos(\theta) \tag{13.26}$$

假设相电流由下式表示

$$i_{ph}(\theta) = \sqrt{2} I_{ph} \cos(\theta - \phi) \tag{13.27}$$

式中，ϕ 是电流和电压之间的相位角。

每相电压和电流波形如图 13.9 所示。相电流滞后于相电压的相位角为 ϕ。电流在 $\left(-\frac{\pi}{2}+\phi\right)$ 处变为正值后，开关和二极管组合 Q_U 和 D_L 在下半周期导通电流，直到 $\left(-\frac{\pi}{2}+\phi\right)$。在 $\left(-\frac{\pi}{2}+\phi\right)$ 之后，开关和二极管组合 Q_U 和 D_L 再次导通，依此类推。

一旦知道了每相电压、电流和相位角（或功率因数），就可以计算各种开关、二极管和电容器中的平均电流分量和有效电流分量，并用于确定各种组件应力和功

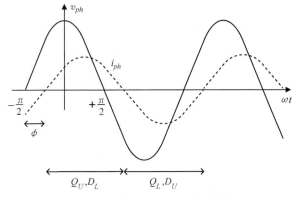

图 13.9 每相电压和电流波形

率损耗。

开关和二极管的平均电流和有效电流很容易推导出来,如下两节所述。

13.3.3 开关、二极管和输入平均电流

开关中的低频时间平均电流 $i_Q(\theta)$ 由下式给出

$$i_Q(\theta) = d(\theta) i_{ph}(\theta) \tag{13.28}$$

将式(13.21)和式(13.27)代入式(13.28),得

$$i_Q(\theta) = \left(\frac{1}{2} + \frac{\sqrt{2} V_{ph}}{V_{dc}} \cos\theta \right) \times \sqrt{2} I_{ph} \cos(\theta - \phi) \tag{13.29}$$

$$i_Q(\theta) = \frac{I_{ph}}{\sqrt{2}} \left[\cos(\theta - \phi) + \frac{2\sqrt{2} V_{ph}}{V_{dc}} \cos\theta \cos(\theta - \phi) \right] \tag{13.30}$$

在整个循环中,开关平均电流为

$$I_{Q(dc)} = \frac{1}{2\pi} \int_{-\frac{\pi}{2}+\phi}^{\frac{\pi}{2}+\phi} i_Q(\theta) d\theta \tag{13.31}$$

注意,开关导通半个周期。

代入到式(13.30),得

$$I_{Q(dc)} = \frac{1}{2\pi} \times \frac{I_{ph}}{\sqrt{2}} \int_{-\frac{\pi}{2}+\phi}^{\frac{\pi}{2}+\phi} \left[\cos(\theta - \phi) + \frac{2\sqrt{2} V_{ph}}{V_{dc}} \cos\theta \cos(\theta - \phi) \right] d\theta \tag{13.32}$$

因为有

$$\int_{-\frac{\pi}{2}+\phi}^{\frac{\pi}{2}+\phi} \cos(\theta - \phi) d\theta = 2 \text{ 和 } \int_{-\frac{\pi}{2}+\phi}^{\frac{\pi}{2}+\phi} \cos\theta \cos(\theta - \phi) d\theta = \frac{\pi}{2} \cos\phi \tag{13.33}$$

可以得到

$$I_{Q(dc)} = \frac{1}{2\pi} \times \frac{I_{ph}}{\sqrt{2}} \left(2 + \frac{2\sqrt{2}V_{ph}}{V_{dc}} \frac{\pi}{2}\cos\phi\right) = I_{ph}\left(\frac{1}{\sqrt{2}\pi} + \frac{V_{ph}}{2V_{dc}}\cos\phi\right) \quad (13.34)$$

类似地，二极管中低频时间平均电流为

$$i_D(\theta) = [1 - d(\theta)]i_{ph}(\theta) \quad (13.35)$$

展开后，得

$$i_D(\theta) = \left(\frac{1}{2} - \frac{\sqrt{2}V_{ph}}{V_{dc}}\cos\theta\right) \times \sqrt{2}I_{ph}\cos(\theta - \phi) \quad (13.36)$$

二极管导通半个周期的电流。因此，平均电流为

$$I_{D(dc)} = \frac{1}{2\pi} \int_{-\frac{\pi}{2}+\phi}^{\frac{\pi}{2}+\phi} i_D(\theta) d\theta \quad (13.37)$$

简化后可以得到

$$I_{D(dc)} = \frac{1}{2\pi} \times \frac{I_{ph}}{\sqrt{2}} \left(2 - \frac{2\sqrt{2}V_{ph}}{V_{dc}} \frac{\pi}{2}\cos\phi\right) = I_{ph}\left(\frac{1}{\sqrt{2}\pi} - \frac{V_{ph}}{2V_{dc}}\cos\phi\right) \quad (13.38)$$

来自电源的直流输入电流等于直流母线平均电流，由下式给出

$$I_{HV(dc)} = 3\frac{V_{ph}}{V_{dc}}I_{ph}\cos\phi \quad (13.39)$$

13.3.4　开关、二极管、直流母线、输入电容的有效电流

开关中的时间平均有效电流由下式给出

$$I_{Q(rms)} = \sqrt{\frac{1}{2\pi}\int_{-\frac{\pi}{2}+\phi}^{\frac{\pi}{2}+\phi} d(\theta)[i_{ph}(\theta)]^2 d\theta} \quad (13.40)$$

代入到式（13.21）和式（13.27），可以得到

$$I_{Q(rms)} = \sqrt{\frac{1}{2\pi}\int_{-\frac{\pi}{2}+\phi}^{\frac{\pi}{2}+\phi} \left(\frac{1}{2} + \frac{\sqrt{2}V_{ph}}{V_{dc}}\cos\theta\right) \times [\sqrt{2}I_{ph}\cos(\theta - \phi)]^2 d\theta} \quad (13.41)$$

简化后为

$$I_{Q(rms)} = I_{ph}\sqrt{\frac{1}{\pi}\int_{-\frac{\pi}{2}+\phi}^{\frac{\pi}{2}+\phi} \left(\frac{1}{2}\cos^2(\theta - \phi) + \frac{\sqrt{2}V_{ph}}{V_{dc}}\cos^2(\theta - \phi)\cos\theta\right) d\theta}$$

$$(13.42)$$

假设有如下关系式成立

$$\int_{-\frac{\pi}{2}+\phi}^{\frac{\pi}{2}+\phi} \cos^2(\theta-\phi)d\theta = \frac{\pi}{2} \text{ 和 } \int_{-\frac{\pi}{2}+\phi}^{\frac{\pi}{2}+\phi} \cos^2(\theta-\phi)\cos\theta d\theta = \frac{4}{3}\cos\phi \quad (13.43)$$

开关中的有效电流可以由下式给出

$$I_{Q(rms)} = I_{ph}\sqrt{\frac{1}{\pi}\left(\frac{1}{2}\frac{\pi}{2} + \frac{\sqrt{2}V_{ph}}{V_{dc}}\frac{4}{3}\cos\phi\right)} = I_{ph}\sqrt{\frac{1}{4} + \frac{4\sqrt{2}V_{ph}}{3\pi V_{dc}}\cos\phi} \quad (13.44)$$

类似地，二极管中的有效电流可以由下式给出

$$I_{D(rms)} = I_{ph}\sqrt{\frac{1}{4} - \frac{4\sqrt{2}V_{ph}}{3\pi V_{dc}}\cos\phi} \quad (13.45)$$

类似地，直流母线中的有效电流 $I_{HVdc(rms)}$ 和高压输入电容 $I_{CHV(rms)}$ 可以由下式给出

$$I_{HVdc(rms)} = I_{ph}\sqrt{\frac{\sqrt{6}}{\pi}\frac{V_{ph}}{V_{dc}}(1+4\cos^2\phi)} \quad (13.46)$$

$$I_{CHV(rms)} = I_{ph}\sqrt{\frac{\sqrt{6}}{\pi}\frac{V_{ph}}{V_{dc}} + \left[\frac{4\sqrt{6}}{\pi}\frac{V_{ph}}{V_{dc}} - 9\left(\frac{V_{ph}}{V_{dc}}\right)^2\right]\cos^2\phi} \quad (13.47)$$

13.3.5 例：变换器电流

计算第8章例8.3.4.1中80kW牵引驱动的感应电机的逆变器电流，由300V直流母线电压供电。在滞后PF为0.9087时，每相的数值为104.21V和301.5A。

解：

各种直流电流为

$$I_{Q(dc)} = I_{ph}\left(\frac{1}{\sqrt{2}\pi} + \frac{V_{ph}}{2V_{dc}}\cos\phi\right) = 301.5\left(\frac{1}{\sqrt{2}\pi} + \frac{104.21}{2\times300}\times0.9087\right)A = 115.45A$$

$$I_{D(dc)} = I_{ph}\left(\frac{1}{\sqrt{2}\pi} - \frac{V_{ph}}{2V_{dc}}\cos\phi\right) = 301.5\left(\frac{1}{\sqrt{2}\pi} - \frac{104.21}{2\times300}\times0.9087\right)A = 20.28A$$

$$I_{HV(dc)} = 3\frac{V_{ph}}{V_{dc}}I_{ph}\cos\phi = 3\frac{104.21}{300}301.5\times0.9087A = 285.51A$$

各种有效电流为

$$I_{Q(rms)} = I_{ph}\sqrt{\frac{1}{4} + \frac{4\sqrt{2}}{3\pi}\frac{V_{ph}}{V_{dc}}\cos\phi} = 301.5\sqrt{\frac{1}{4} + \frac{4\sqrt{2}}{3\pi}\frac{104.21}{300}\times0.9087}A = 199.87A$$

$$I_{D(rms)} = I_{ph}\sqrt{\frac{1}{4} - \frac{4\sqrt{2}}{3\pi}\frac{V_{ph}}{V_{dc}}\cos\phi} = 301.5\sqrt{\frac{1}{4} - \frac{4\sqrt{2}}{3\pi}\frac{104.21}{300}\times0.9087}A = 74.19A$$

$$I_{HVdc(rms)} = I_{ph}\sqrt{\frac{\sqrt{6}}{\pi}\frac{V_{ph}}{V_{dc}}(1+4\cos^2\phi)} = 301.5\sqrt{\frac{\sqrt{6}}{\pi}\frac{104.21}{300}(1+4\times0.9087^2)}A$$
$$= 325.48A$$

$$I_{CHV(rms)} = I_{ph}\sqrt{\frac{\sqrt{6}}{\pi}\frac{V_{ph}}{V_{dc}} + \left[\frac{4\sqrt{6}}{\pi}\frac{V_{ph}}{V_{dc}} - 9\left(\frac{V_{ph}}{V_{dc}}\right)^2\right]\cos^2\phi}$$

$$= 301.5\sqrt{\frac{\sqrt{6}}{\pi}\frac{104.21}{300} + \left[\frac{4\sqrt{6}}{\pi}\frac{104.21}{300} - 9\left(\frac{104.21}{300}\right)^2\right] \times 0.9087^2}\,\text{A}$$

$$= 156.28\,\text{A}$$

13.4 变换器功率损耗

如前面第 11 章第 11.5 节所讨论的,功率半导体有两种主要的损耗机制:传导损耗和开关损耗。

13.4.1 IGBT 和二极管传导损耗

IGBT 开关的导通功率损耗 $P_{Q(cond)}$ 可以模拟为

$$P_{Q(cond)} = V_{CE0}I_{Q(dc)} + r_{CE}I_{Q(rms)}^2 \tag{13.48}$$

式中,V_{CE0} 是拐点电压;r_{CE} 是等效电阻。

二极管的传导功率损耗 $P_{D(cond)}$ 可以模拟为

$$P_{D(cond)} = V_{f0}I_{D(dc)} + r_f I_{D(rms)}^2 \tag{13.49}$$

式中,V_{f0} 是拐点电压;r_f 是等效电阻。

13.4.2 IGBT 模块开关损耗

IGBT 模块的开关损耗 $P_{Q(sw)}$ 由下式给出

$$P_{Q(sw)} = \frac{f_s}{2}(E_{on} + E_{off})\frac{V_{dc}}{V_{test}} \tag{13.50}$$

式中,E_{on} 和 E_{off} 是半个周期内平均开关电流的 IGBT 导通和关闭能量,在设备上可以观测到;f_s 是开关频率;V_{test} 是用于设备测试的电压电平。

对于正弦激励,开关所经历的平均开关和二极管电流由下式给出

$$I_{Q(sw,avg)} = I_{D(sw,avg)} = \frac{2\sqrt{2}}{\pi}I_{ph} \tag{13.51}$$

其中的推导过程留给读者作为练习。

类似地,二极管开关损耗 $P_{D(sw)}$ 定义为

$$P_{D(sw)} = \frac{f_s}{2}E_{rec}\frac{V_{dc}}{V_{test}} \tag{13.52}$$

式中,E_{rec} 是由于反向恢复引起的二极管的关闭能量。

逆变器的总损耗是任意 IGBT 和二极管对的传导和开关损耗的 6 倍。

例：功率半导体模块功率损耗

前一个例子的逆变器在10kHz下开闭。600V、600A IGBT 和二极管半桥模块的特性曲线如图 13.10 所示。IGBT 和二极管的输出特性分别如图 13.10a 和图 13.10b 所示。

假设传导损耗由以下参数建模：$V_{CE0} = 0.85\text{V}$，$r_{CE} = 1.25\text{m}\Omega$，$V_{f0} = 0.8\text{V}$，$r_f = 1.3\text{m}\Omega$。图 13.10c 和图 13.10d 分别给出了125℃时的开关和二极管开关能量。开关能量是在300V的测试电压下测量的。

计算上一个例子中 IGBT 和二极管中的导通和开关损耗。

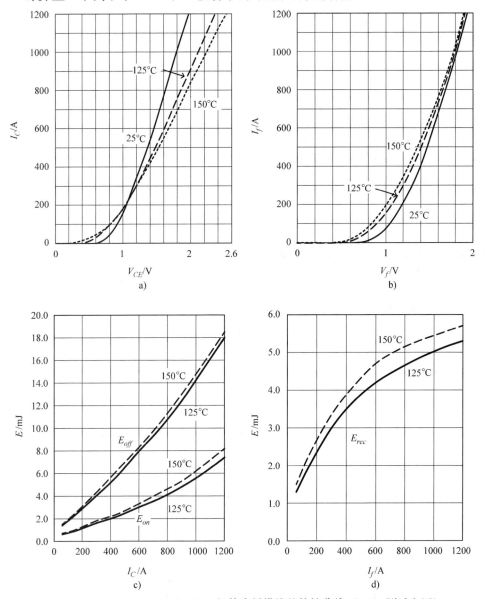

图 13.10 600V、600A IGBT 和二极管半桥模块的特性曲线（300V 测试电压）

解:

开关中的传导损耗为

$$P_{Q(cond)} = V_{CE0}I_{Q(dc)} + r_{CE}I_{Q(rms)}^2 = 0.85 \times 115.45\text{W} + 0.00125 \times 199.87^2\text{W} = 148.1\text{W}$$

二极管中的传导损耗为

$$P_{D(cond)} = V_{f0}I_{D(dc)} + r_f I_{D(rms)}^2 = 0.8 \times 20.28\text{W} + 0.0013 \times 74.19^2\text{W} = 23.4\text{W}$$

平均开关电流由下式给出

$$I_{Q(sw,avg)} = \frac{2\sqrt{2}}{\pi}I_{ph} = \frac{2\sqrt{2}}{\pi}301.5\text{A} = 271.4\text{A}$$

近似损失如下

$$E_{on}(I_{Q(sw,avg)}) = E_{on}(271.4\text{A}) \approx 1.5\text{mJ}$$

$$E_{off}(I_{Q(sw,avg)}) = E_{off}(271.4\text{A}) \approx 3.8\text{mJ}$$

$$E_{rec}(I_{Q(sw,avg)}) = E_{rec}(271.4\text{A}) \approx 2.8\text{mJ}$$

这样的话,功率损耗为

$$P_{Q(sw)} = \frac{f_s}{2}(E_{on}+E_{off})\frac{V_{dc}}{V_{test}} = \frac{10^4}{2} \times (1.5+3.8) \times 10^{-3}\frac{300}{300}\text{W} = 26.5\text{W}$$

二极管开关可以近似地定义为

$$P_{D(sw)} = \frac{f_s}{2}E_{rec}\frac{V_{dc}}{V_{test}} = \frac{10^4}{2} \times 2.8 \times 10^{-3} \times \frac{300}{300}\text{W} = 14\text{W}$$

13.4.3 半导体总功率损耗和结温

总的半导体功率损耗等于开关和导通功率损耗的总和。因此,总 IGBT 损耗 P_Q 和总二极管损耗 P_D 为

$$P_Q = P_{Q(cond)} + P_{Q(sw)} \tag{13.53}$$

$$P_D = P_{D(cond)} + P_{D(sw)} \tag{13.54}$$

IGBT 和二极管的结温 T_{JQ} 和 T_{JD} 由下式给出

$$T_{JQ} = T_{HS} + R_{JQ-HS}P_Q \tag{13.55}$$

$$T_{JD} = T_{HS} + R_{JD-HS}P_D \tag{13.56}$$

式中,T_{HS} 是半导体散热器冷却表面的温度;R_{JQ-HS} 和 R_{JD-HS} 分别是 IGBT 和二极管的热阻抗。

IGBT 模块总损耗和模具温度

如果散热片温度保持在 80℃,IGBT 和二极管的热阻分别为 0.08℃/W 和 0.16℃/W,计算 IGBT 和二极管功率损耗及其各自的结温。

解:

总损耗由下式给出

$$P_Q = P_{Q(cond)} + P_{Q(sw)} = 148.1\text{W} + 26.5\text{W} = 174.6\text{W}$$

$$P_D = P_{D(cond)} + P_{D(sw)} = 23.4\text{W} + 14\text{W} = 37.4\text{W}$$

结温由下式给出

$$T_{JQ} = T_{HS} + R_{JQ-HS}P_Q = 80℃ + 0.08 \times 174.6℃ = 94℃$$

$$T_{JD} = T_{HS} + R_{JD-HS}P_D = 80℃ + 0.16 \times 37.4℃ = 86℃$$

逆变器损耗为

$$P_{loss} = 6 \times (P_Q + P_D) = 6 \times (174.6 + 37.4)W = 1272W$$

逆变器效率为

$$\eta_{inv} = \frac{P_o}{P_o + P_{loss}} \times 100\% = \frac{3V_{ph}I_{ph}\cos\phi}{3V_{ph}I_{ph}\cos\phi + P_{loss}} \times 100\%$$

$$= \frac{85652}{85652 + 1272} \times 100\% = 98.5\%$$

13.4.4 例：再生电流

解：

各种直流电流为

$$I_{Q(dc)} = I_{ph}\left(\frac{1}{\sqrt{2}\pi} + \frac{V_{ph}}{2V_{dc}}\cos\phi\right) = 301.5\left[\frac{1}{\sqrt{2}\pi} + \frac{104.21}{2 \times 300} \times (-0.9087)\right]A = 20.28A$$

$$I_{D(dc)} = I_{ph}\left(\frac{1}{\sqrt{2}\pi} - \frac{V_{ph}}{2V_{dc}}\cos\phi\right) = 301.5\left[\frac{1}{\sqrt{2}\pi} - \frac{104.21}{2 \times 300} \times (-0.9087)\right]A = 115.45A$$

$$I_{HV(dc)} = 3\frac{V_{ph}}{V_{dc}}I_{ph}\cos\phi = 3\frac{104.21}{300}301.5 \times (-0.9087)A = -285.51A$$

各种有效电流为

$$I_{Q(rms)} = I_{ph}\sqrt{\frac{1}{4} + \frac{4\sqrt{2}}{3\pi}\frac{V_{ph}}{V_{dc}}\cos\phi} = 301.5\sqrt{\frac{1}{4} + \frac{4\sqrt{2}}{3\pi}\frac{104.21}{300} \times (-0.9087)}\ A = 74.19A$$

$$I_{D(rms)} = I_{ph}\sqrt{\frac{1}{4} - \frac{4\sqrt{2}}{3\pi}\frac{V_{ph}}{V_{dc}}\cos\phi}$$

$$= 301.5\sqrt{\frac{1}{4} - \frac{4\sqrt{2}}{3\pi}\frac{104.21}{300} \times (-0.9087)}\ A$$

$$= 199.87A$$

$$I_{HVdc(rms)} = I_{ph}\sqrt{\frac{\sqrt{6}}{\pi}\frac{V_{ph}}{V_{dc}}(1 + 4\cos^2\phi)}$$

$$= 301.5\sqrt{\frac{\sqrt{6}}{\pi}\frac{104.21}{300}[1 + 4 \times (-0.9087)^2]}\ A$$

$$= 325.48A$$

$$I_{CHV(rms)} = I_{ph}\sqrt{\frac{\sqrt{6}}{\pi}\frac{V_{ph}}{V_{dc}} + \left[\frac{4\sqrt{6}}{\pi}\frac{V_{ph}}{V_{dc}} - 9\left(\frac{V_{ph}}{V_{dc}}\right)^2\right]\cos^2\phi}$$

$$= 301.5\sqrt{\frac{\sqrt{6}}{\pi}\frac{104.21}{300} + \left[\frac{4\sqrt{6}}{\pi}\frac{104.21}{300} - 9\left(\frac{104.21}{300}\right)^2\right] \times (-0.9087)^2}\text{A}$$

$$= 156.28\text{A}$$

与电动机相比,二极管和开关中的电流已经交换。因此,在再生模式下工作时,二极管损耗增加,开关损耗与电动机模式相比降低。

参 考 文 献

1 J. W. Kolar and S. D. Round, "Analytical calculation of the RMS current stress on the DC-link capacitor of voltage-PWM converter systems," *IEE Electric Power Applications*, **153** (4), pp. 535–543, July 2006.

2 F. Renken, "Analytical calculation of the dc-link capacitor current for pulsed three-phase inverters," EPE PEMC 2004.

扩 展 阅 读

1 N. Mohan, *Advanced Electric Drives Analysis Control and Modelling using MATLAB/Simulink*®, John Wiley & Sons, 2014.

问　　题

13.1　第9章的电驱动示例包含一个八极 SPM 设备。直流母线电压为300V,开关频率为10kHz。散热器在80℃时,IGBT 和二极管的热阻分别为0.08℃/W 和0.16℃/W。

参见图 13.10。

为了简化起见,假定结温为125℃,并设前三个例子中,$V_{CE0} = 0.85\text{V}$,$r_{CE} = 1.25\text{m}\Omega$,$V_{f0} = 0.8\text{V}$,$r_f = 1.3\text{m}\Omega$。

确定以下条件下,各种直流和有效逆变器电流、开关和二极管损耗、结温和逆变器效率。

1) 在额定条件下驱动:$V_{ph} = 116.6\text{V}$,$I_{ph} = 313.33\text{A}$,PF = 0.7889。

2) 在额定条件下发电:$V_{ph} = 106.35\text{V}$,$I_{ph} = 308.89\text{A}$,PF = -0.7479。

3) 在额定功率、3.75 倍额定速度下驱动:$V_{ph} = 117.5\text{V}$,$I_{ph} = 287.9\text{A}$,PF = 0.8585。

4) 以二分之一额定转速、20kW 下驱动:$V_{ph} = 45.39\text{V}$,$I_{ph} = 80\text{A}$,功率因数为0.9798(假设 $V_{CE0} = 0.5\text{V}$,$r_{CE} = 3.8\text{m}\Omega$,$V_{f0} = 0.6\text{V}$,$r_f = 3.5\text{m}\Omega$)。

[答案：1) $I_{Q(dc)} = 118.56\text{A}$,$I_{D(dc)} = 22.49\text{A}$,$I_{Q(rms)} = 206.43\text{A}$,$I_{D(rms)} = 80.47\text{A}$,$P_Q = 180.5\text{W}$,$P_D = 40\text{W}$,$T_{JQ} = 94.4℃$,$T_{JD} = 86.4℃$,$\eta = 98.5\%$(在282A 条件下,$E_{on} \approx 1.5\text{mJ}$,$E_{off} \approx 3.8\text{mJ}$,$E_{rec} \approx 2.8\text{mJ}$)]；2) $I_{Q(dc)} = 28.58\text{A}$,

$I_{D(dc)}$ = 110.47A,$I_{Q(rms)}$ = 93.11A,$I_{D(rms)}$ = 197.58A,P_Q = 61.5W,P_D = 153W,T_{JQ} = 84.9℃,T_{JD} = 104.5℃,η = 98.3%（在278A条件下，$E_{on} \approx$ 1.5mJ,$E_{off} \approx$ 3.8mJ,$E_{rec} \approx$ 2.8mJ）；3）$I_{Q(dc)}$ = 113.2A,$I_{D(dc)}$ = 16.4A,$I_{Q(rms)}$ = 193.52A,$I_{D(rms)}$ = 63.19A,P_Q = 169.5W,P_D = 32W,T_{JQ} = 93.6℃,T_{JD} = 85.1℃,η = 98.6%（在259A条件下，$E_{on} \approx$ 1.5mJ,$E_{off} \approx$ 3.8mJ,$E_{rec} \approx$ 2.8mJ）；4）$I_{Q(dc)}$ = 23.94A,$I_{D(dc)}$ = 12.08A,$I_{Q(rms)}$ = 46.58A,$I_{D(rms)}$ = 32.1A,P_Q = 31.2W,P_D = 17.4W,T_{JQ} = 82.5℃,T_{JD} = 82.8℃,η = 97.4%（在41A条件下，$E_{on} \approx$ 0.7mJ,$E_{off} \approx$ 1.5mJ,$E_{rec} \approx$ 1.3mJ）]

13.2 计算各种直流和有效逆变器电流、开关和二极管损耗、结温和逆变器的效率，相关参数为：一台感应电机以额定功率和额定速度的两倍运转，见第8章例8.4.2.1。使用例13.4.2节和13.4.3节中示例的导电和开关参数。

[答案：$I_{Q(dc)}$ = 116.11A,$I_{D(dc)}$ = 19.65A,$I_{Q(rms)}$ = 200.50A,$I_{D(rms)}$ = 72.66A,P_Q = 175.4W,P_D = 36.6W,T_{JQ} = 94.0℃,T_{JD} = 85.9℃,η = 98.6%]

作 业

鼓励学生体验电路仿真软件。图13.11所示的Simulink电路用于本章中的逆变器仿真。

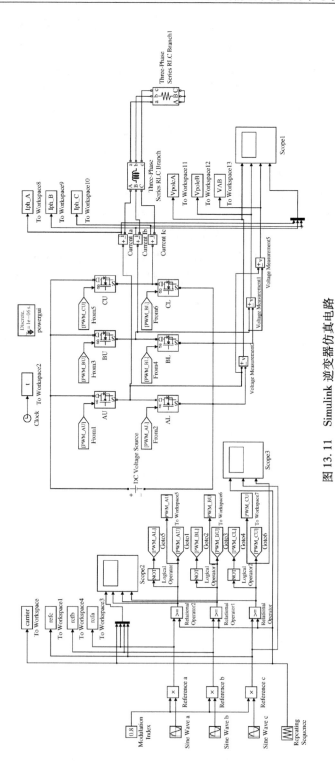

图 13.11 Simulink 逆变器仿真电路

第14章 电池充电

"在不远的将来，应用于各种商业用途上的电力可以不用电线进行输送，如家庭照明和飞机驾驶。我已经发现了这个基本原则，现在正在进行商业化开发。待开发完成后，你将能够去世界上的任意一个地方——到山顶俯瞰你的农场，或者前往北极或沙漠——装备一个小小的设备，你就可以用它来进行烹饪，以及用它提供光明来阅读。这种设备可以放进一个比普通衣箱还小的包里。在未来的几年里，无线照明将像普通城市里的电灯一样在农场里普及。"

——尼古拉·特斯拉（1856—1943）

在本章中，我们调查了电网为电动汽车车辆充电的情况。将车辆连接到电网给电池充电，必须考虑许多因素，如可用电压、布线、标准化、安全性、通信、人体工程学等。此外，本章还介绍了各种充电架构和充电标准，讨论了导电和无线标准，详细研究了升压功率因数校正功率级。

14.1 充电系统基本要求

选择充电系统时必须考虑许多重要问题，主要有安全性、可靠性、用户友好性、功率级和充电时间、通信标准化以及合规性。这些问题简要讨论如下。

1）安全性：这是任何汽车制造商向消费市场推出电动汽车（EV）产品时需要考虑的最重要因素。电池充电器系统必须尽量减少电击、火灾和最终用户受伤的风险操作和故障范围。系统必须提供各种级别的绝缘和安全检查，以确保系统的安全。世界各地有很多在用的电气安全标准，主要标准来自于美国的保险商实验室（UL）和德国的VDE。在许多国家，必须得到相关监管机构的安全批准才能出售产品。

2）可靠性：汽车行驶环境非常恶劣，无论是在干燥的亚利桑那州沙漠、寒冷的明尼苏达州，还是潮湿的佛罗里达州行驶，人们都期望汽车能有同样的表现。汽车除了要经常接触腐蚀性溶剂、盐、水和泥浆以外，还会受到冲击和振动。在日常操作中，EV的充电器必须具有较长的使用寿命。在恶劣的条件下，电器连接器必须能够承受10000次以上的插入和拔出。在许多故障场景下，仍然要保证乘员的安全。例如，在受到车辆意外碾压时，插头和电缆应该能够承受车辆的重量而不损坏。

3）用户友好性：汽车等消费产品需要满足客户的期望和人体工程学需求。目前的燃油汽车加油方法简单直接。电动汽车充电也必须简单，对所有电动汽车用户或父母要求其"给车充电"的儿童造成的挑战最小。与汽油燃料汽车相比，需要更加重视 EV 充电时的人体工程学设计。因为电动汽车可能需要每天充电，而汽油车可能只需要每周或更少时间加油一次。符合人体工程学的设计主要是指能够单手操作、直观地插入和取出。

4）功率级和充电时间：EV 的充电时间取决于充电功率，如果使用高功率充电，则需要几十分钟的时间；如果是低功率充电器，则可能需要几个小时。因此，电动汽车获得广泛接受的前提是具有合适的充电功率级以最大限度地减少充电时间。但是，在实际中的充电功率级可能受到家用电线、电网冲击、高功率充电而导致的电池化学品和降解等条件的限制，当然还有尺寸和成本。保证充电效率对于优化社会能源的利用是非常重要的，正如第 3 章所介绍的那样，在较高的充电功率级下，电池充电效率会下降。

5）通信：在基本层面上，插头和电缆组件不仅要传输电力，还要在车辆和充电器之间提供通信路径，以确保安全和最优化的电力流动。由于智能手机和互联网已经成为整个通信和控制接口的一部分，信息交流在 21 世纪的社会中发挥了更大的作用。简单的可用性消息、最大功率输出、充电时间以及问题或故障报告也是重要的信息沟通。

6）标准化：通过创建产品标准可以加速市场对新产品的接受。市场标准可以确保提供更多的充电网点和便捷的通信来扩大市场份额，从而降低成本。普遍认同的标准的优点是汽车公司不必参与充电市场竞争，可以专注于车辆研发和生产。

7）合规性：迄今为止，已经颁布了许多法规，以确保电气设备安全和可靠地运行。设备必须符合标准，以限制电噪声辐射，通常称为电磁干扰（EMI）。这是政府法规的一个领域，以保护其他电气设备（如心脏起搏器），同时限制其敏感性并提高对来自其他设备或雷击等事件的多余电磁辐射的免疫力。充电系统必须符合所有这些规定。

14.2 充电器架构

在更深入地调查各种充电话题之前，介绍一下电池充电所需的基本电力变换。

电池充电的基本流程如图 14.1 所示。电网是现代世界的一个奇迹，用来提供固定频率的交流电压和电流。世界各国的电压和频率各不相同，这一点将在下一节讨论。交流电源频率很低，通常为 50Hz 或 60Hz。由于电池需要直流电，所以功率变换器的第一阶段是对电网的交流波形进行整流和滤波后提供直流电。但是，这一阶段变换的直流电不能直接向电池提供，还需要变压器来向用户提供电力。因此，直流被切断以产生一个频率非常高的交流（hfac）波形。常见的频率大约是几十甚至几百 kHz，以最大限度地缩小变压器尺寸。变压器在电气路径中的交流电网和电池之间提供物理屏障,并最大限度地减少可能会威胁生命的故障模式。高频交流电经过整流和滤波后形成直流电,并给电池供电。

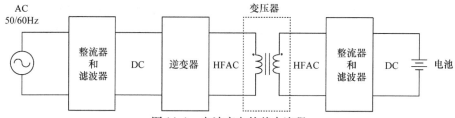

图14.1 电池充电的基本流程

车辆充电选项有很多种,并且有多种充电技术可用于电动汽车。汽车制造商、基础设施提供商和消费者必须在如下领域做出选择和决定:导体或无线/感应充电、大功率或快速充电、车载或非车载充电器、一体式充电。

导体充电是车辆充电的最常用方法。导体充电仅仅意味着利用导电插头和插座使车辆与车外供电系统连接到一起,类似于常见的家用电器。一般来说,车辆具有车载中低功率充电器,从电网向车辆提供交流电。图14.2所示为图14.1改进后的结果,包括车辆上的所有充电组件。

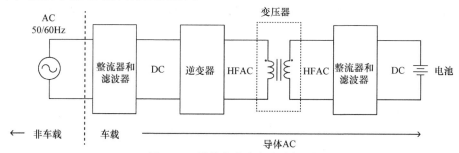

图14.2 导体交流充电电力框图

预计低、中等功率充电器将是常用的充电方法,但是电动汽车的发展趋势是能够使用高功率快速充电器。高功率充电器的体积非常大,并且设计为静止不动的车外装置,以类似于加油站里加油泵的方式运行。在这种情况下,充电器不在车上,直流电由车辆提供。高功率导体直流充电框图如图14.3所示。

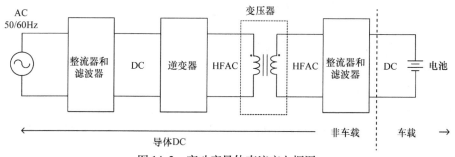

图14.3 高功率导体直流充电框图

无线或感应式充电不通过将车辆连接到电网进行充电,而是使用铜线进行传导耦合。相反,电感耦合的魔力在于将电网电力与没有导电触点的车辆耦合到一起。这种方法可以提高安全性和消费者易用性,但也会面临重大的工程挑战。对于无线充电方式,充电系统的车载和非车载组件之间的分界在电感内部,如图14.4所示。

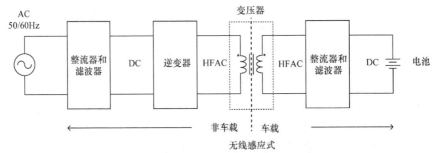

图14.4　无线/感应式交流充电电力框图

一体式充电技术最初用于GM的前身EV1,即通用Impact,是由AC Propulsion和雷诺等公司开发和投入使用的。如图14.5所示,该技术调整了牵引功率电子器件和设备的布置以重新使用这些部件,还可以执行充电所需的功率变换器功能。这种方法减少了车辆的整体部件数量,但是需要采取额外措施以保证电气安全和隔离。

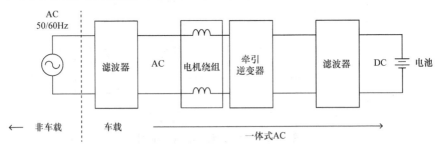

图14.5　一体式交流充电电力框图

一体式充电方法的一个显著优势是功率流可以是双向的。因此,如果需要,车辆可以向当地电网供应电力——这种操作被称为车辆到电网(V2G)。

微电网操作也是可能的。微电网是当地电网的一个术语,它可以连接到主电网,如果需要的话可以从主电网断开,独立运行。

14.3　电网电压、频率和配线

电气设备,特别是移动设备,一般设计成能够在全球范围内使用。世界各地的配线和电压、功率和频率有很多种配置。本节简要介绍主要配置。

首先,根据所使用的电力频率可以将世界划分为多个区域。大多数国家的电网都是以50Hz或60Hz运行。日本是一个例外,因为它有两个独立的电网,东边是50Hz,而西边则是60Hz。最简单的分类是使用50Hz的国家和除此之外的北美、中美、南美一些国家、韩国、沙特阿拉伯以及其他几个国家等。

同样地,世界大部分国家的标准电压为230V(标称电压运行范围为220～240V),北美和中美洲的标准电压为120V,韩国和日本的标准电压100V。

请注意,正常运行时电压可能会有很大变化。使用标准230V电源的设备可以在180～270V的电压范围内正常工作。设备也可以设计成万能型,可以接受80～270V的电压范围。注意前面讨论的电压都是有效值(rms)。

基本住宅电线系统提供相线和中性线之间230V、50Hz的相电压,如图14.6a所示。中性线通常接地,即连接到一个插入靠近住所地面的铜接地棒上。相线、中性线和地线这三根线被连接到充电组件中。

单相连接通常由三相变压器提供。商用建筑通常具有三相连接以便为电动机、风扇、压缩机等设备供电。典型的三相配置如图14.6b所示。三相可以作为多种充电功率级的选项,其中,相线、中性线和地线共有五条线路提供给充电设备。只需将相电压乘以$\sqrt{3}$即可得到合适的线电压。因此,当相对中性点电压为230V时,线电压为400V。

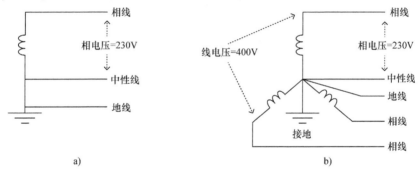

图14.6 基本230V配线系统

在60Hz电网地区,常见的电压是100V/120V。基本的家庭接线提供单相连接,如图14.7a所示。由于120V电网系统的输出功率相对较低,而实际上常常需要更高的电压。通常需要图14.7b所示的接地中点单相配线系统,它有两个120V的电压输出。请注意,这些输出电压相互之间具有180°的相位差,这意味着两个输出电压的总和是240V,即高电压输出。

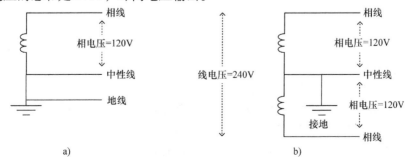

图14.7 基本100V/120V配线系统

图14.7a 显示120V 输出电压本身可能是208V 的三相转换标称线电压,如图14.8 所示。

图14.7b 中的240V 绕组可以是三相星形或三角形变压器的单相绕组输出。

本节中提到的电压是用于家庭和商业场所的典型电压。较高的电压可能用于高功率充电,这些也是三相电,接线配置可以是星形或三角形,并可能具有辅助绕组。

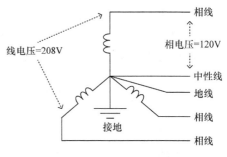

图14.8 三相208V 系统

14.4 充电器功能

与电池充电器相比,EV 充电器在运行方面与之类似,但在其他应用方面有一些重要差异,如手机和计算机。低功率电池充电器如图14.9 所示。首先,我们会介绍基本充电器的功能,然后再讨论汽车充电器的功能。相关的电压和电流波形如图14.10 所示。基本的充电器模块如下。

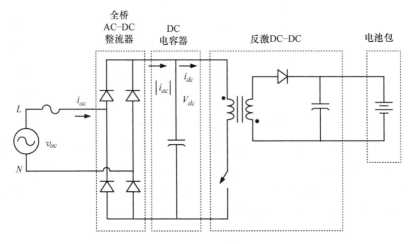

图14.9 低功率充电器

1)交流-直流整流器:交流-直流整流器的功能是整流,或者当输入交流电压v_{ac}和电流i_{ac}处于负半周期时使其正向工作。因此,二极管整流器的输出始终为正,即在波形中可以看到整流器输出电压$|v_{ac}|$和电流$|i_{ac}|$。

2)直流电容器:当整流电压$|v_{ac}|$超过电容电压时,直流电容器充电至峰值交流电压。这种现象只发生在一部分循环内,并且一股电流从交流输入端通过二极管进入电涌电容器。因此,电流波形具有尖锐的脉冲波形。

3)直流-直流变换器:直流-直流变换器将直流电容上的高压电转换为安全

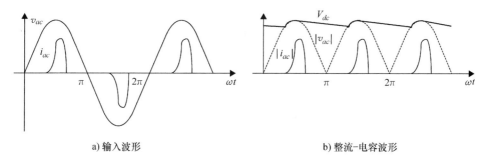

a) 输入波形　　　　　　　　　　b) 整流-电容波形

图 14.10　输入波形和整流-电容波形

的低直流电压,输入到计算机或手机,供充电使用。最简单和最具性价比的直流-直流变换器是开关模式反激变换器,具有高频开关,并具有变压器隔离,这是都是必不可少的安全措施。

从这个角度来看,识别一些常用的电力术语是非常有用的。

视在功率、有功功率和功率因数

视在功率 S 是有效电压 V 和有效电流 I 的乘积,也被称为伏安积。等式形式为

$$S = VI \tag{14.1}$$

视在功率的单位为伏特·安倍(符号 V·A)。

有功功率 P 是传递给电路的真实功率。有功功率是用瓦特表测量得到的功率,单位为瓦(符号 W)。

在电力电路中,视在功率与有功功率有很大不同,这是由功率级元件引入的失真引起的,如前面提到的二极管电容整流器,或者负载本身。

功率因数 PF 是有功功率与视在功率的比值

$$PF = \frac{P}{VI} = \frac{P}{S} \tag{14.2}$$

功率因数是无量纲值,没有单位。低功率因数是由多种不合理原因造成的。

首先,低功率因数会导致给定电压的电流增加,以提供所需的功率。从充电的角度来看,低功率因数意味着不能从电源获得最大功率,即使所供应的是最大电流。

其次,前面介绍的二极管电容器前端会产生基频为 50Hz 或 60Hz 的高频谐波。这些谐波通过配电系统增加了功率损耗,增加了导体和变压器温度,降低了效率和系统可靠性。

第三,电流畸变导致所供应的电压失真,影响电力供应和其他负载的运行。

第四,如果所提供的电流功率因数不满足要求,商业和工业用户可以对电力公共事业在财务上进行处罚。

已制定全球标准来管理电源质量和谐波失真。IEC 61000 包含通用参考标准,用于解决谐波、EMI 和其他与电网有关的问题。

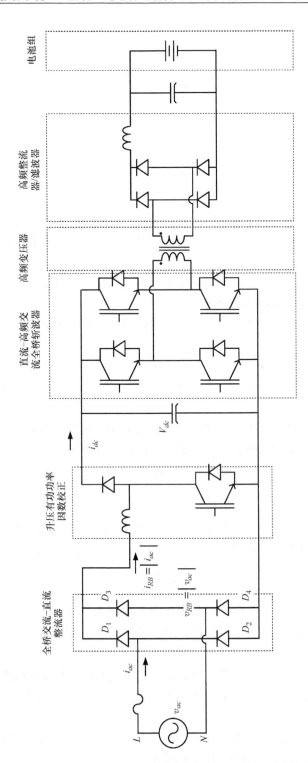

图14.11 汽车标准充电器

因此，简单的二极管-整流器-电容器前端只允许在低功率下使用。在高于几百瓦的电平时，简单的电容滤波器被缓冲，与另一种称为升压变换器的开关模式电源变换器相连。升压变换器用于维持输入电流波形与输入电压相同，并消除任何谐波失真以提高功率因数。功率因数校正升压变换器如图 14.11 所示，波形如图 14.12 所示。对升压变换器的基本要求是输出直流电压必须大于输入交流电压的峰值。注意，功率变换器已从简单的反激式替换为全桥式（请参阅第 12 章），以获得更高的功率。

电动汽车充电系统更详细的概述如图 14.13 所示。该充电系统是车载导电系统的典型代表。电路有如下几个不同的功能模块：

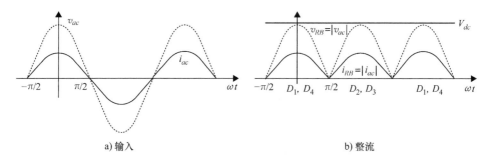

图 14.12　功率因数校正波形

1) RCCB：剩余电流断路器 (RCCB) 用于检测线电流和中性电流中的不平衡 (通常在 5~20mA 之间)，并触发断路器使充电器脱机，以防止出现恶性事故。这种电路也被称为接地故障断路器 (GFCI)。

2) EMI 滤波器：开关电力电子设备会产生显著的辐射和传导噪声，称为电磁干扰。只有采用共模和差模大电流滤波器，才能达到美国 (FCC) 和欧盟 (VDE) 的辐射法规标准。美国一般采用 FCC Part 15b 标准，而欧洲则采用 VDE B 标准。

3) 整流器：一个简单的二极管桥，用来整流 50Hz/60Hz 交流波形。

4) 升压 PFC：一种升压变换器，切换频率通常为几十或几百 kHz，能够切断低频整流器，并将其提升到约 400V 的电压电平，这个值高于交流电峰值。

5) 直流母线电容：一种电解电容器，通常用于大容量存储，以过滤 50Hz/60Hz 成分。

6) Dc-hfac 斩波器：是一种全桥或 H 桥变换器，用来在开关频率下将标称 400V 直流母线电压切割成 -400~400V 高频脉冲流。

7) 变压器：为了保障安全，高频脉冲流必须通过变压器绝对隔离。脉冲流必须是高频的，这样才能减小变压器的尺寸和重量。

8) 整流器-滤波器：变压器二次输出经过整流和滤波后产生直流电流，为电池充电。

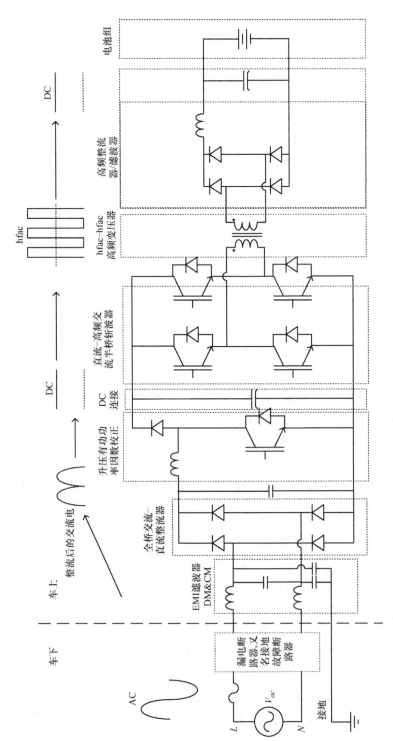

图14.13 导体电池充电系统

14.5 充电标准和技术

世界各国已经或正在制定各种充电标准。全球标准 IEC 62196 是由国际电工委员会（IEC）制定的，并充当许多充电标准的总括标准。该标准涵盖了电力和通信接口的基础知识，而各种充电标准描述了插头和插座组件的机械和电气规格。

主要的充电标准有：

1) SAE J1772，适用于北美的交流和直流充电。
2) VDE – AR – E 2623 – 2 – 2，适用于欧洲的单相和三相交流电充电。
3) JEVS G105 – 1993，被称为 CHAdeMo，由日本开发，可用于全球范围内的高功率直流充电。

特斯拉汽车可以使用专用的 240V 特斯拉墙式充电器进行充电，也可以使用标准插头连接到标准的 240V 插座进行充电。交流充电器安装在车上。特斯拉汽车可通过适配器与 SAE 和 VDE 插座连接。

14.5.1 SAE J1772

本标准由汽车工程师协会（SAE）制定，在北美使用。该标准涵盖许多不同的功率级。1 级充电用于使用标准 120V 插座进行低功耗便捷充电，并根据插座型号可提供最大 1.44kW 或 1.96kW 的充电功率。2 级标准用于家用充电器，充电功率可高达 19.2kW，如图 14.14a 所示。对于以上这些功率级别，标准中还提供了用于高功率非车载直流充电的选项。SAE J1772 标准的各种功率级见表 14.1。

SAE 标准还可以使用具有交流和直流特性的组合插座，称为 SAE J1772 组合插座或 CCS 组合插座。

表 14.1 SAE J1772 标准

功率级	电压	最大连续电流
交流电平 1 级	120V（输入交流）	12A/16A（输入交流）
交流电平 2 级	240V（输入交流）	<80A（输入交流）
直流电平 1 级	50~500V（输出直流）	80A（输出直流）
直流电平 2 级	50~500V（输出直流）	200A（输出直流）

14.5.2 VDE – AR – E 2623 – 2 – 2

VDE – AR – E 2623 – 2 – 2 标准已经颁布，在欧洲范围内使用。由于欧洲部分地区广泛使用三相电力系统，因此，它促进了三相电的使用。该标准包括五条电源线——三条相线，一条中性线和一条地线——和两根信号线，如图 14.14b 所示，通常称为曼奈柯斯连接器。该标准可以与 SAE 高功率直流充电标准插座相匹配，以创建一个 CCS 组合，如图 14.14c 所示。

14.5.3 CHAdeMO

利用 CHAdeMO 标准，已经在全球范围内安装了数千台高功率充电器。基本的

a) SAE J1772 2级插座　　　　b) VDE-AR-E 2623-2-2插头

c) VDE-AR-E 2623-2-2及SAE组合插座

图 14.14　各标准插头与插座

高功率充电器为 40kW。40kW 的充电器、插头和插座如图 14.15 所示。

a) 非车载直流充电器　　　　b) 插头　　　　c) 车载插座

图 14.15　CHAdeMO 标准高功率充电器

14.5.4 Tesla

特斯拉家用充电器设计为使用常用的电源插座。车辆配备了一个适配器,可以让充电器与可用的电源或非机载充电插座接口连接,如图 14.16a 所示。与车辆连接的充电器电缆插头如图 14.16b 所示。

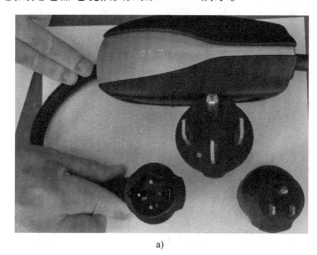

a)　　　　　　　　　　　　　　　　　　b)

图 14.16　特斯拉插头适配器和充电插头

14.5.5 无线充电

14.5.5.1 感应式

无线充电或感应充电是一种从电源向负载传输电力的方法,电力传输过程中没有直接欧姆接触。该技术在恶劣或危险的环境条件下具有电气隔离、安全、连接坚固和电力输送持久等优点。应用的例子如采矿和海底电力输送和电动汽车电池充电。通用汽车 EV1 采用了许多新技术,包括全新的电感耦合电池充电技术。

电感耦合的基本原理是,电感的两个半耦合接口是可分离的两部分变压器的一次侧和二次侧部分。当充电耦合器(即一次侧)与车辆充电插口(即二次侧)并排放置时,可以在完全隔离的情况下进行电磁力传输,这一点与标准变压器一样。EV1 汽车耦合器和车辆充电插口如图 14.17 所示。耦合器通过电缆连接到非车载充电模块。当耦合器插入车辆充电插口时,来自耦合器的电流被传输、耦合到二次耦合器,整流后由电缆馈送到电池。请注意,耦合器包含一个铁氧体块或位于一次绕组中心的"圆盘",以便在耦合器插入车辆充电插口时形成磁路。分解状态的变压器组件如图 14.17b 所示。

非车载高频功率变换器包括电缆、耦合器、车辆充电插口和电池负载。EV 用户将耦合器插入到汽车充电插口内,高频电被传输 – 耦合、整流后馈送到电池。基

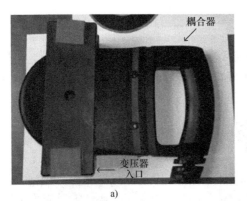
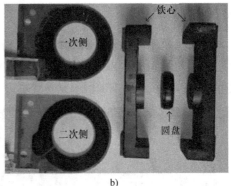

图 14.17 EV1 汽车耦合器和车辆充电插口

于该项技术的产品涵盖了几千瓦到几十千瓦的功率范围，最高可达 120kW。SAE 颁布的 SAE J1773 标准推荐了电动汽车感应充电实施细则。SAE J1773 中规定了在选择驱动模式时，需要考虑如何选择耦合器和车辆充电插口的特性参数。其中最关键的参数是频率范围、低磁化电感、高漏电感和离散并联电容。非车载 EV1 充电模块采用频率控制串联谐振变换器。使用串联谐振变换器驱动 SAE J1773 车辆接口，产生了具有许多理想特性的四元件拓扑结构。谐振拓扑结构详见第 12 章第 12.4 节。

14.5.5.2 无线式

通用汽车开发的感应充电系统由于市场转向传导标准而不再使用。对于电动汽车来说，新的无线充电标准正在开发中，无线充电再次被视为开发电动汽车的热点。无线充电的一个吸引人的应用对象是无人驾驶车辆，因为充电可以在没有人类行为的情况下进行。最近，无线充电的研究一直集中于松散耦合的变压器系统。其原理与电感耦合相似，不同之处在于变压器的一次和二次组件隔开几厘米的距离，并具有相对较大的漏电感。

全球标准正在制定中。SAE J2954 是 SAE 标准，其技术取决于第 12 章讨论的应用于电感耦合的谐振电路类型。必须解决其他安全问题，例如辐射对人类和动物的影响，以及磁场中存在的金属物体。

14.6 功率因数校正升压变换器

充电器的前端是利用升压变换器的功率因数校正器。图 14.18 所示为一个电动汽车充电器的例子。充电器具有交错式升压，因此有两个升压电感，用 L 表示。输入电源（IP）首先流过 EMI 滤波器（EMI），然后进行整流（R）和升压（Q + D, L）。该充电器需要一个重要的大容量电解电容器（C）以过滤 50Hz/60Hz 的纹波。全桥变换器级包括电源变压器（Xo）、全桥开关和二极管（Qo + Do）、输出整流器（Ro）、输出电感器（Lo）和输出滤波器（EMIo）。全桥变换器已在第 12 章深入讨论过。本节的重点是升压 PFC，如图 14.19a 所示。

图 14.18　电动汽车充电器

14.6.1　升压 PFC 功率级

输入电流被控制为与电源电压同相。这是通过使用两个控制回路实现的：内部电流回路和外部电压回路。该变换器通常可实现非常高的功率因数，在满载情况下，其值大于 0.99 是合理的。

交流电压和电流由输入桥整流。设交流电压为

$$v_{ac}(\theta) = \sqrt{2}V_{ph}\cos\theta \tag{14.3}$$

使用升压 PFC，交流电流被控制为与电压同相

$$i_{ac}(\theta) = \sqrt{2}I_{ph}\cos\theta \tag{14.4}$$

来自于整流桥的电压 v_{RB} 和电流 i_{RB} 分别为

$$v_{RB}(\theta) = \sqrt{2}V_{ph}|\cos\theta| \tag{14.5}$$

$$i_{RB}(\theta) = \sqrt{2}I_{ph}|\cos\theta| \tag{14.6}$$

升压变换器控制电感电流 i_L 与整流器输入电压 v_{RB} 同相，如图 14.19b 所示，电感电流承载 PWM 纹波电流如图 14.19c 所示。

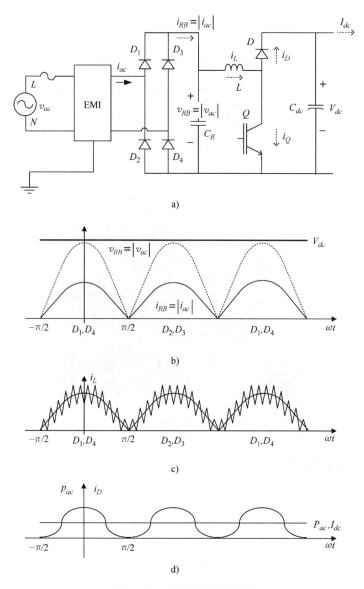

图 14.19 升压 PFC 和波形

整流器输出端的电容器 C_R 用于滤波电感器的 PWM 纹波电流。

PFC 升压变换器中直流母线电容的大小基于三个因素：①电容器所需的保持时间；②电容器的额定电流和电解电容器老化；③低频电压纹波。在设计电源和控制阶段时，必须考虑所有三个因素。直流母线电容器通常是一排庞大的电解电容器，其尺寸因直流母线电流的高频二次谐波所引起的低频电压纹波而做到最小化。

EMI 级提供共模和差模 EMI 滤波，以满足 EMC 标准要求。EMI 级通常占充电器或通用功率变换器体积的 10% ~ 20%。

从交流电源P_{ac}引出的功率具有脉冲$\sin^2$特性。

$$P_{ac}(\theta) = v_{ac}(\theta)i_{ac}(\theta) = \sqrt{2}V_{ph}\cos\theta \times \sqrt{2}I_{ph}\cos\theta = 2V_{ph}I_{ph}\cos^2\theta \quad (14.7)$$

平均功率P_{ac}由下式给出

$$P_{ac} = V_{ph}I_{ph} \quad (14.8)$$

功率特性如图14.19d所示。输入功率从零到平均功率的两倍脉冲变动,具有正弦平方($\sin^2$)特性。

如果考虑二极管电流的低频特性,那么二极管电流在两倍相频率下也具有低频$\sin^2$特性,如图14.19d所示。忽略PWM,低频直流母线功率由下式给出

$$p_D(\theta) = V_{dc}i_D(\theta) \quad (14.9)$$

如果忽略整流器和升压功率损耗,瞬时直流母线功率p_D等于输入功率p_{ac}

$$p_D(\theta) = p_{ac}(\theta) \quad (14.10)$$

因此

$$i_D(\theta) = \frac{p_{ac}(\theta)}{V_{dc}} = \frac{2V_{ph}I_{ph}}{V_{dc}}\cos^2\theta \quad (14.11)$$

因此,升压二极管具有类似的低频正弦$\sin^2$电流特性,即从零到两倍平均功率脉冲变动,如图14.19d所示。该二极管电流的平均值等于直流母线电流I_{dc},由下式给出

$$I_{dc} = \frac{P_{ac}}{V_{dc}} = \frac{V_{ph}I_{ph}}{V_{dc}} \quad (14.12)$$

两倍相频率的低频电流通常由直流母线电容器C_{dc}滤波。电池充电器还可以让$\sin^2$电流流入电池,可以大幅降低直流母线电容的要求。然而,$\sin^2$充电会增加流入电池的纹波电流,这一点是众所周知的。

14.6.2 升压电感选型

升压电感选型是为了限制纹波电流并减少谐波和EMI。从第11章第11.4.1节的CCM升压器分析可知,升压开关的占空比由下式给出

$$d(\theta) = 1 - \frac{v_{RB}(\theta)}{V_{dc}} = 1 - \frac{\sqrt{2}V_{ph}|\cos\theta|}{V_{dc}} \quad (14.13)$$

纹波电流峰峰值为

$$\Delta I_{L(p-p)}(\theta) = \frac{\sqrt{2}V_{ph}|\cos\theta|}{f_s L}d(\theta) = \frac{\sqrt{2}V_{ph}}{f_s L}\left(|\cos\theta| - \frac{\sqrt{2}V_{ph}\cos^2\theta}{V_{dc}}\right) \quad (14.14)$$

很明显,纹波电流幅值是随着占空比而变化的。

例:电感选型

3.3kW PFC升压器的额定输入电压为230V、频率为50Hz/60Hz,输入电压范围为从低线电压180V到高线电压265V。计算升压电感器的值和电流峰值,如果开

关频率为100kHz，而且峰峰值纹波比为额定输入电压峰值处的低频电流峰值的20%。直流母线电压为380V。忽略功率损耗。

解：

输入电流有效值为

$$I_{ph} = \frac{P}{V_{ph}} = \frac{3300}{230}\text{A} = 14.35\text{A}$$

输入电流峰值为

$$I_{ph(peak)} = \sqrt{2}I_{ph} = \sqrt{2} \times 14.35\text{A} = 20.29\text{A}$$

输入电压峰值处的纹波电流峰峰值为

$$\Delta I_{L(p-p)} = r_i I_{ph(peak)} = 0.2 \times 20.29\text{A} = 4.06\text{A}$$

输入电压峰值处的占空比为

$$d(0) = 1 - \frac{\sqrt{2}V_{ph}|\cos 0|}{V_{dc}} = 1 - \frac{\sqrt{2}V_{ph}}{V_{dc}} = 1 - \frac{\sqrt{2} \times 230}{380} = 0.1440$$

通过重写式（14.14），可以确定所需要的电感为

$$L = \frac{\sqrt{2}V_{ph}|\cos 0|}{f\Delta I_{L(p-p)}(0)}d(0) = \frac{\sqrt{2} \times 230}{100 \times 10^3 \times 4.06} \times 0.144\text{H} = 115\,\mu\text{H}$$

电感器中的峰值电流是线电流的峰值与纹波电流峰峰值一半之和

$$I_{L(peak)} = I_{ph(peak)} + \frac{\Delta I_{L(p-p)}}{2} \tag{14.15}$$

在本案例中

$$I_{L(peak)} = I_{ph(peak)} + \frac{\Delta I_{L(p-p)}}{2} = 20.29\text{A} + \frac{4.06}{2}\text{A} = 22.32\text{A}$$

一旦知道了峰值电流和有效电流，电感器的参数可以按照第16章第16.3.7节的面积乘法来确定。输入电流有效值可以用作电感电流有效值的合理近似值。

14.6.3 整流器中的平均电流

输入整流二极管交替导通。在正半周期，二极管 D_1 和 D_4 导通；在负半周期，二极管 D_2 和 D_3 导通。

半个周期内，整流器二极管的平均电流 $I_{R(dc)}$ 为

$$I_{R(dc)} = I_{D1(dc)} = I_{D4(dc)} = \frac{1}{2\pi}\int_{-\frac{\pi}{2}}^{\frac{\pi}{2}} i_{RB}(\theta)\text{d}\theta = \frac{1}{2\pi}\int_{-\frac{\pi}{2}}^{\frac{\pi}{2}} \sqrt{2}I_{ph}\cos\theta\text{d}\theta = \frac{I_{ph}}{\sqrt{2}\pi}\int_{-\frac{\pi}{2}}^{\frac{\pi}{2}} \cos\theta\text{d}\theta = \frac{\sqrt{2}}{\pi}I_{ph}$$

$$\tag{14.16}$$

半个周期内，整流器二极管的电流有效值 $I_{R(rms)}$ 为

$$I_{R(rms)} = I_{D1(rms)} = I_{D4(rms)} = \sqrt{\frac{1}{2\pi}\int_{-\frac{\pi}{2}}^{\frac{\pi}{2}}(i_{RB}(\theta))^2 d\theta} = \sqrt{\frac{1}{2\pi}\int_{-\frac{\pi}{2}}^{\frac{\pi}{2}}(\sqrt{2}I_{ph}\cos\theta)^2 d\theta} = \frac{1}{\sqrt{2}}I_{ph}$$

(14.17)

二极管 D_2 和 D_3 中的直流和电流有效值与二极管 D_1 和 D_4 中的相同。

例：输入整流器功率耗损

计算前面例子的输入整流器级的功率损耗，假设每个整流器具有以下参数：$V_{f0}=0.8\text{V}$ 和 $r_f=10\text{m}\Omega$。

解：

半个周期内，整流二极管的平均电流为

$$I_{R(dc)} = \frac{\sqrt{2}}{\pi}I_{ph} = \frac{\sqrt{2}}{\pi} \times 14.35\text{A} = 6.46\text{A}$$

半个周期内，整流器二极管中的电流有效值为

$$I_{R(rms)} = \frac{1}{\sqrt{2}}I_{ph} = \frac{1}{\sqrt{2}} \times 14.35\text{A} = 10.15\text{A}$$

根据第11章第11.5节关于半导体损耗的内容，每个整流二极管的传导损耗为

$$P_{R(cond)} = V_{f0}I_{R(dc)} + r_f I_{R(rms)}^2 \tag{14.18}$$

在这个例子中

$$P_{R(cond)} = V_{f0}I_{R(dc)} + r_f I_{R(rms)}^2 = 0.8 \times 6.46\text{W} + 0.01 \times 10.15^2\text{W} = 6.2\text{W}$$

整流桥损耗 P_{RB} 是单一整流二极管损耗的4倍

$$P_{RB} = 4P_{R(cond)} \tag{14.19}$$

在本案例中

$$P_{RB} = 4P_{R(cond)} = 4 \times 6.2\text{W} = 24.8\text{W}$$

14.6.4 开关和二极管平均电流

升压开关的占空比由式（14.13）给出。

开关的低频时间平均电流可以近似地表示为

$$i_Q(\theta) = d(\theta)|i_{ac}(\theta)| \tag{14.20}$$

代入式（14.4）和式（14.13）可得

$$i_Q(\theta) = \left(1 - \frac{\sqrt{2}V_{ph}|\cos\theta|}{V_{dc}}\right) \times \sqrt{2}I_{ph}\cos\theta \tag{14.21}$$

或者

$$i_Q(\theta) = \sqrt{2}I_{ph}\cos\theta - \frac{2V_{ph}I_{ph}\cos^2\theta}{V_{dc}} \tag{14.22}$$

开关的平均电流值为

$$I_{Q(dc)} = \frac{1}{\pi} \int_{-\frac{\pi}{2}}^{\frac{\pi}{2}} i_Q(\theta) d\theta \qquad (14.23)$$

代入式（14.22）和式（14.23）可得

$$I_{Q(dc)} = \frac{I_{ph}}{\pi} \int_{-\frac{\pi}{2}}^{\frac{\pi}{2}} \left(\sqrt{2} \cos\theta - \frac{2V_{ph} \cos^2\theta}{V_{dc}} \right) d\theta \qquad (14.24)$$

可以简化为

$$I_{Q(dc)} = I_{ph} \left(\frac{2\sqrt{2}}{\pi} - \frac{V_{ph}}{V_{dc}} \right) \qquad (14.25)$$

因为

$$\int_{-\frac{\pi}{2}}^{\frac{\pi}{2}} \cos\theta d\theta = 2 \text{ 和 } \int_{-\frac{\pi}{2}}^{\frac{\pi}{2}} \cos^2\theta d\theta = \frac{\pi}{2} \qquad (14.26)$$

类似地，升压二极管里的低频时间平均电流值为

$$i_D(\theta) = [1 - d(\theta)] |i_{ac}(\theta)| \qquad (14.27)$$

展开后有

$$i_D(\theta) = \left(\frac{\sqrt{2} V_{ph} |\cos\theta|}{V_{dc}} \right) \times \sqrt{2} I_{ph} \cos\theta \qquad (14.28)$$

二极管在半个周期内导通电流，平均电流为

$$I_{D(dc)} = \frac{1}{\pi} \int_{-\frac{\pi}{2}}^{\frac{\pi}{2}} i_D(\theta) d\theta = \frac{1}{\pi} \int_{-\frac{\pi}{2}}^{\frac{\pi}{2}} \frac{2V_{ph} I_{ph} \cos^2\theta}{V_{dc}} d\theta = \frac{2V_{ph} I_{ph}}{\pi V_{dc}} \int_{-\frac{\pi}{2}}^{\frac{\pi}{2}} \cos^2\theta d\theta \qquad (14.29)$$

可以简化为

$$I_{D(dc)} = \frac{V_{ph} I_{ph}}{V_{dc}} \qquad (14.30)$$

14.6.5 开关、二极管和电容电流有效值

升压开关里的有效电流可以近似表示为

$$I_{Q(rms)} = \sqrt{\frac{1}{\pi} \int_{-\frac{\pi}{2}}^{\frac{\pi}{2}} d(\theta) [i_{ac}(\theta)]^2 d\theta} \qquad (14.31)$$

代入式（14.4）和式（14.13）可得

$$I_{Q(rms)} = \sqrt{\frac{1}{\pi}\int_{-\frac{\pi}{2}}^{\frac{\pi}{2}}\left(1 - \frac{\sqrt{2}V_{ph}|\cos\theta|}{V_{dc}}\right) \times (\sqrt{2}I_{ph}\cos\theta)^2 d\theta} \qquad (14.32)$$

上式可以简化为

$$I_{Q(rms)} = I_{ph}\sqrt{\frac{1}{\pi}\int_{-\frac{\pi}{2}}^{\frac{\pi}{2}}\left(2\cos^2\theta - \frac{2\sqrt{2}V_{ph}|\cos\theta|\cos^2\theta}{V_{dc}}\right)d\theta} \qquad (14.33)$$

因为有

$$\int_{-\frac{\pi}{2}}^{\frac{\pi}{2}}|\cos\theta|\cos^2\theta d\theta = \frac{4}{3} \qquad (14.34)$$

开关里的有效电流为

$$I_{Q(rms)} = I_{ph}\sqrt{1 - \frac{8\sqrt{2}V_{ph}}{3\pi V_{dc}}} \qquad (14.35)$$

类似地,升压二极管里的有效电流可以由下式给出

$$I_{D(rms)} = I_{ph}\sqrt{\frac{8\sqrt{2}V_{ph}}{3\pi V_{dc}}} \qquad (14.36)$$

高压直流母线电容的有效电流 $I_{Cdc(rms)}$ 可以由下式给出

$$\begin{aligned} I_{Cdc(rms)} &= \sqrt{I_{D(rms)}^2 - I_{D(dc)}^2} \\ &= I_{ph}\sqrt{\frac{8\sqrt{2}V_{ph}}{3\pi V_{dc}} - \frac{V_{ph}^2}{V_{dc}^2}} \end{aligned} \qquad (14.37)$$

14.6.6 功率半导体充电

尽管硅 IGBT 和硅二极管在低、中开关频率中占主导地位,但是硅 MOSFET 更适用于中低电压(<600V)的高开关频率。MOSFET 中的导通损耗可以通过漏源导通电阻 $R_{DS(on)}$ 进行简单建模。通常为组件指定最大 $R_{DS(on)}$。功率 MOSFET 的特点是通常在 25~120℃ 之间,导通电阻加倍。

MOSFET 传导损耗由下式给出

$$P_{Q(cond)} = R_{DS(on)}I_{Q(rms)}^2 \qquad (14.38)$$

由于 $R_{DS(on)}$ 随器件额定电压的平方和立方之间某个指数的增加而增加,因此在高电压下,硅 MOSFET 不如硅 IGBT。但是,在高频 PFC 升压器方面,MOSFET 是具有竞争性的器件。

开关极的功率损耗的重要来源是升压二极管的反向恢复损耗。这种损耗可以通

过使用宽带隙碳化硅（SiC）肖特基二极管来消除，该二极管没有反向恢复损耗，但是成本非常高。

二极管和开关切换时的平均电流为

$$I_{Q(sw,avg)} = I_{D(sw,avg)} = \frac{2\sqrt{2}}{\pi} I_{ph} \quad (14.39)$$

类似于第11章第11.5.1.3节中的IGBT，MOSFET的开关功率仍然有损耗

$$P_{Q(sw)} = f_s (E_{on} + E_{off}) \frac{V_{dc}}{V_{test}} \quad (14.40)$$

为简单起见，假定SiC二极管的开关损耗为零。

在本节的最后部分，估算升压PFC中半导体开关的损耗。

14.6.6.1 例：硅MOSFET和硅碳二极管功率损耗

本章所用示例的PFC升压变换器具有典型的硅MOSFET和SiC二极管特征，名义上是来自制造商IXYS的部件MKE 11R600DCGFC。

25℃时的标称最大$R_{DS(on)}$为0.165Ω，但在125℃时增加到约0.375Ω，如图14.20a所示。

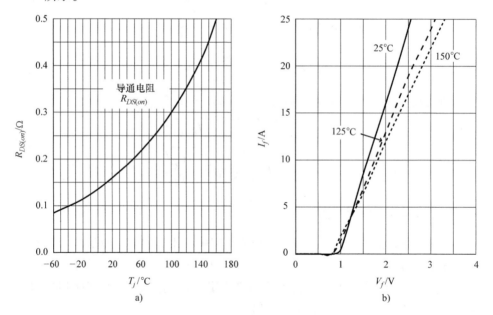

图14.20　600V、15A MOSFET和SiC二极管导通特性

二极管导通电压降如图14.20b所示，125℃时V_{f0} = 0.8V，r_f = 8.8mΩ。
MOSFET开关损耗如图14.21所示。忽略二极管开关损耗。
假设结点温度为125℃，计算MOSFET和二极管功率损耗。

解：

开关有效电流为

$$I_{Q(rms)} = I_{ph}\sqrt{1 - \frac{8\sqrt{2}V_{ph}}{3\pi V_{dc}}} = 14.35 \times \sqrt{1 - \frac{8\sqrt{2} \times 230}{3\pi \times 380}}\text{A} = 7.504\text{A}$$

MOSFET 传导损耗为

$$P_{Q(cond)} = R_{DS(on)}I_{Q(rms)}^2 = 0.375 \times 7.504^2 \text{W} = 21.1\text{W}$$

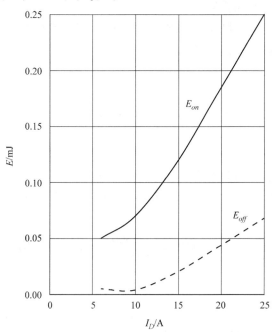

图 14.21　600V、15A MOSFET（和 SiC 二极管）在 125℃和 380V 测试电压时的开启和关闭开关损耗

二极管平均和有效电流为

$$I_{D(dc)} = \frac{V_{ph}I_{ph}}{V_{dc}} = \frac{230 \times 14.35}{380}\text{A} = 8.69\text{A}$$

$$I_{D(rms)} = I_{ph}\sqrt{\frac{8\sqrt{2}V_{ph}}{3\pi V_{dc}}} = 14.35 \times \sqrt{\frac{8\sqrt{2} \times 230}{3\pi \times 380}}\text{A} = 12.23\text{A}$$

二极管传导损耗为

$$P_{D(cond)} = V_{f0}I_{D(dc)} + r_f I_{D(rms)}^2 = 0.8 \times 8.69\text{W} + 0.0088 \times 12.23^2\text{W} = 8.3\text{W}$$

对于正弦激励，开关和二极管的平均开关电流为

$$I_{Q(sw,avg)} = I_{D(sw,avg)} = \frac{2\sqrt{2}}{\pi}I_{ph} = \frac{2\sqrt{2}}{\pi}14.35\text{A} = 12.92\text{A}$$

开关的开启和关闭功率损耗为

$$P_{Q(sw)} = f_s(E_{on} + E_{off})\frac{V_{dc}}{V_{test}}100 \times 10^3(0.1 \times 10^{-3} + 0.013 \times 10^{-3})\frac{380}{380}\text{W} = 11.3\text{W}$$

平均开关电流为 12.92A 时，$E_{on} = 0.1\text{mJ}$、$E_{off} = 0.013\text{mJ}$，如图 14.21 所示。开关和二极管中的功率损耗为

$$P_Q = P_{Q(cond)} + P_{Q(sw)} = 21.1\text{W} + 11.3\text{W} = 32.4\text{W}$$

$$P_D = P_{D(cond)} = 8.3\text{W}$$

14.6.6.2 例：PFC 阶段损耗

如果电感器的等效串联电阻为 $R_{cu} = 50\text{m}\Omega$，并且辅助功率和杂散功耗 P_{aux} 为 15W，计算整体 PFC 变换器的功率损耗和效率。

解：

电感器损耗为

$$P_L = R_{cu} I_{ph}^2 = 0.05 \times 14.35^2 \text{W} = 10.3\text{W}$$

辅助和杂散功率损耗为

$$P_{aux} = 15\text{W}$$

总损耗是电感器、辅助电路、电桥、整流器、升压开关和二极管的损耗总和

$$P_{loss} = P_L + P_{aux} + P_{RB} + P_Q + P_D = 10.3\text{W} + 15\text{W} + 24.8\text{W} + 32.4\text{W} + 8.3\text{W} = 90.8\text{W}$$

近似效率为

$$\eta = \frac{P}{P + P_{loss}} \times 100\% = \frac{3300}{3300 + 90.8} \times 100\% = 97.3\%$$

参 考 文 献

1 *SAE Electric Vehicle and Plug in Hybrid Electric Vehicle Conductive Charge Coupler, SAE J-1772*, Society of Automotive Engineers.
2 *SAE Power Quality Requirements for Plug-In Electric Vehicle Chargers, SAE J-2894*, Society of Automotive Engineers.
3 J. G. Hayes, *Resonant Power Conversion Topologies for Inductive Charging of Electric Vehicle Batteries*, PhD Thesis, University College Cork, 1998.
4 *SAE Electric Vehicle Inductive Coupling Recommended Practice, SAE J-1773*, Society of Automotive Engineers, Draft, Feb. 1, 1995.
5 R. Severns, E. Yeow, G. Woody, J. Hall, and J. Hayes, "An ultra-compact transformer for a 100 W to 120 kW inductive coupler for electric vehicle battery charging," *IEEE Applied Power Electronics Conference*, pp. 32–38, 1996.
6 J. G. Hayes, N. O'Donovan, and M. G. Egan, "Inductance characterization of high-leakage transformers," *IEEE Applied Power Electronics Conference*, pp. 1150–1156, 2003.
7 N. Mohan, *Power Electronics A First Course*, Chapter 6, John Wiley & Sons, 2012.
8 S. Abdel-Rahman, F. Stuckler, and K. Siu, *PFC Boost Converter Design Guide 1200 W Design Example*, Infineon Application Note, 2016.
9 Texas Instruments, *UCC2817, UCC2818, UCC3817 and UCC3818 BiCMOS Power Factor Preregulator*, Unitrode Products from Texas Instruments, revised 2015.
10 M. Nave, *Power Line Filter Design for Switched-Mode Power Supplies*, Van Nostrand Reinhold, 1991.
11 H. W. Ott, *Electromagnetic Compatibility Engineering*, John Wiley & Sons, 2009.

12 P. Bardos, "Predicting the EMC performance of high-frequency inverters," *IEEE Applied Power Electronics Conference*, pp. 213–219, 2001.

13 M. Kacki, M. Rylko, J. G. Hayes, and C. R. Sullivan, "Magnetic material selection for EMI filters," *IEEE Energy Conversion Congress and Exposition*, 2017.

14 M. G. Egan, D. O'Sullivan, J. G. Hayes, M. Willers, and C. P. Henze, "Power-factor-corrected single-stage inductive charger for electric-vehicle batteries," *IEEE Transactions on Industrial Electronics*, 54 (2), pp. 1217–1226, April 2007.

15 Website of IXYS Corp., www.ixys.com.

扩展阅读

1 N. Mohan, T. M. Undeland, and W. P. Robbins, *Power Electronics Converters, Applications and Design*, 3rd edition, John Wiley & Sons, 2003.

2 R. W. Erickson, *Fundamentals of Power Electronics*, Chapter 17, Kluwer Academic Publishers, 2000.

3 M. Yilmaz and P. T. Krein, "Review of battery charger topologies, charging power levels, and infrastructure for plug-in electric and hybrid vehicles," *IEEE Transactions on Power Electronics*, 28 (5), pp. 2151–2169, May 2013.

4 R. Ryan, J. G. Hayes, R. Morrison, and D. Hogan, "Digital control of an interleaved BCM boost PFC converter with fast transient response at low input voltage," *IEEE Energy Conversion Congress and Exposition*, 2017.

问 题

14.1 以本章中使用的变换器为例,在线电压分别为180V和265V,输出功率为3.3kW的条件下,计算以下内容:输入电流、整流桥和电感功率损耗、开关和二极管平均和有效电流和损耗、整体变换器损耗和效率。

[答案:1) 线电压为180V时,$I_{ph}=18.33A$,$P_{RB}=33.1W$,$P_L=16.8W$,$I_{Q(rms)}=12.04A$,$I_{D(dc)}=8.68A$,$I_{D(rms)}=13.82A$,$P_Q=69.9W$($E_{on}\approx0.025mJ$,$E_{off}\approx0.13mJ$),$P_D=8.6W$,$P_{loss}=143.4W$,$Eff=95.8\%$;2) 线电压为265V时,$I_{ph}=12.45A$,$P_{RB}=21.0W$,$P_L=7.8W$,$I_{Q(rms)}=5.02A$,$I_{D(dc)}=8.68A$,$I_{D(rms)}=11.39A$,$P_Q=18W$,$P_D=8.1W$,$P_{loss}=69.9W$,$Eff=97.9\%$]

14.2 一个2kW PFC 升压器的额定输入电压为230V,输入相电压范围为180~265V,直流母线电压为380V。假设电感器的等效串联电阻为50mΩ,辅助电源及杂散功率损耗为15W。使用第14.6.6.1节中的半导体特性。

1) 当开关频率为60kHz,峰峰值纹波比为标称输入电压峰值低频电流峰值的15%时,计算升压电感的值。

2) 在标称电压下计算以下内容:输入电流、整流桥和电感器功率损耗、开关和二极管平均和有效电流,以及开关和二极管损耗、整体变换器损耗和效率。

[答案:1) 422μH;2) $I_{ph}=8.7A$,$P_{RB}=14W$,$P_L=3.8W$,$I_{Q(rms)}=4.55A$,$I_{D(rms)}=5.26A$,$I_{D(rms)}=7.41A$,$P_Q=11.6W$,$P_D=4.7W$,$P_{aux}=15W$,$P_{loss}=49.1W$,$Eff=97.6\%$]

14.3 6.6kW PFC 升压器设计使用 220V、50Hz/60Hz 的标称输入电压。开关频率为 40kHz，峰峰值纹波比为名义输入电压峰值处低频电流峰值的 10%。直流母线电压为 380V。

1）计算升压电感和峰值电感电流的值。

2）如果 MOSFET 的 $R_{DS(on)}$ 为 0.19Ω，导通和关断能量损耗如图 14.22 所示。计算升压开关中的功率损耗。注意，这些曲线适用于 380V 的直流母线电压。

［答案：1）$332\mu H$，$I_{L(peak)}=44.5A$；2）$P_Q=57W$］

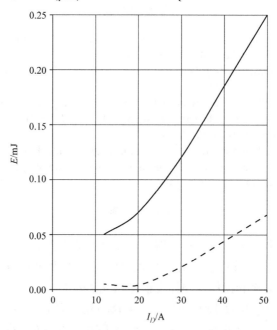

图 14.22 代表 600V、30AMOSFET（和 SiC 二极管）在 380 V_{dc} 导通和关断的能量曲线

作　业

你所在地区的电压、电流、频率和接线配置是什么？你所在地区使用哪些充电标准？

第 15 章　电驱动装置控制

"最近注意到我的好朋友 James Clerk Maxwell 在一个相当微不足道的问题上遇到了一些困难……。"

——Edward John Routh（1831—1907）

本章将基本控制理论应用于直流电机推进的电动汽车动力总成。控制基础理论无论是适用于直流电机还是交流电机，起始点都是永磁（PM）直流电机集成。绕线式（WF）直流电机可以确保电动汽车在高速磁场弱化区运行。MATLAB/Simulink 用于模拟行驶过程。

15.1　控制介绍

电机控制是电力转换和电驱动领域的关键技术之一，正如我们总是对控制电压、电流、转矩、转速等非常感兴趣。反馈控制在工业化时代做出了巨大贡献。James Watt（1736—1819）开发了首款工业控制器去管理他的蒸汽机。伟大的科学家和数学家 James Clerk Maxwell（1831—1879）提出了初步控制理论。在 16 章主要介绍了 Maxwell 和他的电磁方程式。Edward John Routh（1831—1907）是 Maxwell 在剑桥大学的同学，实际上他在 1854 年毕业时就在 Maxwell 之前完成了他的理论。

Hendrik Bode（1905—1982）和 Harry Nyquist（1889—1976）进一步发展和应用了控制理论，如同我们今天学习的一样。

按照电驱动的观点，车辆上有两个主要反馈控制回路。第一个外部回路是车辆的速度控制回路。这个回路是一个相对较慢的循环，它逐渐接近于人类驾驶员大脑的反应速度。显然，随着自动驾驶车辆的到来，驾驶员控制车辆速度的角色正在改变。第二个回路是转矩控制，实质是通过踩加速踏板和制动踏板来控制车辆动力总成。这个回路显然比速度回路更快，车辆快速响应以调节转矩。

这个内部转矩回路实质上是电动汽车的电流回路。电流是容易控制的，而它与电机转矩是成比例关系的。外部回路是速度回路，因为速度与电压成比例，因此在工业控制界也称之为电压回路。

反馈控制设计路径

控制和稳定回馈控制器是一项相当专业、精确而且实用的技术，参考文献 [1-7]。本研究中，我们为开发基础控制器进行了一些简化假设。

通过四个步骤来保证与反馈回路性能接近：
1) 开发大信号模型来定义系统的特性。
2) 在直流运行点附近，大信号模型线性化，并采用小信号分析进行研究。
3) 采用小信号模型反馈控制理论来稳定系统。
4) 采用大信号模型试验系统的动态响应性。

在本系统中，我们采用两个回路，控制框图如图15.1所示。内部转矩/电流回路非常快，这个回路的电流转换频率或者带宽大约是开关频率的1/10，举例来说，500Hz对应于5kHz的开关频率。外回路是速度回路，它是非常慢的。典型的工业化应用中，外部回路的带宽显著低于电流回路，可能是电流回路的1/10或更低，速度带宽大约是5Hz，与人类驾驶员控制时的反应速度相当。

外部速度回路接近于驾驶员的大脑。驾驶员可以通过操作加速踏板和制动踏板调节转矩来改变车速。速度误差通过大脑内速度误差放大器$G_{c\omega}$放大。速度误差放大器的输出是转矩/电流回路的输入指令，输入的机械机构是车辆的节气门和制动踏板。

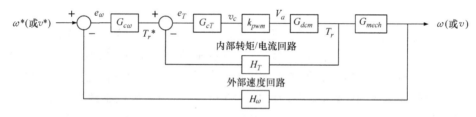

图15.1 控制框图

15.2 电动机械系统建模

本节将为机械系统、永磁（PM）直流电机、直流-直流变换器、比例积分控制器等开发大/小信号模型。整个系统如图15.2所示。

15.2.1 机械系统

利用前面第2章的方程式（2.26），令转子转矩T_r等于牵引转矩T_t，可以为机械系统建模

$$T_r = \frac{1}{n_g \eta_g} T_{axle} = \frac{1}{n_g \eta_g} \left[r \left(m \frac{dv}{dt} + mg\sin\theta + A + Bv + Cv^2 \right) + J_{axle} \alpha_{axle} \right]$$

车辆的路面载荷力及转矩为

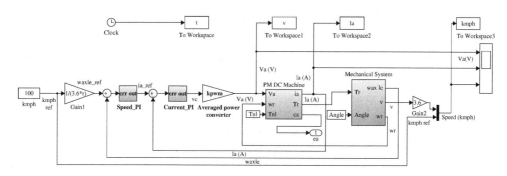

图 15.2　PM 直流电机驱动电动汽车仿真模型

$$F_v = A + Bv + Cv^2 + mg\sin\theta \text{ 和 } T_v = F_v r \tag{15.1}$$

驱动轴转矩 T_{axle} 和加速转矩 T_a 分别为

$$T_{axle} = n_g \eta_g T_r \tag{15.2}$$

$$T_a = T_{axle} - T_v = rm\frac{dv}{dt} + J_{axle}\alpha_{axle} \tag{15.3}$$

已知

$$v = r\omega_{axle} \text{ 和 } \alpha_{axle} = \frac{d\omega_{axle}}{dt} \tag{15.4}$$

则，加速转矩为

$$T_a = (r^2 m + J_{axle})\frac{d\omega_{axle}}{dt} \text{ 或 } d\omega_{axle} = \frac{T_a}{(r^2 m + J_{axle})}dt \tag{15.5}$$

式中，J_{axle} 是驱动轴转动惯量。

最终的方程式可以表示为驱动轴转速 ω_{axle} 的积分，单位为 rad/s

$$\omega_{axle} = \int \frac{T_a}{r^2 m + J_{axle}}dt \tag{15.6}$$

拉普拉斯变换等式为

$$\omega_{axle}(s) = \frac{1}{(r^2 m + J_{axle})}\frac{1}{s}T_a(s) \tag{15.7}$$

式中，s 是复数运算符。

我们可以用转速和转矩之间的关系来代替驱动轴转速和加速转矩，分别如下

$$\frac{\omega_{axle}(s)}{T_a(s)} = \frac{\omega_r(s)/n_g}{n_g \eta_g T_r(s) - T_v(s)} = \frac{1}{(r^2 m + J_{axle})}\frac{1}{s} \tag{15.8}$$

大信号模型展示了速度既是转矩的输入也是输出结果。图 15.3 所示为基于之前方程式的大信号机械系统。

对于小信号扰动，由于车辆惯性大，可以忽略车辆载荷和斜坡力的影响。例如

$$\frac{\omega_{axle}(s)}{T_a(s)} \approx \frac{\omega_r(s)}{n_g^2 \eta_g T_r(s)} \approx \frac{1}{(r^2 m + J_{axle})}\frac{1}{s} \tag{15.9}$$

此方程式可以被修改为定义电机速度和转矩小信号关系的方程式。以下方程式为机械系统的小信号增益

$$G_{mech}(s) \approx \frac{\omega_r(s)}{T_r(s)} = \frac{n_g^2 \eta_g}{r^2 m + J_{axle}} \frac{1}{s} = \frac{1}{s J_{eq}} \quad (15.10)$$

J_{eq} 等于电机系统里显示的小信号等效惯量，即

$$J_{eq} = \frac{r^2 m + J_{axle}}{n_g^2 \eta_g} \quad (15.11)$$

现在，我们有了机械系统的小信号及大信号模型。

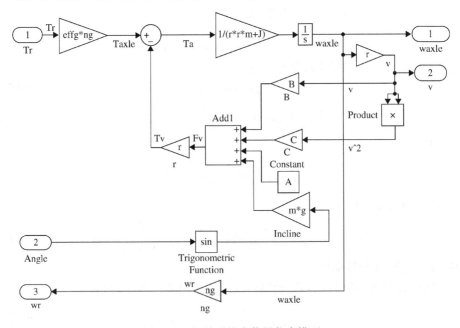

图 15.3 机械系统大信号仿真模型

15.2.2 永磁直流电机

现在我们建立了永磁直流电机模型，从第 7 章的相关内容可知，基础电机方程式如下所示

$$V_a = E_a + R_a i_a + L_a \frac{di_a}{dt} \quad (15.12)$$

$$T_{em} = k I_a = T_r + T_{nl} \quad (15.13)$$

$$E_a = k\omega_r \quad (15.14)$$

回路方程式的积分形式为

$$i_a = \int \frac{V_a - E_a - R_a i_a}{L_a} dt \quad (15.15)$$

拉普拉斯变换形式为

$$I_a(s) = \frac{V_a(s) - E_a(s) - R_a I_a(s)}{sL_a} \quad (15.16)$$

对于小信号的干扰，由于车辆惯量较大，因此可以忽略反电动势E_a（和速度）的影响。因此，电机的小信号增益为

$$\frac{\Delta i_a}{\Delta v_a} \approx \frac{I_a(s)}{V_a(s)} = \frac{1}{R_a + sL_a} = \frac{1}{R_a} \frac{1}{(1 + s\tau_e)} \quad (15.17)$$

式中，τ_e是电机的电气时间常数，$\tau_e = L_a/R_a$。

电机转矩和电流的关系为

$$T_{em}(s) = T_r(s) + T_{nl}(s) = KI_a(s) \quad (15.18)$$

忽略空载转矩的影响，转子转矩和电枢电流的小信号关系为

$$T_r(s) = kI_a(s) \quad (15.19)$$

因此，直流电机的小信号增益G_{dcm}模型为

$$G_{dcm}(s) = \frac{T_r(s)}{V_a(s)} = \frac{T_r(s)}{I_a(s)} \times \frac{I_a(s)}{V_a(s)} = k \times \frac{1}{R_a} \frac{1}{(1 + s\tau_e)} = \frac{k}{R_a(1 + s\tau_e)} \quad (15.20)$$

将式（15.10）和式（15.13）组合在一起，很容易得到转子速度和电枢电流的关系为

$$\frac{\Delta \omega_r}{\Delta I_a} \approx \frac{\omega_r(s)}{I_a(s)} = \frac{k}{sJ_{eq}} \quad (15.21)$$

图15.4所示为大信号机械等式方程的仿真模型，注意其中忽略了电机的惯性矩，因为它和车辆的惯性矩相比非常小。

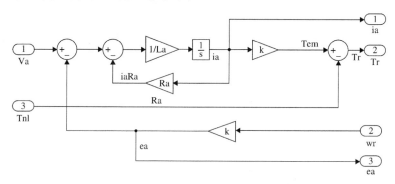

图15.4　直流电机仿真模型

15.2.3　直流－直流变换器

全桥式直流－直流变换器采用的是电流模式控制。可以通过调节电枢电流控制电机转矩。

从控制的角度来看，直流－直流变换器可以被视为一个放大器。其增益K_{pwm}可

以表示为馈送放大器的直流电压V_s与生成脉冲宽度调制（PWM）信号的三角形电压峰值$V_{tri(pk)}$之比，即

$$k_{pwm} = \frac{V_a}{V_c} = \frac{V_s}{V_{tri(pk)}} \tag{15.22}$$

式中，V_c是放大器控制电压，它被增益K_{pwm}放大以提供放大器输出电压V_a，然后供给电机的电枢端。

15.2.4 PI 控制器

PI 控制器可以被用来控制转矩和速度回路。

PI 信号误差放大器如图 15.5 所示，简化模型为

$$G_c(s) = k_p + \frac{k_i}{s} = \frac{k_i + k_p s}{s} = k_i \frac{1 + \frac{k_p}{k_i} s}{s} \tag{15.23}$$

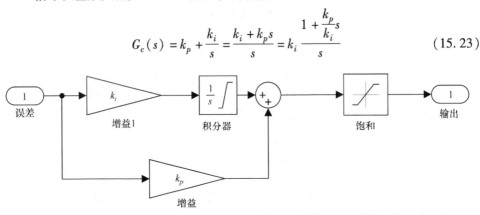

图 15.5　PI 信号误差放大器

信号误差放大器的增益为k_i，它有一个 0Hz 或直流时的极点，以及一个由k_p/k_i所决定的零值。

15.3　转矩回路补偿设计

转矩回路增益$G_{LT}(s)$为

$$G_{LT}(s) = G_{cT}(s) k_{pwm} G_{dcm}(s) H_T(s) \tag{15.24}$$

式中，$G_{LT}(s)$和$H_T(s)$分别为 PI 误差放大器中转矩回路的增益和反馈阶段的增益。

PI 误差放大器中转矩回路的增益为

$$G_{cT}(s) = k_{iT} \frac{1 + \frac{k_{pT}}{k_{iT}} s}{s} \tag{15.25}$$

为了简化，将反馈增益$H_T(s)$的值设为 1。这样的话，转矩回路增益可以简

化为
$$G_{LT}(s) = G_{cT}(s) k_{pwm} G_{dcm}(s) \tag{15.26}$$

详细表示为
$$G_{LT}(s) = k_{iT} \frac{\left(1 + \frac{k_{pT}}{k_{iT}} s\right)}{s} k_{pwm} \frac{k}{R_a(1 + s\tau_e)} \tag{15.27}$$

为了简单起见，将补偿器设置为零等，这样可以容易地使回路稳定，它取消了由于电机引起的极点。因此，令
$$\tau_e = \frac{k_{pT}}{k_{iT}} \tag{15.28}$$

简化式（15.27）为
$$G_{LT}(s) = \frac{k_{iT} k_{pwm} k}{R_a} \frac{1}{s} \tag{15.29}$$

此处，它代表相位为 $-90°$ 的单电极。

令电流控制回路的带宽或交叉频率为 ω_{cT}。回路的增益统一为交叉频率。因此，一旦带宽确定了，补偿参数就容易确定了
$$|G_{LT}(j\omega_{cT})| = \frac{k_{iT} k_{pwm} k}{R_a \omega_{cT}} = 1 \tag{15.30}$$

积分增益表达式为
$$k_{iT} = \frac{R_a \omega_{cT}}{k_{pwm} k} \tag{15.31}$$

现在，式（15.28）就可以被用来定义比例增益了。

例：为转矩回路定义补偿增益系数

由电流控制开关模型 PMW 直流-直流变换器提供的永磁 PM 直流电机系统参数为：电枢电阻 $R_a = 50\text{m}\Omega$，电枢电感 $L_a = 0.5\text{mH}$，变换器直流总线电压 $V_s = 300\text{V}$，三角波控制电压幅值 $V_{tri(pk)} = 3\text{V}$，开关频率 $f_s = 10\text{kHz}$，机械常数 $k = 0.77\text{N}\cdot\text{m/A}$。电机被一个内部回路控制转矩（电流）控制。电机感应反电动势和控制回路上的负载转矩的反馈影响可以忽略。

计算误差放大器比例增益 k_{pT} 和积分增益 k_{iT}，以使转矩回路在 1/10 开关频率（1000Hz）下的交变频率具备一个单极衰减特性，假设单位反馈。

解：

电子时间参数和转换增益为
$$\tau_e = \frac{L_a}{R_a} = \frac{0.5 \times 10^{-3}}{50 \times 10^{-3}} \text{s} = 10\text{ms}$$

$$k_{pwm} = \frac{V_s}{V_{tri(pk)}} = \frac{300}{3} = 100$$

假设一个单极衰减,我们从式(15.31)可以知道

$$k_{iT} = \frac{R_a \omega_{cT}}{k_{pwm} k} = \frac{50 \times 10^{-3} \times 2\pi \times 1000}{100 \times 0.77} = 4.08$$

从式(15.28)可以知道

$$k_{pT} = k_{iT}\tau_e = 4.08 \times 10 \times 10^{-3} = 0.0408$$

15.4 速度控制回路补偿设计

速度回路增益 $G_{L\omega}$ 为

$$G_{L\omega}(s) = G_{c\omega}(s) G_{CLT}(s) G_{mech}(s) H_\omega(s) \tag{15.32}$$

式中,$G_{CLT}(s)$ 是内部转矩回路闭环增益;$H_\omega(s)$ 是速度反馈增益。

速度回路 PI 信号误差放大器增益为

$$G_{c\omega}(s) = k_{i\omega} \frac{1 + \frac{k_{p\omega}}{k_{i\omega}}s}{s} \tag{15.33}$$

由于速度回路是非常慢的回路,我们可以假定转矩回路是理想化的,它的增益是统一的,即 $G_{CLT}(s) = 1$。为了简化,我们也设回路增益 $H_\omega(s) = 1$。

因此,速度回路增益能被简化为

$$G_{L\omega}(s) = G_{c\omega}(s) G_{mech}(s) \tag{15.34}$$

或

$$G_{L\omega}(s) = k_{i\omega} \frac{\left(1 + \frac{k_{p\omega}}{k_{i\omega}}s\right)}{s} \frac{1}{sJ_{eq}} \tag{15.35}$$

该功能为具有两个极点的直流在某一频率下增加一个零点,频率值由控制增益器决定。回路增益振幅为

$$|G_{L\omega}(j\omega)| = \frac{k_{i\omega}}{J_{eq}} \frac{\sqrt{1 + \left(\frac{k_{p\omega}}{k_{i\omega}}\omega\right)^2}}{\omega^2} \tag{15.36}$$

回路的相位为

$$\angle G_{L\omega}(j\omega) = -180° + \tan^{-1}\left(\frac{k_{p\omega}}{k_{i\omega}}\omega\right) \tag{15.37}$$

直流的两极提供了 $-180°$ 相位。交变频率的零相位提供了速度回路相位裕度。因此,相位裕度 PM_ω 为

$$PM_\omega = \tan^{-1}\left(\omega_{c\omega}\frac{k_{p\omega}}{k_{i\omega}}\right) \tag{15.38}$$

如果知道期望的相位裕度，则比例增益可以被定义为

$$k_{p\omega} = \frac{k_{i\omega}}{\omega_{c\omega}} \tan(PM_\omega) \tag{15.39}$$

在交变频率的增益为

$$|G_{L\omega}(j\omega)| = \frac{k_{i\omega}}{J_{eq}} \frac{\sqrt{1+[\tan(PM_\omega)]^2}}{\omega_{c\omega}^2} = 1 \tag{15.40}$$

因此，积分增益为

$$k_{i\omega} = \frac{\omega_{c\omega}^2 J_{eq}}{\sqrt{1+[\tan(PM_\omega)]^2}} \tag{15.41}$$

例：为速度回路定义补偿增益系数

上一个案例中的车辆被外部速度回路控制，带宽为5Hz，相位裕度为60°。令质量 $m=1645\text{kg}$，车轮半径 $r=0.315\text{m}$，速比 $n_g=8.19$，传递效率 $\eta_g=95\%$，轴系惯性矩 $J_{axle}=3\text{kg}\cdot\text{m}^2$。假定速度回路为单位反馈。计算误差信号放大器比例 $k_{p\omega}$ 和积分增益 $k_{i\omega}$。

解：

等价惯性矩为

$$J_{eq} = \frac{r^2 m + J_{axle}}{n_g^2 \eta_g} = \frac{0.315^2 \times 1645 + 3}{8.19^2 \times 0.95} = 2.61 \text{kg} \cdot \text{m}^2$$

PI 系数为

$$k_{i\omega} = \frac{\omega_{c\omega}^2 J_{eq}}{\sqrt{1+[\tan(PM_\omega)]^2}} = \frac{(2\pi \times 5)^2 \times 2.61}{\sqrt{1+(\tan 60°)^2}} = 1288$$

$$k_{p\omega} = \frac{k_{i\omega}}{\omega_{c\omega}} \tan(PM_\omega) = \frac{1288}{2\pi \times 5} \tan(60°) = 71$$

下一章节中的 PM 直流驱动仿真将使用前面两个例题中推导出的参数进行控制。

15.5 使用永磁直流电机电动汽车的加速性

如果控制系数已知，那么就可以模拟一辆汽车的可控驾驶加速度，使用的仿真模型如图15.2所示。从0到100km/h简单加速行驶仿真模拟结果如图15.6所示，其中还包括电枢电压 v_a、电枢电流 I_a 和车辆速度。

如第7章7.7.1节所讨论的那样，传统的永磁直流电机的磁场不能被削弱，因此在明显超出39.56km/h的额定速度时是无法运行的。当车辆加速至50km/h时，电机的反电动势从0V增加到300V。当达到300V最大电压后，车辆不能再加速，

速度固定在约50km/h。电枢电流从开始驱动加速时的高值下降到相当低的水平，以满足50km/h巡航需求。

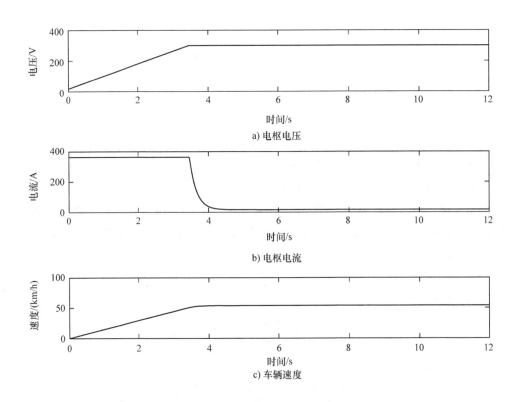

图15.6 永磁直流驱动仿真输出

15.6 使用电磁直流电机电动汽车的加速性

当前，图15.2所示的永磁直流电机模型已经被电磁直流电机替代。电磁直流电机模型如图15.7和图15.8所示。注意在该简单模型中控制系数没有变更。

如第7章7.9.1节所讨论的，励磁电流I_f在额定速度以上与速度成等比例减少，以便通过磁场削弱使车辆在高速时运行。电机常数为

$$k = \frac{p}{2}L_f I_f \tag{15.42}$$

这里，励磁电流按照速度的变化情况如下

$$\begin{cases} 低于额定速度时，I_f = I_{f(rated)} \\ 高于额定速度时，I_f = I_{f(rated)}\dfrac{\omega_{r(rated)}}{\omega_r} \end{cases} \tag{15.43}$$

当电磁直流电机通过削弱磁场可达到最大速度 150km/h 时,车辆可以全加速至 100km/h,如图 15.9 所示。这个简单例子说明了削弱电机磁场可以使车辆在高速下运行。

如图 15.9 所示,车辆可以加速至额定速度以上,并且可以维持电机的最大电流,因为磁场削弱,电机速度不再被反电动势限制。

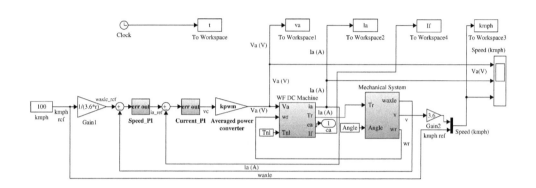

图 15.7 电磁直流驱动模型(一)

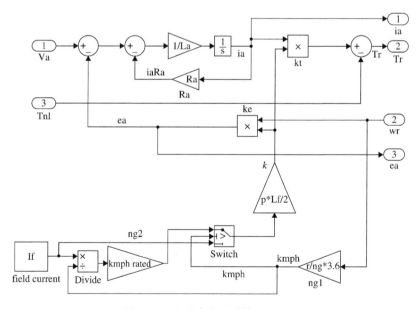

图 15.8 电磁直流驱动模型(二)

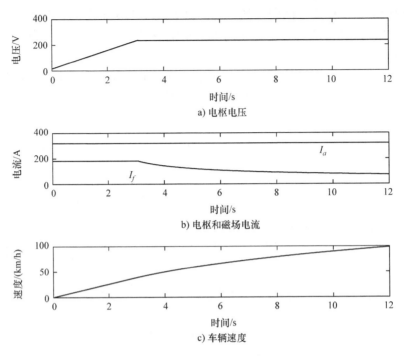

a) 电枢电压

b) 电枢和磁场电流

c) 车辆速度

图 15.9 电磁直流驱动仿真输出

参 考 文 献

1. J. G. Truxal, *Introductory System Engineering*, McGraw-Hill, 1972, p. 527.
2. Staff of University of Michigan, Carnegie Mellon University, University of Detroit Mercy, *Control Tutorials for Matlab & Simulink*.
3. K. Dutton, S. Thompson, and B. Barraclough, *The Art of Control Engineering*, Pearson Education, 1997.
4. K. Ogata, *Modern Control Engineering*, Pearson Education, 2010.
5. N. Mohan, *Power Electronics: A First Course*, John Wiley & Sons, 2012.
6. N. Mohan, T. M. Undeland, and W. P. Robbins, *Power Electronics Converters, Applications and Design*, 3rd edition, John Wiley & Sons, 2003.
7. R. W. Erickson, *Fundamentals of Power Electronics*, Chapter 17, Kluwer Academic Publishers, 2000.

问　题

15.1 再计算 15.3.1 节例题的误差信号放大器增益，非单位反馈，传感器输出为 5V/400N·m。

在此问题中，简化回路增益变为

$$G_{LT}(s) = k_{iT}\frac{\left(1+\frac{k_{pT}}{k_{iT}}s\right)}{s} \times k_{pwm} \times \frac{k}{R_a(1+s\tau_e)} \times H_T \qquad (15.44)$$

[答案：$k_{iT} = 326.4$，$k_{pT} = 3.264$]

15.2 再计算 15.1 误差信号放大器增益，假设燃料电池输出电压为 150V。

[答案：$k_{iT} = 652.8$，$k_{pT} = 6.53$]

15.3 再计算例 15.4.1 误差信号放大器增益，假设车辆是自动的，带宽为 20Hz，相位增益为 45°。

[答案：$k_{i\omega} = 29140$，$k_{p\omega} = 232$]

15.4 由电流控制开关模型 PMW 直流 - 直流变换器提供的永磁 PM 直流电机系统参数为：电枢电阻 $R_a = 20\text{m}\Omega$，电枢电感 $L_a = 0.2\text{mH}$，变换器直流母线电压 $V_{tri(pk)} = 3\text{V}$，开关频率 $f_s = 10\text{kHz}$，电机参数 $k = 0.6\text{N} \cdot \text{m/A}$，齿轮比 $n_g = 9.73$，齿轮效率 $\eta_g = 96\%$，驱动轴参考惯性矩 $J_{axle} = 3\text{kg} \cdot \text{m}^2$，质量 $m = 2155\text{kg}$，车轮半径 $r = 0.3\text{m}$，转矩传感器输出为 5V/1200N·m，电机由内部回路转矩（电流）控制，忽略电机引起的反电动势反馈影响和在控制回路上的负载转矩。速度回路为单位反馈。

1) 计算误差放大器比例增益 k_{pT} 和积分增益 k_{iT}，以使转矩回路在 1/10 开关频率下的交变频率具备单极衰减特性。

2) 计算误差信号放大器比例增益 $k_{p\omega}$ 和积分增益及 $k_{i\omega}$，以使速度回路有一个 15Hz 带宽和 60°相位裕度。

[答案：1) $k_{iT} = 418.9$，$k_{pT} = 4.19$；2) $k_{i\omega} = 9624$，$k_{p\omega} = 177$]

MATLAB 代码示例

根据第 2 章的任务，使用 WF 直流电机赋值对车辆的加速过程建模。以下代码是 Simulink 模型的仿真代码，可以根据具体的车辆进行修改。

```
% Parameters for Cascaded (Torque & Speed) Control of 2015 Nissan
  Leaf EV with
% PM or WF dc Motor (John Hayes). The program can be modified by
  changing the vehicle or
% control parameters. The algorithm uses a simple method based on
  assumed efficiency to estimate Ra and Pcfw. The rated field
  current is estimated at 50 % of rated armature current.

%Initialisation section
clear variables;
close all;
clc;
format short g;
format compact;

%Vehicle Parameters needed
```

```
Prrated     = 80000;      % Maximum output power at rotor of motor (W)
Trrated     = 254;        % Maximum motor positive torque range [Nm]
p           = 8;          % Number of poles
ng          = 8.19;       % Gear ratio from EPA spreadsheet
r           = 0.315       % Wheel radius (m)
kmphmax     = 150;        % Maximum speed (km/h)
Aepa        = 29.97;      % Coastdown A from EPA test data
Bepa        = 0.0713;     % Coastdown B from EPA test data
Cepa        = 0.02206;    % Coastdown C from EPA test data
m           = 1645;       % Test weight of vehicle from EPA test
                            data (kg)
Angle       = 0;          % Incline angle in radians
g           = 9.81;       % Acceleration due to gravity (ms-2)

% Control parameters
fcT         = 1000;       % Bandwidth of torque loop (Hz)
fcw         = 5;          % Bandwidth of speed loop (Hz)
PMw         = pi/3;       % Phase margin of speed loop

% Assumptions
Eamin       = 220;        % Minimum battery voltage (V)
Effrated    = 0.92;       % Machine efficiency at rated\max condition
Loss_split  = 0.9;        % Armature copper loss as percentage of
                            total machine loss
Vs          = 300;        % Battery voltage (V)
Vtri        = 3;          % Peak of triangular voltage (V)
J           = 3;          % Axle-referenced MOI
effg        = 0.97;       % Gearing efficiency

%Vehicle Calculations
A           = Aepa*4.448          % Coastdown A in metric units
B           = Bepa*9.95           % Coastdown B in metric units
C           = Cepa*22.26          % Coastdown C in metric units

wrrated     = Prrated/Trrated     % Base angular speed (rad/s)
Nrrated     = wrrated*60/(2*pi)   % Base speed in [rpm] Used for field
                                    weakening
frrated     = wrrated/(2*pi)      % Base rotor frequency (Hz)
kmphrated   = 3.6*r*wrrated/ng    % Base speed (km/h)
wrmax       = kmphmax/3.6/r*ng    % Maximum motor speed [rad/s]
Nrmax       = wrmax*30/pi;        % Maximum motor speed [rpm]
k           = Eamin/wrrated       % Machine constant k (Nm/A)
Lambdaf     = k*2/p               % Lambda
Ia          = Trrated/k           % Armature current at rated
                                    torque (A)
Iamax       = Trrated/k           % Armature current at max
```

```
                                         torque (A)
If         = Ia*0.5                % Let rated If equal 50 % of rated
                                     Ia (A)
Lf         = Lambdaf/If            % armature inductance (H)
Pmloss     = Prrated*(1/Effrated-1);   % machine power loss at
                                         rated (W)
Pcu        = Loss_split*Pmloss     % copper loss (W)
Pcfw       = (1-Loss_split)*Pmloss;    % core, friction and
                                         windage loss (W)
Ra         = Pcu/(Ia^2)            % armature resistance (ohm)
Tnl        = Pcfw/wrrated          % no-load torque (Nm)
La         = Lf/2                  % Let La equal 50 % of
                                     Lf (H)
Jeq        = (r^2*m+r*J)/(ng^2*effg);  % equivalent MOI (kg m2)
kpwm       = Vs/Vtri;              % gain of pwm stage
te         = La/Ra;                % armature time constant
                                     (H/ohm)

wcT        = 2*pi*fcT;             % torque crossover frequency
                                     (rad/s)
kiT        = wcT*Ra/kpwm/k         % integral gain of torque loop
kpT        = kiT*te                % proportional gain of torque loop

wcw        = 2*pi*fcw;             % speed crossover frequency in
                                     rad/s
kiw        = Jeq*wcw^2/(sqrt(1+(tan(PMw))^2))    % integral gain
                                                   of speed loop
kpw        = kiw * tan(PMw)/wcw  % proportional gain of speedloop

disp('Vehicle parameters loaded...')
```

第4部分 电磁学

第16章　电磁、铁磁和机电能量转换

"为什么,先生,你很快就有可能对它进行征税。"关于新电子发明的可能性,迈克尔·法拉第(1791—1867)在19世纪50年代对英国首相威廉·格莱斯顿回应说。

"最后的快乐"——在安德烈·玛丽·安培(1775—1836)的墓碑上刻着这样一句话。

这一章介绍了电磁学、铁磁学和机电能量转换的理论知识。对工程专业的学生来说,这一章节有助于理解电子机械和电磁装置的工作原理,如电感器、变压器、电动机和电容器。虽然这一章对于普通读者来说并不是必要的阅读,但有必要回顾一下这些内容,因为它提供了重要法律的概述和一些重要的赋能材料如永久磁铁的工程背景。

16.1节回顾了麦克斯韦方程和电磁学的基本知识;16.2节介绍了磁铁材料的磁性属性;16.3节介绍了电感理论以及一款基于电感的混合动力汽车,电磁铁作为一个存在气隙的感应器的例子也在文中被提到,这也有助于理解第7章的直流电机;16.4节介绍了硬铁磁材料和永久磁铁,在第7~10章中有介绍用于高功率密度机器的永久磁铁;16.5节介绍了变压器的相关内容及示例,第8章是感应电机的介绍,第12章是独立电源转换器的介绍;16.6节介绍了通用电容技术,并给出了功率薄膜电容器尺寸的例子;机电能量转换在16.7节提出,并为第6~10章所描述的电机提供了基本理论。

16.1　电磁

电磁和机电设备是由耦合的电路和磁路组成。磁路,我们指的是磁通量的路径,就像电路为电流提供路径一样。磁通量的来源是电磁体和永磁体。电磁装置包括变压器、电感器和电容器。

机电机械结合了机械运动和电磁学。这些机器有电动机、发电机和接触器。在这些电机中,载流导体与磁场相互作用,它们由导体或永磁体中的电流产生,从而产生机电能量转换。

这些装置的操作是基于电磁学的,其关键方程式是由詹姆斯·克拉克·麦克斯韦（1831—1879）总结的。麦克斯韦方程组是所有电磁和光学器件（如电动机、无线发射机和接收器、雷达、望远镜等）运行的基础。参考文献［1］讨论了方程的发展历程和奥利弗·亥维赛（1850—1925）所扮演的重要角色，他将这些方程写成了现在的形式，而海因里希·赫兹（1857—1894）在1888年出版了最早的著作，验证了这些方程式。

虽然这章将深入讨论麦克斯韦方程式和相关的法律，但我们将首先回顾这些法律在实践中意味着什么。

高斯电场定律研究电容器以电荷形式储存能量的能力。

高斯磁定律描述了磁场的一个关键特性，它规定磁场必须有南北两极。电场则不然，因为正电荷和负电荷可以独立存在。

法拉第电磁感应定律是由磁场相对运动产生的。

安培 - 麦克斯韦定律与电场或电流产生的磁场变化有关。简单地说，该定律说明磁场可以通过电流或改变电容器的电通量来实现。

1. 麦克斯韦方程式

本章介绍了多种电磁技术在电机和设备上的应用。这些定律最初是以积分的形式出现的，但是之后会用到更简单的形式。前两个定律是以德国著名数学家约翰·卡尔·弗里德里希·高斯（1777—1855）的名字命名。

高斯电场定律描述了电荷和电场之间的关系，方程式为

$$\oint \boldsymbol{E} \mathrm{d}\boldsymbol{A} = q/\varepsilon \qquad (16.1)$$

式中，$\boldsymbol{E}$ 是电场强度矢量；q 是电荷；ε 是介电常数；$\boldsymbol{A}$ 是表示面积的矢量。

这一定律用简单的关系式描述了电容 C 在电压 V 下以电荷量 Q 的形式储存能量的能力，即

$$Q = CV \qquad (16.2)$$

高斯磁定律描述了磁场的一个关键特性，方程式为

$$\oint \boldsymbol{B} \mathrm{d}\boldsymbol{A} = 0 \qquad (16.3)$$

式中，$\boldsymbol{B}$ 是磁通量密度矢量；$\boldsymbol{A}$ 表示面积的矢量。

法拉第电磁感应定律将电场的产生与变化的磁场联系起来，即

$$\oint \boldsymbol{E} \mathrm{d}\boldsymbol{l} = -\frac{\mathrm{d}\boldsymbol{\Phi}}{\mathrm{d}t} \qquad (16.4)$$

式中，$\boldsymbol{\Phi}$ 是磁通量；t 是时间；$\boldsymbol{l}$ 表示长度的向量。

迈克尔·法拉第（1791—1867）是一位杰出的英国科学家，他发现了许多电磁学原理。海因里希·赫兹（1804—1865）修正了法拉第的原始定律，包括负号，实际上是将牛顿第三定律与法拉第定律结合起来。

安培 - 麦克斯韦定律将磁场的产生与变化的电场或电流联系起来，即

$$\oint \boldsymbol{H} \mathrm{d}\boldsymbol{l} = \varepsilon \frac{\mathrm{d}\Phi_E}{\mathrm{d}t} + I \tag{16.5}$$

式中，H 是磁场强度；I 是电流；Φ_E 是电通量；ε 是介电常数。

这项定律是以曾经经历过法国大革命和拿破仑时代、对电磁学贡献巨大的法国物理学家、数学家安培（1775—1836）命名的。电流的单位是安培（符号 A），也是以他的名字命名的。

这些方程是用积分形式给出的。在下面部分电力设备的研究中，我们通常会使用这些方程式的磁静电形式，忽略电通量变化的影响。

2. 安培电流定律（基于安培－麦克斯韦定律）

电流 I 与磁场之间的相互关系由安培电流定律给出

$$\oint \boldsymbol{H} \mathrm{d}\boldsymbol{l} = I \tag{16.6}$$

式中，H 是磁场强度矢量；l 是在路径方向上幅值为 l 的矢量。闭合积分符号表示闭合路径上的线积分。

安培定律由麦克斯韦修改，以包含式（16.5）中变化的电场分量，安培定律最初只是描述电流的影响。

上述等式的一个常用形式是通过将闭合路径周围的贡献相加，以分段的方式表达它，如图 16.1 所示。

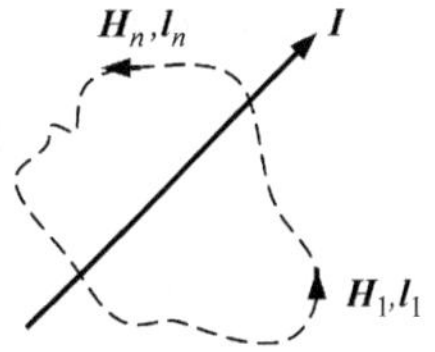

任何闭合的积分路径周围的 H 的线积分等于该闭合路径上的电流 I，且独立于周围的磁介质。等式形式为

$$\sum H_n l_n = I \tag{16.7}$$

图 16.1　电流为 I 的导体周围磁场强度 H 的封闭轮廓

式中，H_n 和 l_n 分别是磁场强度和轮廓线的微分长度。

安培定律的这个简单表达式通常用于研究功率器件，如电感和电机。

如果积分的路径包含 N 个导体，每个导体都携带一个电流 I 在相同的方向上，则

$$\oint \boldsymbol{H} \mathrm{d}\boldsymbol{l} = NI \tag{16.8}$$

式中，NI 为安培匝数。

如果积分的路径不包含任何电流，或者它包含相等的电流在相反的方向流动，则

$$\oint \boldsymbol{H} \mathrm{d}\boldsymbol{l} = 0 \tag{16.9}$$

磁场强度的单位为 A/m。

3. 右手螺旋定则：磁通量的方向

考虑一个带电流的导体从页面朝向你的方向移动，箭头指向你，如图 16.2a 所

示。当电流从你返回到页面中,你会看到箭头的尾巴远离你,如图 16.2b 所示。与导体平行并沿电流方向伸出拇指,则手指指向导体周围磁通量的方向。

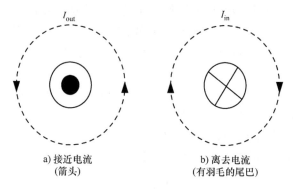

a) 接近电流
(箭头)

b) 离去电流
(有羽毛的尾巴)

图 16.2 右手定则

4. 磁通密度矢量

磁场主要由磁通密度矢量(符号 **B**)表示。矢量 **B** 和 **H** 是相关的,即

$$B = \mu H \tag{16.10}$$

式中,μ 是介质的绝对磁导率,磁导率是衡量材料传导磁通量能力的量度。

磁通量密度的单位是特斯拉(符号 T)。尼古拉·特斯拉(1856—1943),塞尔维亚人,是交流感应电机和交流输电系统的发明者,也是现代世界最伟大的贡献者之一。特斯拉汽车公司就是以他的名字命名的。

磁导率(符号 μ)具有 H/m 的维数,其中 H 为亨利,即电感单位。

在空气或自由空间中,有

$$B = H\mu_0 \tag{16.11}$$

式中,$\mu_0 = 4\pi \times 10^{-7}$ H/m。

相对磁导率 μ_r 被定义为材料绝对磁导率 μ 与自由空间磁导率 μ_0 的比值(注意下标为零),因此

$$\mu_r = \frac{\mu}{\mu_0} \tag{16.12}$$

并且是无量纲的。

于是

$$B = \mu_r \mu_0 H \tag{16.13}$$

对于非铁磁材料,如空气、木材、铜、铝等,μ_r 值几乎是一样的。对于铁磁材料,μ_r 可以非常高且非线性,幅值范围从数百到数万不等。

由于 **B** 和 **H** 矢量是平行的,所以通量线给出的 **B** 矢量的方向也是 **H** 的方向。

5. 磁通量

通过给定的开放或闭合表面 **A** 的磁通 Φ 是通过该表面的 **B** 的通量,即

$$\Phi = \int_A B dA \tag{16.14}$$

这个等式通常写成

$$\Phi = \int_A B cos\theta dA \tag{16.15}$$

式中，θ 是 B 与表面法线之间的夹角 n_A。请注意，表面矢量 A 的大小为 A，方向为 n_A，如图 16.3 所示。

磁通量是一个标量，用万用表测量（单位符号 Wb）。

如果磁通密度 B 在区域 A 的表面上是均匀的并且与区域 A 表面垂直，则

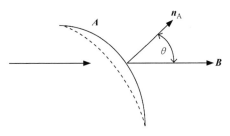

图 16.3 通量和表面矢量

$$\Phi = BA \tag{16.16}$$

6. 高斯磁定律

这条法则说明进入或离开一个封闭表面的净磁通量为零，即

$$\int B dA = 0 \tag{16.17}$$

由于磁通线形成闭合环路，所有进入表面的通量都必须将该通量留在表面的其他部分，如图 16.4 所示。

这是不存在磁单极子这一事实的数学表达式，不像电场。

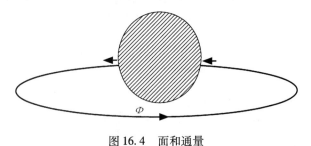

图 16.4 面和通量

16.2 铁磁

铁磁材料引导磁场，并且由于其高渗透性，需要小的磁场强度来产生所需的磁通密度。

因此，电感器、变压器和电机等磁性元件采用铁磁材料制造，例如叠片硅钢，用于低频 50Hz/60Hz 应用或电机，或用于高频（>10kHz）的铁氧体应用程序。图 16.5 所示为丰田普锐斯电机叠片、各种磁心和完整电感器的样本。

图 16.6a 所示是拆卸电磁设备的一个例子，其中左侧的铜导体与中间的 CCTT 形

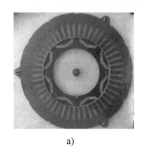 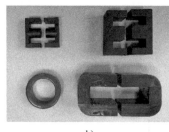 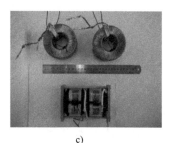

图 16.5　各种铁磁心形状

铁磁材料组合，并放置在右侧的金属壳体中以制造出图 16.6b 所示的组装电感器件。

 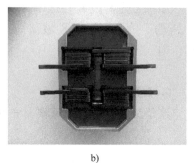

图 16.6　拆卸和组装磁性装置

图 16.7 所示为 2007 款丰田凯美瑞 HEV 牵引电机的定子。三相电源的三根铜导线显示在图片的右侧。导体缠绕在铁磁材料的槽中。

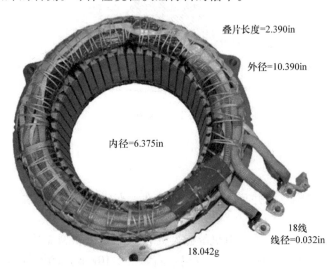

图 16.7　2007 款丰田凯美瑞 HEV 牵引电机的定子
　　　注：由美国能源部橡树岭国家实验室提供。

16.2.1 磁滞

这些铁磁材料表现出多值非线性行为，如图 16.8 中的 $B-H$ 特性所示。图中的闭环被称为滞后回线。

根据安培的电路法则，电流流入磁性元件会产生磁场强度 H 和相关的磁通密度 B。

当磁场强度 H 从零缓慢增加时，磁通密度 B 按照图 16.9 所示的路径达到其最大值。然而，随着磁场强度从最大值减小，磁通密度沿着不同的路径减小，使得磁通密度具有剩余的有限值或称为剩余磁通密度 B_R 的有限值，当 H 达到零时，也称为复归。这是一种"记忆"效应，因为最终状态取决于较早的激励。

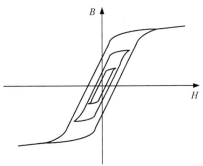

图 16.8　嵌套 $B-H$ 曲线或滞后回线

有必要进一步减少 H 以将 B 减少到零。H 的这个值被称为矫顽力 H_C。

将 H 进一步在负方向上减小到负的最大值，随后将 H 增加到正的最大值，形成 B 的跟踪环路，如图 16.9 所示。这个完整的曲线被称为磁性材料的磁滞回线或 $B-H$ 特性。磁滞是一个希腊词语，用来描述效应的滞后或延迟——这种情况下，磁通密度 B 在磁场强度 H 的激励下滞后。

完成一次循环会导致材料内部的能量净耗散，从而导致磁性材料内的功率损耗，这一现象被称为磁滞损耗，这将在第 16.3.5 节中讨论。

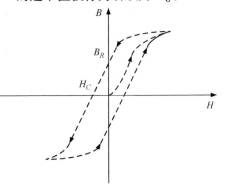

图 16.9　磁滞回线

增加磁场 H 的峰值会导致更大的磁滞回线。如果对 H 的不同最大值确定滞后回线，则发现它们互相嵌套，如图 16.8 所示。加入磁滞回线的峰值，我们可以用一条曲线估计 $B-H$ 特征，如图 16.10 所示。该曲线被称为材料的磁化曲线。

在图 16.10 中，具有常数 μ_m 的准线性关系近似有效，直到达到曲线的拐点，超过该关系材料开始"饱和"。当材料达到饱和磁通时，H 结果进一步增加，B 只有相对较小的增加。在饱和区域，磁导率逐渐接近 μ_0，即空气的磁导率，如曲线的斜率所示。因此，当材料变得饱和时，材料逐渐失去其高磁导率的磁性。选择磁导率值时要小心，因为磁导率在材料的工作范围内可能会有很大的变化。

铁磁材料可以工作到饱和通量密度 B_{sat}。许多应用设计在准线性区域以下工作。准线性区域以上则需要更多的安匝数来稍微增加通量密度。然而，在电动机的许多其他应用中，使磁性材料饱和的操作是常见的。当磁性装置被电压源激励时必须小心，因为电流会由于饱和而大大增加。

磁导率不是一个常数，可能随许多因素而变化，包括通量密度、场强、温度和频率。考虑增量磁导率（μ_Δ）常常是有用的，其定义如下

$$\mu_\Delta = \frac{\Delta B}{\Delta H} = \mu_{\Delta r}\mu_0 \quad (16.18)$$

式中，$\mu_{\Delta r}$是相对增量磁导率，与空气或自由空间相关。

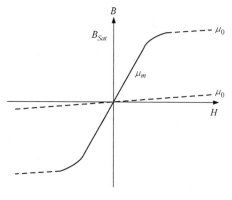

图 16.10　磁化曲线

16.2.2　硬铁磁和软铁磁材料

铁磁材料可以分成"软"磁性材料和保持磁化的"硬"磁性材料。"软"磁性材料如退火铁，它可以被磁化，但在去除磁化源时不会保持磁化。永久磁铁由硬铁磁材料制成，如铝镍钴和铁氧体，它们在制造过程中受到强磁场中的特殊处理，以使其内部微晶结构对齐，因此非常难以消磁。硬材料具有较高的矫顽力，而软材料具有较低的矫顽力。普通硬质和软质材料的剩磁和矫顽力的一些数值见表 16.1。尽管剩磁值是可比的，但硬质材料的矫顽力比软质材料的矫顽力高数万倍。

表 16.1　硬磁和软磁材料样品

材料	生产厂家	型号	类型	B_R/T	H_C/(A/m)
铁素体	TDK	3C92	软磁	0.52	15
硅钢	JFE	JNHF	软磁	1.88	20
铁素体	TDK	FB13B	硬磁	0.475	380000
Nd-Fe-B	Hitachi	Neomax	硬磁	1.45	1042000

16.2.2.1　软铁磁材料

有许多不同类型的铁磁材料。在本节中，我们简要回顾一下常用的铁磁材料样品，并注意它们之间的一些主要差异。

这些材料主要基于铁。周期表中，铁旁边出现的钴和镍是其他常用的铁磁材料，见表 16.2。铁在约 2.2T 时具有最高的饱和磁通密度，其次是约 1.8T 的钴，然后是约 0.6T 的镍。

表 16.2　周期表中的铁磁金属

26	27	28
Fe	Co	Ni
Iron	Cobalt	Nickel
56	59	59

这些磁体材料的物理特性基本描述如下。磁性材料由磁性对准区域组成,称为磁畴,实际上是材料内的微型磁体。这些域基于材料内元素的磁性。在未磁化的材料中,这些区域存在但未对齐,从而使大块材料不被磁化。如果施加外部磁场,则磁畴对齐,并且永磁体的关键特性是在去除外部磁场后,这些磁畴能够保持一致。

当我们在一个磁性元件中反复重新排列时,前面提到的磁滞损耗会产生热量。另外,由于材料是导电的,也会产生热量。铁磁材料面临的挑战是要成为一个大的磁通量导体,同时也尽可能地成为电流的不良导体,也就是电阻率高的导体。通过增加气隙、玻璃或硅来最大限度地提高电阻率。由磁滞损耗和电阻率损耗引起的综合损耗称为涡流损耗,也称为铁心损耗。

16.2.2.2 常用软铁磁材料综述

让我们考虑一些来自全球不同制造商的常用铁磁材料。这些类型的材料可用作高频磁性组件(如电感器和变压器)的选件。

软铁磁材料样品的性质见表 16.3,包括来自 Ferroxcube 的 3C93 型铁氧体,来自日立金属的 2605SA1 型铁基非晶金属,来自 JFE 的型号为 10JNHF600 的 6.5% 硅钢,来自 Chang Sung 的 Mega Flux 型粉芯和来自 Vacuumschmelze 的 Vitroperm500F 纳米晶体。

表 16.3 软铁磁材料样品的性质

类型	材料	组成	B_{Sat} (25℃)/T	P_{core} (0.1T, 20kHz)/(kW/m³)	P_{core} (1T, 400Hz) /(kW/m³)
硅钢	10JNHF600	6.5% Fe-Si	1.88	150	
硅钢	JNEH1500	6.5% Fe-Si	1.79		96
粉芯	Mega Flux	Fe-Si	1.6	186	
铁基非晶金属	2605SA1	Fe-B-Si	1.56	70	
纳米晶	Vitroperm500F	Fe-based	1.2	5	
铁氧体	3C93	MnZn ferrite	0.52	5	

铁氧体由高电阻率的铁基陶瓷组成,将其压制并烧结成最终的铁心形状。烧结是利用温度和压力压实材料的过程。铁氧体很脆,因为其制造过程与陶瓷相似。

铁基非晶金属和纳米晶材料都是铁与玻璃的混合物。它们被制造成卷带并缠绕成形。对于所示的非晶金属和纳米晶材料,该胶带非常薄,标称材料厚度分别为 25μm 和 20μm。胶带叠片彼此缠绕,通过增加整体厚度以获得所需的横截面积以传导磁通量。

硅实际上被添加到钢中作为生产硅钢材料。硅的添加降低了材料的电导率——对于磁性材料来说,电导率是一个不受欢迎的属性。硅钢也制造成带卷,并且具有相对厚的层压体,对于给定的材料规定为 100μm。将硅钢片压印成所需的形状,粘合在一起并堆叠起来以获得所需的横截面积。

粉芯由具有细小分布的陶瓷绝缘层气隙的铁合金粉末组成,将其压制并加热成最终形状。

铁氧体和粉芯不需要叠层。

有两种一般类型的硅钢：晶粒取向和无晶粒取向。晶粒取向材料被制造成具有针对某一物理方向优化的磁性特性，而无晶粒取向材料各个方向具有相似的磁性特征。作为旋转机械层压的例子，还包括 JFE 的 JNEH1500 无晶粒取向的硅钢型材料。与取向晶粒的 10JNHF600 不同，电动机的叠片由于通量模式的变化而没有晶粒取向。旋转机器通常以高通量密度工作。晶粒取向材料可能用于电感器或变压器。

硅钢在 1.88T 时具有最高的标称饱和磁通量，其次是 1.6T 的粉芯，1.56T 的非晶金属，1.2T 的纳米晶和 0.52T 的铁氧体。所有这些饱和通量密度都是在 25℃ 的温度下进行的，但饱和通量密度会随着温度的升高而明显下降，而我们恰恰常在高温下操作这些材料。

纳米晶趋向于具有最高的相对磁导率，其次是铁氧体。由于设计到材料中的气隙，粉芯材料具有较低的相对磁导率。其他材料可能需要不连续的单独气隙，特别是在用于电感器时，导致磁性器件的整体有效磁导率较低。

由于铁心损耗而产生的热量可以说是材料的决定性因素。一般来说，叠层越薄，铁损越低。对于表 16.3 中的 20kHz 和 0.1T 的各种材料，引用了特定的铁心损耗。最高的损失在粉芯，其次是硅钢和非晶金属。铁氧体和纳米晶材料的损耗最低。JNEH1500 的值适用于 1T 和 400Hz 的条件。

10JNHF600 硅钢的代表性磁化曲线如图 16.11 所示，相关的数值见表 16.4。从曲线和表中的数据中可以清楚地看出，磁化曲线是非线性的，其相对磁导率有显著变化，从 0.3T 处的峰值 3979 下降到 1.6T 处的 161。

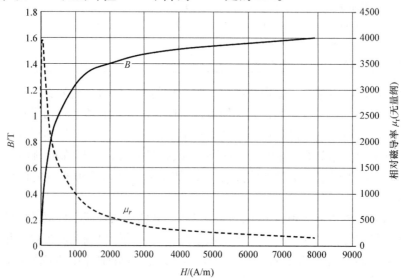

图 16.11　硅钢心的磁化曲线和相对磁导率

表16.4 硅钢心的磁化曲线和相对磁导率数据

B/T	0	0.1	0.3	0.7	1.0	1.3	1.6
$H/(A/m)$	0	30	60	220	500	1200	7900
μ_r	—	2653	3979	2532	1592	862	161

16.3 自感

电感器是利用电流产生磁通量的电磁装置。法拉第定律和楞次定律解释了电感。电感器的操作与变压器的操作密切相关,将在下一节讨论。电感器在工程中有许多用途,通常用作能量存储设备或滤波器组件,以减少电流纹波。因此,功率电感器在电动汽车中有许多应用,诸如充电器中的功率因数校正升压变换器、辅助电力的全桥变换器以及 HEV 或 FCEV 中的 dc‐dc 变换器。功率电感选择如图 16.12 所示。

图 16.12 功率电感选择

16.3.1 电感器基本操作

电感器的工作原理如下:流入电感器的电流在其核心产生磁通量。如果电流和产生的磁通量随时间变化,那么根据法拉第定律和楞次定律,在线圈两端感应出一个反电动势,以抵抗变化的电流。电感器符号如图 16.13 所示。图 16.14 显示了一个初级间隙环形电感器的俯视图和侧视图。电流 i 流入 N 匝线圈,均匀分布在磁心周围。所产生的磁通 Φ 在磁心中流动。

核心有两个相同的气隙,每个气隙长度为 l_g,圆环的平均圆周长 l_c 由下式给出

$$l_c = 2\pi r \quad (16.19)$$

式中,r 是环面的平均半径。

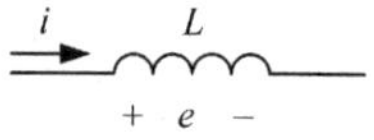

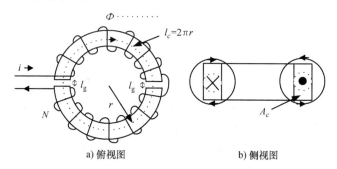

图 16.13　电感器符号

图 16.14　初级间隙环形电感器

毕奥-萨代尔定律将磁场的产生与电导体的大小、方向、长度和接近度相关联(法国人 Jean Baptiste Biot 和 Felix Savart 在 19 世纪初发现了这种重要的关系。)根据毕奥-萨代尔定律,磁场强度和磁通密度在给定半径的核心内是恒定的。然而,沿着平均半径的通量密度通常是对穿过磁心的通量密度的合理估计。因此,我们在计算中使用磁通的平均磁路长度。参见本章末尾的问题 16.1 和 16.2,以便进一步研究这些关系。

磁心具有横截面面积 A_c。由于边缘磁性现象,磁通穿过气隙的有效面积可能与气隙的横截面面积不同。因此,气隙的横截面面积被指定为 A_g。在本章的例子中,边缘被忽略,在这种情况下,$A_c = A_g$。

当电流为 I 时,如果电感的磁链 $\lambda = N\Phi$,则自感系数 L 定义为

$$L = \frac{\lambda}{I} = \frac{N\Phi}{I} = \frac{N B_c A_c}{I} \quad (16.20)$$

式中,B_c 是磁心的磁通密度。

导电系统的电感 L 可以定义为磁通链与产生磁通的电流之比。

如果不存在铁磁材料,那么 λ 与 I 成正比,因此 L 是常数,空心的情况也是如此。

电感是衡量每安培磁链的指标,单位为亨利(符号 H),以美国工程师约瑟夫·亨利(1797—1868)命名。

如果电路中的电流发生变化,磁链随之变化,电路中会产生感应电动势 e。根据法拉第定律,可以用这种感应电动势来定义电感

$$e = -\frac{d\lambda}{dt} = -N\frac{d\Phi}{dt} = -L\frac{di}{dt} \quad (16.21)$$

在电路理论中，L 称为元件的自感，e 称为自感电感或电感的反电动势。

注意，如果反电动势具有图 16.13 所示的极性，其中反电动势与电流相反，则楞次定律对电路元件是隐含的，并且反电动势方程写为

$$e = L\frac{\mathrm{d}i}{\mathrm{d}t} \tag{16.22}$$

16.3.2 电感方程

如图 16.14 所示，在具有两个气隙磁心的磁路周围应用安培环路定理会产生以下公式

$$\oint \boldsymbol{H}\mathrm{d}\boldsymbol{l} = NI = H_c l_c + 2H_g l_g \tag{16.23}$$

式中，H_c 和 H_g 分别是磁心和气隙的磁场强度。

线圈作为磁通产生器的有效性取决于线圈的安培匝数，就像电路作为电流产生器的有效性取决于电压源或电动势的大小。因此，线圈的安匝数 NI 被称为电路的磁通势（mmf）。

磁心和气隙的磁通密度与磁场强度之间的关系由下式给出

$$\begin{aligned} B_c &= \mu_r \mu_0 H_c \\ B_g &= \mu_0 H_g \end{aligned} \tag{16.24}$$

式中，B_c 和 B_g 分别是磁心和气隙的磁通密度。

用磁通密度表示式（16.23），我们得到

$$NI = \frac{B_c}{\mu_r \mu_0}l_c + 2\frac{B_g}{\mu_0}l_g \tag{16.25}$$

根据高斯定律，磁心的通量 Φ 由下式给出

$$\Phi = B_c A_c = B_g A_g \tag{16.26}$$

重新整理式（16.25）以表示通量的磁通势

$$NI = \Phi\left(\frac{l_c}{\mu_r \mu_0 A_c} + \frac{2l_g}{\mu_0 A_g}\right) \tag{16.27}$$

或以通量表示磁通势

$$\Phi = \frac{NI}{\left(\dfrac{l_c}{\mu_r \mu_0 A_c} + \dfrac{2l_g}{\mu_0 A_g}\right)} \tag{16.28}$$

将式（16.28）代入式（16.20），可以得到具有两个相同气隙的器件电感的下列表达式

$$L = \frac{N\Phi}{I} = \frac{N^2}{\left(\dfrac{l_c}{\mu_r \mu_0 A_c} + \dfrac{2l_g}{\mu_0 A_g}\right)} \tag{16.29}$$

如果磁心具有高磁导率，则电感由两个气隙控制，前面的等式可以简化为

$$L \approx \frac{\mu_0 A_g N^2}{2 l_g} \tag{16.30}$$

具有单个气隙的电感器也是常见的，在这种情况下，等式可以简化为

$$L \approx \frac{\mu_0 A_g N^2}{l_g} \tag{16.31}$$

对于没有气隙的电感，电感由下式给出

$$L = \frac{\mu_0 \mu_r A_c N^2}{l_c} \tag{16.32}$$

16.3.2.1 例：空隙电感

混合动力汽车的大电流电感器规定为 $400\mu H$。电感器有 28 匝，磁心横截面积为 $12cm^2$，平均磁路长度为 $0.22m$。假设硅钢心的最大磁通密度为 $1.3T$，磁化曲线如图 16.11 所示，相关数据见表 16.4。忽略边缘（$A_c = A_g$）。

1）如果有两个气隙，气隙长度是多少？
2）当铁心中的磁通密度达到峰值 $B_{max} = 1.3T$ 时，最大电流、磁通势、磁通量和磁场强度是多少？

解：

1）重新整理式（16.29），得出气隙的表达式为

$$l_g = \frac{\mu_0 A_g N^2}{2L} - \frac{l_c}{2\mu_r} = \frac{4\pi \times 10^{-7} \times 12 \times 10^{-4} \times 28^2}{2 \times 400 \times 10^{-6}} m - \frac{0.22}{2 \times 862} m = 1.35 m$$

2）重新排列式（16.20），得出电流的表达式为

$$L = \frac{N\Phi}{I} = \frac{NB_{max}A_c}{I} \Rightarrow I = \frac{NB_{max}A_c}{L} = \frac{28 \times 1.3 \times 12 \times 10^{-4}}{400 \times 10^{-6}} A = 109.2 A$$

磁通势是

$$NI = 28 \times 109.2 A = 3057.6 A$$

通量是

$$\Phi = B_{max} A_c = 1.3 \times 12 \times 10^{-4} Wb = 1.56 mWb$$

从表 16.4 可知，磁场强度是

$$H_c = 1.2 kA/m$$

$$H_g = \frac{B_g}{\mu_0} = \frac{1.3}{4\pi \times 10^{-7}} A/m = 1034.5 kA/m$$

请注意，气隙磁场强度显著高于磁心的磁场强度，这是由于磁心相对高的磁导率所导致的。

16.3.2.2 磁化曲线的电感变化

由于铁磁材料的磁化曲线和相对磁导率是非线性的，因此给定设计的电感随激

励电流而变化。表 16.5 创建了一个新的数据集,其中包括相对磁导率变化时电感和励磁电流的估算。电感可以根据式 (16.29) 来计算,激励电流则通过重新排列式 (16.20) 得到

$$I = \frac{NB_c A_c}{L} \quad (16.33)$$

表 16.5 硅钢心的磁化曲线和相对磁导率

B/T	0	0.1	0.3	0.7	1.0	1.3	1.6
$H/(A/m)$	0	30	60	220	500	1200	7900
μ_r	—	2653	3979	2532	1592	862	161
$L/\mu H$	—	425	429	424	416	400	291
I/A	—	7.9	23.5	55.5	80.7	109.2	184.9

激励电流下磁通密度和电感的变化如图 16.15 所示。可以看出,随着电流的增加,磁通密度也增加,但电感下降。

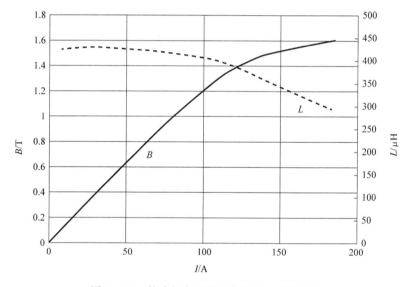

图 16.15 激励电流下磁通密度和电感的变化

16.3.3 磁阻

根据高斯磁定律,磁通线形成封闭路径,如图 16.16 所示,用于带有载流线圈的无间隙环形线圈。

可以通过在垂直于磁通线方向的平面中选择一个圆形区域 A_c 来计算环形磁通量。如前所述,在整个铁心横截面上假设均匀的 H,因此均匀的磁通密度 B 是合理的。因此,核心内的总通量是

$$\Phi = A_c B_c = \frac{\mu_r \mu_0 NI A_c}{l_c} \quad (16.34)$$

重新排列这个等式

$$\Phi = \frac{NI}{\frac{l_c}{A_c \mu_r \mu_0}} = \frac{mmf}{\Re} \quad (16.35)$$

式中，NI 是施加于铁心的安培匝数或磁通势；$\Re$ 是铁心的磁阻。

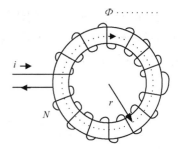

图 16.16 无间隙环形电感

因此，磁阻可以表示为

$$\Re = \frac{mmf}{\Phi} = \frac{l_c}{A_c \mu_r \mu_0} \quad (16.36)$$

磁阻的单位是安培匝数/韦伯或亨利，写作 A/Wb 或 H^{-1}。该等式表明，磁性结构（例如环形磁体）的磁阻与其磁路成正比，与其横截面积和材料的磁导率成反比。

磁路中的磁阻 $\Re$、磁通势 NI 和磁通 Φ 的关系类似于电路中电阻 R、电动势 E 或 V 与电流 I 之间的关系。因此，我们得到以下关系。

在磁路中，有

$$\Re = \frac{mmf}{\Phi} = \frac{l}{A \mu_r \mu_0} \quad (16.37)$$

式中，l 和 A 是磁路的长度和面积。

在电路中，有

$$R = \frac{V}{I} = \frac{l_{cu}}{\sigma A_{cu}} = \frac{\rho l_{cu}}{A_{cu}} \quad (16.38)$$

式中，l_{cu} 和 A_{cu} 分别是电导体的长度和横截面积；σ 和 ρ 分别是材料的电导率和电阻率。

一旦计算出磁路的磁阻，就可以使用以下关系确定电感

$$L = \frac{\lambda}{I} = \frac{N\Phi}{I} = \frac{N \times N\Phi}{N \times I} = N^2 \frac{\Phi}{N \times I} = \frac{N^2}{\Re} \quad (16.39)$$

或

$$L = \frac{N^2}{\Re} \quad (16.40)$$

因此，磁路的电感与匝数的平方成正比，与磁阻成反比。

就像电路一样，我们可以画一个磁路，如图 16.17 所示。

16.3.3.1 例：无间隙电感

前一个例子中的电感组装时没有间隙。

1）确定无间隙结构的磁阻和电感。

2）当铁心中的磁通量密度达到1.3T的峰值时，最大电流是多少？

解：

根据式（16.36），有

$$\mathfrak{R}_c = \frac{l_c}{A_c \mu_r \mu_0} = \frac{0.22}{862 \times 4\pi \times 10^{-7} \times 12 \times 10^{-4}} = 169.25 \text{kH}^{-1}$$

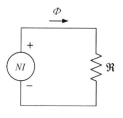

图16.17 磁路

因此

$$L = \frac{N^2}{\mathfrak{R}} = \frac{28^2}{169.25 \times 10^3}\text{H} = 4630\mu\text{H}$$

$$I = \frac{NB_c A_c}{L} = \frac{28 \times 1.3 \times 12 \times 10^{-4}}{4630 \times 10^{-6}}\text{A} = 9.43\text{A}$$

我们现在可以很容易地看到气隙的好处。通过将两个1.35mm的气隙引入磁路长度为0.22m的结构中，电感器在电流达到109.2A之前不会达到峰值磁通密度；而在没有气隙的情况下，最大磁通密度达到9.43A。当然，我们也看到，通过引入气隙，电感显著下降。间隙电感为400μH，而无间隙电感为4630μH。

16.3.3.2 间隙磁结构的磁阻

为了研究气隙的影响，可以参考图16.14中的磁性结构，它由铁磁心上的N匝线圈组成。式（16.28）可以写成

$$\Phi = \frac{NI}{\dfrac{l_c}{A_c \mu_r \mu_0} + \dfrac{2l_g}{\mu_0 A_g}}$$

我们可以从这个等式中认识到，分母中的两项是磁心和两个气隙的磁阻。因此，路径中磁结构的有效磁阻$\mathfrak{R}$是两个磁阻的总和。从而有

$$\mathfrak{R} = \frac{N \times I}{\Phi} \tag{16.41}$$

其中

$$\mathfrak{R} = \mathfrak{R}_c + 2\mathfrak{R}_g = \frac{l_c}{A_c \mu_r \mu_0} + \frac{2l_g}{\mu_0 A_g} \tag{16.42}$$

$$\mathfrak{R}_g = \frac{l_g}{\mu_0 A_g} \tag{16.43}$$

16.3.3.3 例：间隙电感的磁阻

确定较早的400μH电感的磁心磁阻、气隙磁阻和总磁阻，忽略边缘。

解：

磁心磁阻与前例相同为169.25kH^{-1}。

每个气隙的磁阻由下式给出

$$\mathfrak{R}_g = \frac{l_g}{\mu_0 A_g} = \frac{1.35 \times 10^{-3}}{4\pi \times 10^{-7} \times 12 \times 10^{-4}}\text{H}^{-1} = 895.25\text{kH}^{-1}$$

总磁阻是磁心和气隙磁阻的总和。

$$\mathfrak{R} = \mathfrak{R}_c + 2\mathfrak{R}_g = 169.25\text{kH}^{-1} + 2 \times 895.25\text{kH}^{-1} = 1959.75\text{kH}^{-1}$$

这个例子的磁路如图 16.18 所示。

16.3.4 储存在磁场中的能量

如果电感承载电流 I,则储存在磁场中的能量 E 由下式给出

$$E = \frac{1}{2}LI^2 = \frac{1}{2}\frac{\lambda}{I}I^2 = \frac{1}{2}\lambda I = \frac{1}{2}N\Phi I = \frac{1}{2}\Phi(NI) \tag{16.44}$$

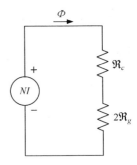

图 16.18 具有磁阻磁路和两个串联气隙的磁路

因为

$$H_c l_c + 2H_g l_g = NI \tag{16.45}$$

能量公式可以写成

$$E = \frac{1}{2}\Phi(NI) = \frac{1}{2}\Phi(H_c l_c + 2H_g l_g) \tag{16.46}$$

鉴于

$$\Phi = B_c A_c = B_g A_g \tag{16.47}$$

我们得到

$$E = \frac{1}{2}B_c H_c A_c l_c + \frac{1}{2}B_g H_g A_g \times 2 l_g \tag{16.48}$$

= 储存在磁心中的能量 + 储存在气隙中的能量

或

$$E = \frac{1}{2}B_c H_c V_c + \frac{1}{2}B_g H_g V_g \tag{16.49}$$

或

$$E = \frac{1}{2}\frac{B_c^2}{\mu_r \mu_0}V_c + \frac{1}{2}\frac{B_g^2}{\mu_0}V_g \tag{16.50}$$

式中,V_c 和 V_g 分别是磁心和间隙的体积,由下式给出

$$\begin{aligned} V_c &= A_c l_c \\ V_g &= 2 l_g A_g \end{aligned} \tag{16.51}$$

通常,电感器中的大部分能量存储在气隙中。

例:电感储能

对于较早的 400μH 电感,它的能量储存为 1.3T。确定磁心和气隙中的能量分布。

解：

首先，电感在最大磁通密度下的储能发生在 109.2A 时，由下式给出

$$E = \frac{1}{2}LI^2 = \frac{1}{2} \times 400 \times 10^{-6} \times 109.2^2 \text{J} = 2.385 \text{J}$$

磁心和气隙能量由下式给出

$$E_c = \frac{1}{2}B_c H_c A_c l_c = \frac{1}{2} \times 1.3 \times 1200 \times 0.0012 \times 0.22 \text{J} = 0.206 \text{J}$$

$$E_g = \frac{1}{2}B_g H_g A_g \times 2\, l_g = \frac{1}{2} \times 1.3 \times 1034500 \times 0.0012 \times 2 \times 0.00135 \text{J} = 2.179 \text{J}$$

因此，由于相同磁通密度的间隙，能量储存显著增加。这是放大反磁性核心的一大好处。在这种情况下，存在于带隙电感的间隙中的能量为 2.179J，并且比存储在磁心中的能量 0.206J 大十倍以上。

16.3.5 铁心损耗

铁心损耗是由于磁滞和涡流损耗造成的铁磁材料中的能量损失。

16.3.5.1 磁滞损耗

完成 $B-H$ 或磁滞回线一次会导致材料中的能量净耗散，导致磁性材料内的功率损失（称为磁滞损耗）。单位体积的磁滞损耗等于磁滞回路的面积。一般而言，磁滞回线的面积与回路的交变磁通密度 $B_{ac(pk)}$ 的峰值成比例，即

$$\text{磁滞损耗} \propto \text{磁滞回线区域} \propto B_{ac(pk)}^h \tag{16.52}$$

式中，h 是材料参数，通常在 1.5~2.5 的范围内。

随着磁化频率 f 和磁性材料实际体积 V_c 的增加，磁心内消耗的功率也会增加。请注意，$B_{ac(pk)}$ 仅与通量密度的交流分量峰值相关。在诸如电感器的磁性器件中，具有较大的直流磁通密度分量是常见的。

因此，磁滞功率损失 P_h 为

$$P_h = K_h V_c f B_{ac(pk)}^h \tag{16.53}$$

式中，K_h 是给定材料样本以及给定通量密度和频率范围的常数。

16.3.5.2 涡流损耗

铁心功率损耗的另一个来源是涡流。根据法拉第定律，绕组中变化的电流会导致铁心中磁通的变化。然而，变化的磁通会在铁心内产生循环电压，从而导致铁心内部的循环或涡流阻碍磁通量的变化，如图 16.19 所示。所有电子材料都具有有限的电阻率（理想情况下，对于磁性材料来说它是无限的）。铁心电阻与材料内的涡流共同导致了涡流损耗。

可以通过两种方法来减少材料中的涡流损耗。首先，在许多应用中，诸如铁氧体之类的材料可以被设计成具有非常高的电阻率，因此降低了涡流大小和相关的功率损耗。其次，涡流损耗可以通过由薄铁磁叠片制造铁心来减小，铁磁叠片通过清

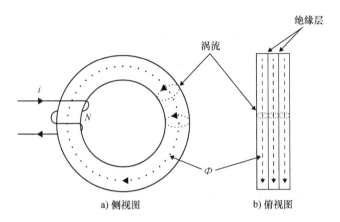

图 16.19 叠片环形中的涡流

漆薄层相互绝缘。由于叠片之间的绝缘，环路面积减小，导致中心的感应电压和涡流减小，涡流损耗降低。

通常，对于体积为 V_c 的铁心，涡流损耗 P_e 由下式给出

$$P_e = K_e V_c f^2 B_{ac(pk)}^2 \tag{16.54}$$

式中，K_e 是磁性材料的参数。用于 50Hz/60Hz 电感器和变压器以及许多机电设备的铁磁材料通常使用层压材料。

16.3.5.3 铁心损耗

磁滞损耗和涡流损耗通常集中在一起，从而形成整体铁心损耗，即

$$P_c = P_h + P_e \tag{16.55}$$

磁滞损耗和涡流损耗的影响通常表现为单个铁损方程，称为斯坦梅茨方程

$$P_c = K V_c f^m B_{ac(pk)}^n \tag{16.56}$$

式中，k、m 和 n 是斯坦梅茨系数。

方程和系数以 Charles Steinmetz（1865—1923）命名，他是一位普鲁士数学家和工程师，对理解交流电源系统和铁心损耗做出了重大贡献。

示例

假设输入电流的交流分量峰值为 9.2A，频率为 10kHz，计算前一示例中材料的铁损。铁心材料具有以下 Steinmetz 系数：$k = 3.81$，$m = 1.486$ 和 $n = 1.630$。

解：

首先，让我们来计算铁心体积

$$V_c = A_c l_c = 0.0012 \times 0.22 \text{m}^3 = 260 \times 10^{-6}$$

接下来，让我们根据式（16.33）确定交流磁通密度的峰值

$$B_{ac(pk)} = L \frac{I_{ac(pk)}}{N A_c} = 400 \times 10^{-6} \times \frac{9.2}{28 \times 0.0012} \text{T} = 0.1095 \text{T}$$

铁心损耗则由下式给出

$$P_c = KV_c f^m B_{ac(pk)}^n = 3.81 \times 260 \times 10^{-6} \times 10000^{1.486} \times 0.1095^{1.63} \text{W} = 23.7\text{W}$$

16.3.5.4 铁心损耗等效并联电阻

可将铁心损耗建模为电感两端的等效并联电阻，如图16.20所示。

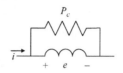

图16.20 铁心损耗电感

16.3.6 铜损

构成电感器的绕组或变压器的一次和二次绕组的线圈具有相关的电阻。该电阻被模拟为等效串联电阻（ESR 或 R_s 或 R_{cu}）。当均方根电流 $I_{L(rms)}$ 流经导线时，功率损耗为 $R_{cu} I_{L(rms)}^2$。由于铜通常用作导体，所以这种传导功率损耗被称为铜损。对于某些应用来说，铝是一种竞争选择。通常以电路形式说明铜损，如图16.21所示。

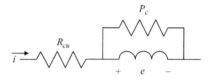

图16.21 带有铁损和铜损的电感器

16.3.6.1 导线的铜损

导线的电阻由下式给出

$$R_{cu} = \rho \frac{l_{cu}}{A_{cu}} \tag{16.57}$$

式中，l_{cu} 是导线的总长度，可以通过将匝数 N 乘以绕在铁心上的导线的每匝平均长度（MLT）来近似计算；A_{cu} 是导线的横截面积；ρ 是铜的电阻率。

因此，磁阻可以从下式中得

$$R_{cu} = \rho \frac{N \times MLT}{A_{cu}} \tag{16.58}$$

当传导均方根电流 $I_{L(rms)}$ 时，铜损 P_{cu} 由下式给出

$$P_{cu} = R_{cu} I_{L(rms)}^2 \tag{16.59}$$

示例

计算前例中电感器的铜损，假设 $MLT = 0.188\text{m}$，电阻率为 $1.725 \times 10^{-8} \Omega \cdot \text{m}$，铜截面积为 15.6mm^2。令均方根电流 $I_{L(rms)}$ 为 100A。

解：

$$R_{cu} = \rho \frac{N \times MLT}{A_{cu}} = 1.725 \times 10^{-8} \times \frac{28 \times 0.188}{15.6 \times 10^{-6}} \text{m}\Omega = 5.82\text{m}\Omega$$

$$P_{cu} = R_{cu} I_{L(rms)}^2 = 5.82 \times 10^{-3} \times 100^2 \text{W} = 58.2\text{W}$$

16.3.6.2 带螺旋绕组的 CC 形铁心铜损

较早的 400μH 电感器具有 CC 形铁心而不是环形,如图 16.22 所示。大功率电感器的环形和 CC 形铁心是常见的铁心类型。实心螺旋绕组通常用于大功率中频电感器。为了减少铜损,高频电感器可能需要铝箔、绞线或绞合线。

如果我们假定铜绕组排列为矩形螺旋线,则可以计算绕组的电阻和相关的铜损。

每转的平均长度为

$$MLT = 2b_c + 2h_c + 4b_{cu} + 8b_{cl} \quad (16.60)$$

式中,b_c 和 h_c 分别是铁心的宽度和高度;b_{cu} 是铜的宽度;b_{cl} 是铜绕组和铁心之间的间隙。

导线的矩形横截面的面积是

$$A_{cu} = b_{cu} t_{cu} \quad (16.61)$$

式中,t_{cu} 是导线的厚度。

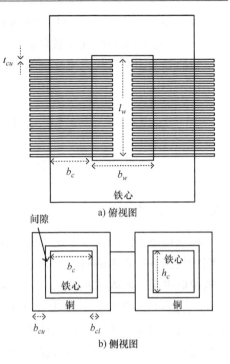

图 16.22 CC 形铁心电感的俯视图和侧视图

16.3.6.3 例:绕组的 MLT

计算 400μH 电感器的 MLT,电感器参数见表 16.6。电感器具有两个平行的螺旋绕组,因此绕组的横截面积是单个螺旋的两倍。

表 16.6 电感器参数 (单位:mm)

N	b_c	b_w	h_c	l_w	b_{cu}	t_{cu}	b_d
28×2	20	20	50	50	6	1.3	3

解:MTL 为

$$MLT = 2b_c + 2h_c + 4b_{cu} + 8b_{cl} = 2 \times 20\text{mm} + 2 \times 50\text{mm} + 4 \times 6\text{mm} + 8 \times 3\text{mm}$$
$$= 0.188\text{mm}$$

绕组的横截面积是

$$A_{cu} = 2b_{cu} t_{cu} = 2 \times 6 \times 10^{-3} \times 1.3 \times 10^{-3} \text{m}^2 = 15.6\text{mm}^2$$

16.3.7 面积乘积法

电感器的设计通常使用迭代方法来达到最佳设计。设计电感器时,最简单的起始点是使用面积乘积(AP)方法。

根据磁心的横截面积 A_c 重新排列基本电感方程为

$$L = \frac{N\Phi}{I} = \frac{NB_{max}A_c}{I} \Rightarrow A_c = \frac{LI_{L(max)}}{NB_{max}} \quad (16.62)$$

绕组磁结构内所需的面积是窗口面积，由下式给出

$$A_w = \frac{NI_{L(rms)}}{k_{cu}J_{cu}} \quad (16.63)$$

窗口面积与匝数和电流均方根成正比。它与铜填充因子k_{cu}和绕组电流密度J_{cu}成反比。

简而言之，磁性装置的尺寸与这两个面积的乘积有关。磁心面积取决于通量密度，而窗口面积取决于电流密度。

面积乘积定义为

$$AP = A_cA_w = \frac{LI_{L(max)}I_{L(rms)}}{k_{cu}J_{cu}B_{max}} \quad (16.64)$$

电感设计的细节取决于两个面积的相对大小。决定最优设计的通常是一种迭代练习。

简单说，使两个面积相同，即

$$A_c = A_w = \sqrt{AP} \quad (16.65)$$

匝数由下式给出

$$N = \frac{LI_{L(max)}}{A_cB_{max}} \quad (16.66)$$

然后就可以确定其余的电感参数。有关示例，请参见第11章中的示例11.6.1。

16.3.8 高频操作和趋肤深度

趋肤深度现象是磁力学和传导的一大挑战。在传导直流电流时，导体横截面上的电流是均匀的，如前面的例子一样，确定导体电阻相对容易。图16.23a所示为一个载有直流电流的圆形导体的例子。如果电流随时间变化，则电流分布不均匀，电流会被迫到导体的外表面或表层，如图16.23b所示。由法拉第定律和楞次定律

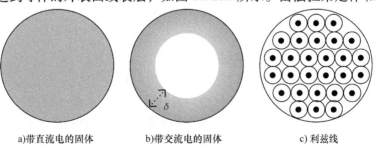

a) 带直流电的固体　　b) 带交流电的固体　　c) 利兹线

图16.23　导体

来解释，这种高频效应减少了导体中心处的电流分布。导体的实际结果是电流沿着表面集中并且从表面成倍地减少。趋肤深度 δ 是电流密度减小到 1/e（e = 2.718）或表面处值的 36.8% 时表面下方的距离。

在确定电缆或导体尺寸时，趋肤深度是一个重要的设计考虑因素。例如，在 50Hz 或 60Hz 的高功率交流导线中通常具有空心。可以使用利兹线（litzendraht，德语为"braid"或"woven"）构建数十或数百千赫兹的高频导体。利兹线由塞巴斯蒂安·德费伦蒂于 1888 年发明，由多根编织在一起的较小绝缘电线束组成，如图 16.23c 所示。

给定材料和频率 f 的趋肤深度可以使用以下公式计算

$$\delta = \sqrt{\frac{\rho}{\mu \pi f}} \tag{16.67}$$

式中，ρ 是电阻率；μ 是磁导率。

25℃ 下，铜的电阻率和磁导率的标称值为 $1.725 \times 10^{-8} \Omega \cdot m$ 和 $4\pi \times 10^{-7}$ H/m。在不同频率下，计算铜的趋肤深度，见表 16.7。

趋肤深度在 50Hz 时标称为 9.35mm，在 500kHz 时降至 93.5μm。

实际的电感器和变压器设计非常复杂，必须注意许多因素。

正如我们刚刚看到的那样，由于趋肤深度的原因，高频会导致显著的额外铜损。存在显著的相关效应，即分层效应和邻近效应，这也会增加功率损耗并降低效率。

表 16.7 25℃时铜的趋肤深度

频率/Hz	趋肤深度/mm
50	9.35
5000	0.935
500000	0.0935

由于直流偏置和高频操作，铁心损耗会显著增加。热管理至关重要。对于某些材料，可听见的噪声可能是一个问题。许多部件都需要具有所需绝缘水平、间隙和爬电距离的安全标准。

请参阅本章最后的进一步阅读部分以获取参考资料。

16.4 硬铁磁材料和永磁体

硬质或永磁材料通常也是铁基材料，但是铁与其他元素（例如稀土元素）结合，可以实现非常高的矫顽力。用于高功率密度牵引电动机的汽车永磁体通常是钕铁硼（Nd-Fe-B）。元素周期表中的稀土材料，钐和钕簇，见表 16.8。这些稀土元素的供应和成本可能是不稳定的，而这种波动性一直是开发没有永磁体电机的动力因素，例如广泛使用的感应电动机，或使用不含稀土元素磁体的永磁体电机，例如高性能陶瓷或铁氧体磁体。

日立金属的永磁材料样品见表16.9。B 和 H 之间的早期基本关系为

$$B = \mu_r \mu_0 H$$

表16.8　元素周期表中的稀土材料

60	61	62
Nd	Pm	Sm
钕	钷	钐
141	145	150

表16.9　日立金属的永磁材料样品

材料	厂家	型号	B_R/T	H_{cB}/(kA/m)	H_{cJ}/(kA/m)	$(BH)_{max}$	μ_{rec}
钕铁硼	日立	NMX-S41EH	1.24~1.31	923~1018	≥1990	294~334	1.05
铁氧体	日立	NMF-12J	0.43~0.46	300~350	≥430	35~40	1.09

在讨论永久磁铁时，这个等式更恰当地表示为

$$B = \mu_0(H + M) \tag{16.68}$$

式中，M 是材料的磁化强度，与磁场强度有相同的单位，并且与材料的固有磁通密度有关。

如果磁体没有外加磁场，即 $H=0$，则磁化材料定义为

$$B_i = J = \mu_0 M \tag{16.69}$$

式中，B_i 是内部磁化强度、内部磁感应强度或磁极化强度，也使用符号 J。

在没有外部磁场的情况下，内部磁通密度相对于磁场强度的曲线如图16.24a所示。当被外部磁场 H 激发时，永磁体材料的正常 B-H 环具有图16.24b所示的形式。

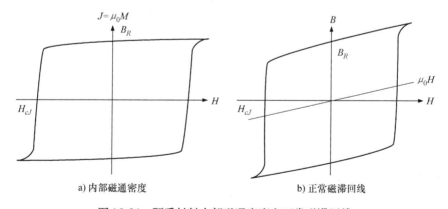

a) 内部磁通密度　　　　　　b) 正常磁滞回线

图16.24　硬质材料内部磁通密度和正常磁滞回线

2010款丰田凯美瑞牵引电机永磁体在114℃时的正常和固有磁滞回线如图16.25所示。使用永磁体时，温度是一个重要的设计考虑因素，因为过高的温度会

使磁铁永久退化。

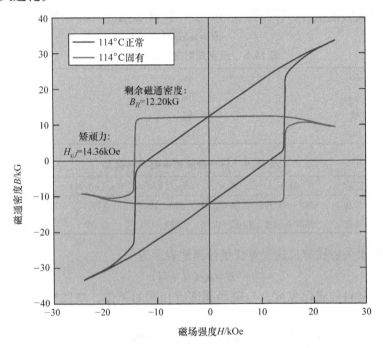

图 16.25 2010 款丰田凯美瑞牵引电机永磁体在 114℃时的磁滞回线
注：由美国能源部橡树岭国家实验室提供。

可以看到，图 16.25 中显示的单位不是公制。在电机行业中，经常会使用其他单位系统。磁量的单位转换见表 16.10。

表 16.10 磁量的单位转换

参数	转换指标
B	1gauss（G）= 10^{-4}T
H	1oersted（Oe）= 79.58 A/m

16.4.1 例：剩余磁通密度

确定图 16.25 所示的永磁体的剩余磁通密度。

解：

剩余磁通密度 B_R 发生在 $H=0$ 处

$$B_R = \frac{12200G}{10000G/T} = 1.22T$$

确定永磁体的工作点可能非常复杂，因为磁体会经受退磁。由于过大的外部磁场、过高的温度或机械应力，磁铁实际上会失去其磁化强度。必须限制磁铁的工作范围，以确保汽车应用所需的长寿命和稳定性。

幸运的是，许多硬磁材料具有极高的矫顽力，并且沿着反冲线可以很稳定地操作。反冲线基于 BH 回路并且基本上切向于 BH 特性。反冲线在运行象限内是线性的。磁铁运行特性的典型曲线如图 16.26 所示。

反冲线的斜率非常低并且略大于空气的磁导率。该斜率被称为相对反冲磁导率 μ_{rec}，对于日立材料约为 1.05。用于固有的 JH 回路 H_{cJ} 的矫顽力不是沿反冲线指定的

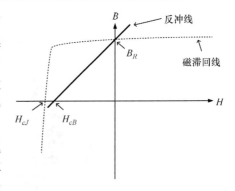

图 16.26　磁铁反冲特性

矫顽力。基于正常 BH 回路的较低的矫顽力 H_{cB} 被指定为沿着反冲线的磁体的正常操作的最大值。

磁铁的工作特性可以简单地用线性方程来描述

$$B_m = B_R + \mu_{rec}\mu_0 H_m \tag{16.70}$$

式中，B_m 和 H_m 是磁铁沿反冲线的工作点。

16.4.2　例：反冲线

确定表 16.9 中日立 Nd – Fe – B 材料的反冲线的剩余磁通密度、矫顽力和斜率。

解：

从表 16.9 可以看出，B_R 的范围为 1.24 ~ 1.31T，H_{cB} 的范围为 923 ~ 1018kA/m，μ_{rec} 为 1.05。

磁铁的工作点取决于负载的特性。永磁体通常装有气隙和铁磁材料以传导来自磁体的磁通。负载线和反冲线的交点是磁铁的工作点，如图 16.27 所示。接下来，我们将通过一个常见的例子来研究——直流电机。

永磁直流电机的基本结构如图 16.28 所示，未示出载流部件。浅阴影区域由铁磁材料制成，黑色区域是厚度为 l_m 的永磁体，中心部分是电机的旋转部分，如转子所示。在磁铁和转子之间存在气隙 l_g，定子是电机的固定部分。

由于铁磁材料具有比磁体或空气高得多的磁导率，因此对于简单的分析，其对磁路的影响可以忽略不计。

设 B_g 和 H_g 为气隙磁通量密度和气隙

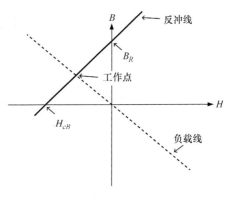

图 16.27　磁铁操作点

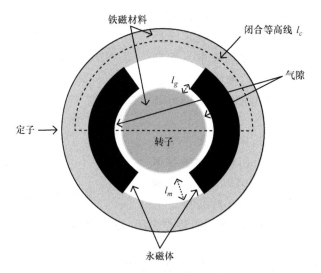

图 16.28 永磁直流电机的基本结构

的磁场强度,设 H_c 为铁磁心的磁场强度。

将安培定律应用于闭合轮廓周围的结构,得到以下等式

$$\oint \boldsymbol{H} d\boldsymbol{l} = 2H_m l_m + 2H_g l_g + H_c l_c = 0 \tag{16.71}$$

如果由于高磁导率而忽略铁心,我们可以重新排列前面的等式得到

$$H_g = -\frac{l_m}{l_g} H_m = \frac{B_g}{\mu_0} \tag{16.72}$$

磁铁产生的磁通量 Φ 是

$$\Phi = B_m A_m = B_g A_g \tag{16.73}$$

重新排列等式得

$$B_g = \frac{A_m}{A_g} B_m \tag{16.74}$$

通过求解式(16.72)和式(16.74),可以得到 B_m 和 H_m 的负载线

$$B_m = -\mu_0 \frac{l_m}{l_g} \frac{A_g}{A_m} H_m \tag{16.75}$$

该等式代表负载线,如图 16.27 所示。通过求解式(16.70)和式(16.75),可以找到磁体的工作点,得到以下解方程

$$B_m = \frac{B_R}{1 + \mu_{rec} \frac{l_g}{l_m} \frac{A_m}{A_g}} \tag{16.76}$$

16.4.3 例:由永磁体引起的气隙磁通密度

如果电机具有以下参数,则确定永磁体和转子气隙的磁通密度:气隙长度为

0.73mm，磁体厚度为6.5mm。设气隙的横截面积比永磁体的面积大50%。

解：

使用表16.9中的Nd – Fe – B磁体参数，磁通密度为

$$B_m = \frac{B_R}{1 + \mu_{rec}\frac{l_g}{l_m}\frac{A_m}{A_g}} = \frac{1.24}{1 + 1.05 \times \frac{1}{1.5}\frac{0.73}{6.5}}T = 1.15T \tag{16.77}$$

气隙磁通密度B_g由下式给出

$$B_g = \frac{A_m}{A_g}B_m = \frac{1}{1.5} \times 1.15T = 0.766T \tag{16.78}$$

16.4.4 最大能量积

最大能量积是用于描述磁体容量的术语。它通常用$(BH)_{max}$表示。由于B和H的乘积表示存储在磁体内的能量，当B和H的乘积最大时，存储的能量最大化并且磁体体积最小化。简单地说，如果我们认为BH特性是反冲线，则乘积在反冲线中点处$(H_{cB}/2, B_R/2)$取得最大值为$(BH)_{max} = (H_{cB}B_R)/4$，如图16.29所示。磁铁不一定在基本旋转电机的最大能量点下运行，因为目的通常是使气隙磁通密度最大化而不是磁铁的能量密度最大化。

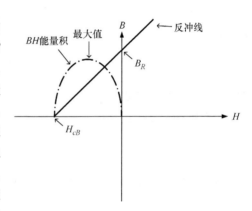

图16.29 BH能量积和反冲线

16.4.5 由永磁体引起的力

我们现在研究永磁体或电磁体的提升力，该提升力与磁体在气隙中存储能量的能力有关。

考虑一个马蹄形磁铁靠近一根质量为m的铁棒，如图16.30所示。每个磁极的面积为A_m。

如前所述，能量存储在整个磁路长度上（气隙、铁和磁铁），如轮廓所示。能量分配如下

$$E = \frac{1}{2}\frac{B_m^2}{\mu_m}V_m + \frac{1}{2}\frac{B_c^2}{\mu_c}V_c + \frac{1}{2}\frac{B_g^2}{\mu_0}V_g$$

(16.79)

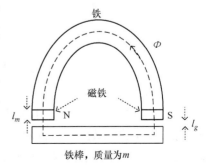

图16.30 提升铁棒的马蹄形磁铁

如果假设铁心具有无限的磁导率，则可以忽略铁中的能量储存。存储在气隙中的能量由下式给出

$$E_g = \frac{1}{2}\frac{B_g^2}{\mu_0}V_g \tag{16.80}$$

考虑具有增量气隙长度 Δl_g 的两个气隙中存储的增量能量 ΔE_g

$$\Delta E_g = \frac{1}{2}\frac{B_g^2}{\mu_0}A_g \Delta l_g \times 2 = \frac{A_g \Delta l_g B_g^2}{\mu_0} \tag{16.81}$$

存储增量能量所需的磁力 F 由下式给出

$$F = \frac{\Delta E_g}{\Delta l_g} = \frac{A_g}{\mu_0}B_g^2 \tag{16.82}$$

当储存在气隙中的能量超过拉升物体所需的势能时，或者磁力超过重力时，磁铁就会拉升铁棒，即

$$F = \frac{A_g}{\mu_0}B_g^2 > mg \tag{16.83}$$

式中，g 是重力加速度。

如果磁铁与铁表面齐平，那么就没有气隙，则

$$F = \frac{A_g}{\mu_0}B_g^2 = mg \tag{16.84}$$

磁铁可以拉升的最大质量由下式给出

$$m = \frac{A_g}{\mu_0 g}B_g^2 \tag{16.85}$$

16.4.5.1　例：没有间隙的磁铁拉升力

如果每个磁极的面积为 $6mm \times 3mm = 18mm^2$，磁体厚度 l_m 为 $3mm$，剩余磁通密度为 $1.3T$，则 Nd – Fe – B 马蹄形磁铁能拉升的铁质量有多大？假设没有气隙，没有边缘效应。

解：

磁铁拉升质量为

$$m = \frac{A_g}{\mu_0 g}B_g^2 = \frac{18 \times 10^{-6}}{4\pi \times 10^{-7} \times 9.81} \times 1.3^2 = 2.47kg$$

请注意，两个磁极的组合面积约为人体小指甲面积的 $1/3$，但是可以拉升超过 $2kg$ 的重量。

根据式 (16.76)，我们可以很容易地确定小气隙的气隙磁通密度。对于较大的气隙，由于边缘效应，有效的磁通密度可能难以确定。

16.4.5.2　例：带间隙的磁铁提升力

如果马蹄形磁铁可以拉升重 $1kg$ 的铁棒，请确定气隙，忽略边缘效应（$A_m = A_g$）。

解：

间隙中所需的磁通密度可以通过将式（16.85）进行变换来确定

$$B_g = \sqrt{\frac{\mu_0 mg}{A_g}} = \sqrt{\frac{4\pi \times 10^{-7} \times 9.81 \times 1}{18 \times 10^{-6}}} \text{T} = 0.827\text{T} \quad (16.86)$$

可以通过重新排列式（16.76）来确定气隙长度

$$l_g = \frac{l_m A_g}{A_m \mu_{rec}} \left(\frac{B_R}{B_m} - 1 \right) = \frac{1}{1} \times \frac{3 \times 10^{-3}}{1.05} \left(\frac{1.3}{0.827} - 1 \right) \text{m} = 1.63\text{mm}$$

16.4.6 电磁体

电机中的磁场可以由永磁体或电磁体提供。绕线式直流电机使用电磁体产生磁场。

电磁体的绕组通常分成两半并缠绕在每个极上，基本结构如图16.31所示。在这种情况下，励磁绕组由励磁电流 I_f 提供，励磁电流 I_f 在气隙上产生磁场。

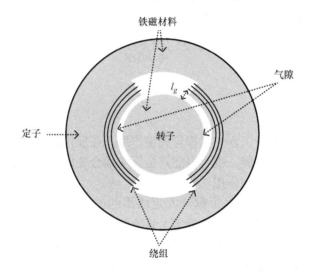

图16.31 电磁体的基本结构

根据第16.3.2节的早期分析，励磁绕组的电感为

$$L_f = \frac{N_f^2}{\dfrac{l_c}{A_c \mu_r \mu_0} + \dfrac{2l_g}{\mu_0 A_{pole}}} \quad (16.87)$$

如果铁心材料具有高磁导率，可简化为以下等式

$$L_f \approx \frac{\mu_0 A_{pole} N_f^2}{2l_g} \quad (16.88)$$

式中，A_{pole} 是极点的面积。

例：由励磁绕组引起的气隙磁通密度

如果励磁绕组要使用永久磁铁产生气隙磁通密度 $B_g = 0.766\text{T}$，类似于第 16.4.3 节的示例，则确定励磁绕组电感和必须提供的励磁电流。该电机具有以下参数：气隙长度 $l_g = 0.73\text{mm}$，$N_f = 14$，转子半径 $r = 8.24\text{cm}$，转子长度 $l = 6.2\text{cm}$。假设极覆盖转子表面的 2/3，铁心具有高磁导率。

解：

首先，极点面积的计算方法如下

$$A_{pole} = \frac{2}{3}\pi r l = \frac{2}{3} \times \pi \times 8.24 \times 10^{-2} \times 6.2 \times 10^{-2}\text{m}^2 = 107\text{cm}^2$$

那么磁场电感就是

$$L_f \approx \frac{\mu_0 A_{pole} N_f^2}{2l_g} = \frac{4\pi \times 10^{-7} \times 14^2 \times 107 \times 10^{-7}}{2 \times 0.73 \times 10^{-3}}\text{H} = 1.8\text{mH}$$

因为

$$\lambda = N_f \Phi = N_f B_g A_{pole} = L_f l_f$$

我们得到磁场电流表达式如下

$$l_f = \frac{N_f B_g A_{pole}}{L_f} = \frac{14 \times 0.766 \times 107 \times 10^{-7}}{0.0018}\text{A} = 63.7\text{A} \tag{16.89}$$

16.5 变压器

变压器在电气和电子工程中发挥着关键作用。在现代交流电网中，变压器能够安全有效地传输和分配电能。耦合电感器是反向耦合变压器，在电力变换和控制领域发挥着较小但仍然重要的作用。

变压器是具有两个或更多个耦合固定线圈的电磁装置。由一个线圈（绕组）产生的全部或大部分磁通连接一个或多个其他绕组。变压器对于电力的传输和分配是必不可少的，因为交流电压可以容易且安全地增加（上调）或减少（下调）。

传统的变压器通常紧密耦合，绕组彼此靠近，同时满足各种电气安全要求。用于感应或无线功率传输的变压器松散耦合，为了操作目的，绕组之间可能需要相当大的距离。

16.5.1 工作原理

要了解变压器的工作原理，可以考虑缠绕在铁磁环的一部分上的单个线圈或 N_p 匝绕组，如图 16.32a 所示。在给定方向的环形线圈中感应出磁化通量 Φ_m。电流 i_m 是磁化电流。将时变一次电压 $v_p(t)$ 施加到绕组上，会产生如图所示方向的电流和感应通量。一次电压与感应通量的关系由法拉第定律给出

$$e_p(t) = N_p \frac{\text{d}\Phi_m(t)}{\text{d}t} \tag{16.90}$$

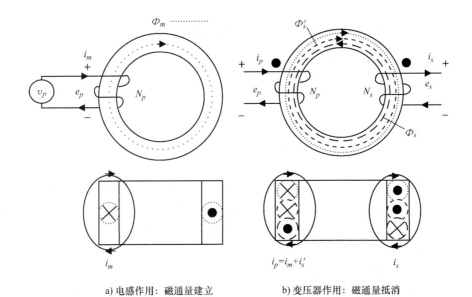

a) 电感作用：磁通量建立　　b) 变压器作用：磁通量抵消

图 16.32　电感器和变压器工作原理

如果现在将第二个绕组添加到环形线圈中，如图 16.32b 所示，则绕组和环形线圈的结构会导致变压器工作。根据法拉第定律，连接环形的一次感应时变通量 Φ_m 与二次绕组相互作用，并在二次绕组中产生电动势

$$e_s(t) = s\frac{d\Phi_m(t)}{dt} \tag{16.91}$$

第二个绕组电动势的方向由楞次定律给出。感应电动势始终处于这样的方向，即它产生电流 i_m 以产生磁通 Φ_s 以抵抗最初引起电动势的磁通 Φ_m。

通过变压器工作，在磁心中感应出反磁通 Φ'_s 以抵消 Φ_s，因此磁心中的净磁通量为 Φ_m。通过磁通 Φ'_s 在一次绕组中感应出一次电流 i'_s。

上述理想变压器的基本部件是：①一次绕组 N_p，因连接到电压源而被称为一次绕组；②提供负载的二次绕组 N_s；③铁磁心。

理想的变压器如图 16.33a 所示，环形表示如图 16.33b 所示。图中的点传达的信息是，相对于非点状端子，点端子处的绕组电压具有相同的极性。例如，如果 Φ_m 随时间增加，则两个点状端子处的电压相对于相应的非点状端子为正。使用这种方法的优点是，不需要详细显示出铁心上的绕组方向。

16.5.2　变压器等效电路

为了理解它在电源电路中的工作原理，需要真正理解变压器二阶效应的其他细节。在实际的变压器中，并非所有磁通都包含在磁心内。每个绕组产生的一小部分

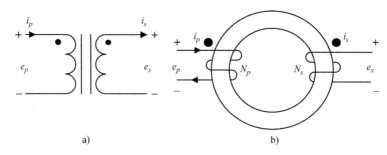

图 16.33 理想变压器及环形表示

磁通量从图 16.34 所示的绕组"泄漏"。磁通 Φ_{lp} 从一次绕组泄漏,磁通 Φ_{ls} 从二次绕组泄漏。两个绕组相互或共同的磁通是 Φ_m。电气模型中通过增加与一次或二次并联的电感来说明绕组之间的互感效应。该电感通常称为磁化电感 L_m。

现在可以参考图 16.35 所示的电路模型更全面地理解实际变压器的操作。一次电流 i_p 流过一次漏感 L_{lp} 并具有两个分量。第一个分量是 i_m,磁化电流流入一次参考磁化电感 L_m。第二电流是 i_s',该电流通过理想变压器完美地耦合到二次绕组中流动的电流 i_s($= N_p i_s'/N_s$)。上标"'"表示该值通过变压器从二次侧到一次侧反映出来。

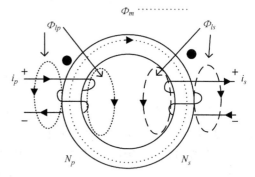

图 16.34 泄漏磁通

现在从另一个新的视角研究电流 i_m 和磁化电感 L_m。为了使实际变压器的理想变压将电流从一次侧耦合到二次侧,变压器铁心必须被磁化。这种磁化需要磁化电流 i_m 流入磁化电感 L_m。磁化电感两端的反电动势用 e_m 表示。

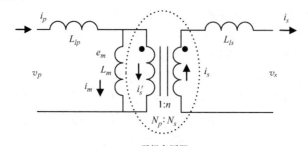

理想变压器

图 16.35 变压器模型

完整的变压器等效电路如图 16.36 所示。该模型包括一次和二次绕组电阻 R_p 和 R_s,以及铁心损耗 P_{core}。

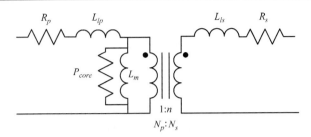

图 16.36 等效电路

16.5.3 变压器电压和电流

重新排列式（16.90）和式（16.91）得到

$$\frac{d\Phi_m(t)}{dt} = \frac{e_p(t)}{N_p} = \frac{e_s(t)}{N_s} = \frac{电压}{匝数} \tag{16.92}$$

这表明在每个绕组中，由于共同的耦合，每圈的电压是相同的。

我们用理想的变压器来表示这种关系，它将两个绕组中的电压与匝数比 n 联系起来

$$\frac{e_s}{e_p} = \frac{N_s}{N_p} = n \tag{16.93}$$

或

$$\frac{e_p}{N_p} = \frac{e_s}{N_s} \tag{16.94}$$

或

$$e_s = n e_p \tag{16.95}$$

或

$$\frac{电压}{匝数} = 常数 \tag{16.96}$$

如果忽略泄漏，在这种情况下有 $v_p = e_p$ 和 $v_s = e_s = n v_p$，我们得到变压器端电压之间的以下关系

$$\frac{v_s}{v_p} = \frac{N_s}{N_p} = n \tag{16.97}$$

由于变压器是理想的，因此环形线圈闭合路径周围的 $\oint H \cdot dl$ 必须为零。如果 i'_s 和 i_s 分别是反射的二次电流和二次电流，那么

$$\oint H \cdot dl = N_p i'_s - N_s i_s = 0 \tag{16.98}$$

则有

$$\frac{i_s}{i'_s} = \frac{N_p}{N_s} = \frac{1}{n} \tag{16.99}$$

或

$$N_p i_s' = N_s i_s \tag{16.100}$$

或

$$i_s' = n i_s \tag{16.101}$$

或

$$电流 \times 匝数 = 常数 \tag{16.102}$$

根据法拉第定律,磁化电流与反电动势有关

$$e_m = L_m \frac{di_m}{dt} \tag{16.103}$$

通过对电压随时间积分得到磁化电流

$$i_m = \frac{1}{L_m} \int e_m dt \tag{16.104}$$

一次电流是磁化电流和反射的二次电流之和

$$i_p = i_m + i_s' = i_m + \frac{N_s}{N_p} i_s \tag{16.105}$$

接下来我们将考虑两个简单但常见的电压源示例,这些电压源为变压器一次侧供电:方波和正弦波。在这些示例中,忽略漏电感,并且假设电源电压等于一次侧反电动势,等效电路如图 16.37 所示。

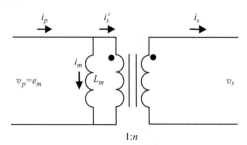

图 16.37 无漏电感或电阻损耗的变压器等效电路

16.5.3.1 用正弦波激励变压器

电源变压器通常提供正弦或余弦电压波形。波形如图 16.38a 所示。变压器一次侧由 50Hz 或 60Hz 交流余弦波馈电。因此,电源电压为

$$v_p(t) = V_{pk} \cos \omega t \tag{16.106}$$

式中,V_{pk} 是输入电压的峰值;ω 是由下式给出的角频率。

$$\omega = 2\pi f \tag{16.107}$$

式中,f 是电频率。

磁化电流由下式给出

$$i_m(t) = \frac{1}{L_m} \int v_p(t) dt = \frac{1}{L_m} \int V_{pk} \cos \omega t \, dt \tag{16.108}$$

在稳定状态下可以得到

$$i_m(t) = \frac{1}{L_m}\int V_{pk}\cos\omega t\, dt = \frac{V_{pk}}{\omega L_m}\sin\omega t = I_{m(pk)}\sin\omega t \quad (16.109)$$

其中 $I_{m(pk)}$ 是磁化电流的峰值，由下式给出

$$I_{m(pk)} = \frac{V_{pk}}{\omega L_m} \quad (16.110)$$

16.5.3.2 例：感应电机磁化电流

感应电机也是变压器的一个例子，在第 8 章详细讨论过。如果电源电压在 200Hz 时为 120 V_{rms} 且磁化电感为 2mH，则确定磁化电流峰值和均方根值。

解：

由于正弦波的峰值是均方根值的 $\sqrt{2}$ 倍，因此磁化电流的峰值由下式给出

$$I_{m(pk)} = \frac{\sqrt{2}V}{\omega L_m} = \frac{\sqrt{2}\times 120}{2\pi\times 200\times 2\times 10^{-3}}\text{A} = 67.52\text{A}$$

均方根值由以下给出

$$I_m = \frac{I_{m(pk)}}{\sqrt{2}} = \frac{67.52\text{A}}{\sqrt{2}} = 47.75\text{A}$$

16.5.3.3 用方波电压激励变压器

方波是高频电力变换中非常常见的激励波形，如图 16.38b 所示。

令电源电压为振荡方波

$$v_p(t) = \pm V \quad (16.111)$$

式中，V 是正负水平的值。

电流由下式给出

$$i_m(t) = \frac{1}{L_m}\int v_p(t)\, dt \quad (16.112)$$

在稳态下，当施加方波时，电流在 1/4 周期内从零变为峰值。

最大磁化电流为

$$I_{m(pk)} = \frac{1}{L_m}\int_0^{T/4} V\, dt = \frac{1}{L_m}[V_t]_0^{T/4} = \frac{VT}{4L_m} = \frac{V}{4fL_m} \quad (16.113)$$

16.5.3.4 例：高频变压器

高频电力变换器（用于车载辅助电力变换器）具有变压器，其由 100kHz 的 ±380V 方波馈电。变压器励磁电感 L_m 为 1mH，匝数比 n 为 0.04。

1）当磁化电流处于正峰值时，如果二次电流为 168A，则确定一次电流。

2）二次侧的方波电压值是多少？

忽略变压器漏电和寄生效应。

解：

1）磁化电流的峰值由下式给出

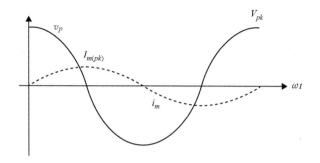

a) 正弦波

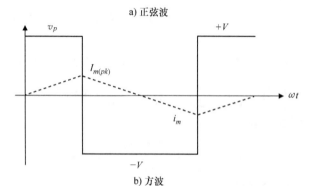

b) 方波

图 16.38 正弦波和方波电压源及产生的磁化电流

$$I_{m(pk)} = \frac{V}{4fL_m} = \frac{380}{4 \times 100 \times 10^3 \times 1 \times 10^{-3}} A = 0.95 A$$

知道了磁化电流，可以确定一次电流，因为二次电流是已知的。反射的二次电流是

$$i'_s = n\, i_s = 0.04 \times 168 A = 6.72 A$$

一次电流是

$$i_p = i_m + i'_s = 0.95 A + 6.72 A = 7.67 A$$

变压器电流如图 16.39 所示，记录瞬时电流。

2) 二次电压由下式给出

$$v_s = nv_p = 0.04 \times (\pm 380) V = \pm 15.2 V$$

图 16.39 变压器电流

16.5.4 使用面积乘积法确定变压器的大小

首先，让我们根据磁心A_c的横截面积重新排列基本变压器方程。对于方波，可以重新排列式（16.113）为

$$L_m I_{m(pk)} = \frac{V}{4f} = N_p \Phi_{max} = N_p B_{max} A_c \tag{16.114}$$

式中，Φ_{max}和B_{max}是磁心中的峰值通量和磁通密度。

因此，磁心面积由下式给出

$$A_c = \frac{V}{4f N_p B_{max}} \tag{16.115}$$

用于绕组的磁结构内所需的面积是窗口面积A_w

$$A_w = \frac{N_p I_p + N_s I_s}{k_{cu} J_{cu}} \tag{16.116}$$

式中，I_p和I_s分别是一次和二次电流均方根值。

窗口面积与匝数和均方根电流成正比。它与铜填充系数k_{cu}和绕组电流密度J_{cu}成反比。

磁性设备的尺寸与这两个面积的乘积有关。磁心面积取决于磁通密度，而窗口面积取决于电流密度。

由方波馈电的变压器的 AP 由下式给出

$$AP = A_w A_c = \frac{V}{4f N_p \Phi_{max}} \frac{N_p I_p + N_s I_s}{k_{cu} J_{cu}} = \frac{V(I_p + nI_s)}{4f \Phi_{max} k_{cu} J_{cu}} \tag{16.117}$$

对于为变压器供电的占空比控制电压源的面积乘积，更通用的表达式是

$$AP = \frac{DV(I_p + nI_s)}{2f \Phi_{max} k_{cu} J_{cu}} \tag{16.118}$$

式中，D是占空比。

请参阅第 12 章中第 12.2.3 节和第 12.3.2 节中的示例。

16.6 电容器

高斯定律指出，任何封闭表面上的表面积分与封闭电荷成比例。这个定律可以简单地解释为标准功率电容，如图 16.40 所示。

电容器显示为两个平行板，每个板的面积都是 A。被称为电介质材料的绝缘材料具有厚度 d 并且在板之间保持固定的距离。许多不同的材料用作电容器板之间的介电材料，因此，在设计电路时，我们根据应用使用各种电容器。电解、纸张、钽、聚酯、聚丙烯、陶瓷和钽是使用的众多品种之一。

对于平行板电容器，电场 E 等于板之间的电压差 V 除以板之间的距离 d。这些板的面积都是 A。

$$E = \frac{V}{d} \quad (16.119)$$

假设每块板上都有电荷 Q

$$\oint E dA = \frac{V}{d}A = \frac{Q}{\varepsilon} \quad (16.120)$$

或

$$Q = \varepsilon \frac{V}{d}A = CV \quad (16.121)$$

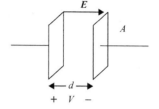

图 16.40 基本电容器

式中，C 是器件的电容（F）。

因此，平行板电容器的电容为

$$C = \varepsilon \frac{V}{d} \quad (16.122)$$

式中，ε 是介电材料的介电常数。

与之前对 μ 的讨论类似，我们还定义了相对于自由空间的介电常数 ε_r

$$\varepsilon_r = \frac{\varepsilon}{\varepsilon_0} \quad (16.123)$$

式中，$\varepsilon_0 = 8.85 \times 10^{-12} \text{F/m}$。

介电常数是电介质存储电荷能力的量度。各种电容的实物图像如图 16.41 所示。

a) 电解质   b) 薄膜

c) X帽   d) Y帽

图 16.41 各种电容器的图像

值得注意的是，常用电介质的相对介电常数较低，通常采用单位数值。这与磁性材料的相对磁导率的情况不同，其往往具有数百和数千的值。与 $4\pi \times 10^{-7} \mathrm{H/m}$ 的 μ_0 相比，在 $8.85 \times 10^{-12} \mathrm{F/m}$ 处的 ε_0 的低相对值以及极低绝对值有助于解释为什么磁场在产生机械力时比电场更有效。

电容器在信号和电源电路中无处不在，它们有两个主要作用。首先，就像电感一样，电容器用于过滤交流波形。其次，与电感器不同，电容器用于存储直流能量。

电子电路中使用的典型电容器的值可以从微微（10^{-12}）到毫（10^{-3}）。电容器类型的选择受电气因素的影响，包括电压、电流、频率、温度和充电/放电速率，同时受其他因素影响，如尺寸、成本、可制造性、故障模式、可燃性、寿命、终端/连接、结构、漏电流、电晕和电弧，以及电阻和电感的其他二阶电寄生。特定技术（通常被称为 X 电容器，其跨接在高压输入端）和从高压到地的 Y 电容器是在安全方面起着至关重要作用的电磁干扰（EMI）噪声抑制电容器所必需的。

多年来，电解电容器一直是电力工业的支柱。电解质通常用于需要相对大的存储电力应用中，例如，数百伏时的毫法拉。虽然电解电容在早期的电动汽车中更常用，但它们现在通常只作为充电系统功率因数校正升压前端输出端的直流总线电容。虽然电解电容能够具有相对较高的能量存储特性，但由于纹波电流和寿命要求，该器件通常仅限于特定应用。见第 14 章第 14.6 节。

在过去的几十年中，一种称为超级电容器的电容器已经开发并产品化。超级电容器现在被广泛应用，其电容值可以从几法拉到几千法拉。这些类型的电容器也称为双层电容器。超级电容器在能量存储中起着重要作用，因为这种结构可以实现相对较高的能量和功率密度以及较长的使用寿命。这种类型电容器的缺点是额定电压非常低，通常约为 2.7V。因此，必须将大量电容器串联布置在一个电池组中，以便实现高电压。通常，这些电池组需要大量电路以平衡每个电容器两端的电压。

聚丙烯薄膜电容器作为直流-直流变换器和直流-交流逆变器的直流总线电容，起着重要作用。虽然这种薄膜电容器不具有电解电容器的能量密度，但薄膜电容器的电流处理能力和寿命超过电解电容器的电流处理能力和寿命。

确定聚丙烯高压电容器的尺寸

电容器的大小取决于许多因素。可以基于一些简单的计算和假设来估计薄膜电容器的物理尺寸。

介电强度是电容器的电介质可以承受而不会损坏的电压梯度。它是电容器的关键参数：介电强度越高，器件越小。

因此，如果 V 是电容器的最大电压，DS 是介电强度，则电介质的厚度由下式给出

$$d = \frac{V}{DS} \tag{16.124}$$

然后可以确定电容器的面积

$$A = \frac{Cd}{\varepsilon_r \varepsilon_0} = lw \tag{16.125}$$

式中，l 和 w 分别是电容器的长度和宽度。

相关示例，请参见第 11.6.2 节。

16.7 机电能量转换

本节回顾了机电能量转换的基本理论。

16.7.1 安培定则

考虑通过磁通密度 B 的外部磁场承载电流 I 的导体，如图 16.42 所示。由磁场施加在导体上的力由下式给出

$$\boldsymbol{F} = I\boldsymbol{l} \times \boldsymbol{B} \tag{16.126}$$

式中，l 是电流方向上幅度为 l 的矢量。

对于长度为 l 的导体垂直于均匀磁场 B 的基本电机，该公式简化为以下等式

$$F = BIL \tag{16.127}$$

弗莱明左手定则

矢量交叉乘积强调该力垂直于导体和磁场，并且如果磁场或电流相反转则方向相反。

一个简单的助记符来帮助记住弗莱明的左手规则是安培力 F、磁感应强度 B 和通电导体电流 I（FBI）来解决问题（图 16.42）。左手平展，使磁感线垂直穿过手心，四指指向电流方向，则外部磁场对导体产生的力沿拇指方向。

通过考虑磁通线可以很容易地构建这种关系，如图 16.43 所示。

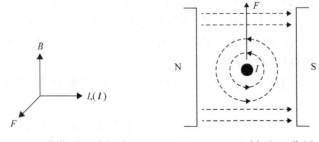

图 16.42　弗莱明左手定则　　图 16.43　运动场相互作用

在该图中，导体与从北极到南极的磁场正交。导体将电流带出页面并产生逆时针磁场。

导线一侧的磁感线累积可以看作类似于飞机机翼上的压力累积。一侧的较高

通量和另一侧的较低通量迫使导线向较低的磁通量浓度方向移动。

16.7.2 载流线圈转矩的一般表达式

考虑一个半径为 r 且承载直流电流 I 的线圈组，该电流放置在稳定的外部磁场中（不是由于线圈本身产生）。外部磁场可以由永磁体或电磁体产生，如图 16.44 所示。

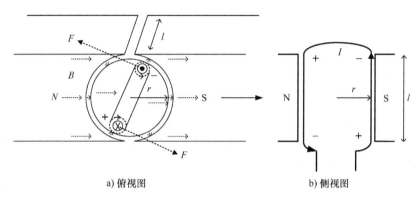

a) 俯视图　　　　　　　　　　b) 侧视图

图 16.44　基本直流电机

通常，线圈经历围绕旋转轴的磁转矩。从北极到南极通过线圈的磁通量方向被认为是磁通的正方向，并且通过右手螺旋规则与线圈周围的正电流方向有关。因此，电流 I 和通量都是正的。根据安培的力定律，导体上的力 F 由式（16.127）给出。

接近电流导体上的力 $+F$ 可以被认为仅具有切向力矢量，因为磁极的表面已经弯曲并围绕线圈旋转的圆周成形，以消除原本存在的径向力。切向矢量用于围绕其旋转轴扭转或"扭曲"线圈。因此，围绕旋转轴的电磁转矩 T_{em} 由下式给出

$$T_{em} = 2Fr \tag{16.128}$$

或

$$T_{em} = 2BILr \tag{16.129}$$

对于简单的电机，磁通密度 B 在面积为 A 的表面上是均匀的并且垂直于表面。假设一个两极电机，一个北极和一个南极，极点跨越 180°，则每极的磁通量是极通量密度乘以极点的面积

$$\Phi = BA = B\pi rl \tag{16.130}$$

因此，式（16.130）可以代入式（16.129），以根据每极的磁通量和电流表示转矩

$$T_{em} = \frac{2\Phi}{\pi} I \tag{16.131}$$

16.7.3 转矩、磁链和电流

转矩和电流之间的关系更常见于机械理论中,通过使用符号为 λ 的磁链而不是符号为 Φ 的磁通。磁链定义为线圈匝数和线圈连接的磁通量的乘积。磁链的单位是韦伯(Wb)。

对于简单的磁性结构,如电感器和变压器,磁链仅仅是匝数和连接通量的乘积

$$\lambda = N\Phi \tag{16.132}$$

尽管固定磁性器件(如电感器和变压器)很容易确定磁链,但对于电机而言,它通常更复杂,因为不同的线圈可能会连接不同的磁通模式,因为磁体本身在旋转。对于基本的电机,磁链也很容易确定,现在进行研究。

磁通密度与磁链分布如图 16.45 所示。在线圈上产生的反电动势具有与线圈所见的磁通密度相同的波形。磁通密度和相应的反电动势由实线表示,磁链由虚线表示。当线圈定向在 $\theta = 0°$ 时,线圈磁通量最大为 $+\Phi$;当线圈定向在 $\theta = \pm\pi$ 时,线圈磁通量最小为 $-\Phi$;当线圈与 $\theta = -\pi/2$ 和 $\theta = +\pi/2$ 处的磁场方向对齐时,磁通为零。

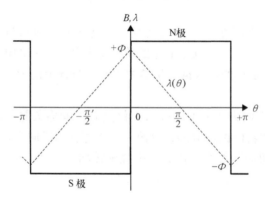

图 16.45 基本直流电机的磁通密度与磁链分布

磁链 λ 是线圈在旋转 360° 或 2π 时连接的磁通。当线圈旋转时,线圈连接离开北极并进入南极的磁通量,在半个周期 π 上变化 2Φ。因此,对于半个周期有

$$\lambda = \frac{2\Phi}{\pi} \tag{16.133}$$

因此,式(16.131)中的转矩表达式可以用磁链 λ 表示为

$$T_{em} = \lambda I \tag{16.134}$$

转矩的这些表达式可以推广到每极有 p 极和 N 个导体

$$T_{em} = pBNIlr \tag{16.135}$$

或

$$T_{em} = \frac{p}{2} N \frac{2\Phi}{\pi} I \qquad (16.136)$$

推导出以下常用的转矩表达式

$$T_{em} = \frac{p}{2} \lambda I \qquad (16.137)$$

和

$$T_{em} = kI \qquad (16.138)$$

式中，k 是电机常数。

16.7.4　法拉第电磁感应定律

当电路内的磁链以任何方式改变时，只要磁链变化，就会感应出电动势。法拉第定律的一个通用表达是

$$e = -N\frac{\mathrm{d}\Phi(t)}{\mathrm{d}t} = -\frac{\mathrm{d}\lambda(t)}{\mathrm{d}t} \qquad (16.139)$$

该表达式适用于旋转电机。

16.7.5　楞次定律和弗莱明右手定则

根据楞次定律，感应电动势始终处于这样一个方向上，即它倾向于建立一个电流，该电流将抵抗引起电动势的磁链或电流的变化。这与牛顿第三运动定律的陈述类似，即每一个作用力都有一个相等的反作用力。

该规则涉及感应电动势或反电动势的极性，并且与早期的左手定则互补，如图 16.46 所示。

在基础电机中

$$\omega = \frac{\mathrm{d}\theta}{\mathrm{d}t} \qquad (16.140)$$

因此

$$e = -\frac{\mathrm{d}\lambda(\theta)}{\mathrm{d}\theta}\omega \qquad (16.141)$$

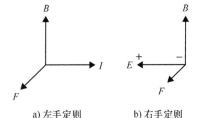

图 16.46　弗莱明左右手定则

从而可以得到

$$\begin{cases} e = -\dfrac{2\Phi}{\pi}\omega, & -\pi \leqslant \theta \leqslant 0 \\ e = +\dfrac{2\Phi}{\pi}\omega, & 0 \leqslant \theta \leqslant +\pi \end{cases} \qquad (16.142)$$

前面的表达式可以推广为每极有 p 极和 N 个导体

$$E = pBNlr\omega \qquad (16.143)$$

或

$$E = \frac{p}{2} N \frac{2\Phi}{\pi} \omega \qquad (16.144)$$

或

$$E = \frac{p}{2} \lambda \omega \qquad (16.145)$$

或

$$E = k\omega \qquad (16.146)$$

式中，k 是电机常数；E 是绕组反电动势。

现在，我们已经建立了电机运行的重要方程。读者可以参考电机章节进一步阅读。

参 考 文 献

1 J. C. Rautio, "The Long Road to Maxwell's Equations," *IEEE Spectrum Magazine*, pp. 22–37, December 2014.
2 K. J. Hartnett, J. G. Hayes, M. G. Egan, and M. Rylko, "CCTT‑core split‑winding integrated magnetic for high‑power dc‑dc converters," *IEEE Transactions on Power Electronics*, 28, pp. 4970–4974, November 2013.
3 T. A. Burress, S. L. Campbell, C. L. Coomer, C. W. Ayers, A. A. Wereszczak, J. P. Cunningham, L. D. Marlino, L. E. Seiber, and H. T. Lin, *Evaluation of the 2010 Toyota Prius Hybrid Electric Drive System*, Oak Ridge National Laboratory report, 2011.
4 JFE, www.jfe-steel.co.jp
5 Metglas, www.metglas.com
6 Magnetics Inc., www.mag-inc.com
7 Vacuumschmelze, www.vacuumschmelze.de
8 Ferroxcube, www.ferroxcube.com
9 Hitachi Metals, www.hitachi-metals.co.jp
10 TDK, www.global.tdk.com
11 United ChemiCon, www.chemi-con.com
12 Maxwell Technologies, www.maxwell.com
13 D. B. Murray and J. G. Hayes, "Cycle testing of supercapacitors for long‑life robust applications," *IEEE Transactions on Power Electronics, Special Edition on Robust Design and Reliability in Power Electronics*, 30, pp. 2505–2516, May 2015.
14 Finite Element Method Magnetics, a free software by David Meeker: www.femm.info.
15 K. Davis and J. G. Hayes, *FEMM Modelling of an Inductor*, University College Cork, 2017 (files available on Wiley book web site).

扩 展 阅 读

1 N. Mohan, T. M. Undeland, and W. P. Robbins, *Power Electronics Converters, Applications and Design*, 3rd edition, John Wiley & Sons, 2003.
2 W. G. Hurley and W. H. Wolfle, *Transformers and Inductors for Power Electronics Theory, Design and Applications*, John Wiley & Sons, 2013.
3 Colonel W. T. McLyman, *Transformer and Inductor Design Handbook*, 2nd edition, Marcel Dekker, Inc., 1988.
4 A. Van den Bossche and V. C. Valchev, *Inductors and Transformers for Power Electronics*,

CRC Press, Taylor & Francis Group, 2005.

5 R. W. Erickson, *Fundamentals of Power Electronics*, Kluwer Academic Publishers, 2000.
6 B. Lyons, *High-Current Inductors for High-Power Automotive DC-DC Converters*, PhD Thesis. University College Cork, 2008.
7 M. Rylko, B. Lyons, J. G. Hayes, and M. G. Egan, "Revised magnetics performance factors and experimental comparison of high-flux magnetic materials for high-current DC-DC inductors," *IEEE Transactions on Power Electronics*, 26, pp. 2112–2126, August 2011.
8 K. J. Hartnett, J. G. Hayes, M. S. Rylko, B. C. Barry, and J. W. Maslon, "Comparison of 8 kW CCTT IM and discrete inductor interleaved boost converter for renewable energy applications," *IEEE Transactions on Industry Applications*, 51, pp. 2455–2469, May/June 2015,.
9 B. G. You, J. S. Kim, B. K. Lee, G. B. Choi, and D. W. Yoo, "Optimization of powder core inductors of buck-boost converters for hybrid electric vehicles," in *Proc. IEEE Vehicle Power and Propulsion Conf.*, 2009, pp. 730–735.
10 J. Hu and C. R. Sullivan, "AC resistance of planar power inductors and the quasi-distributed gap technique," *IEEE Transactions on Power Electronics*, 16, pp. 558–567, 2001.
11 M. Gerber, J. A. Ferreira, I. W. Hofsajer, and N. Seliger, "A high-density heat-sink-mounted inductor for automotive applications," *IEEE Transactions on Industry Applications*, 40, pp. 1031–1038, July/August 2004.
12 W. Shen, F. Wang, D. Boroyevich, and C. W. Tipton, "Loss characterization and calculation of nanocrystalline cores for high-frequency magnetics applications," *IEEE Transactions on Power Electronics*, 23 (1), pp. 475–484, January 2008.
13 J. G. Hayes, D, Cashman, M. G. Egan, N. Wang, and T. O'Donnell, "Comparison of test methods for characterization of high-leakage two-winding transformers," *IEEE Transactions on Industry Applications*, pp. 1729–1741, September–October 2009.
14 C. R. Sullivan and R. Y. Zhang, "Simplified design method for Litz wire," *IEEE Applied Power Electronics Conference*, pp. 2667–2674, 2014.
15 M. Kacki, M. Rylko, J. G. Hayes, and C. R. Sullivan, "Magnetic Material Selection for EMI Filters," *IEEE Energy Conversion Congress and Exposition*, 2017.

扩展观察

1 *Shock and Awe: The Story of Electricity*, British Broadcasting Corp., 2011.
2 *The Elegant Universe*, Nova 2003.
3 *Tesla: Master of Lightning*, PBS Home Video, 2004.

问 题

16.1 环形线圈的正方形横截面边长为1.5cm，平均半径为3cm。线圈有50匝，紧密缠绕，并带有2A的电流。

确定磁动势、磁场强度、磁通密度、磁通和电感。假设一个空心。

[答案：100A，530.5A/m，666.6μT，0.15μWb，3.75μH]

16.2 环形线圈具有方形横截面，边长 $h = 1.5$cm，平均半径为3cm。线圈有

50匝，紧密缠绕，并带有2A的电流。环形线圈的内半径$r_i = 2.25$cm，外半径$r_0 = 3.75$cm。

穿过磁心的磁通量由下式给出

$$\Phi = \frac{\mu_r \mu_0}{2\pi} NIh \log_e(r_0/r_i)$$

确定磁动势、磁通量和电感。

计算在前一个问题中假设均匀磁场所引起的百分比误差。

再假设一个空心的。

[答案：100A，0.1532μWb，3.83μH，−2.1%]

16.3 环形线圈缠绕在无间隙铁氧体磁心上，相对磁导率$\mu_r = 2000$，边长$h = 1$cm。环形的内半径$r_i = 1.5$cm，外半径$r_0 = 2.5$cm。10匝线圈均匀且紧密地缠绕在环形线圈上并承载0.25A的电流。

假设环形磁场内的磁场强度是均匀的并且等于平均半径的值，则确定磁场强度、磁心中的磁通密度、总磁通量、磁阻以及线圈的自感。

[答案：19.89A/m，50mT，5μWb，500kH^{-1}，200μH]

16.4 具有相对磁导率$\mu_r = 150$的铁心的电感器具有6.25cm^{2}的横截面和0.4m的平均磁路。线圈有1000匝，紧密缠绕，承载1.5A的电流。

1) 沿着电感器的平均磁路计算磁场强度和磁通密度。

2) 计算通过磁心和电感的近似磁通量。

注意，$\mu_0 = 4\pi \times 10^{-7}$H/m

[答案：1) 3750A/m，0.71T；2) 0.444mWb，0.296H]

16.5 如果气隙面积由于边缘效应而比磁心面积大20%，而离散气隙保持在1.35mm，则确定第16.3.2.1节中的电感器的电感值。

[答案：472μH]

16.6 确定16.3.2.1节电感器的电感和励磁电流，磁通密度为0.5T，相关磁场强度为100A/m，忽略边缘效应。

[答案：429μH，39.2A]

16.7 规定高电流电感为45μH。电感器有12匝（两个6匝绕组串联），横截面积为9cm^2，平均磁路长度为0.22m。假设非晶金属磁心在1T的磁通量密度下的相对磁导率为2000。忽略边缘效应。

1) 如果有两个气隙，气隙长度是多少？

2) 电流达到多少，磁心中的磁通密度可以达到1.0T？

3) 确定磁心和气隙磁阻。

4) 确定气隙、磁心和总电感中的能量存储。

5) 如果结构中没有气隙，电感、最大电流和储能是多少？

6) 假设输入电流是峰值为60A的正弦波，频率为16kHz，计算材料的磁心损耗。磁心材料具有以下斯坦梅茨系数：$k = 2.71$，$m = 1.489$，$n = 1.936$。

7）如果电感器承载180A 的电流，则计算 $45\mu H$ 电感的 MLT 和铜损，电感器参数见表 16.11。

表 16.11 电感器参数

$L/\mu H$	N	b_c/mm	b_w/mm	h_c/mm	l_w/mm	b_{cu}/mm	t_{cu}/mm	b_{cl}/mm
45	6×2	26	15	35	38	4.5	2.5	4.5

[答案：1) 1.755mm；2) 240A；3) 97.3kH^{-1}，2 × 1551.4kH^{-1}；4) 1.296J，0.039J，1.257J；5) 1.48mH，7.3A，0.039J；6) 66.7W；7) 0.176m，105W]

16.8 如果使用类似尺寸的铁氧体磁铁而不是 16.4.3 节中的 Nd–Fe–B 磁铁，那么转子气隙磁通密度是多少？

使用表 16.9 中的铁氧体磁铁参数。

[答案：0.265T]

16.9 如果磁体厚度比 1mm 转子气隙厚 10 倍，则确定 Nd–Fe–B 永磁体的磁通密度。设气隙的横截面积等于永磁体的面积。

[答案：1.12T]

16.10 2010 款丰田凯美瑞的牵引电机配有 16 个磁铁，每个磁铁的面积为 $60.6 \times 19.1 mm^2$，厚度为 6.5mm。

1) 如果 2010 款丰田凯美瑞的组合磁铁安装在马蹄形磁铁中，则估算提升力。假设每极 8 个磁铁，并假设剩余磁通密度为 1.2T，反冲相对磁导率为 1.05。忽略边缘效应。

2) 磁铁在 2mm 气隙下可以提升的重量是多少？

[答案：1) 10610N；2) 617.9kg]

16.11 马蹄形磁铁具有两个极，每个极具有 $100cm^2$ 的面积，剩余磁通密度 $B_R = 1.2T$，磁体厚度 $l_m = 6.2mm$，反冲相对磁导率 $\mu_{rec} = 1.06$。

1) 如果没有气隙，估计可以提升的重量。

2) 确定气隙磁通密度和上述磁铁可以提升 500kg 的最大气隙。忽略边缘效应。

[答案：1) 1168kg；2) 0.785T，3.1mm]

16.12 如果磁心的有效路径长度和面积分别为 40cm 和 $20cm^2$，则确定第 16.4.6.1 节中的示例的绕场电感。假设相对磁导率为 500。

[答案：0.459mH]

16.13 当以 50Hz 的 230V 均方根值馈电时，线路变压器产生均方根值为 0.5A 的磁化电流。磁化电感的值是多少？

[答案：1.464H]

16.14 高频电力变换器（用于 EV 车载电池充电器）具有变压器，其由 100kHz 的 ±380V 方波馈电。变压器励磁电感 L_m 为 0.5mH，匝数比 $n=1.053$。

1）当磁化电流处于正峰值时，如果二次电流为 15.75A，则确定一次电流。

2）二次侧上的方波电压值是多少？

［答案：1）18.48A；2）±400V］

16.15 高频电力变换器（用于感应电池充电功率转换器）具有变压器，其由 180V 的 ±380V 方波馈电。变压器励磁电感 L_m 为 45μH，匝数比 n 为 1。

1）当磁化电流处于负峰值时，如果二次电流为 +30A，则确定一次电流。

2）二次侧上的方波电压值是多少？

［答案：1）18.27A；2）±380V］

作　　业

我们鼓励学生尝试使用有限元分析软件包，例如 FEMM，Maxwell，Quickfield 等。FEMM 是一个免费的 2D 包，被广泛使用。商用封装通常提供 3D 和增强功能。参见参考文献［15］以获得电感器的示例。

参考转换表

在美国和英制单位以及公制系统之间执行常规转换时，可以使用表 A.1。

表 A.1　从常用的美制和英制单位到公制单位的转换

参数	转化指标
距离	1mile = 1.609km
体积	1gallon（US）= 3.785L
	1gallon（Imp）= 4.546L
质量	1pound（lb）= 0.4536kg
功率	1hp = 0.7457kW
能量	1kW·h = 3600000J
	1calorie = 4.184J
	1British Thermal Unit（BTU）= 1055J
力	1lbf = 4.448N
转矩	1lbf·ft = 1.3558N·m

Copyright©2018 by John G. Hayes and G. Abas Goodarzi. All rights reserved. This translation published under license. Authorized translation from the English language edition, entitled Electric Powertrain by John G. Hayes and G. Abas Goodarzi, Revised and Updated, ISBN 9781119063643, by John G. Hayes and G. Abas Goodarzi, Published by John Wiley & Sons. No part of this book may be reproduced in any form without the written permission of the original copyrights holder. Copies of this book sold without a Wiley sticker on the cover are unauthorized and illegal.

本书中文简体字版由 Wiley 授权机械工业出版社出版,未经出版者书面允许,本书的任何部分不得以任何方式复制或抄袭。版权所有,翻印必究。

北京市版权局著作权合同登记 图字:01-2019-6068 号。

图书在版编目(CIP)数据

电驱动系统:混动、纯电动与燃料电池汽车的能量系统、功率电子和传动/(爱尔兰)约翰·G. 海斯(John G. Hayes),(美)G. 阿巴斯·古德猜(G. Abas Goodarzi)著;刘亚彬译.—北京:机械工业出版社,2021.2 (2023.11重印)

(汽车先进技术译丛. 新能源汽车系列)

书名原文:Electric Powertrain

ISBN 978-7-111-67290-6

Ⅰ.①电… Ⅱ.①约… ②G… ③刘… Ⅲ.①新能源-汽车-电动机-控制系统-研究 Ⅳ.①U469.7

中国版本图书馆 CIP 数据核字(2021)第 014802 号

机械工业出版社(北京市百万庄大街22号 邮政编码100037)
策划编辑:孙 鹏 责任编辑:孙 鹏 王 婕
责任校对:李 杉 封面设计:鞠 杨
责任印制:张 博
北京建宏印刷有限公司印刷
2023 年 11 月第 1 版第 3 次印刷
169mm×239mm·29.75 印张·3 插页·601 千字
标准书号:ISBN 978-7-111-67290-6
定价:199.00元

电话服务 网络服务
客服电话:010-88361066 机 工 官 网:www.cmpbook.com
        010-88379833 机 工 官 博:weibo.com/cmp1952
        010-68326294 金 书 网:www.golden-book.com
封底无防伪标均为盗版 机工教育服务网:www.cmpedu.com